中国公募
REITs
投资指南

鲁政委　　臧运慧 ◎著

人民日报出版社
北京

图书在版编目（CIP）数据

中国公募 REITs 投资指南 / 鲁政委，臧运慧著.
—— 北京：人民日报出版社，2023.1
ISBN 978-7-5115-7601-9

Ⅰ.①中⋯ Ⅱ.①鲁⋯ ②臧⋯ Ⅲ.①房地产投资—
信托基金—中国—指南 Ⅳ.① F832.49-62

中国版本图书馆 CIP 数据核字（2022）第 229722 号

书　　名：中国公募 REITs 投资指南
　　　　　ZHONGGUO GONGMU REITs TOUZI ZHINAN
著　　者：鲁政委　臧运慧

出 版 人：刘华新
责任编辑：蒋菊平　李　安
版式设计：九章文化

出版发行　人民日报出版社
社　　址：北京金台西路 2 号
邮政编码：100733
发行热线：(010) 65369509　65369527　65369846　65363528
邮购热线：(010) 65369530　65363527
编辑热线：(010) 65369528
网　　址：www.peopledailypress.com
经　　销：新华书店
印　　刷：大厂回族自治县彩虹印刷有限公司
法律顾问：北京科宇律师事务所　010-83622312

开　　本：710mm×1000mm　1/16
字　　数：396 千字
印　　张：28.5
版次印次：2024 年 3 月第 1 版　　2024 年 3 月第 1 次印刷

书　　号：ISBN 978-7-5115-7601-9
定　　价：69.00 元

2023年11月，中央金融工作会议提出，"盘活被低效占用的金融资源，提高资金使用效率。"早在2021年3月，"十四五"规划纲要中提出："推动基础设施领域不动产投资信托基金（REITs）健康发展，有效盘活存量资产，形成存量资产和新增投资的良性循环。"2022年5月，国务院办公厅专门发文进一步盘活存量资产，聚焦成熟运营和闲置低效两类，以基础设施和不动产领域为主要项目类型，金融资源渗透上述项目类型的投建和运营阶段。公募REITs作为存量资产盘活的重要方式之一，可提高资金使用效率，助力金融强国。据估算，中国存量基础设施账面存量规模超百万亿元，可产生现金流的有效存量基础设施达30万亿元以上，规模庞大，可盘活空间巨大；公募REITs是稳投资、补短板的有效政策工具，真正实现原始权益人的权益融资，提升直接融资比重，降低资产负债率，增强资本市场服务实体经济质效。2022年5月25日，国务院办公厅发布的《关于进一步盘活存量资产扩大有效投资的意见》（国办发〔2022〕19号）中将公募REITs作为7种优化完善存量资产盘活方式的第一方式，要求"进一步提高推荐、审核效率，鼓励更多符合条件的基础设施REITs项目发行上市。对于在维护产业链供应链稳定、强化民生保障等方面具有重要作用的项目，在满足发行要求、符合市场预期、确保风险可控等前提下，可进一步灵活合理确定运营年限、收益集中度等要求。建立健全扩募机制，探索建立多层次基础设施REITs市场。国有企业发行基础设施REITs涉及国有产权非公开协议转让的，按规定报同级国有资产监督管理机构批准。研究推进REITs相关立法工作", 可以预见, 中国公募REITs会迎来提速发展。

相较于国外REITs市场, 中国公募REITs起步相对较晚, 2021年6月方出现首批上市公募REITs, 尚无专门立法和税收体制, 市场体系亟待完善, 从业人员储备相对匮乏, 对公募REITs各个业务环节和二级市场认知尚处于探索阶段。作为银行系首家研究公司, 兴业研究公司密切关注并致力于助力中国REITs市场发展, 寻求商业银行切入公募REITs业务发展的契机, 并诚意撰成此书, 以期为从业人员梳理公募REITs相关政策、业务挖掘和开展方向、二级市场定价和影响因素, 帮助各环节业务人员开展业务。

本书具体分为三章。

第一章为基础与理论。该章从公募REITs相关政策着手, 介绍了公募REITs当前采用的"公募基金+ABS"的上层构架、试点区域、试点行业、基础设施项目要求、运行机制、投资者构成和申报流程, 与此前的金融产品类REITs相比, 公募REITs在上述各方面截然不同。在会计处理方面, 公募REITs可实现基础设施项目的重新估值, 切实降低原始权益人负债率。从公募REITs运营角度来看, 定期报告和财务报表相对企业主体较为简单, 负债水平低, EBITDA利润率和净现金流分派率可反映其盈利能力和运营状况。在税务筹划方面, 公募REITs采用了类REITs构建项目公司"股+债"独特的节税结构来解决相关税收优惠机制缺乏的困境, 但首例已上市公募REITs项目公司"股+债"构建终止案例凸显了公募REITs专门立法的必要性和紧迫性。

公募REITs总收益率来源于价格收益率和股息收益率, 股息收益率相对稳定, 而价格收益率波动性较强。根据具体资产情况, 公募REITs可分为产权型和特许经营权型, 前者为永续型, 基础设施项目估值相对稳定, 产权型REITs市值亦围绕基础设施项目估值波动, 后者为特定期限型, 基础设施项目估值逐年递减, 特许经营权型REITs市值亦会逐年递减, 这决定了估值模型的不同, 二者均可以采用常用的NAV绝对估值方法, 但在相对估值方法上, 前者可以采用P/FFO、股息率等相对估值指标, 后者可采用IRR作为相对估值指标。在价格表现方面, 产权型REITs深受货币政策紧缩、宏观经济衰退、地产行业下行以及新冠疫情等影响经济及行业景气度的突发事件影响；而特许经营权型REITs除受货币政策紧缩、宏观经济衰退影响外，对于产能利用率下降、特许经营权收费价格下行或上涨乏力、运营成本攀升等因素较为敏感。

第二章为实务与市场。该章着力探讨商业银行及其下属子公司如何从投行、投资、托管、监管、基金贷款、基金代销等多方面联动参与公募REITs。在投行、托管、监管和基金贷款业务挖掘方面，可通过梳理当前存量基础设施项目贷款、探讨类REITs退出、参与Pre—REITs项目培育进行公募REITs项目储备。但备选基础设施项目可能在项目权属及负担、项目流程、项目可转让性等各方面存在法律完备性瑕疵，可借鉴已成功上市的公募REITs经验进行完善。在投资方面，国内实证研究表明，在现金流预测较为客观、准确的情况下，目前特许经营权型REITs5%的IRR和产权型REITs3.8%的净现金流分派率的上市要求，使其在低利率时期仍然具备较高的投资价值；已上市公募REITs的市场表现波动性较高，堪比权益市场，价格走势变化充分体现了第一章所述因素的影响。

第三章为行业与应用。该章从公募REITs的重点试点行业——保障性租赁住房、高速公路、仓储物流、市政公用设施、生态环保等五大领域展开。据估算，上述重点试点行业可通过公募REITs盘活的基础设施项目规模可达万亿元，在公募REITs基础设施项目行业分布中占绝对比重。该章从各行业的行业政策、行业概况、行业发展趋势、区域发展状态以及该行业下的基础设施项目盈利能力进行多角度深度研究，为从业人员挖掘公募REITs备选资产提供业务方向。

中国REITs市场刚刚起步，亟需关于中国公募REITs各维度的研究和认知。我们将研究成果凝结成书，希望能够为从事公募REITs各环节业务和研究公募REITs的读者提供参考。我们亦深知随着中国公募REITs体系深化，当前处于探索阶段的公募REITs研究需要有更广的视角和更深的分析。这将激励我们不断去调整和提升公募REITs的研究体系和框架，亦为我们的研究带来挑战和思考空间。本书未尽之处，望读者批评指正。

目录 Contents

第二章

实务与市场

第三章

行业与应用

后 记

第一章

基　础　与　理　论

公募REITs政策手册

2021年3月，"十四五"规划纲要中提出："推动基础设施领域不动产投资信托基金（REITs）健康发展，有效盘活存量资产，形成存量资产和新增投资的良性循环。"2021年12月29日，发改委发布的《关于加快推进基础设施领域不动产投资信托基金（REITs）有关工作的通知》（发改办投资〔2021〕1048号）要求：REITs试点项目库"应入尽入"，专人对接储备项目、加快项目进度，用好循环资金、形成良性循环，鼓励先进典型，形成示范引领。为此，本节对截至目前我国公募REITs的相关政策进行系统全面梳理。

一、从房地产投资信托基金向基础设施投资基金的政策探索期

我国对公募REITs的探讨始于2009年，以"房地产投资信托基金"等名称提出，当年银监会起草了《房地产集合投资信托业务试点管理办法（草案）》，中国人民银行起草了《银行间债券市场房地产信托受益券发行管理办法》（征求意见稿），但由于顾忌REITs成为房地产融资渠道，上述政策均未落实。

重提REITs是在2014年，证监会在《关于进一步推进证券经营机构创新发展的意见》（证监发〔2014〕37号）中提出"研究建立房地产投资信托基金（REITs）的制度体系及相应的产品运作模式和方案"，中国人民银行和银监会在《关于进一步做好住房金融服务工作的通知》（银发〔2014〕287号）中提出"积极稳妥开展房地产投资信托基金（REITs）试点"。同年，首单类

REITs "中信启航专项资产管理计划"以 ABS 的结构外衣成功发行，后期类 REITs 发行均按 ABS 的从业规范进行。类 REITs 证券端进行了优先/次级分层，优先级属于典型固定收益资产、非权益资产，私募发行，机构投资者参与，流动性弱。

此后，多个国家重要文件中均呼吁开放 REITs 试点，要求开展公募 REITs 试点，2016 年"十三五"规划提出"促进房地产业兼并重组，提高产业集中度，开展房地产投资信托基金试点"；同年 3 月，国务院发布的《国家发展改革委关于 2016 年深化经济体制改革重点工作意见》（国发〔2016〕21 号）中提出要"研究制定房地产投资信托基金规则，积极推进试点"；同年 10 月，国务院办公厅发布的《关于积极稳妥降低企业杠杆率的意见》（国发〔2016〕54 号）提出"支持房地产企业通过发展房地产信托投资基金向轻资产经营模式转型"。从上述文件可以看出，此前公募 REITs 的出发点似乎是解决房地产行业及企业问题，但由于房地产行业融资政策持续收紧，导致以此为基础的公募 REITs 长期无实质进展。

在公募 REITs 未落地前，国内不动产进行 REITs 证券化有两个渠道：境外 REITs 上市和境内发行类 REITs。截至 2022 年 1 月 15 日，境内不动产赴香港进行 REITs 上市发行 5 只，市值共计 293.51 亿港元，底层资产涵盖商业、办公楼、酒店、物流中心等；我国类 REITs 共计发行 110 单，发行规模合计 2146.15 亿元，底层资产涵盖办公楼、商场、酒店、住房租赁、仓储等类型。

2018 年以后，关于基础设施和 PPP 项目开展 REITs 的可能性进入政策讨论视野，也直接将公募 REITs 政策层面的探讨推进到了更为实质性的阶段，研究论证集中在四个方面：（1）REITs 立法层级；（2）不动产试点范围；（3）REITs 顶层设计，是采用公司制、信托制还是公募基金制；（4）税收机制，对 REITs 各环节税收进行专门立法还是按照当前类 REITs 模式进行避/节税操作。最终落地的政策显示，未对公募 REITs 进行专门立法，以部门规章的形式制定业务规范，将试点范围锁定在基础设施领域，利用目前来看最为简单的"公募基金+类 REITs"设计，采用类 REITs 交易结构避/节税，以尽快推出公募 REITs 试点项目。

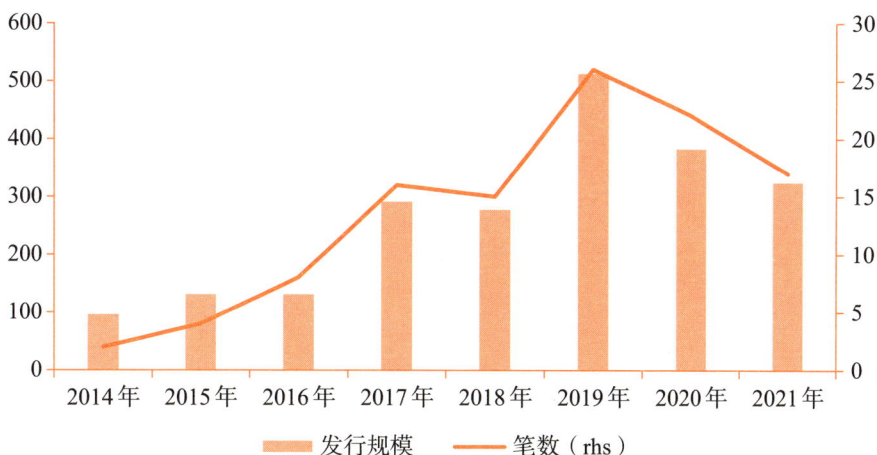

图1-1 公募REITs试点后，类REITs发行规模呈下降趋势

资料来源：cn-abs，兴业研究。

表1-1 2018—2019年REITs相关政策及公开表述梳理

时间	发布机构/人物	文件/场合	主要内容
2018/2/9	深交所	《发展战略规划纲要（2018—2020年）》	研究推进REITs产品，形成具有深市特色的REITs板块。全力开展REITs产品创新，为住房租赁、政府和社会资本合作（PPP）项目、保障性住房建设、商业物业等领域提供金融支持。探索发行公募REITs，引入多元化投资者。
2018/1/31	证监会	证监会系统2018年工作会议	研究出台公募REITs相关业务细则；支持符合条件的住房租赁、PPP项目开展资产证券化。
2018/3/25	证监会副主席李超	北外滩财富与文化论坛讲话	研究推出投资不动产、基础设施类ABS公募基金产品。
2018/4/11	央行行长易纲	博鳌论坛答记者问	政策上考虑如何更有效发展中国REITs市场。
2018/6/19	中基协会长洪磊	北大光华中国REITs论坛	可以从以下几方面推动REITs的发展：一是比照CDR做法，先行制定REITs管理办法；二是坚持回归本源，打破刚性兑付，加强管理人和投资者教育；三是以REITs为突破口，加快以直接税为主的综合税制改革试点。可以考虑在雄安新区等制度阻力小、创新空间大的地区，探索PPP和REITs联动式投融资改革。

续表

时间	发布机构/人物	文件/场合	主要内容
2018/11/23	上交所副总经理刘绍统	2018 第四届中国 PPP 融资论坛	目前相关的金融监管部门正在研究基础设施 REITs 相关制度和推进方式。等相关制度出台以后，如果 PPP 项目资产已经形成，拥有 PPP 项目或者是这种基础设施所有权的一方，可以通过转移 PPP 这一基础设施及其他的收益权来开展基础设施的 REITs 业务。
2019/1/13	中国基金业协会	《中国证券投资基金业协会 2018 年度 18 项重点工作》	积极探索公募 REITs 实施路径和落实方案：REITs 调研报告上报国务院，研讨海外 REITs 经营，对 REITs 税收问题作专题研究、探讨实现 REITs 税收中性的可行路径。
2019/3/2	证监会信息中心主任张野	记者采访	建议按照"税收中性"等原则，对正在研究推进的 REITs 给予相应的配套税收支持，如建议对部分主要税收进行递延或减免，以及对 REITs 收入及资本利得向投资人分配的部分免征所得税。
2019/3/6	全国政协委员李晓林	全国两会提案	建议出台针对 REITs 的专项法律法规，对 REITs 产品制定相关税收优惠政策，避免现有税收法规下，公司制的 REITs 双重征税的问题。
2019/3/7	银保监会信托监管部主任赖秀福	全国两会提案	启动《信托法》修订，承认信托双重所有权，为通过 REITS 等方式盘活存量资产扫清障碍。

资料来源：根据公开资料整理，兴业研究。

二、聚焦基础设施试点具有重要意义

强力推进公募REITs、聚焦基础设施试点存在重要意义。基础设施REITs是国际通行的大类资产，具有流动性较高、收益相对稳定、安全性较强等特点，能有效盘活存量资产，提升直接融资比重，降低资产负债率，填补当前金融产品空白，拓宽社会资本投资渠道，增强资本市场服务实体经济质效。从短期看，有利于广泛筹集项目资本金，降低债务风险，是稳投资、补短板的有效政策工具；从长期看，有利于完善储蓄转化投资机制，降低实体经济杠杆，推动基础设施投融资市场化、规范化健康发展。

当前推进公募REITs试点的基本原则包括以下几点。

（1）符合国家政策，聚焦优质资产，划定重点区域、重点行业和具体项目要求，面向补短板行业、服务国家重大战略；

（2）遵循市场原则，坚持权益导向，确定了权益型REITs的上层设计；

（3）创新规范并举，提升运营能力；

（4）规则先行，稳妥开展试点，及时总结试点经验，优化工作流程，适时稳步推广；

（5）强化机构主体责任，推动归位尽责，明确管理人、托管人及相关中介机构的职责边界；

（6）完善相关政策，有效防控风险，系统构建基础设施REITs审核、监督、管理制度，推动制度化、规范化发展，边探索边修订执行层面的政策可能会成为初期公募REITs业务发展中的常态。

三、从中央到地方合力、强力推进公募REITs持续落地

（一）"十四五"规划定基调

2021年3月，《十四五规划纲要》中提出："推动基础设施领域不动产投资信托基金（REITs）健康发展，有效盘活存量资产，形成存量资产和新增投资的良性循环。"这一表述，相较于"十三五"规划中的"促进房地产业兼并重组，提高产业集中度，开展房地产投资信托基金试点"，出现了明显区别：公募REITs的试点范围和支持领域发生了明显变化，"开展试点"变为"推动发展"，要求"有效盘活存量资产"，为公募REITs试点强力推进，大力发展定了基调。

2021年12月29日，发改委再次发布《关于加快推进基础设施领域不动产投资信托基金（REITs）有关工作的通知》（发改办投资〔2021〕1048号），

这是发改委在《公募REITs试点通知》后第五次发文。该文强调：加强宣贯，REITs试点项目库"应入尽入"，专人对接储备项目、加快项目进度，用好循环资金、形成良性循环，鼓励先进典型，形成示范引领，这再次彰显了国家层面推进公募REITs大力、持续发展的决心。

（二）各地出台政策支持公募REITs

在发改委、证监会相关政策出台并持续更新的过程中，包括北京、成都、上海、苏州、南京、西安、深圳等多地出台了支持文件，配合国家发改委和证监会推进公募REITs。

从发布部门来看，北京市发改委等6部门联合发文，成都市发改委等5部门联合发文，均注重各部门之间协调联动将措施落实到位；上海和南京均为市发改委发文，苏州和西安均为市政府发文。

从发文内容来看，各地发文普遍涉及以下政策：（1）项目储备；（2）补贴等财税支持；（3）基金管理人及其他中介机构培育；（4）专业人才培养；（5）加大推介力度；（6）强化协调、联动机制；（7）REITs行业管理。个别地区会有诸如提升国企运营能力、引导国企转型发展、研究/设立REITs产业投资基金、成立REITs领导工作小组等政策。

与发改委和证监会的业务框架政策相比，各地REITs支持政策更注重实务操作和落实，从执行层面快速挖掘潜在项目资产、推进公募REITs业务实际落地。

表1-2 各地出台的公募REITs政策

时间	发文部门	文件名称	主要内容
2020/9/28	北京市发改委、证监会北京监管局、北京市财政局、北京市国资	《关于支持北京市基础设施领域不动产投资信托基金（REITs）产业发展的若干措施》（京发改〔2020〕1465号）（北京REITs12条）	（1）加大项目储备；（2）加大国有基础设施企业运营和资源整合能力；（3）支持公募基金管理人开展业务；（4）加强中介机构培养；（5）搭建中介—原始权益人—投资人对接平台；

时间	发文部门	文件名称	主要内容
	委、北京市地方金融监督管理局等6部门		（6）成立基础设施REITs产业联盟； （7）支持REITs全产业链集聚发展； （8）制订REITs产业人才计划； （9）加大财税政策支持力度； （10）将REITs发行规模作为降杠杆措施纳入企业经营业绩考核评价指标； （11）探索通过"PPP+REITs"方式盘活存量资产； （12）成立REITs工作领导小组。
2021/2/26	成都市发改委、国资委、财政局、金融监管局、人社局等5部门	《关于促进成都市基础设施领域不动产投资信托基金（REITs）发展的十条措施》（成发改投资〔2021〕24号）（成都REITs10条）	（1）建立项目储备库； （2）加大财税支持； （3）鼓励申办REITs基金管理人 （4）加大REITs产品推介力度； （5）实施REITs人才振兴计划； （6）鼓励和引导国有企业转型发展； （7）支持REITs企业集群发展； （8）培育REITs中介机构市场； （9）加强REITs行业自我管理； （10）建立REITs协调机制。
2021/6/16	上海市发改委	《关于上海加快打造具有国际竞争力的不动产投资信托基金（REITs）发展新高地的实施意见》（沪发改规范〔2021〕6号）（上海REITs20条）	6方面20条： （1）依托金融中心优势，加快打造REITs产品发行交易首选地； （2）发挥长三角一体化优势，强化长三角基础设施REITs联动发展； （3）优化项目运营管理，持续推动基础设施高质量发展； （4）加强项目梳理初储备，挖掘基础设施存量资源； （5）完善项目遴选审核，建立健全项目申报绿色通道； （6）强化组织保障和风险防范，推动基础设施REITs持续健康规范发展。

时间	发文部门	文件名称	主要内容
2021/7/21	苏州市政府	《关于苏州市推进基础设施不动产投资信托基金（REITs）产业发展的工作意见》（苏州REITs10条）	（1）聚集高质量产品培育，构建和完善基础设施REITs项目库管理机制； （2）鼓励市域内符合条件的基础设施项目资产整体打包发行REITs产品； （3）研究设立政府引导、市域统筹的基础设施REITs产业投资基金； （4）强化新增投资与盘活存量资产有机结合，建立REITs项目投资良性循环机制； （5）加强基础设施专业运营管理机构的培育引进； （6）壮大苏州市公募基金管理人队伍； （7）完善苏州市基础设施REITs专业服务体系； （8）构建基础设施REITs领域人才引育平台； （9）加大优质产品推介力度，鼓励引导各类机构和长期资金投资REITs产品市场； （10）发挥财税政策激励引导作用。
2021/10/11	南京发改委	《关于加快推进南京市基础设施领域不动产投资信托基金（REITs）试点工作的若干措施》（南京REITs11条）	（1）鼓励各区（园区）积极开展试点； （2）加强项目培育孵化； （3）推动基础设施建设运营模式转变； （4）培育和引进基础设施运营管理团队； （5）加大对原始权益人的财税政策支持力度； （6）培育壮大本市基础设施REITs中介机构； （7）强化REITs高质量发展人才支撑； （8）强化区域内基础设施REITs联动发展； （9）引导带动新增投资； （10）做好基础设施REITs产品推介； （11）建立基础设施REITs市级工作推进机制。
2021/11/27	西安市政府	《西安市推进基础设施领域不动产投资信托基金(REITs)健康发展十条措施》（市政办发〔2021〕53号）（西安REITs10条）	（1）建立部门联动机制； （2）建立试点项目库； （3）建立专业服务智库； （4）搭建业务对接平台； （5）加强专业人才培养； （6）支持基础设施REITs服务机构集聚发展； （7）培育壮大基金管理机构队伍； （8）加大财税支持力度； （9）鼓励引导国有企业发行基础设施REITs； （10）发挥政府投资引导作用。

续表

时间	发文部门	文件名称	主要内容
2023/9/14	深圳市发改委	《关于支持深圳市基础设施领域不动产投资信托基金（REITs）高质量发展的若干措施》	（1）建立健全基础设施 REITs 项目库； （2）扩大基础设施 REITs 储备范围； （3）创新基础设施 REITs 投融资体系； （4）打造基础设施 REITs 交易中心； （5）培育壮大基础设施 REITs 专业化运营团队； （6）构建基础设施 REITs 人才汇聚高地； （7）设立基础设施 REITs 产业投资基金； （8）搭建全国基础设施 REITs 产业交流平台； （9）优化基础设施 REITs 交易环境； （10）完善基础设施 REITs 中介服务体系； （11）打造粤港澳大湾区 REITs 产业联盟； （12）积极探索深港 REITs 互联互通； （13）建立基础设施 REITs 联席会议机制； （14）加大财政扶持力度； （15）推动实施税收、土地等支持政策； （16）强化基础设施 REITs 信用体系建设； （17）强化基础设施 REITs 合规性建设； （18）完善全链条基础设施 REITs 监管机制。

资料来源：根据相关规章文件整理，兴业研究。

四、公募REITs试点的框架政策持续完善

从公募REITs业务框架相关政策的发布单位来看，发改委主导制定并更新公募REITs试点范围、项目要求、申报流程，证监会主导设计公募REITs的结构和运行机制，制定投资者构成、参与方要求、信息披露要求等涉及金融产品的相关制度，其他金融监管部门配合出台公募REITs的配套业务规则和指南。

2020年4月30日《公募REITs试点通知》发布的同时，证监会发布《公开募集基础设施证券投资基金指引（试行）》（证监会公告〔2020〕54号）（以下简称《公募REITs试行指引》），并于同年8月7日收集各方意见后进行修订发布，这2个文件确定了公募REITs的试点范围、项目要求、REITs顶层设

计和运行机制、投资者构成、参与方资质和从业人员要求，以及信息披露要求等；7月31日，发改委发布《关于做好基础设施领域不动产投资信托基金（REITs）试点项目申报工作的通知》（发改办投资〔2020〕586号）（2023年7月21日失效），在申报材料、申报程序、合规性审查等实务操作层面给出了阶段性的明确指引。2021年1月13日，发改委发布《关于建立全国基础设施领域不动产投资信托基金（REITs）试点项目库的通知》（发改办投资〔2021〕35号），要求设立基础设施REITs试点项目库，试点项目应从储备库中统一选取。首批公募REITs上市后，发改委于2021年7月2日发布《关于进一步做好基础设施领域不动产投资信托基金（REITs）试点工作的通知》（发改投资〔2021〕958号，以下简称"958号文"），拓宽了试点项目范围。2023年3月24日，国家发改委发布《关于规范高效做好基础设施领域不动产投资信托基金（REITs）项目申报推荐工作的通知》（发改投资〔2023〕236号，以下简称"236号文"），试点范围进一步拓展至消费基础设施，运营条件有所调整。上述规章文件构成了目前公募RETIs实务操作业务框架。

表1-3　公募REITs业务框架政策

时间	发文部门	文件名称	主要内容
2020/4/30	发改委、证监会	《关于推进基础设施领域不动产投资信托基金（REITs）试点相关工作的通知》（证监发〔2020〕40号）	REITs试点项目的条件：重点区域、重点行业、项目要求、资金用途等。
2020/8/7	证监会	《公开募集基础设施证券投资基金指引（试行）》（证监会公告〔2020〕54号）	在2020年4月30日征求意见稿基础上修订。REITs的交易结构、资产构成、分红要求、负债要求、参与机构资质、投资人要求等。
2020/7/8	发改委	《关于做好基础设施领域不动产投资信托基金（REITs）试点项目申报工作的通知》（发改办投资〔2020〕586号）（2023年7月21日失效）	进一步明确了试点项目要求和条件，在申报材料、申报程序、合规性审查等实务操作层面给出了明确指引，并附上项目开展基础设施REITs试点基本情况材料、合规情况材料和证明材料清单

续表

时间	发文部门	文件名称	主要内容
2021/1/13	发改委	《关于建立全国基础设施领域不动产投资信托基金（REITs）试点项目库的通知》（发改办投资〔2021〕35号）	发改委将按照统一标准和规则，设立覆盖试点各区域、各行业的全国基础设施REITs试点项目库。公募REITs试点项目，应从储备库中统一选取，未入库项目不得推荐。
2021/7/2	发改委	《关于进一步做好基础设施领域不动产投资信托基金（REITs）试点工作的通知》（发改投资〔2021〕958号）	更新了公募REITs试点申报要求，重点拓宽了REITs试点范围。
2023/3/1	发改委	《关于规范高效做好基础设施领域不动产投资信托基金（REITs）项目申报推荐工作的通知》（发改投资〔2023〕236号）	明确将基础设施REITs试点范围拓展至消费基础设施领域。

资料来源：根据公开资料整理，兴业研究。

表1-4 金融监管部门发布的公募REITs配套业务规则和指南

时间	发文部门	文件名称
2021/1/29	上交所	《上海证券交易所公开募集基础设施证券投资基金（REITs）业务办法（试行）》（上证发〔2021〕9号）
		《上海证券交易所公开募集基础设施证券投资基金（REITs）规则适用指引第1号——审核关注事项（试行）》的通知（上证发〔2021〕10号）
		《上海证券交易所公开募集基础设施证券投资基金（REITs）规则适用指引第2号——发售业务（试行）》的通知（上证发〔2021〕11号）
2021/4/30		《上海证券交易所公开募集基础设施证券投资基金（REITs）业务指南第1号——发售上市业务办理》（上证函〔2021〕895号）
		《上海证券交易所投资者风险揭示书必备条款指南第4号——公开募集基础设施证券投资基金（REITs）》（上证函〔2021〕887号）
2021/6/17		《上海证券交易所公开募集基础设施证券投资基金（REITs）业务指南第2号——存续业务》（上证函〔2021〕1033号）

续表

时间	发文部门	文件名称
2021/1/29	深交所	《关于发布公开募集基础设施证券投资基金配套业务规则的通知》（深证上〔2021〕144号），附件：《深圳证券交易所公开募集基础设施证券投资基金业务办法（试行）》《深圳证券交易所公开募集基础设施证券投资基金业务指引第1号——审核关注事项》《深圳证券交易所公开募集基础设施证券投资基金业务指引第2号——发售业务》
2021/4/30		《深圳证券交易所公开募集基础设施证券投资基金业务指南第1号——发售上市业务办理》（深证上〔2021〕455号）
		《深圳证券交易所公开募集基础设施证券投资基金业务指南第2号——网下发行电子平台用户手册》（深证上〔2021〕457号）
2021/6/18		《深圳证券交易所公开募集基础设施证券投资基金业务指南第3号——交易业务》（深证上〔2021〕600号）
2021/7/15		《深圳证券交易所公开募集基础设施证券投资基金业务指南第4号——存续期业务办理》（深证上〔2021〕692号）
2020/9/22	证券业协会	《公开募集基础设施证券投资基金网下投资者管理细则（征求意见稿）》

资料来源：根据相关规章文件整理，兴业研究。

（一）试点区域

958号文重新明确了公募REITs的重点支持区域，"重点支持位于京津冀协同发展、长江经济带发展、粤港澳大湾区建设、长三角一体化发展、海南全面深化改革开放、黄河流域生态保护和高质量发展等国家重大战略区域，符合'十四五'有关战略规划和实施方案要求的基础设施项目"。较2020年7月8日《关于做好基础设施领域不动产投资信托基金（REITs）试点项目申报工作的通知》中的试点区域，删除了河北雄安新区，新增"黄河流域生态保护和高质量发展"区域、"符合'十四五'有关战略规划和实施方案要求"，将"国务院批准设立的国家级新区、国家级经济技术开发区范围内的基础设施项目"调整至试点行业中。

（二）试点行业

958号文涵盖了九大行业：交通、（新）能源、市政、生态环保、仓储物流、园区、新型基础设施、保障性租赁住房、包括水利设施和旅游设施的其他基础设施。而酒店、商场、写字楼等商业地产项目不属于试点范围。其中，交通、市政、生态环保为传统的公益性项目，能源集中在绿色能源、新能源领域，新型基础设施以数据、人工智能等数字化项目为主。较2020年初步试点项目类型，新增保障性租赁住房和水利、旅游等其他基础设施。236号文又将包括百货商场、购物中心、农贸市场等城乡商业网点项目、保障基本民生的社区商业项目等在内的消费基础设施项目纳入试点范围，共计十大行业。

表1-5　公募REITs最新试点项目行业分布

序号	行业	具体内容
1	交通	包括收费公路、铁路、机场、港口项目。
2	清洁能源	包括风电、光伏发电、水力发电、天然气发电、生物质发电、核电等清洁能源项目，特高压输电项目，增量配电网、微电网、充电基础设施项目，分布式冷热电项目。
3	市政	包括城镇供水、供电、供气、供热项目，以及停车场项目。
4	生态环保	包括城镇污水垃圾处理及资源化利用环境基础设施、固废危废医废处理环境基础设施、大宗固体废弃物综合利用基础设施项目。
5	仓储物流	应为面向社会提供物品储存服务并收取费用的仓库，包括通用仓库以及冷库等专业仓库。
6	园区	位于自由贸易试验区、国家级新区、国家级与省级开发区、战略性新兴产业集群的研发平台、工业厂房、创业孵化器、产业加速器、产业发展服务平台等园区基础设施。其中，国家级与省级开发区以《中国开发区审核公告目录（2018年版）》发布名单为准，战略性新兴产业集群以国家发展改革委公布名单为准。
7	新型基础设施	包括数据中心类、人工智能项目，5G、通信铁塔、物联网、工业互联网、宽带网络、有线电视网络项目，智能交通、智慧能源、智慧城市项目。
8	保障性租赁住房	包括各直辖市及人口净流入大城市的保障性租赁住房项目。
9	消费基础设施	百货商场、购物中心、农贸市场等城乡商业网点项目、保障基本民生的社区商业项目。

序号	行业	具体内容
10	其他	（1）具有供水、发电等功能的水利设施； （2）自然文化遗产、国家 AAAAA 级旅游景区等具有较好收益的旅游基础设施，其中自然文化遗产以《世界遗产名录》为准。

资料来源：根据相关规章文件整理，兴业研究。

（三）项目要求

公募REITs基础设施项目需要满足法律完备性、项目成熟稳定、各参与方资质达标等条件。

在法律完备性方面，要求：（1）基础设施项目权属清晰，资产范围明确，原始权益人合法合规持有基础设施项目产权及运营权，其上不附带其他权利负担；（2）基础设施项目投资管理流程文件完备，BOT/PPP 等项目操作流程合法合规；（3）基础设施项目具备可转让性，基础设施项目公司股东同意股权转让，依据2016 年 6 月 24 日国资委发布的《企业国有资产交易监督管理办法》（财政部令第 32 号）进行国有资产转让审批流程，满足《土地出让合同》《特许经营权协议》及区域土地交易管理办法、园区管理条例、行业管理办法等文件项下的转让条件；（4）项目投资建设时无需办理但按现行规定应当办理的有关手续，应按当时规定把握，并说明有关情况；项目投资建设时应当办理但现行规定已经取消或与其他手续合并的有关手续，如有缺失，应由相关负责部门说明情况或出具处理意见；按照项目投资建设时和现行规定均需办理的有关手续，如有缺失，原则上应由相关负责部门依法补办，确实无法补办的应由相关负责部门出具处理意见。如项目曾进行改变功能用途的重大改扩建，应主要依据改扩建时的相关手续办理情况判断其投资管理合规性。

在项目运营方面，要求：（1）项目成熟稳定，原则上具备 3 年运营时间；（2）近 3 年盈利或经营性净现金流为正；特许经营权、经营收益权类项目基金存续期内部收益率（IRR）原则上不低于 5%，非特许经营权、经营收益权类项目预计未来 3 年每年净现金流分派率原则上不低于 3.8%；收益持续稳定且来源合理分散；（3）首发规模不低于10亿元，保障性租赁住房项目当期目标不动产评估净值原则上不低于8亿元。

表1-6　公募REITs最新试点项目运营要求

	具体内容
运营时间	运营时间原则上不低于3年。对已能够实现长期稳定收益的项目，可适当降低运营年限要求。
盈利能力	现金流投资回报良好，近3年内总体保持盈利或经营性净现金流为正，预计未来3年净现金流分派率（预计年度可分配现金流/目标不动产评估净值）原则上不低于4%。
收益来源	收益持续稳定且来源合理分散，直接或穿透后来源于多个现金流提供方。
资产规模	首次发行的项目，当期目标不动产评估净值原则上不低于10亿元。发起人（原始权益人）具有较强扩募能力，备选资产原则上不低于首次发行资产规模的2倍。

资料来源：根据相关规章文件整理，兴业研究。

在各参与方资质方面，要求：（1）优先支持有一定知名度和影响力的行业龙头企业的项目；（2）发起人（原始权益人）、项目公司、基金管理人、资产支持证券管理人、基础设施运营管理机构近3年在投资建设、生产运营、金融监管、市场监管、税务等方面无重大违法违规记录。项目运营期间未出现安全、质量、环保等方面的重大问题或重大合同纠纷。

特别地，根据沪深交易所2022年7月15日发布的《公开募集基础设施证券投资基金（REITs）规则适用指引第4号——保障性租赁住房（试行）》（上证发〔2022〕109号、深证上〔2022〕675号），保障性租赁住房REITs还需要满足以下4点。（1）原始权益人应当为开展保障性租赁住房业务的独立法人主体，不得开展商品住宅和商业地产开发业务；鼓励专业化、规模化的住房租赁企业开展保障性租赁住房基础设施基金试点。（2）原始权益人不得以租赁住房等名义，为非租赁住房等房地产开发项目变相融资，或者变相规避房地产调控要求。（3）原始权益人控股股东或者其关联方业务范围涉及商品住宅和商业地产开发的，原始权益人应当在资产、业务、财务、人员和机构等方面与商品住宅和商业地产开发业务有效隔离，保持相对独立。（4）基础设施项目应当权属清晰、运营模式成熟、具有可持续的市场化收益，并经有关部门认定为保障性租赁住房项目，配租对象、租金标准等符合相关政策要求。发改236号文在将公募REITs试点范围拓展至消费基础设施领域时，亦提出"项目发起人（原始权益人）应为持有消费基础设施、开展相关业务的独立法人主体，不得从事商品住宅开发业务。发起人（原始权益人）应利用回收资金加大便民商业、智慧商圈、数字化转型投资力度，更好满足居民消费需求。严禁规避房地产调控要求，**不得为商品住宅开发项目变相融资**"。

（四）公募 REITs 运行机制

公募REITs引入公募基金实现公募化，采用"封闭式公募基金–ABS专项计划–项目公司–项目"的结构，而非国外REITs通用的信托制或公司制。具体的交易结构如下体现。

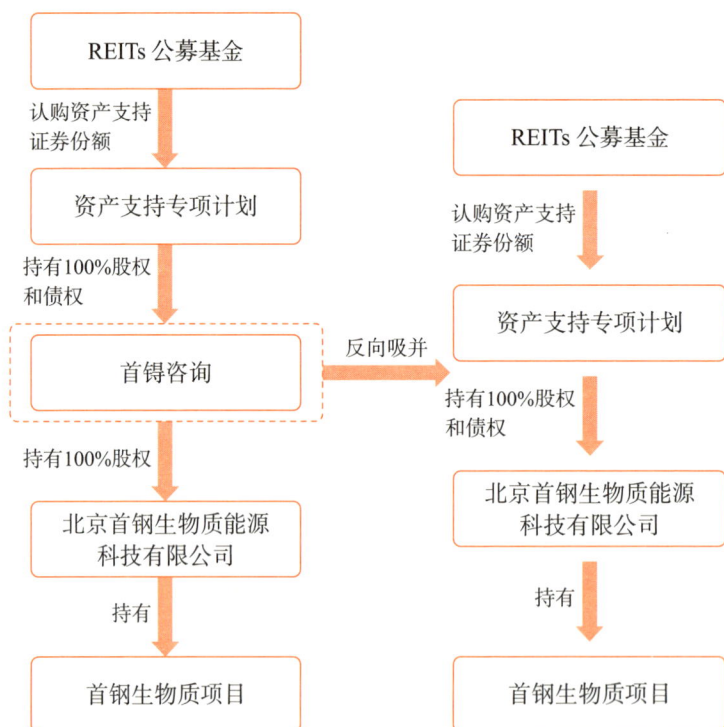

图1–2 以首钢生物质REITs为例展示公募REITs结构示意图

资料来源：招募说明书，兴业研究。

公募基金持有全部ABS专项计划份额＋部分其他投资，ABS专项计划持有基础设施项目公司的股权＋债权，基础设施项目公司持有基础设施项目的完全所有权/经营权利等；公募基金管理人和ABS专项计划管理人应为同一实际控制下具有相应业务资质的金融机构；允许在基金层面引入外部借款，和公募REITs投资者共同投资专项计划，前者按照固定收益获取报酬，后者获得权益分红和资本利得。基础设施项目资产归属独立于原始权益人、基金管理人及其他任何参与方。由于间接持有基础设施项目的专项计划是平层设计、不分层，公募REITs权益属性凸显。

在资产要求方面，公募REITs要求80%以上的资金投向基础设施项目，其他部分可投向利率债、AAA级信用债或货币市场工具。在收益分配方面，规定收益分配比例不低于合并后基金年度可供分配金额的90%。在长期负债方面，基金总资产不得超过基金净资产的140%，即负债率不可高于28.57%，负债可用于满足一定条件的项目收购。

表1-7　公募REITs运行机制

	主要内容
组织结构	公募基金＋单一ABS+1或多个基础设施项目，公募基金封闭式运作。
资产要求	80%以上基金资产持有单一基础设施资产支持证券全部份额，基础设施资产支持证券持有基础设施项目公司全部股权，剩余部分投向利率债、AAA级信用债或货币市场工具。
收入要求	无。
红利分配要求	将不低于90%的合并后基金年度可供分配金额以现金形式分配给投资者
长期负债要求	基金总资产不得超过基金净资产的140%，借款可用于基础设施项目日常运营、维修改造、项目收购，但项目收购需满足一定条件。

资料来源:《公募REITs试行指引》,兴业研究。

（五）投资者构成

在投资者构成方面，公募REITs遵循投资者分散原则，并对战略配售、网下投资者构成、公众投资者占比等方面进行约束。

在战略配售方面，基础设施项目原始权益人或其同一控制下的关联方参与基础设施基金份额战略配售的比例合计不得低于本次基金份额发售数量的20%，其中基金份额发售总量的20%持有期自上市之日起不少于60个月，超过20%部分持有期自上市之日起不少于36个月，基金份额持有期间不允许质押。原始权益人或其同一控制下的关联方拟卖出经战略配售取得的基础设施基金份额，应当按照相关规定履行信息披露义务。

在网下投资者方面，扣除向战略投资者配售部分后，基础设施基金份额向网下投资者发售比例不得低于本次公开发售数量的70%。网下投资者为证券公司、基金管理公司、信托公司、财务公司、保险公司、合格境外机构投资者、商业银行及其理财子公司、符合规定的私募基金管理人以及其他中国证监会认可的专业机构投资者。全国社会保障基金、基本养老保险基金、年金基金等可根据有关规定参与基础设施基金网下询价。目前银保监会已发布的《关于保险资金投资公开募集基础设施证券投资基金有关事项的通知》中符合条件的保险资金可投资公募REITs。在实务中，由于部分项目公司股权转让存在一定限制，要求其实际控制权不可变更，因此，部分网下投资者被动成为原始权益人的"一致行动人"，以确定项目的实际控制权不发生变化。

（六）申报流程

公募REITs实行先入库再申报的业务流程。

根据2021年1月13日发改委办公厅发布的《关于建立全国基础设施领域不动产投资信托基金（REITs）试点项目库的通知》，发改委将按照统一标准和规则，设立覆盖试点各区域、各行业的全国基础设施REITs试点项目库，并作为全国盘活存量项目库的重要组成部分。各地发展改革委要在严格审核把关的基础上，将符合条件的项目纳入基础设施REITs试点项目库。

基础设施REITs试点项目库包含3类项目。

（1）意向项目。属于基础设施项目，基本符合基础设施REITs发行条件，原始权益人具有发行REITs产品的明确意向。

（2）储备项目。项目发起人（原始权益人）已正式启动发行REITs产品准备工作。比如，已开始目标资产重组工作，或已基本确定公募基金管理人和资产支持专项计划管理人，或已筹备成立项目公司，或相关股东已协商一致同意转让，或有权主管部门同意发行REITs产品等。

（3）存续项目。项目已成功发行REITs产品，设立的基础设施基金进入存续期管理。

申报流程一般先由发起人（原始权益人）上报省发改委，由省发改委出具无异议专项意见并将申报材料上报国家发改委。实务中，视项目数量不同申报流程略有差异：单一项目的公募REITs上报项目所在地省发改委；跨地区多个项目的公募REITs上报发起机构注册地的省发改委，由其进行发行总体方案的审查，并由项目所在地省发改委严格把关。省发改委上报后，由国家发改委审批确定拟向证监会推荐的项目名单，同时将相关材料转送证监会。基金管理人同时向交易所提交上市申请，取得无异议函并报送证监会，证监会取得全套项目申报材料后注册发行。

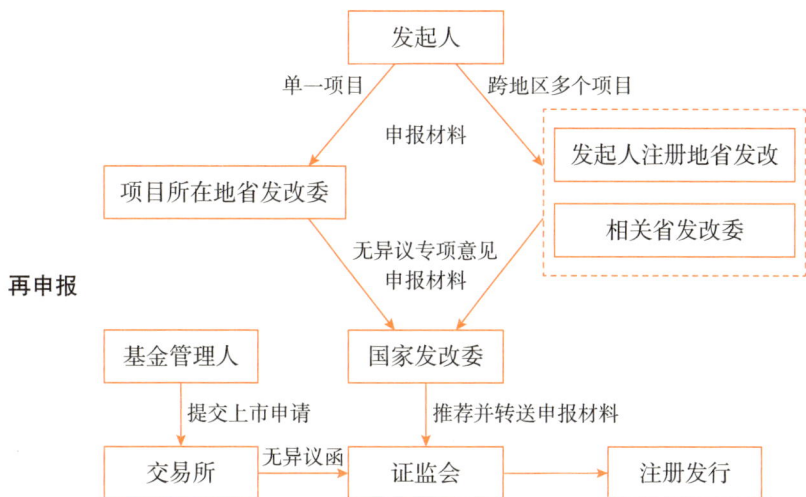

图1-3　公募REITs最新申报流程

资料来源：根据相关规章文件整理，兴业研究。

（七）中介机构要求

为项目申报提供服务的中介机构包括基金管理人、基金托管人、法律顾问、财务顾问、评估机构、税务咨询顾问、审计机构等。《公募 REITs 试行指引》要求基金管理人或其同一控制下的关联方应当具有不动产研究经验，配备充足的专业研究人员；具有同类产品或业务投资管理或运营专业经验，且同类产品或业务不存在重大未决风险事项。基础设施基金托管人与基础设施资产支持证券托管人应当为同一人。发改委要求其他中介机构应依法依规履行相关职责，保证出具的相关材料科学、合规、真实、全面、准确。律师事务所和会计师事务所近 3 年未发生重大违法违规事件，未受到国家行政机关或监管机构行政处罚。律师事务所出具法律意见书应经律师事务所负责人及承办律师签字。会计师事务所出具审计报告应经有关注册会计师签字和盖章。

表 1–8　公募 REITs 基金管理人和基金托管人要求

基金管理人	基金托管人
（一）公司成立满 3 年，资产管理经验丰富，公司治理健全，内控制度完善； （二）设置独立的基础设施基金投资管理部门，配备不少于 3 名具有 5 年以上基础设施项目运营或基础设施项目投资管理经验的主要负责人员，其中至少 2 名具备 5 年以上基础设施项目运营经验； （三）财务状况良好，能满足公司持续运营、业务发展和风险防范的需要； （四）具有良好的社会声誉，在金融监管、工商、税务等方面不存在重大不良记录； （五）具备健全有效的基础设施基金投资管理、项目运营、内部控制与风险管理制度和流程； （六）中国证监会规定的其他要求。	（一）财务状况良好，风险控制指标符合监管部门相关规定； （二）具有良好的社会声誉，在金融监管、工商、税务等方面不存在重大不良记录； （三）具有基础设施领域资产管理产品托管经验； （四）为开展基础设施基金托管业务配备充足的专业人员； （五）中国证监会规定的其他要求。

资料来源：《公募 REITs 试行指引》，兴业研究。

（八）尽职调查内容

基金管理人负责公募REITs尽职调查工作。《公募REITs试行指引》要求基金管理人应当制定完善的尽职调查内部管理制度，建立健全业务流程，对基础设施项目出具的尽职调查报告，包括：（1）基础设施项目原始权益人及其控股股东、实际控制人，项目管理机构等主要参与机构情况；（2）基础设施项目财务情况；（3）基础设施项目对外借款情况及基础设施基金成立后保留对外借款相关情况（如适用）；（4）基础设施项目现金流的稳定性和历史记录及未来现金流的合理测算和分析；（5）已签署正在履行期内及拟签署的全部重要协议；（6）安全生产及环境保护情况，及是否符合城市规划要求；（7）基础设施项目法律权属，及是否存在抵押、查封、扣押、冻结等他项权利限制和应付未付义务；（8）是否已购买基础设施项目保险，及承保范围和保险金额；（9）同业竞争、关联关系及关联交易等潜在利益冲突情况；（10）基础设施基金是否可合法取得基础设施项目的所有权或经营权利；（11）可能影响基础设施项目运营的其他重要事项。上述尽调内容将形成申报材料在首发阶段进行披露。

（九）信息披露要求

公募RETIs需编制并披露定期报告和临时公告，其中定期报告包括季度报告、半年度报告和年度报告，涉及公募REITs产品概况、主要财务指标、项目明细及运营情况、基金财务报告和项目公司财务状况/业绩表现/未来展望、现金流管理情况、对外借款及使用、参与方履职及费用收取、基金买卖项目、关联交易、持有人构成等。发生重大关联交易、负债率超过阈值、重大交易、重大损失、项目买卖、扩募、项目重大变化、参与方重大变化、战略投资者出售基金份额等事项时需进行临时公告。

表 1-9　公募 REITs 存续期信息披露要求

定期报告的内容	临时公告的情况
（1）基础设施基金产品概况及主要财务指标。季度报告主要财务指标包括基金本期收入、本期净利润、本期经营活动产生的现金流量、本期可供分配金额和单位可供分配金额及计算过程、本期及过往实际分配金额（如有）和单位实际分配金额（如有）等；中期报告和年度报告主要财务指标除前述指标外还应当包括期末基金总资产、期末基金净资产、期末基金份额净值、基金总资产占基金净资产比例等，年度报告需说明实际可供分配金额与测算可供分配金额差异情况（如有）； （2）基础设施项目明细及相关运营情况； （3）基础设施基金财务报告及基础设施项目财务状况、业绩表现、未来展望情况； （4）基础设施项目现金流归集、管理、使用及变化情况，如单一客户占比较高的，应当说明该收入的公允性和稳定性； （5）基础设施项目公司对外借入款项及使用情况，包括不符合本指引借款要求的情况说明； （6）基础设施基金与资产支持证券管理人和托管人、外部管理机构等履职情况； （7）基础设施基金与资产支持证券管理人、托管人及参与机构费用收取情况； （8）报告期内购入或出售基础设施项目情况； （9）关联关系、报告期内发生的关联交易及相关利益冲突防范措施； （10）报告期内基础设施基金份额持有人结构变化情况，并说明关联方持有基础设施基金份额及变化情况； （11）可能影响投资者决策的其他重要信息。	（1）基础设施基金发生重大关联交易； （2）基础设施项目公司对外借入款项或者基金总资产被动超过基金净资产 140%； （3）金额占基金净资产 10% 及以上的交易； （4）金额占基金净资产 10% 及以上的损失； （5）基础设施项目购入或出售； （6）基础设施基金扩募； （7）基础设施项目运营情况、现金流或产生现金流能力发生重大变化； （8）基金管理人、基础设施资产支持证券管理人发生重大变化或管理基础设施基金的主要负责人员发生变动； （9）更换评估机构、律师事务所、会计师事务所等专业机构； （10）原始权益人或其同一控制下的关联方卖出战略配售取得的基金份额； （11）可能对基础设施基金份额持有人利益或基金资产净值产生重大影响的其他事项。

注：基金季度报告披露内容可不包括第（3）（6）（9）（10）项，基金年度报告应当载有年度审计报告和评估报告。

资料来源：公开资料整理，兴业研究。

五、公募REITs未来的政策方向

现有公募REITs试点在现行法律法规框架下开展，以期能在基础设施领域有针对性地快速推行，未来存在专门立法的政策需求。

在税收方面，国外REITs普遍有专门立法，以立法形式规定税收机制，解决了企业所得税和权益分红的重复征税问题，在买卖资产层面存在一定税收优惠。目前针对公募REITs，仅财政部、国家税务总局于2022年11月23日针对原始权益人在公募REITs发行过程中涉及的企业所得税发布《关于基础设施领域不动产投资信托基金（REITs）试点税收政策的公告》（财政部 税务总局公告2022年第3号），但在实务操作层面，却会面临使用场景是否适用该公告的分歧。同时，公募REITs运营期通过引入项目公司债权方式节约其企业所得税，通过使用公募基金免税资质解决企业所得税和权益分红的重复征税，交易结构复杂，存在专门立法可从根本上解决重复征税的问题。

在资产转让限制方面，基础设施项目以国有资产为主，目前基础设施项目转让需依据《企业国有资产交易监督管理办法》进行审批，《土地出让合同》《特许经营权协议》及区域土地交易管理办法、园区管理条例、行业管理办法等文件项下普遍存在一定限制条件。当前实务中均以有关部门定向审批、出函的形式解除资产转让限制，专门立法后，REITs以上位法开展业务，可提高REITs业务依从的法律层级，减少审批事项、压缩业务流程。

公募 REITs 与类 REITs：关键差异

探讨公募 REITs 多年，但迟迟未落地，于是便在 2014 年以类 REITs 形式先行开展了不动产的证券化，即"中信启航专项资产管理计划"。2020 年 4 月 30 日，中国证监会、国家发展改革委联合发布《关于推进基础设施领域不动产投资信托基金（REITs）试点相关工作的通知》（证监发〔2020〕40 号），由此开启了我国基础设施公募 REITs 的新纪元。虽然公募 REITs 与类 REITs 名称相似，且公募 REITs 在交易结构方面也借鉴了类 REITs 的精华之处，业务实质和资产重组方案同源，但二者在投融两端又存在诸多差异。本节将从多角度阐述公募 REITs 和类 REITs 异同，以期为市场参与方厘清二者业务实质和资产特点。

○ ○ ○ ●

一、不动产出售的业务实质和交易安排基本相同

（一）不动产出售的业务实质相同

从业务实质来看，公募 REITs 和类 REITs 均是不动产的证券化，是发起人（原始权益人）将不动产资产出售给特殊目的载体的证券发行过程，是发起人盘活资产、降低账面杠杆的有效融资方式。不管是公募 REITs 还是类 REITs，实现不动产的真实出售和公允对价是其业务基础，这也是实务中必须实现的环节。

公募 REITs 和类 REITs 对发起人财务报表的影响基本一致。发起阶段的

会计处理，是以发起人是否在不动产进行证券化以后仍然有实际控制来确定是否对不动产进行出表处理。

（1）若发起人及其一致行动人自持REITs份额少于50%，普遍认为发起人丧失了对不动产及其项目公司的控制权，则实现了个别和合并报表层面的资产出表，不动产所在科目会相应减计其账面价值，增加货币资金净融资额，将发起人自持份额计入其他非流动资产等科目，若不动产出售价格高于/低于账面价值，还要相应调整营业外收入和未分配利润。通过这种方式融资，在不动产出售价格高于账面价值时，资产负债率下降；在不动产出售价格等于账面价值时，资产负债率不变；仅在不动产出售价格低于账面价值时，资产负债率攀升，而这种情况在我国所有REITs中尚未发生过。

（2）若发起人及其一致行动人自持REITs份额高于50%，通常就会被认为发起人仍然对不动产及其项目公司拥有实际控制权，则个别报表出表，合并报表需要对REITs基金或类REITs结构体进行合并处理，与处置子公司部分股权但不丧失控制权的合并处理方法一致，保持不动产所在科目不变，相应调整货币资金、少数股东权益和资本公积，在不动产出售价格高于/等于账面价值时，均可降低账面资产负债率。需要说明的是，很多不动产属于国有资产，相关法规会限制发起人对不动产实际控制权的转移，因此实务中不少REITs发起人及其一致行动人持有REITs份额或不动产项目公司股权比例超过50%，如公募REITs浙商沪杭甬REIT、类REITs杭高速2019—1，但不同的是前者通过持有公募REITs份额来确保持有不动产比例超过50%，后者在转让不动产项目公司股权时仅转让不超过50%。

公募REITs和类REITs对备选项目的法律完备性要求基本一致。二者均要求备选项目已建成，并持续运营了一段时间，未来现金流稳定；权属清晰，资产范围明确，发起人合法合规持有不动产产权及运营权，其上不附带其他权利负担，若存在抵质押等权利负担，需明确解除抵质押的有效安排。

出表				并表			
固定资产/投资性房地产/无形资产	减	账面价值		固定资产/投资性房地产/无形资产		不变	
货币资金	加	净融资额		货币资金	加	净融资额	
其他非流动资产等	加	战略配售额/自持部分		少数股东权益	加	净融资额–溢价部分	
营业外收入并未分配利润	加	溢价部分		资本公积	加	溢价部分	

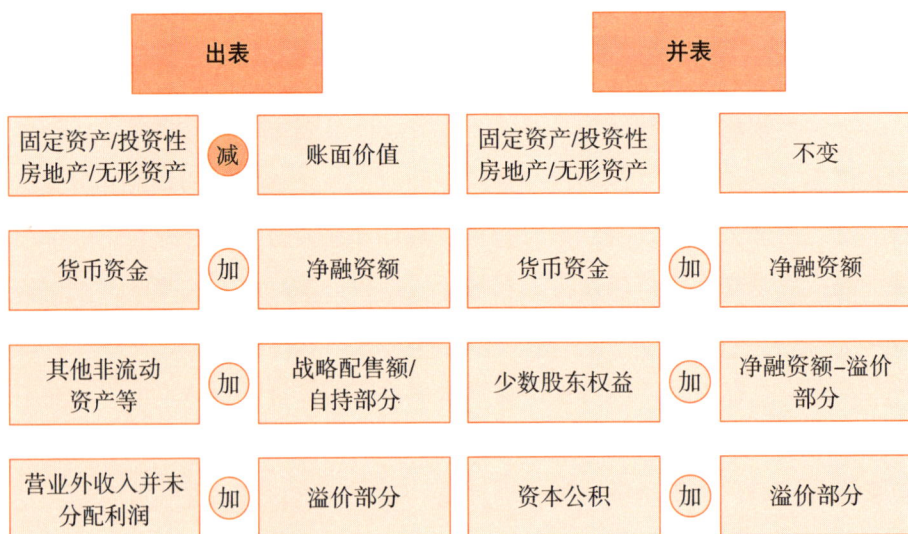

图 1–4　公募 REITs 和类 REITs 涉及的合并报表会计处理

资料来源：兴业研究整理。

（二）资产重组和税务筹划方案相对一致

公募 REITs 和类 REITs 内核资产重组和税务筹划方案相对一致。公募 REITs 采用"公募基金—专项计划—不动产项目公司股权和债权"的交易结构完成投资者对不动产的持有，类 REITs 普遍采用"专项计划—私募基金或信托计划—不动产项目公司股权和债权"或"专项计划—不动产项目公司股权和债权"[①]完成投资者对不动产的持有，二者均通过间接持有不动产项目公司股权和债权实现了投资者持有不动产产权和收益，并进行了合理"避/节税"。

在类 REITs 交易结构中，专项计划直接或间接购买项目公司股权和发放委托贷款的形式将募集资金发放给发起人，不动产通过产权归属项目公司，同时抵押给委托贷款的方式转让至类 REITs，成为其还款来源。委托贷款发放给不动产项目公司后，置换其与原实际控制人之间的存量债务。类 REITs

---

① 这一简化结构普遍是在公募 REITs 上市之后才被使用。

交易结构设计的关键是构建项目公司存量债务，而没有现金留存在账面上。

构建不动产项目公司存量债务的方法有很多，最常见的两种。

第一种是使用SPV公司及项目公司的反向吸并。具体地，在证券化之前，新设SPV公司，从原始权益人处收购项目公司100%股权，原始权益人拆借资金给SPV公司用以支付股权对价，以构建存量债务，之后不动产项目公司反向吸并SPV公司，仍由原始权益人持有项目公司股权，但其同时也持有了项目公司的债权（项目公司承接了原SPV公司对原始权益人的债务）。

第二种是不动产项目公司的股东减资，但项目公司未支付减资款，形成股东对项目公司的债权，专项计划成立后，受让原股东对项目公司的股权＋债权，该方式未使用SPV公司及项目公司的反向吸并，亦未产生大额资金的短期占用成本，操作相对简单。之所以采用专项计划间接持有项目公司股权＋债权的结构，是因为：（1）以项目公司股权代替不动产产权交易，可以避免缴纳土地增值税；（2）在项目公司分红之前优先偿还利息和债务，可以减少缴纳一定额度的企业所得税，即进行有效"避/节税"安排。

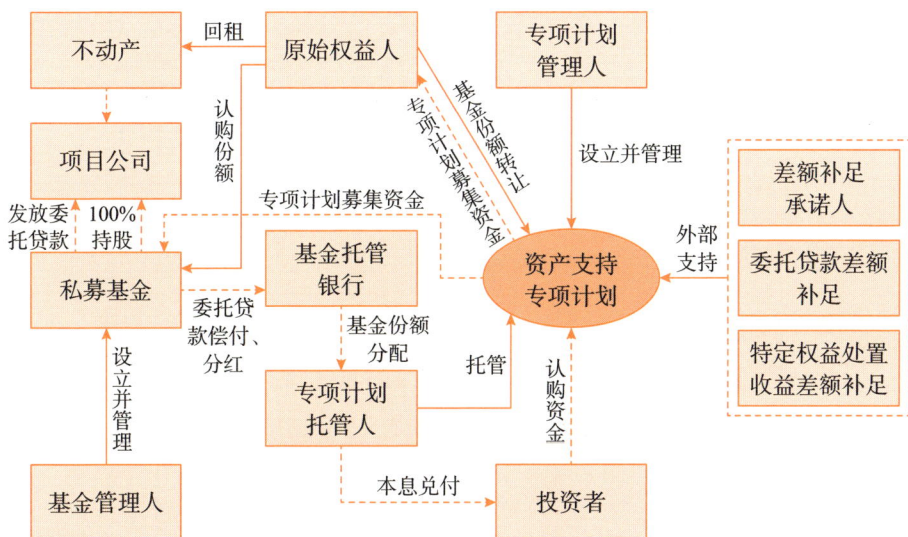

图1-5　类REITs主流交易结构示意图

资料来源：兴业研究整理。

公募REITs的核心交易结构，是在类REITs的基础上精简，采用专项计划直接持有不动产项目公司股权、直接向项目公司发放贷款的方法，取代专项计划通过私募基金持有不动产项目公司股权，并向其发放委托贷款a的方法，但仍然是以构建不动产项目公司存量债务、以"不动产项目公司股+债"作为底层资产来进行"避/节税"，这与类REITs的方案基本一致。之后在"专项计划—（不动产项目公司股+债）"这一精简的类REITs前端加公募基金实现REITs公募上市，因此在核心交易安排上是一致的。

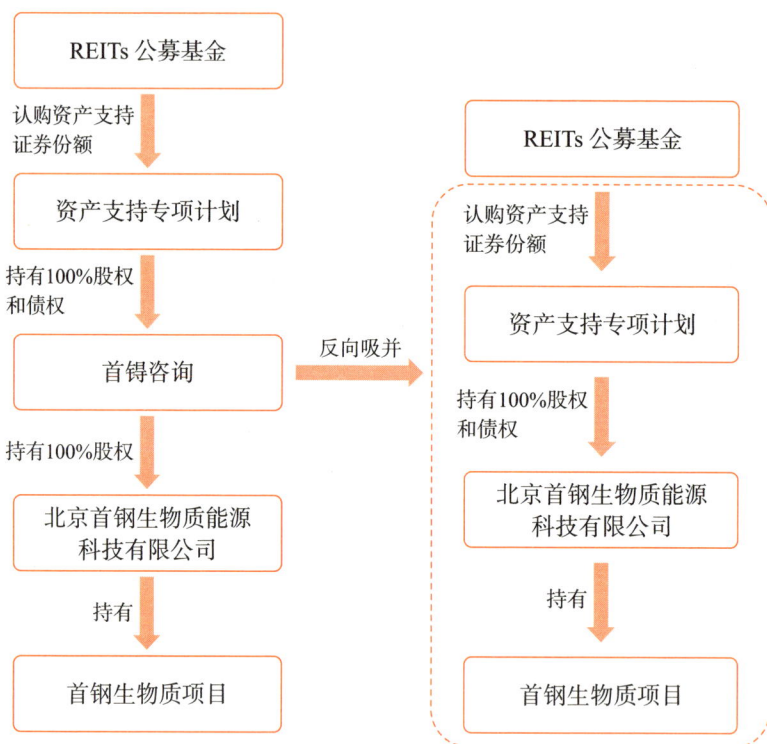

图1-6　反向吸并前后首钢生物质REITs结构示意图

资料来源：招募说明书，兴业研究。

---

① 2018年1月6日，银监会发布《商业银行委托贷款管理办法》（银监发〔2018〕2号）要求，商业银行不得接受委托人受托管理的他人资金发放委托贷款，这也成为不使用私募基金作为嵌套结构的原因之一。

二、上层设计和业务规则不同

（一）上层设计和产品属性不同

在上层设计方面，公募REITs采用公募基金+ABS实现REITs公募上市和公众投资，并利用了投资者购买公募基金收益可以减免所得税的产品特点，避免了公募REITs出现重复征税问题，投资标的是公募基金份额，其信息披露较类REITs更为透明，二级市场活跃亦较高，来自基础设施项目的现金流分红收益相对稳定，二级市场的资本利得是投资者收益的重要补充，因此兼具固定收益和权益属性；而类REITs则完全采用ABS交易结构，以私募产品为主，仅限机构投资者，投资标的是资产支持证券，二级交易不活跃，除外部支持方出现信用风险外，投资者普遍持有至到期，以获取预期利息为主要收益来源，属于典型的固定收益证券。

表1-10 公募REITs和类REITs产品属性对比

	公募 REITs	类 REITs
发行场所	交易所	交易所为主、银行间市场为辅
发行方式	公募	私募为主、公募为辅
投资者构成	机构投资者、公众投资者	机构投资者
投资标的	公募基金份额	资产支持证券，以优先级为主
底层资产	不动产产权/运营权	不动产产权
投资标的属性	权益属性凸显	固定收益属性
风险来源	基础设施项目运营波动及估值变化带来的分红波动和REITs基金价格波动	不动产运营波动及估值变化、外部支持方信用质量变化带来的优先级证券本息按时兑付风险
退出方式	1. 基金到期 2. 特许经营权到期、产权到期未续且无其他项目纳入	1. 原始权益人回购 2. 市场化处置 3. 公募 REITs 退出 4. 续发类 REITs
投资者收益来源	分红收益+资本利得	预期利息
二级市场	活跃	不活跃

资料来源：兴业研究。

类REITs优先级固定收益属性明显。目前类REITs证券端设计有两种：偏股型和偏债型。偏股型类REITs证券端一般设计为优先级A/B+次级，偏债型一般设计为优先A/B（可能还有优先C），无论偏股型还是偏债型设计，优先级均具有显著的固定收益证券属性，约定预计到期日和还本付息安排；而次级（偏股型类REITs中常见）不约定收益率，类REITs现金流扣除期间费用和优先级本息后的剩余收益均归次级所有。

类REITs底层资产均为不动产产权类型资产，产权剩余期限均长于类REITs存续期。偏股型类REITs一般分为"固定存续期+资产处置期"，固定存续期不动产运营产生的净现金流主要用于偿付期间费用、优先级利息或本金的小额度固定摊还，剩余部分用于过手分配给次级，优先级大额本金的偿付通常依赖资产处置期的处置收入。当不动产增值或贬值时，偏股型的次级会获得超额收益或产生一定损失。常见的还本付息安排为：（1）优先级每次付息、本金小额固定摊还或一次性到期偿付，次级一次性到期；（2）在优先级一次性到期还本之前，多余的现金流过手偿付给次级。偏债型类REITs期限通常是18年—24年，但可每3年开放退出，优先级本金通常根据原始权益人的债务偿付压力分期摊还，优先A/B的偿付方式最常见的是优先A每年付息、固定摊还，优先B每年付息、固定摊还或一次性到期偿付。为保证优先级信用等级较高，通常引入原始权益人的外部支持，使用最多的是差额支付和优先回购权权利维持费，并视资产端现金流缺口确定外部支持的金额和频率。

类REITs资产处置通常有四种方式：在优先回购方信用质量稳定的情况下对优先级证券进行优先回购、寻求公募REITs退出、续发类REITs和市场化处置。值得注意的是，在资产增值时，即便优先回购方面临现金流紧张，仍然会选择优先回购优先级证券后再出售资产，因此投资者仍然获得固定收益；而在资产贬值叠加优先回购方现金流紧张的时候，投资者就可能需要承担相应的损失。

为保证优先级证券顺利还本付息，类REITs常见的现金流保障措施有：（1）原始权益人对不动产进行回租，约定租金和租期，保证租金稳定、租期覆盖类REITs存续期，不动产真正市场化运营的很少；（2）原始权益人在不动产项目公司债权层面提供差补、提供优先回购权权利维持费、保证金等外部支持。上述因素也导致类REITs不动产出售仅实现了会计出表，运营和偿付风险在很大程度上并未出表，投资者判断其信用时亦需要考量外部支持方的信用质量。

公募REITs兼具固定收益和权益属性。公募REITs间接持有全部专项计划资产支持证券，资产支持证券不分层。公募REITs不约定投资者收益，按照不低于合并后基金年度可供分配金额的90%进行收益分配，收益取决于不动产项目公司的实际运营情况，原始权益人不对其提供除承租a外的其他现金流支持，因此普遍要求不动产经营现金流来源分散、稳定，以确保其稳定性强、波动性小，同时指定试点范围、限制基金杠杆使用水平，这就使公募REITs重运营而轻扩张，不能像上市公司一样进行高杠杆和多元化发展，盈利上行空间相对有限，呈现"上有顶下有底"的稳定状态。但其运营现金流仍然会存在一定程度的波动或预期波动导致投资者获得的分红和公募REITs价格出现变化，此二者的波动风险是投资者需要判断和承担的主要风险，这与类REITs优先级构建在不动产经营性现金流和外部支持方信用质量之上的固定收益风险存在天壤之别。

公募REITs基金属于契约型封闭基金，合同存续期普遍长于不动产剩余期限，且普遍比类REITs期限长。按照基础设施项目类型不同，公募REITs可以分为两种：（1）特许经营权型REITs，特许经营权到期后，按照初始发起协议需将基础设施项目转交给相应政府，可视为递减型资产，若未及时纳入新的基础设施项目，基金净值会减少，基金早于存续期限到期终止；（2）产权型REITs，不受不动产产权剩余期限限制，不动产产权到期可续，可视为永续型资产，但需缴纳一定的土地出让金，在基金存续期到期后，可

---

① 在公募REITs中，不动产运营普遍体现市场化，仅在红土创新盐田港REIT中，原始权益人租赁了基础设施项目约44%的可出租面积，在京东嘉实仓储基础设施REIT中，基础设施项目全部由原始权益人及其关联方承租。

通过市场化方式处置不动产终止基金，或延长基金存续期限。上述资产属性使两种类型的公募REITs在存续期内现金流呈现不同的特点，并体现在基础设施项目估值和基金净值变化上：（1）特许经营权型REITs现金流呈现$a1$，$a2$，$a3$，$\cdots$，$0+an$、基础设施项目价值和基金净值逐步递减为0的特点；（2）产权型REITs呈现$a1$，$a2$，$a3$，$\cdots$，$A+an$、基础设施项目价值和基金净值小幅波动的特点。对于投资者来说，除基金到期终止外，还可以通过二级市场出售公募REITs份额实现投资退出。

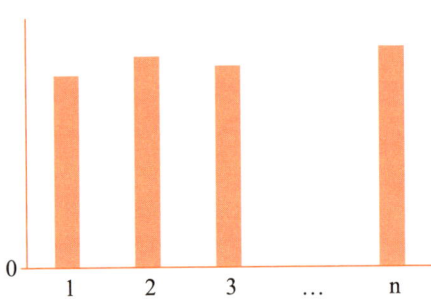
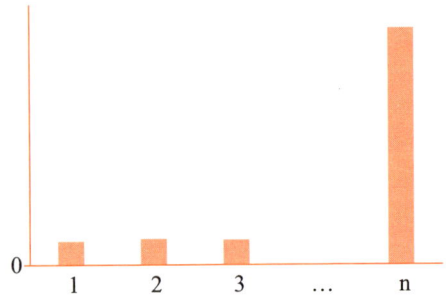

图1-7　特许经营权型REITs现金流示意图　图1-8　产权型REITs现金流示意图

资料来源：兴业研究整理。

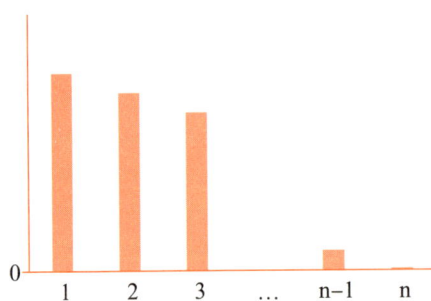
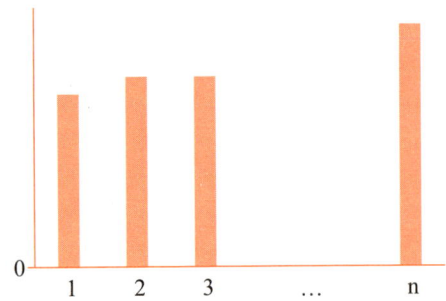

图1-9　特许经营权型REITs基金净值示意图　图1-10　产权型REITs基金净值示意图

资料来源：兴业研究整理。

（二）投资逻辑不同

公募REITs权益属性凸显，投资收益来源于分红和资本利得。从美国权益型REITs和当前我国已上市公募REITs的收益构成来看，收益波动性主要来源于资本利得。我国已上市发行的特许经营权型REITs和不动产产权型REITs预计现金流分派率分别在6%—9%、4.2%—5.0%。获取资本利得成为公募REITs的重要投资目的，二级市场较为活跃为获取资本利得提供了可能渠道，截至2022年1月末，剔除首日异常数据外，我国公募REITs日均换手率为0.65%。而从长周期来看，相对稳定的分红是REITs的重要构成，1972—2021年美国权益型REITs的年均复合总回报率为11.98%，在–41%—48%之间波动，其中因资本利得带来的年均复合收益率为4.67%，波动区间与总回报率基本一致，而分红收益率在3.28%—11.63%，均值为7.35%，较资本利得收益相对稳定。

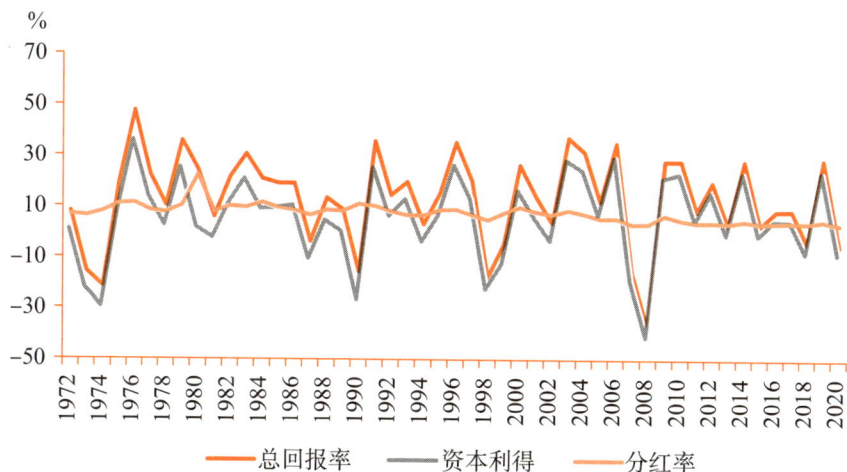

图1–11　美国权益型REITs回报率情况

资料来源：NAREIT，兴业研究。

表1–11　美国权益型REITs回报率构成（%）

期间	总回报率均值	资本利得均值	分红率均值
1972—1980	14.55	4.29	10.26
1981—1990	12.08	2.85	9.22
1991—2000	14.81	6.95	7.86
2001—2010	13.62	7.59	6.03
2011—2021	12.71	8.71	4.00

资料来源：NAREIT，兴业研究。

图1-12 CIB-REITs价格指数变化

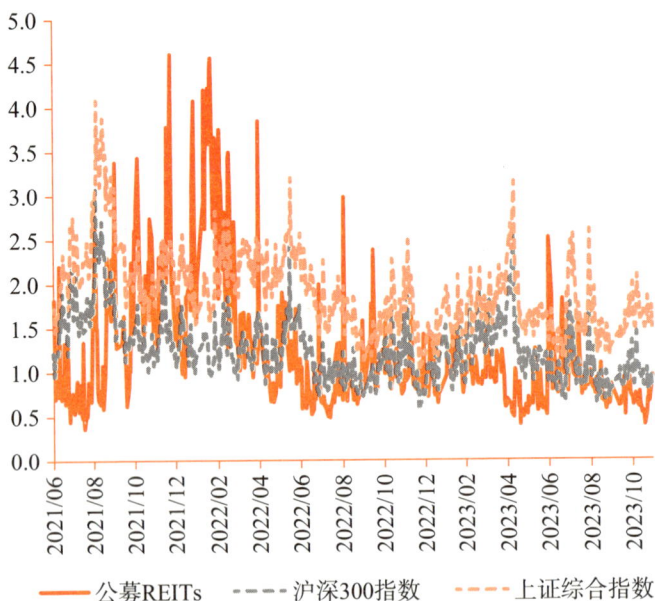

图1-13 我国公募REITs换手率变化

资料来源：Wind，兴业研究整理。

相较之下，类REITs作为固定收益证券，投资收益主要来源于预期利息，投资者基于类REITs优先级信用风险和信用利差判断其投资价值，偶尔在利率周期进行交易获得资本利得。

（三）投资者构成不同

鉴于产品属性和投资逻辑的差异，公募REITs和类REITs面临的投资环境和机构投资者构成不同。

类REITs分属ABS系列，按照2023年11月1日国家金融监督管理总局发布的《商业银行资本管理办法》（国家金融监督管理总局令第4号）附件11，商业银行投资信用级别在AA–及以上级别的优先级时，按照10%—45%进行风险计提，与信用债相比具有一定成本优势，保险资金和大资管类型的资金投资ABS相对信用债并无特别成本优势，叠加其二级交易不活跃、信用利差已收窄至较低水平，因此商业银行自营资金仍是ABS乃至类REITs的主要投资者。需要说明一点，原始权益人持有类REITs的比例通常很低，以达到获得最大净融资规模的目的。

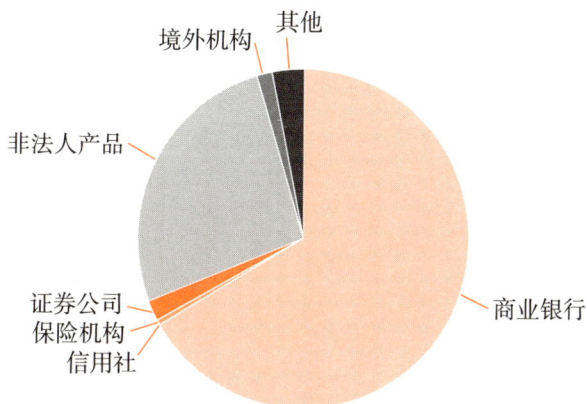

图1-14　截至2021年末信贷ABS投资者结构[1]

资料来源：Wind，兴业研究。

---

[1] 无类REITs及ABS投资者构成数据，以信贷ABS投资者构成做参考。

按照《公开募集基础设施证券投资基金指引（试行）》（证监会公告〔2020〕54号）》，除战略投资者外，可参与公募REITs投资的机构投资者包括证券公司、基金管理公司、信托公司、财务公司、保险公司、合格境外机构投资者、商业银行及其理财子公司、符合规定的私募基金管理人以及其他中国证监会认可的专业机构投资者。而《商业银行资本管理办法》并未单独明确商业银行投资公募REITs适用哪项风险权重。如果进行简单类比，比照投资股权，则风险权重可能高达1250%；比照商业银行非自用不动产投资，则风险权重可能高达400%，因此当前已上市的公募REITs机构投资者中甚少见商业银行自营资金。2021年11月10日，银保监会发布《关于保险资金投资公开募集基础设施证券投资基金有关事项的通知》（银保监办发〔2021〕120号），对保险资金投资公募REITs进行规范，要求"按照上市权益类资产投资管理要求，建立健全内部控制制度和风险管理制度"。

从前两批公募REITs投资者构成来看，战略投资者占了绝对比重，比例在55.33%—78.97%，由于战略投资者所持份额需锁定至少1年，因此截至2022年1月末市场上的流通份额其实仅为发行量的30.72%，市场体量尚小。网下投资者中，机构自营为主要投资者，其次是保险资金，基金、信托、券商资管等参与度略低。公众投资者占比在3.86%—13.4%之间，占比较低。

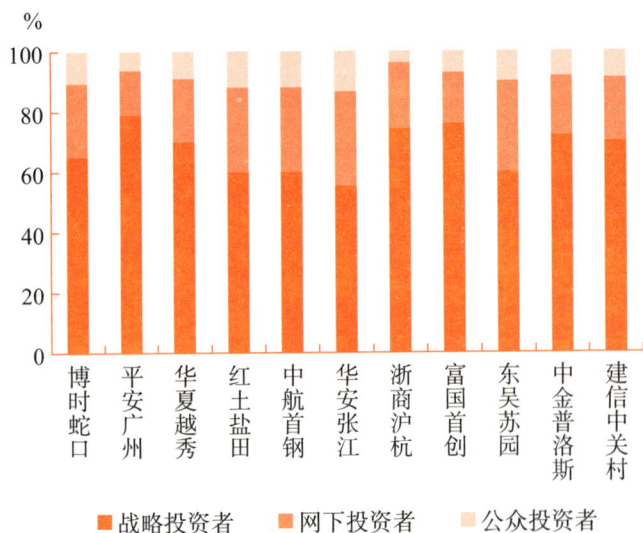

图1-15　以前两批公募REITs展示投资者构成

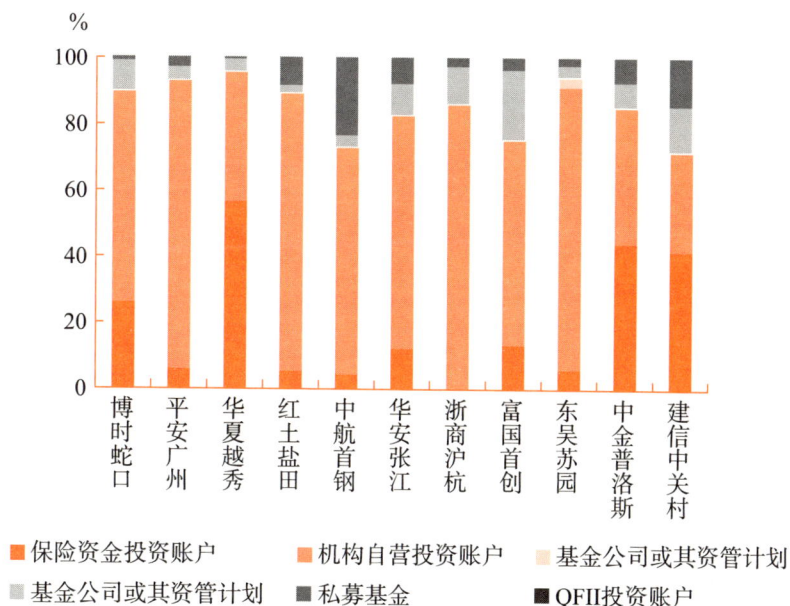

图1-16　以前两批公募REITs展示网下投资者构成

资料来源：Wind，兴业研究。

（四）不动产范围不同

目前，类REITs参照ABS相关业务规范开展业务，而公募REITs根据其最新业务规范开展业务，交易结构涉及ABS的部分参照ABS相关业务规范从业。需要注意的是，类REITs并未划定区域范围和不动产所处行业，从当前已发行产品来看，底层资产涵盖办公楼、商场、酒店、住房租赁、仓储等类型；而公募REITs试点范围划定了重点支持区域和试点十大行业，仅限于交通、新能源、仓储物流、园区交通、（新）能源、市政、生态环保、仓储物流、园区、新型基础设施、保障性租赁住房、消费基础设施、包括水利设施和旅游设施的其他基础设施。类REITs大部分类型的底层资产仍然不能通过公募REITs上市发行，因此类REITs暂时并不能被公募REITs取代，办公楼、酒店等商业地产若存在盘活资产、表外融资需求，仍然会通过类REITs进行融资。

公募REITs所涉会计处理

从会计角度来看，公募REITs业务实质是基础设施项目资产出售和转移，原始权益人个别报表系长期股权投资减持，是否纳入合并报表范围由其在证券化以后是否仍对基础设施项目及其相关主体有控制决定；相关科目的变动除受上述影响外，基础设施项目交易是否溢价、原始权益人及其一致行动人持有REITs份额比例、入账科目、计量方法等因素会对原始权益人及公募REITs运营主体的财务情况产生账面影响。本节将对公募REITs全业务环节所涉会计处理和财务影响进行深入探讨，以期为各维度市场参与者提供投资依据。

○ ○ ○ ○ ●

一、原始权益人对基础设施项目资产的会计计量

（一）上市前原始权益人对基础设施项目的会计计量

按照目前"公募基金+专项计划+项目公司股权和债权"的公募REITs交易结构设计，基础设施项目证券化的过程中，其所属的项目公司股权由原始权益人全部出售、转移至专项计划。由于很多基础设施项目可能存在产权人多、其产权所属项目公司有多个不同类型项目及其他业务等问题，为方便进行基础设施项目所属项目公司100%股权交易，很多基础设施项目在证券化之前普遍先进行资产重组，将基础设施项目转移至（新设）项目公司（单一基础设施项目已归属于单一项目公司的情况除外）。若仅有一个原始权益人持有基础设施项目公司100%股权，那么项目公司纳入原

始权益人合并报表范围，进行并表处理。若有多个原始权益人分别持有基础设施项目公司部分股权，或多个股东通过唯一原始权益人间接分别持有基础设施项目公司部分股权，根据《企业会计准则第33号——合并财务报表》（以下简称"准则33号"），"两个或两个以上投资方分别享有能够单方面主导被投资方不同相关活动的现时权利的，能够主导对被投资方回报产生最重大影响的活动的一方拥有对被投资方的权力"，因此在合并报表层面，涉及两种会计处理的情况：（1）除特殊情况以外，普遍以持有项目公司股权的比例判断投资方对项目公司的主导权利，若原始权益人持有项目公司的股权超过50%，则可纳入合并财务报表的合并范围，项目资产计入相应资产科目；（2）若原始权益人对项目公司的权益投资未能超过50%，需要按照企业会计准则《企业会计准则第2号——长期股权投资》（以下简称"准则2号"），将其对项目资产的持有计入长期股权投资科目。

基础设施项目资产在项目公司个别财务报表以及项目公司纳入原始权益人合并报表的科目处理来看，基础设施项目资产根据资产类型和用途不同，一般计入固定资产、投资性房地产、无形资产三个科目。按照企业会计准则《企业会计准则第4号——固定资产》（以下简称"准则4号"）、《企业会计准则第3号——投资性房地产》（以下简称"准则3号"）和《企业会计准则第6号——无形资产》（以下简称"准则6号"），产权型项目按自用、出租或增值的持有目的可分别计入固定资产、投资性房地产两种科目，特许经营权项目一般计入无形资产。固定资产和无形资产以成本模式进行计量，而投资性房地产既可以采用成本模式，也可以采用公允价值模式进行计量。涉及会计估计变更和差错更正的还要遵循《企业会计准则第28号——会计政策、会计估计变更和差错更正》（以下简称"准则28号"）。

表1-12　公募REITs基础设施项目资产的会计科目处理

财务报表	资产类型		会计科目	计量方式	企业会计准则
项目公司报表、合并报表（对项目公司持股50%以上）	产权	以自用为持有目的的仓储物流、产业园区等	固定资产	初始计量、后续计量均以成本模式计量	《企业会计准则第4号——固定资产》《企业会计准则第28号——会计政策、会计估计变更和差错更正》
		以获取租金为持有目的的产业园区等	投资性房地产	初始计量以成本模式计量，后续计量可选择成本模式或公允价值模式	《企业会计准则第3号——投资性房地产》《企业会计准则第28号——会计政策、会计估计变更和差错更正》
	特许经营权	高速公路、污水处理及垃圾处理特许经营项目等	无形资产	初始计量、后续计量均以成本模式计量	《企业会计准则第6号——无形资产》《企业会计准则第28号——会计政策、会计估计变更和差错更正》
母公司报表、合并报表（对项目公司持股50%以下）	对项目公司的股权投资		长期股权投资	成本法或权益法	《企业会计准则第2号——长期股权投资》

资料来源：兴业研究整理。

　　我们梳理了前两批上市公募REITs在上市前其原始权益人合并报表入账科目的处理。由于对外出租，产权型REITs项目资产普遍计入投资性房地产，其中大部分以成本模式进行后续计量，如红土创新盐田港REIT、建信中关村REIT等；也有项目初始采用成本模式，运营一定期限后调整为以公允价值模式计量，如中金普洛斯REIT、东吴苏园产业REIT；特许经营权型REITs项目资产全部计入无形资产科目，采用成本模式计量。

表1-13 公募REITs上市前项目资产在原始权益人表内的会计处理

公募REITs简称	资产类型	行业	原始权益人	会计科目	计量方式
中金普洛斯REIT	产权	仓储物流	普洛斯中国控股有限公司	投资性房地产	成本模式，拟于2021年转为公允价值模式
红土创新盐田港REIT	产权	仓储物流	深圳市盐田港集团有限公司	投资性房地产	成本模式
东吴苏园产业REIT	产权	园区基础设施	苏州工业园区建屋产业园开发有限公司、苏州工业园区科技发展有限公司	投资性房地产	成本模式，2020年7月之后转为公允价值模式
华安张江光大REIT	产权	园区基础设施	光大安石（北京）房地产投资顾问有限公司	投资性房地产	成本模式
			上海张江高科技园区开发股份有限公司	长期股权投资	权益法
建信中关村REIT	产权	园区基础设施	北京中关村软件园发展有限责任公司	投资性房地产	成本模式
博时招商蛇口REIT	产权	园区基础设施	招商局蛇口工业区控股股份有限公司	投资性房地产	成本模式
浙商沪杭甬REIT	特许经营权	交通基础设施	浙江沪杭甬高速公路股份有限公司	无形资产	成本模式
华夏越秀高速REIT	特许经营权	交通基础设施	越秀（中国）交通基建投资有限公司	无形资产	成本模式
平安广州广河REIT	特许经营权	交通基础设施	广州交通投资集团有限公司	无形资产	成本模式
富国首创水务REIT	特许经营权	生态环保	北京首创生态环保集团股份有限公司	无形资产	成本模式
中航首钢绿能REIT	特许经营权	生态环保	首钢环境产业有限公司	无形资产	成本模式

资料来源：招募说明书，兴业研究。

如果投资者对项目公司的权益投资在50%以下，则普遍判断其对项目公司无控制权，无法并表处理，项目公司以长期股权的形式出现在其合并报表上。以华安张江光大REIT为例，原始权益人光大安石（北京）房地产投资顾问有限公司（以下简称"光大安石"）联合上海张江高科技园区开发股份有限公司（以下简称"张江高科"）共同成立不动产私募基金上海光全投资中心（以下简称"光全投资"），二者间接持有中京电子（基础设施项目公司）100%股权，其中光大安石关联方与张江高科关联方的持股比例为3:2。因此，项目公司未纳入张江高科合并报表，其对项目公司股权的持有计入中长期股权投资的联营企业。

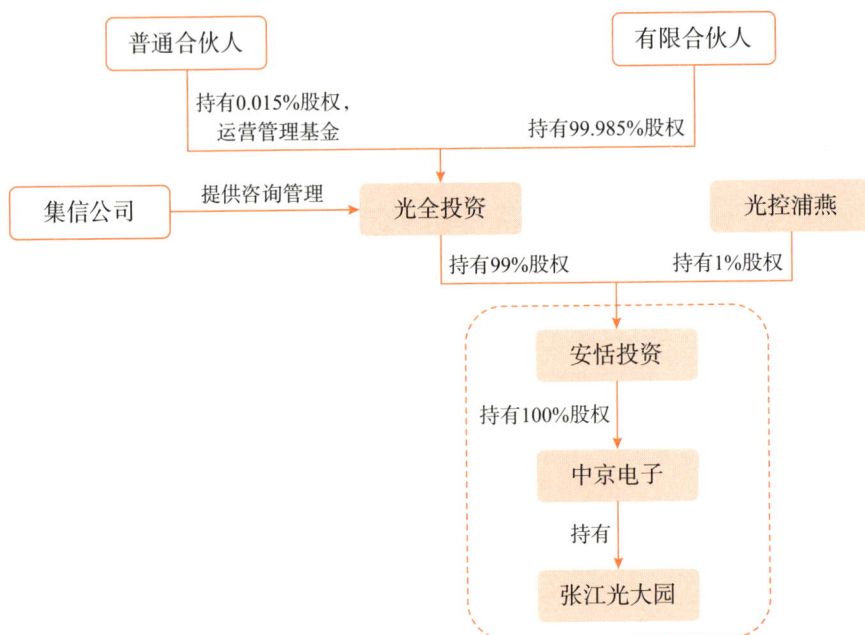

图1-17　华安张江光大REIT上市前的光全投资不动产私募基金整体架构

资料来源：张江高科公告，兴业研究。

表1-14　华安张江光大REIT上市前的光全投资不动产私募基金投资者构成

合伙人名称	合伙人类别	认缴出资额（万元）	认缴出资额占认缴出资总额的比例
光控安石	普通合伙人	10	0.02%
首誉光控	优先级有限合伙人	20040	29.29%

合伙人名称	合伙人类别	认缴出资额（万元）	认缴出资额占认缴出资总额的比例
张江集电	优先级有限合伙人	13360	19.53%
光兰投资	夹层级有限合伙人	6000	8.77%
张江集电	夹层级有限合伙人	4000	5.85%
光兰投资	权益级有限合伙人	15000	21.93%
张江集电	权益级有限合伙人	10000	14.62%

资料来源：张江高科公告，兴业研究。

（二）各资产科目的会计处理

1.投资性房地产

原始权益人及项目公司对投资性房地产的会计处理需遵循准则3号的相关规定。取得投资性房地产时，应按照成本模式进行初始计量。与投资性房地产有关的后续支出，在相关的经济利益很可能流入本集团且其成本能够可靠计量时，计入投资性房地产成本；否则，于发生时计入当期损益。

同一企业只能采用一种模式对所有投资性房地产进行后续计量。若采用成本模式计量，需于每期计提折旧或进行摊销，通常采用年限平均法对投资性房地产所包括的房屋建筑物和土地使用权进行折旧和摊销，同时根据投资性房地产的使用寿命、预计净残值的估计，调整年折旧率。若有确凿证据证明投资性房地产公允价值持续可靠计量，可转换为公允价值模式进行后续计量，每期以资产负债表投资性房地产的公允价值为基础调整账面价值，差额计入公允价值变动损益。投资性房地产公允价值主要的估值方法包括市场法、收益法（亦称现金流折现法）和成本法。其中收益法最为常用，其关键参数包括土地剩余年限、市场租金水平、折现率、运营期内市场租金增长率和资本性支出比例等。投资性房地产的计量模式不得随意变更，原始权益人若从成本模式转为公允价值模式计量，应参照准则28号进行会计政策变更处理。变更时，公允价值与账面价值的差额需调整为期初留存收益。

当投资性房地产被处置，或者永久退出使用且预计不能从其处置中取得经济利益时，终止确认该项投资性房地产。投资性房地产出售、转让、报废或毁损的处置收入扣除其账面价值和相关税费后的金额计入当期损益。

以东吴苏园产业REIT为例，基础设施项目为国际科技园五期B区和2.5产业园一期、二期项目。2020年6月30日，根据《资产划转协议》，两处标的项目分别由原始权益人划转至项目公司。2020年7月之前，上述标的资产计入原始权益人的投资性房地产科目，且以成本法计量；资产重组后，投资性房地产计入项目公司的投资性房地产科目，由成本法计量转变为公允价值计量。在转换为公允价值计量之后，投资性房地产账面价值出现较大增长。在能够可靠获得活跃市场上同类或类似房地产现行市场价格的情况下，可将基础设施项目资产的计量从成本模式调整为公允价值模式。

表1-15　东吴苏园产业REIT投资性房地产资产情况（亿元）

基础设施资产	国际科技园五期B区	2.5产业园一期、二期项目
位置	苏州市苏州工业园区	苏州市苏州工业园区
建成时间	B1、B2区为2009年，B3区为2011年	一期为2011年，二期为2013年
面积	330206.28平方米	230923.94平方米
原始权益人	苏州工业园区科技发展有限公司	苏州工业园区建屋产业园开发有限公司
项目公司	苏州工业园区科智商业管理有限公司	苏州工业园区艾派科项目管理有限公司
总投资额	12.35	10.11
投资性房地产（2018年）	10.23	7.69
投资性房地产（2019年）	9.96	7.53
投资性房地产（2020年）	18.30	15.20

资料来源：招募说明书，兴业研究。

2.固定资产

固定资产是指为生产商品、提供劳务、出租或经营管理而持有的、使用寿命超过一个会计年度的有形资产，目前已上市公募REITs中暂无原始权益人在转出基础设施项目前将其计入固定资产科目的情况。根据准则4号，购置或新建的固定资产按取得时成本进行初始计量。与固定资产有关的后续支出，在相关的经济利益很可能流入企业且其成本能够可靠地计量时，计入固定资产成本，终止确认被替换的部分的账面价值，除此之外其他后续支出于发生时计入当期损益。

固定资产折旧可以按预期消耗方法，在账面价值减去预计净残值后，采用年限平均法、工作量法等在预计使用寿命内计提。每年需对固定资产的预计使用寿命、预计净残值和折旧方法进行复核并作适当调整。存在减值迹象的，应当在资产负债表日进行减值测试，结果表明固定资产的可收回金额低于其账面价值的，应按其差额计提减值准备并计入减值损失。当固定资产被处置，或者预期通过使用或处置不能产生经济利益时，终止确认该固定资产。固定资产出售、转让、报废或毁损的处置收入扣除其账面价值和相关税费后的金额计入当期损益。

3.无形资产

按照准则2号，采用"建设—经营—移交（BOT）"方式参与公共基础设施建设业务，将基础设施建造发包给其他方但未提供实际建造服务的，公司不确认建造服务收入，应当按照建造过程中支付的工程价款等考虑合同规定，将特定期限内向服务对象收费金额不确定的，确认为无形资产。根据准则6号，无形资产以成本模式进行初始计量，并于取得无形资产时分析判断其使用寿命。若无形资产使用寿命有限，需要自其可供使用时起，采用能反映与该资产有关的经济利益的预期实现方式的摊销方法或者直线法，在预计使用年限内摊销；若使用寿命不确定，无形资产不作摊销。每个会计年度结束之时，应当对无形资产的使用寿命及摊销方法进行复核，若有减值迹象，还应进行减值处理。

具体而言，以交通基础设施类项目华夏越秀高速REIT为例，项目资产为汉孝高速公路的特许收费经营权，上市前在原始权益人表内计入无形资产科目。在初始计量方面，特许经营权无形资产按实际发生的总成本计算。在资产摊销方面，高速公路特许经营权按车流量计提摊销，即按照特定年限实际车流量与经营期间的预计总车流量的比例计算年度摊销总额。而生态环保类公募REITs的无形资产一般在特许经营年限内（指正式运营后剩余特许经营期内）平均摊销。

二、基础设施项目资产转移过程中原始权益人的会计处理

（一）基础设施项目及相关主体是否并表处理

在基础设施项目证券化阶段，原始权益人作为卖方将所持有项目公司100%的股权转让于专项计划，实现基础设施项目资产出售。2020年8月7日证监会发布的《公开募集基础设施证券投资基金指引（试行）》（证监会公告〔2020〕54号，以下简称《指引（试行）》）要求"基础设施项目原始权益人或其同一控制下的关联方参与基础设施基金份额战略配售的比例合计不得低于本次基金份额发售数量的20%"，这意味着原始权益人会成为公募REITs基金的部分份额持有人，并可能通过持有基金份额获得项目公司的控制权。

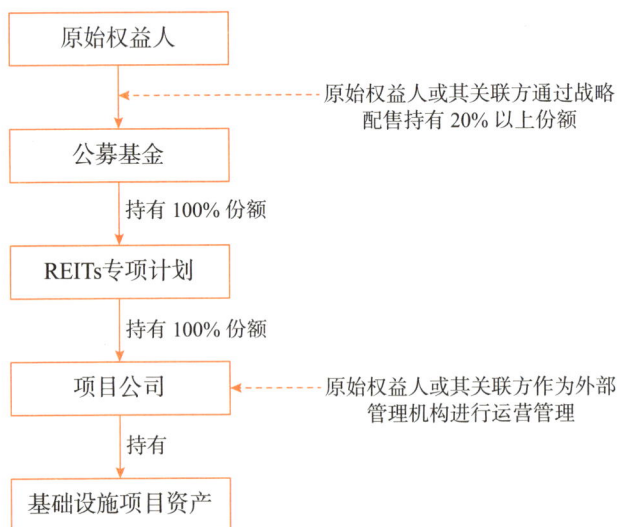

图1–18 公募REITs交易框架

资料来源：兴业研究整理。

公募REITs上市后原始权益人是否在合并报表层面并入基础设施项目公司所属的公募基金，主要依据《企业会计准则第33号——合并财务报表》（以下简称"准则33号"）。根据准则33号第七条，"合并财务报表的合并范围应当以控制为基础予以确定。控制，是指投资方拥有对被投资者的权利，通过参与被投资方的相关活动而享有可变回报，并且有能力运用对被投资方的权利影响其回报金额"。在公募REITs中，对原始权益人控制的判断包含2个方面：（1）原始权益人完成股权转让后，是否通过战略配售保持其对基础设施项目及相关主体的决策权，且有能力运用对于基础设施项目及相关主体的权力影响其回报金额；（2）原始权益人或其关联方作为基础设施项目的运营管理机构，是否享有对基础设施项目的决策权，且能通过参与基础设施项目及相关主体的相关活动获取可变回报。

对于前者，原始权益人能否对项目公司享有决策权和可变收益以达到控制程度，在没有特殊协议约定的情况下，重要依据之一为原始权益人或其同一控制下的关联方、其他一致行动人合计认购的REITs基金份额。根据《证券投资基金法》第八十六条之规定，对一般或重大特殊事项的议事规则，需经参会份额持有人表决权二分之一或三分之二以上通过。因此，若原始权益人及其一致行动人在基础设施项目进行REITs以后自持REITs份额少于50%，普遍认为发起人不具有对基础设施资产及其项目公司的控制权，项目资产转移可视为出售，基础设施项目公司便不再纳入原始权益人合并报表；若原始权益人及其一致行动人自持REITs份额高于50%，通常就会被认为原始权益人仍然对基础设施资产及其项目公司拥有实际控制权，在这种情况下个别报表出表，合并报表需要对REITs基金进行合并处理，与处置子公司部分股权但不丧失控制权的合并处理方法一致。

对于后者，根据准则33号第十八条的相关规定，"投资方在判断是否控制被投资方时，应当确定其自身是以主要责任人还是代理人的身份行使决策权，在其他方拥有决策权的情况下，还需要确定其他方是否以其代理人的身份代为行使决策权。代理人仅代表主要责任人行使决策权，不控制被投资方。投资方将被投资方相关活动的决策权委托给代理人的，应当将该决策权视为自身直接持有"。运营管理机构的职责主要为对基础设施项目进行维护、日常运营策略制定等执行层面和事务性管理，是公募 REITs 基础设施项目运营的代理人而非主要责任人，不具有对基础设施项目的决策权。因此，对原始权益人是否并表的判断主要取决于前者。

值得注意的是，准则33号认为对控制的判断是一个连续的过程，一旦相关事实和情况的变化导致对控制定义所涉及的相关要素发生变化，应当对控制进行重新评估并按情况调整合并范围。由于《指引（试行）》对战略配售份额的出售进行限制，"基金份额发售总量的20%持有期自上市之日起不少于60个月，超过20%部分持有期自上市之日起不少于36个月"，因而在基金份额解禁之后，原始权益人可能会陆续出售所持基金份额，一旦原始权益人及其一致行动人持有份额降至50%以下，对项目公司股权及项目资产是否并表的会计处理也会发生变化；若持有份额降至5%以下，则应当改按《企业会计准则第22号——金融工具确认和计量》的有关规定进行会计处理，其在丧失控制之日的公允价值与账面价值间的差额计入当期损益。

（二）出表的会计处理

若原始权益人初始持有基础设施项目公司50%以上股权，但在战略配售之后，原始权益人及其一致行动人持有 REITs 份额少于50%，项目公司不再纳入原始权益人合并范围，且在个别报表和合并报表层面均实现资产出表。根据准则2号，在编制个别财务报表时，公募 REITs 之后，原始权益人仍然持有的 REITs 基金份额体现为长期股权投资，其账面价值应从成本法改为权益法核算，并对剩余股权视同自取得时采用权益法核算进行调整。在原始权益人个别报表上，表现为资产端长期股权投资减少，货币资金增加，溢价部分产生的差额计入投资收益。

在合并报表层面，原始权益人基础设施项目资产出表的会计处理同时涉及资产负债表和利润表。资产负债表方面，项目资产所在科目（投资性房地产/固定资产/无形资产）的账面价值会相应减少，货币资金净融资额增加，同时由于参与战略配售，原始权益人自持份额将计入长期股权投资，并按照权益法核算。若基础设施项目是平价出售，单就出售基础设施项目来看，资产负债表仅资产端相关科目调整，资产负债率指标不变。而若基础设施项目资产的出售价格高于/低于账面价值，资产出表还会影响到利润表中的营业外收入和资产负债表中的未分配利润。

基础设施项目在评估过程中存在增值的可能性很大，因此在溢价出售的情况下，应当将处置收入扣除账面价值和相关税费后的金额计入当期损益，利润表会有一定程度改善，最后调整资产负债表未分配利润科目。但由于基础设施项目出表，其未来产生的营业收入和利润均不再入表，此后原始权益人的营业收入和利润在其他业务规模基本不变的情况下会下降，利润表和现金流量表均会因此持续受到影响，影响程度视基础设施项目产生的收入占其总营业收入的比重而定。原始权益人若以第三方运营机构参与基础设施项目管理，则会收取一定的管理费，但规模较小，对其营业收入和利润影响不大。目前，不动产出售价格低于账面价值的情况在我国所有公募REITs中尚未发生过。

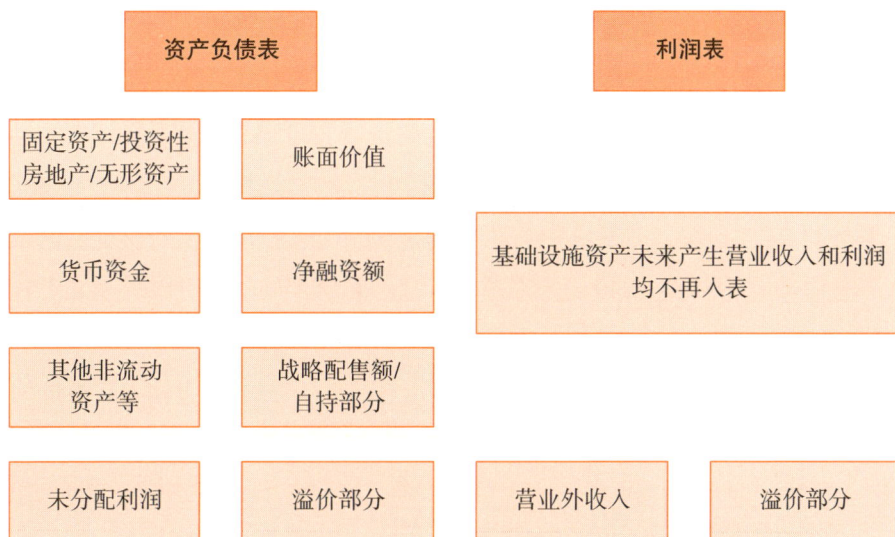

图1–19　公募REITs原始权益人资产出表的会计处理

资料来源：兴业研究整理。

表 1-16　基础设施项目及相关主体出表的会计分录

个别财务报表	合并财务报表
借：货币资金（交易对价） 　　贷：长期股权投资（项目公司股权） 　　　　投资收益（差额） 借：长期股权投资（REITs 基金份额） 　　贷：货币资金（购买价款）	借：货币资金（净融资额） 　　其他非流动资产（基金持有份额） 　　贷：投资性房地产（账面价值） 　　　　固定资产（账面价值） 　　　　无形资产（账面价值） 　　　　营业外收入（溢价部分） 借：本年利润（溢价部分） 　　贷：未分配利润（溢价部分）

资料来源：兴业研究整理。

从截至 2022 年 3 月末已上市发行的 11 个公募 REITs 项目来看，有 8 个公募 REITs 项目的原始权益人进行了出表的会计处理，原始权益人及其同一控制下的关联方持有 REITs 比例均在 40% 及以下，其中产权型 REITs 均实现出表。以博时招商蛇口 REIT 为例，原始权益人招商局蛇口工业区控股股份有限公司（以下简称"招商蛇口"）将两个项目公司 100% 的股权转让至博时招商蛇口 REIT 下属子公司，由于战略配售中蛇口产园持有份额为 32%，丧失对两个项目资产的控制权，不再将其纳入合并范围。两个项目资产的转让对价共计约 23.92 亿元，从其 2021 年半年度财务报告可知，合并范围内投资性房地产账面价值减少 5.80 亿元，取得股权处置价款 17.27 亿元，因持有博时招商蛇口 REIT 份额，其长期股权投资增加 6.65 亿元；由于溢价转让，利润表营业外收入中约有 17.49 亿元来源于本次项目资产转让，并结转至未分配利润。

表 1-17　公募 REITs 的基金自持份额

公募 REITs 简称	资产类型	自持 REITs 份额
中航首钢绿能 REIT	特许经营权	40%
东吴苏园产业 REIT	产权	40%
建信中关村 REIT	产权	33.34%

续表

公募 REITs 简称	资产类型	自持 REITs 份额
博时招商蛇口 REIT	产权	32%
华夏越秀高速 REIT	特许经营权	30%
中金普洛斯 REIT	产权	20%
华安张江光大 REIT	产权	20%
红土创新盐田港 REIT	产权	20%
浙商沪杭甬 REIT	特许经营权	58.95%
平安广州广河 REIT	特许经营权	51%
富国首创水务 REIT	特许经营权	51%

资料来源：相关公司公告，兴业研究。

（三）并表的会计处理

若原始权益人及其一致行动人持有REITs基金份额高于50%，其仍具有基础设施资产及项目公司的实际控制权，因此个别报表出表，合并报表并表。从原始权益人个别报表来看，长期股权投资中项目公司的股权出表，新增REITs基金的持有份额，且以权益法核算，净融资额计入货币资金，股权出让的溢价部分计入投资收益。对于证券化之前，原始权益人持有基础设施项目公司股权比例低于50%，而不纳入合并范围的项目，其公募REITs后的会计处理亦参照上述方法。

在合并报表方面，由于项目公司的一出一进，基础设施项目不会出合并资产负债表，无论收购交易对价情况如何，投资性房地产/固定资产/无形资产等相关科目的账面价值不会发生变化（投资性房地产的计量方法出现变更的除外），净融资额将计入货币资金，交易溢价部分相应调整少数股东权益、资本公积。由此可见，在基础设施项目资产出售价格高于或等于账面价值时，均可降低账面资产负债率。利润表方面，在交易完成后基础设施项目收入亦并表，不影响原始权益人的利润表，原始权益人收取的管理费用因为并表而冲抵，也不体现在利润表中。基于利润表不会发生变化，现金流量表不变。

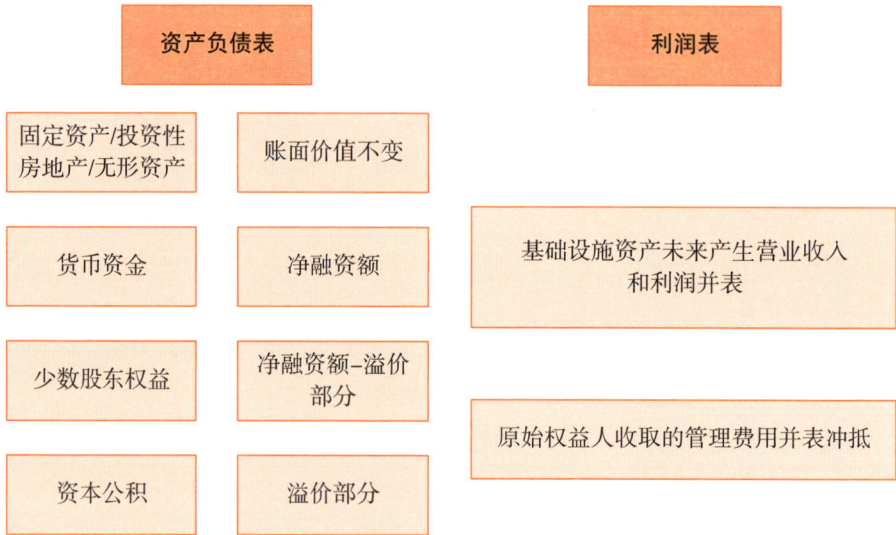

图1-20 公募REITs原始权益人并表的会计处理

资料来源：兴业研究整理。

表1-18 原始权益人对公募REITs并表的会计分录

个别财务报表	合并财务报表
借：货币资金（交易对价） 　贷：长期股权投资（项目公司股权） 　　　投资收益（差额） 借：长期股权投资（REITs基金份额） 　贷：货币资金（购买价款）	借：货币资金（净融资额） 　贷：资本公积（溢价部分） 　　　少数股东权益（净融资额—溢价部分）

资料来源：兴业研究整理。

目前，很多上市公募REITs的基础设施资产为国有资产，为了避免国有资产控制权的流失，相关法规会限制原始权益人对基础设施资产实际控制权的转移。另外，根据《关于进一步做好基础设施领域不动产投资信托基金（REITs）试点工作的通知》（发改投资〔2021〕958号）中对"基础设施项目成熟稳定"的要求，目前能够达到发行公募REITs条件的资产一般为企业的优质资产，出表可能不利于原始权益人的资产规模、盈利水平等。因此，实务中存在不少REITs发起人及其一致行动人持有REITs份额或基础设施项目公司股权比例超过50%的情况。

以富国首创水务REIT为例，基础设施资产为污水处理特许经营权，按照《招募说明书》《基金合同》规定，原始权益人北京首创股份有限公司（600008.SH，以下简称"首创股份"，现更名为北京首创生态环保集团股份有限公司）参与战略配售份额为51%，对项目公司持有的权益份额从100%降至51%，仍具有控制。此为同一控制下企业合并，在2021半年度合并报表中，项目资产和负债在合并财务报表中的账面价值并未因操作公募REITs而发生变化，合并对价的账面价值与合并中取得的净资产账面价值的差额调整资本公积。首创股份在2021年6月末的资产负债率有所下降，从2020年末的64.81%降至63.99%。

表1–19　富国首创水务REIT对原始权益人合并财务报表的影响（万元）

会计核算	REIT 基础资产
购买成本 / 处置对价	
现金	45547.33
非现金资产的公允价值	—
购买成本 / 处置对价合计	45547.33
少数股东权益：按取得 / 处置的股权比例计算的子公司净资产份额	38030.53
差额	7516.80
其中：调整资本公积	7516.80
调整盈余公积	—
调整未分配利润	—

资料来源：首创股份2021年半年报，兴业研究。

由此可见，对于公募REITs原始权益人而言，在战略配售持有50%以上基金份额的情况下，其在合并层面涉及的会计处理能够降低资产负债率，这更接近权益融资带来的负债率指标变化，同时在后续报表中利润表和现金流量表不会因公募REITs业务而有负面变化，较基础设施项目出表情况下的报表变化对原始权益人更为有利。

三、公募 REITs 运营过程中的财务特点

公募 REITs 的财务报表的编制基础按照财政部颁布的企业会计准则及相关规定以及中国证监会发布的关于公开募集基础设施证券投资基金实务操作、中国证监会颁布的《证券投资基金信息披露 XBRL 模板第 3 号》、中国基金业协会颁布的《证券投资基金会计核算业务指引》以及公募 REITs 基金合同中发布的有关规定编制。

公募 REITs 在编制合并财务报表时，合并财务报表的合并范围与前文所述基础设施项目及相关主体是否纳入合并范围的原则一致，以控制为基础予以确定，合并范围包括本基金及全部子公司。

（一）典型的重资产、低杠杆运营主体

按照《指引（试行）》要求，公募 REITs "80% 以上基金资产持有单一基础设施资产支持证券全部份额，基础设施资产支持证券持有基础设施项目公司全部股权，剩余部分投向利率债、AAA 级信用债或货币市场工具"。公募 REITs 为典型的重资产运营主体，其主要资产构成为基础设施项目，基础设施项目的主要入账科目与其在原始权益人账面上的入账科目一致，普遍计入投资性房地产、固定资产和无形资产，核算方法亦相对一致，在此不做赘述。

以披露了 2021 年年报的 9 单首批公募为例，产权型 REITs 的基础设施项目全部计入投资性房地产科目，采用成本法计量，并按期计提折旧与摊销，特许经营权型 REITs 的基础设施项目除中航首钢绿能 REIT 计入固定资产外，其他计入无形资产，全部采用成本法计量，并按期计提折旧与摊销。从年报数据来看，基础设施项目占比普遍超过 80%，仅中航首钢绿能 REIT 除外，其入账固定资产科目的基础设施项目占总资产的比例仅为 59.11%，其他资产为商誉、货币资金和应收账款，其中应收账款占比为 15.36%，系因为电力销售、垃圾处理而应收国网北京市电力公司、北京市城市管理委员会等单位的款项，亦为依附基础设施项目产生的资产。

表1-20 公募REITs主要资产科目占总资产的比例及杠杆指标

简称	类型	投资性房地产占比	无形资产占比	固定资产占比	商誉占比	货币资金占比	资产负债率	刚性债务/净资本
博时蛇口产园 REIT	产权	96.34%	—	—	0.61%	1.00%	19.64%	14.43%
红土创新盐田港 REIT	产权	94.10%				2.13%	2.32%	0.00%
华安张江光大 REIT	产权	94.17%				5.69%	3.14%	—
东吴苏园产业 REIT	产权	94.50%				4.53%	2.92%	
中金普洛斯 REIT	产权	75.78%			17.05%	6.61%	16.01%	
平安广州广河 REIT	特许经营权	—	97.20%		—	1.72%	10.98%	11.26%
浙商沪杭甬 REIT	特许经营权		81.69%	5.93%		11.68%	16.61%	11.99%
富国首创水务 REIT	特许经营权		81.03%			13.94%	8.58%	
中航首钢绿能 REIT	特许经营权	—	—	59.11%	4.91%	14.26%	6.35%	

资料来源：公募 REITs2021 年年报，兴业研究整理。

公募REITs基金采用封闭式运作，封闭期内不得申请申购、赎回本基金，故基金面临的兑付赎回资金的流动性风险较低，因此公募REITs持有的货币资金主要用于满足基金及基础设施项目经营、偿付贷款本息所需，其占总资产的比例不高，在2021年年报数据中，中航首钢绿能REIT的货币资金占比最高，为14.26%。

商誉通常由于企业合并形成。当公募REITs投资的资产合并购入成本大于其可辨认净资产公允价值，其差额将被作为商誉计入资产。因企业合并形成的商誉在合并财务报表中单独列报，并按照成本扣除累计减值准备后的金额计量。在已披露2021年年报的9单首批公募REITs中，博时蛇口产园

REIT、中金普洛斯 REIT 和中航首钢绿能 REIT 均存在不同额度的商誉，其中中金普洛斯 REIT 的商誉数额最大，占资产总值的17.05%。中金普洛斯 REIT 收购项目公司100%股权的现金对价以戴德梁行针对各基础设施资产分别出具的估价报告所确定的评估值为依据确定，交易对价为31.54亿元，而根据评估结果，中金普洛斯 REIT 享有的各项目公司可辨认净资产公允价值为19.82亿元，其差额确认为商誉11.71亿元。

按照《指引（试行）》要求，公募 REITs "基金总资产不得超过基金净资产的140%"，即资产负债率不得超过28.57%，同时要求 "借款金额不得超过基金净资产的20%"，约束了刚性债务占比。从2021年年报数据来看，首批公募 REITs 资产负债率和刚性债务/净资本均未超过监管指标要求。

（二）可供分配金额的调整

可供分配金额是公募 REITs 区别于企业主体的一个指标。按照《指引（试行）》要求，公募 REITs "应当将90%以上合并后基金年度可供分配金额以现金形式分配给投资者"，每年不得少于1次。

公募 REITs 在息税前折旧及摊销前利润（EBITDA）基础上调整相关科目计算可供分配金额。一般地，可供分配金额＝净利润＋折旧和摊销＋利息支出＋所得税费用－当期购买基础设施项目等资本性支出－基础设施项目资产的公允价值变动损益－基础设施项目资产减值准备的变动－基础设施项目资产的处置利得或损失－应收＋应付－未来合理相关支出预留＋其他可能的调整项。

其中，未来合理相关支出预留包括重大资本性支出、未来合理期间内的债务利息、运营费用等；其他可能的调整项包括公募 REITs 募集资金、处置基础设施项目资产取得的现金、金融资产相关调整、期初现金余额等。

根据首批9单公募 REITs2021年年报数据，折旧和摊销通常是影响公募 REITs 可供分配金额最大的非现金调整项，其次当属期初现金余额和基础设施项目预留的资本性支出。

表1-21 公募REITs2021年净利润、折旧摊销和可供分配金额（万元）

名称	净利润（万元）	折旧和摊销（万元）	可供分配金额（万元）
博时蛇口产园 REIT	2685.45	3288.45	5283.79
红土盐田港 REIT	2182.31	2773.25	4730.84
华安张江光大 REIT	−1219.18	5350.97	4226.25
东吴苏园产业 REIT	3286.57	5138.18	9261.58
中金普洛斯 REIT	1503.23	14915.45	15095.82
平安广州广河 REIT	13008.60	19803.87	54065.34
浙商沪杭甬 REIT	−1628.73	26604.68	54372.69
富国首创水务 REIT	3599.51	6426.62	13715.16
中航首钢绿能 REIT	−2192.25	5032.75	17276.18

资料来源：公募REITs2021年年报，兴业研究整理。

读懂公募REITs定期报告

本节通过对当前公募REITs披露的定期报告的梳理，探讨其财务特点总结如何快速获取其中最有价值的财务和运营信息，以便对其报告期内的运营状况进行分析。

○ ○ ○ ●

一、公募REITs定期报告构成

公募REITs运营期内要求定期披露运行状况，包括年末的《年度报告》、年中的《中期报告》、季末的《季度报告》a。公募REITs的财务报告和季度财务报表未单独披露，而是包含在其定期报告中进行披露，包含资产负债表、利润表、现金流量表、所有者权益变动表、报表附注5部分，其中报表分为合并报表和个别报表，会计主体为某某封闭式基础设施证券投资基金。

除财务报告/报表外，公募REITs定期报告中还包括基金简介、主要财务指标和基金收益分析、基础设施项目运营情况、除基础设施资产支持证券之外的投资组合报告、管理人报告、托管人报告、资产支持证券管理人报告、外部管理机构报告、审计报告、评估报告、基金份额变动情况、重大事件揭示等，而这些内容均是2020年8月7日证监会发布的《公开募集基础设施证券投资基金指引（试行）》（证监会公告〔2020〕54号）（以下简称《指引（试行）》）中所要求披露的。其中主要财务指标和基金收益分析部分会披

---

① 下文简称：年报、中报、季报。

露主要会计数据和财务指标、其他财务指标、基金收益分配情况、报告期内基金及资产支持证券相关费用收取情况的说明，基金收益分配情况中会披露报告期内可供分配金额及其计算过程；基础设施项目运营情况中会披露项目公司运营情况、基础设施项目所属行业情况、基础设施项目运营相关财务和通用指标信息、项目公司经营现金流、项目公司对外借款情况等。以上定期报告的内容在各只公募REITs定期报告中模板相对固定、所披露的内容类型相对一致，与企业主体存在一定差异，内部之间亦存在细微不同。

二、公募REITs基金层面财务特点

以公募REITs基金为会计主体编制的财务报告/报表反映的是以基础设施项目为主的基金运行的财务状况，普遍按照财政部于2006年2月15日及以后期间颁布的《企业会计准则—基本准则》、各项具体会计准则及相关规定、中国证监会颁布的《证券投资基金信息披露XBRL模板第3号〈年度报告和中期报告〉》、中国证券投资基金业协会颁布的《证券投资基金会计核算业务指引》进行编制。

在确定合并范围时，由于REITs基金是通过资产支持专项计划间接取得基础设施项目所在项目公司股权和基础设施项目所有权，因此该资产支持专项计划和项目公司作为REITs基金的子公司纳入合并范围。

相较于企业主体，公募REITs呈现出以运营成熟不动产为主营业务，无大量开发业务或其他辅助业务的经营特点，因此其财务方面相对简单明晰。

（一）资产集中于投资性房地产和无形资产科目

由于《指引（试行）》中要求公募REITs "80%以上的资金投向基础设施项目，其他部分可投向利率债、AAA级信用债或货币市场工具"，因此公募REITs属于重资产实体，且资产集中于单一科目。

从合并报表来看，公募REITs资产以基础设施项目入账的相关资产科目为主，其在总资产中的占比非常高。若基础设施项目为产权类型，则普遍

计入投资性房地产，可采用公允价值计量，也可采用成本法计量；若采用成本法计量，需并按期对其计提折旧与摊销。若基础设施项目为特许经营权类型，则普遍计入无形资产，但有些项目会包含无法计入无形资产的房屋建筑物等，因此还可能会有少量计入固定资产科目；无形资产和固定资产均按成本法计量，并按期计提折旧与摊销。

除投资性房地产、无形资产、固定资产作为基础设施项目的主要入账科目外，中金普洛斯 REIT、建信中关村 REIT、博时蛇口产园 REIT、中航首钢绿能 REIT 还存在较高金额的商誉。商誉通常是由于企业合并形成，当公募 REITs 对基础设施项目公司的合并成本大于其可辨认净资产公允价值，其差额将被作为商誉计入资产。因企业合并形成的商誉在合并财务报表中单独列报，并按照成本扣除累计减值准备后的金额计量。

除此之外，基础设施项目运营还会因为客户回款不及时产生一定规模的应收账款，以及因为对基础设施项目进行维修、升级、扩建等形成在建工程。

从实务数据来看，已披露 2021 年年报和 2022 年中报的公募 REITs 中，产权型 REITs 所持有的基础设施项目均计入投资性房地产，且以成本法计量，按期计提折旧与摊销；之所以采用成本法计量，主要是因为基金净资产会随着投资性房地产科目的折旧摊销而逐年递减，从而对基金对外借款金额形成制约。产权型 REITs 不存在无形资产，且固定资产的金额特别小。而特许经营权型 REITs 除中航首钢绿能 REIT 外，其余基础设施项目均主要计入无形资产科目，辅以固定资产，其中以浙商沪杭甬 REIT 和平安广州广河 REIT 固定资产金额较大，2022 年 6 月末分别为 27772.86 万元和 7050.18 万元，主要是高速公路的附属建筑物等。商誉方面，中金普洛斯 REIT 和建信中关村 REIT 的商誉金额较高，同期末分别为 117134.35 万元和 52778.99 万元。从公募 REITs 投资性房地产、固定资产、无形资产和商誉的合计金额占总资产的比例来看，除富国首创水务 REIT 比例为 85.37%、占比较低外，其余 REITs 均在 90% 以上。

较为特殊的是中航首钢绿能 REIT，其基础设施项目主要计入固定资产和应收账款科目，辅以商誉，2022 年 6 月末三者分别为 71553.27 万元、

23756.96万元和6261.90万元，三者合计占总资产的比例为86.18%，其中应收账款占比20.16%，系因为电力销售、垃圾处理而应收国网北京市电力公司、北京市城市管理委员会等单位的款项，亦为依附基础设施项目产生的资产，大部分应收账款在该REITs上市前便存在，在基础设施项目证券化的时候作为资产的一部分进行了对价转让。

需要注意的是，在运营过程中，各只REITs也因客户拖欠租金或服务费而逐渐形成了一定规模的应收账款。从2022年6月末的数据来看，产权型REITs的应收账款规模较小，而特许经营权型REITs的应收账款规模较大，其中高速公路REITs的应收账款主要是应收所在省高速公路联网收费中心（散客的通行费从省高速公路联网收费中心转付至REITs账户存在一定时间差）和企业客户的通行费。

表1-22　公募REITs因基础设施项目持有和运营所涉资产科目示例（万元）

RETIs 简称	项目 类型	投资性 房地产	无形资产	固定 资产	商誉	应收 账款	在建 工程	前四项 合计 占比
中金普洛斯 REIT	产权	508127.69	—	0.63	117134.35	910.44	—	91.99%
东吴苏园产业 REIT	产权	338548.46	—	—	—	1748.05	—	94.64%
建信中关村 REIT	产权	301528.14	—	18.44	52778.99	304.40	—	95.48%
博时蛇口产园 REIT	产权	246595.69	—	—	1578.84	1797.09	—	96.78%
红土盐田港 REIT	产权	176881.42	—	—	—	471.42	—	94.88%
华安张江光大园 REIT	产权	139432.17	—	7.88	—	266.45	—	93.94%
华夏中国交建 REIT	特许经营权	—	1066660.43	9.17	—	4026.33	—	98.20%

续表

RETIs 简称	项目类型	投资性房地产	无形资产	固定资产	商誉	应收账款	在建工程	前四项合计占比
平安广州广河 REIT	特许经营权	—	955546.45	7,050.18	—	1288.84	69.30	97.27%
浙商沪杭甬 REIT	特许经营权	—	387446.51	27,772.86	—	2753.36	411.04	98.08%
华夏越秀高速 REIT	特许经营权	—	246346.45	71.46	—	1951.58	0.00	94.23%
富国首创水务 REIT	特许经营权	—	161610.64	777.44	—	4204.85	0.00	85.37%
中航首钢绿能 REIT	特许经营权	—	—	71553.27	6261.90	23756.96	252.13	86.18%

注：数据取自 2022 年中报合并报表，前四项合计占比 = 前四项加和 / 总资产，其中中航首钢绿能 REIT 该指标采用的是（固定资产＋商誉＋应收账款）/ 总资产

资料来源：Wind，兴业研究。

除基础设施项目外，允许公募REITs将少量资金投向利率债、AAA级信用债或货币市场工具，或出于基础设施项目运营需求持有货币资金，因此其资产科目中还会有货币资金和交易性金融资产，但占比不高。从中报数据来看，此二者合计占总资产的比例在0.75%—11.61%，其中建信中关村 REIT、博时蛇口产园 REIT、红土盐田港 REIT、华夏中国交建 REIT 和华夏越秀高速REIT 均持有交易性金融资产，其中建信中关村 REIT 货币资金持有量最少。

表1-23 公募REITs货币资金和交易性金融资产明细（万元）

RETIs 简称	货币资金	交易性金融资产	二者合计占总资产比例
中金普洛斯 REIT	50244.22	—	7.39%
东吴苏园产业 REIT	12568.79	—	3.51%
建信中关村 REIT	546.82	15856.81	4.42%
博时蛇口产园 REIT	2502.80	3689.54	2.41%

RETIs 简称	货币资金	交易性金融资产	二者合计占总资产比例
红土盐田港 REIT	5147.33	3028.20	4.39%
华安张江光大园 REIT	8544.98	—	5.76%
华夏中国交建 REIT	9435.60	6012.39	1.42%
平安广州广河 REIT	25601.36		2.59%
浙商沪杭甬 REIT	3187.99	—	0.75%
华夏越秀高速 REIT	5400.06	7474.34	4.92%
富国首创水务 REIT	22085.94	—	11.61%
中航首钢绿能 REIT	9081.85	—	7.71%

注：数据取自 2022 年中报合并报表

资料来源：Wind，兴业研究。

从个别报表来看，由于与基础设施项目相关的资产均属于资产支持专项计划和项目公司，且普遍由项目公司进行金融资产投资，因此，公募REITs基金层面的个别报表资产科目非常简单，仅涉及货币资金和长期股权投资两个科目，以长期股权投资占总资产的比例超过85%为主，个别REITs会涉及其他资产科目，但金额非常小。

（二）杠杆低，长期借款和递延所得税负债为主

《指引（试行）》允许公募REITs进行对外借款，但要求"基金总资产不得超过基金净资产的140%"，对外借款普遍以项目公司作为借款主体。

从合并报表来看，引入外部借款的公募REITs，其负债科目以短期借款和/或长期借款为主，且负债率高于未引入外部借款的公募REITs。从实务数据来看，截至2022年6月末，12只披露2022年中报的公募REITs中有6只存在外部借款，其中浙商沪杭甬REIT将其计入了短期借款，而其他5只REITs将其计入了长期借款；引入外部借款的6只REITs资产负债率均高于10%，最高的为建信中关村REIT，为22.14%；而不存在外部借款的公募REITs资产负债率普遍低于10%。据2021年年报披露，浙商沪杭甬REIT的短期借款

系 2021 年上市以后为偿还此前短期借款而进行的续贷，期限为 2021 年 6 月
30 日至 2022 年 6 月 30 日，预计以续贷或扩募的方式到期偿还。需要注意的
是，中金普洛斯 REIT 尽管不存在外部借款，但其资产负债率远高于其他不
存在外部借款的公募 REITs，甚至高于 3 只存在外部借款的公募 REIT，为
15.92%，系其递延所得税负债余额太高所致。

表 1-24 公募 REITs 刚性债务明细和资产负债率（万元）

RETIs 简称	短期借款	长期借款	资产负债率
中金普洛斯 REIT	—	—	15.92%
东吴苏园产业 REIT	—	—	3.46%
建信中关村 REIT		46025.00	22.14%
博时蛇口产园 REIT	—	30029.17	18.87%
红土盐田港 REIT	—	—	1.40%
华安张江光大园 REIT	—	—	3.69%
华夏中国交建 REIT	—	130000.00	13.16%
平安广州广河 REIT	—	99817.70	10.78%
浙商沪杭甬 REIT	35026.65	—	11.11%
华夏越秀高速 REIT	—	34965.00	17.52%
富国首创水务 REIT	—	—	6.87%
中航首钢绿能 REIT	—	—	5.46%

注：数据取自 2022 年中报合并报表
资料来源：Wind，兴业研究。

除外部借款外，公募 REITs 的负债科目通常还有应付账款、预收账款、
应交税费、其他应付款、递延所得税负债，但并非所有公募 REITs 的上述负
债科目均有余额。其中应付账款、预收账款和应交税费是在基础设施项目
出租和运营过程中产生的。由于产权型的基础设施项目的运营开支主要是物
业管理，其对下游供应商的占款规模不大，因此应收账款规模小；而高速公
路需要养护且存在未到期支付的工程款、生态环保类项目运营需要原材料和
专业维护，较物业管理成本高，因此特许经营权型 REITs 的应付账款普遍较

高。预收款项主要是预收下游客户的租金等，其他应付款主要是押金和保证金、应付暂时款等，因此此二者主要出现在产权型REITs中。除外部借款外，规模较大的负债科目主要是递延所得税负债（根据负债的账面价值与其计税基础之间的差额，按照预期清偿该负债期间的适用税率计算确认递延所得税负债），系递延缴税的账面处理，不存在偿付压力，从2022年6月末该科目数据来看，中金普洛斯REIT、建信中关村REIT、博时蛇口产园REIT的余额较大，分别为9.77亿元、2.42亿元、1.51亿元，对其账面负债率有一定推升作用，三者资产负债率分别为15.92%、22.14%、18.87%，使得中金普洛斯REIT负债程度远高于不存在外部借款的其他REITs，后两者负债程度高于存在外部借款的其他REITs。

表1-25　公募REITs其他负债明细（万元）

RETIs简称	应付账款	预收账款	应交税费	递延所得税负债	其他应付款
中金普洛斯REIT	696.13		1304.16	97652.02	
东吴苏园产业REIT	—	3833.34	800.29	0.00	7714.44
建信中关村REIT	431.54		571.84	24189.66	
博时蛇口产园REIT	156.28		504.11	15099.86	
红土盐田港REIT	—	79.49	575.88	132.85	1290.40
华安张江光大园REIT	355.27	1397.11	185.90	—	3174.43
华夏中国交建REIT	3329.89		575.14	—	
平安广州广河REIT	2449.69		522.35	2338.58	
浙商沪杭甬REIT	6683.10		270.63	266.96	
华夏越秀高速REIT	1065.29		351.15	7695.24	
富国首创水务REIT	11364.49		737.72	—	
中航首钢绿能REIT	2285.82		60.75	3247.17	

注：数据取自2022年中报合并报表
资料来源：Wind，兴业研究。

除此之外，公募REITs负债科目还有应付管理人报酬、应付托管费、应付投资顾问费等几项应付中介机构费用，规模不大。

从个别报表来看，对外借款以及因为基础设施项目运营产生的负债普遍是由项目公司作为主体开展的，因此公募REITs个别报表中负债科目仅包含应付中介机构费用和少量其他负债。

（三）EBITDA利润率可作为衡量基础设施项目运营能力的指标

从合并报表来看，公募REITs营业总收入主要包括两部分：由基础设施项目出租和运营产生的营业收入、由货币资金和金融资产产生的利息收入和投资收益，个别REITs还有包括少量财政补贴在内的其他收益。除此之外，利润表模板上还有公允价值变动收益、汇兑收益、资产处置收益和其他业务收入，但目前公募REITs上述科目普遍没有金额。在基础设施项目采用成本法计量的情况下，普遍不会有公允价值变动收益；在公募REITs不存在处置资产的情况下，亦不会有资产处置收益，此两项预计在以后报告期也不会大额出现。从实务数据来看，2022年上半年除华夏中国交建REIT外，其他REITs营业收入占营业总收入的比例均超过了97%。

表1-26 公募REITs营业总收入明细（万元）

RETIs 简称	营业收入	利息收入	投资收益	其他收益	营业收入占比
中金普洛斯 REIT	17642.56	441.87			97.48%
东吴苏园产业 REIT	9178.34	109.65			98.51%
建信中关村 REIT	11878.91	9.18	101.83		98.98%
博时蛇口产园 REIT	6364.14	0.79	50.26		99.20%
红土盐田港 REIT	5805.42	47.60	33.83		98.62%
华安张江光大园 REIT	4214.46	64.88			98.48%
华夏中国交建 REIT	8952.00	1664.51	12.39		84.22%
平安广州广河 REIT	32147.56	173.13			99.46%
浙商沪杭甬 REIT	28900.71	8.09		116.63	99.63%
华夏越秀高速 REIT	10530.54	42.31	74.34		98.90%
富国首创水务 REIT	14415.47	144.24		0.42	99.01%
中航首钢绿能 REIT	21211.72	145.65	13.00	0.56	99.26%

注：数据取自2022年中报合并报表
资料来源：Wind，兴业研究。

公募REITs营业总成本主要包括营业成本、税金及附加、期间费用、研发费用、中介机构报酬和费用、信用/资产减值损失、其他费用。其中营业成本可再细分为折旧与摊销、运营及物业管理费用（或运营服务费）、其他。营业利润＝营业总收入－营业总成本；利润总额＝营业利润＋营业外收入－营业外成本；净利润＝利润总额－所得税费用。从实务数据来看，大部分REITs几无管理费用和销售费用、研发费用、减值损失、营业外收入和成本，财务费用普遍以利息支出为主，但博时蛇口产园REIT、浙商沪杭甬REIT将利息支出单独列支，未列入财务费用中。

营业总成本中营业成本占绝对比重，所有公募REITs的这一比例均在65%以上。存在外部借款的REITs，其利息支出较高；产权型REITs的房产税较高，2022年上半年产权型REITs的房产税占/税金及附加的比例在65%—87%。整体来看，产权型REITs营业成本占比要低于特许经营权型REITs；受折旧率不同的影响，各只REITs折旧与摊销占营业成本的比例不同，但普遍很高，仅中航首钢绿能REIT因运营费用太高而使折旧与摊销占比低。因此，ROE、毛利率等盈利能力指标均受到了折旧与摊销的影响，如2022年上半年华安张江光大园REIT和浙商沪杭甬REIT的年化ROE和毛利率均为负值，系ROE和毛利率反映的是REITs的账面盈利能力，而非其实际运营能力。

我们建议采用EBITDA利润率（折旧摊销息税前利润/营业总收入，若不能获取营业总收入，可采用营业收入代替）评估公募REITs报告期内的运营能力。2022年上半年大部分REITs的EBITDA利润率高于70%，仅富国首创水务REIT和中航首钢绿能REIT因为运营费用占比过高而导致这一指标较低，分别为56.27%和34.26%。

表1-27 公募REITs营业总成本明细（万元）

RETIs 简称	营业成本	税金及附加	财务费用	折旧与摊销	运营费用—项目公司层面
中金普洛斯 REIT	13623.50	1966.78	282.52	12678.27	883.63
东吴苏园产业 REIT	5802.22	1372.39	—	4556.02	829.60

续表

RETIs 简称	营业成本	税金及附加	财务费用	折旧与摊销	运营费用—项目公司层面
建信中关村 REIT	5014.57	887.42	915.47	3465.05	1,478.69
博时蛇口产园 REIT	3511.59	327.48	671.86	2915.87	595.72
红土盐田港 REIT	2470.94	603.01	—	2470.94	—
华安张江光大园 REIT	4966.82	182.64	—	4731.76	187.28
华夏中国交建 REIT	5017.20	94.60	1491.22	3940.70	800.00
平安广州广河 REIT	17960.08	848.01	2133.70	13918.86	3763.63
浙商沪杭甬 REIT	30776.57	144.84	940.28	23184.69	7102.49
华夏越秀高速 REIT	5844.33	309.86	603.23	4323.66	1444.50
富国首创水务 REIT	11251.12	396.18	—	5737.96	未披露
中航首钢绿能 REIT	17008.83	174.80	—	3821.17	13179.51

注：数据取自 2022 年中报合并报表，红土盐田港 REIT 中报披露营业成本与折旧与摊销数据一致，可能存在误差。基金合并报表并未披露运营费用，采用项目公司口径数据列示

资料来源：Wind，兴业研究。

表1-28　公募REITs营业成本占比与盈利能力相关指标

RETIs 简称	营业成本占营业总成本比例	折旧与摊销占营业成本比例	年化ROE	毛利率	EBIDA利润率
中金普洛斯 REIT	72.11%	93.06%	0.55%	22.78%	67.23%
东吴苏园产业 REIT	80.42%	78.52%	1.23%	36.78%	71.78%
建信中关村 REIT	66.16%	69.10%	3.12%	57.79%	74.93%
博时蛇口产园 REIT	76.16%	83.04%	2.54%	44.82%	86.03%
红土盐田港 REIT	67.95%	100.00%	2.43%	57.44%	80.21%
华安张江光大园 REIT	88.05%	95.27%	−1.86%	−17.85%	80.05%
华夏中国交建 REIT	68.61%	78.54%	0.70%	43.95%	82.31%
平安广州广河 REIT	85.46%	77.50%	2.31%	44.13%	81.24%
浙商沪杭甬 REIT	93.13%	75.33%	−2.54%	−6.49%	69.14%

续表

RETIs 简称	营业成本占营业总成本比例	折旧与摊销占营业成本比例	年化 ROE	毛利率	EBIDA 利润率
华夏越秀高速 REIT	85.44%	73.98%	2.61%	44.50%	75.34%
富国首创水务 REIT	92.94%	51.00%	2.38%	21.95%	56.27%
中航首钢绿能 REIT	95.18%	22.47%	6.52%	19.81%	34.26%

注：数据取自 2022 年中报合并报表，其中 ROE 采用 2022 年年化净利润计算

资料来源：Wind，兴业研究。

从个别报表来看，公募REITs基金层面的收入来源于资产支持专项计划的分配和所持货币资金和金融资产产生的利息收入/收益，因此其收入包括利息收入、投资收益，费用则主要是管理人报酬、托管费用、投资顾问费用、税金及附件和其他费用。利润总额＝收入－费用；净利润＝利润总额－所得税费用，利润表更为简单。

（四）可供分配金额的调整

公募REITs定期报告中会在基金收益分配情况部分披露可供分配金额及其计算过程。目前，该指标普遍是在EBITDA基础上调整相关科目进行计算。一般地，可供分配金额＝净利润＋折旧与摊销＋利息支出＋所得税费用＋期初现金余额＋金融资产相关调整＋当期募集资金＋当期基础设施项目资产的处置利得或损失－当期购买基础设施项目等资本性支出－利息支出－偿还借款的本金－基础设施项目资产减值准备的变动－应收的增加－应付的减少－当期投资者分红开支－未来合理期间内相关支出预留（包括未来合理期间内用于维修的重大资本开支、利息和本金支出、运营费用预算等）＋其他可能的调整项。上述调整科目中，未来合理期间内相关支出预留具有较大的可调整空间，但整体来看，除博时蛇口产园REIT和中航首钢绿能REIT外，其他REITs可供分配金额与净利润差别很大，而更接近EBITDA。

表1-29　募 REITs 利润相关指标和可供分配金额（万元）

RETIs 简称	营业利润	净利润	EBITDA	可供分配金额	可供分配金额/EBITDA
中金普洛斯 REIT	−792.14	1581.78	12168.65	14087.32	115.77%
东吴苏园产业 REIT	2101.93	2131.50	6687.52	5244.60	78.42%
建信中关村 REIT	4420.88	4514.01	8992.07	7793.21	86.67%
博时蛇口产园 REIT	1804.73	2645.39	5518.75	2882.35	52.23%
红土盐田港 REIT	2250.65	2233.69	4721.59	4506.59	95.45%
华安张江光大园 REIT	−1361.42	−1330.65	3425.62	3357.16	98.00%
华夏中国交建 REIT	3316.44	3316.44	8748.37	8290.45	94.77%
平安广州广河 REIT	11305.27	10205.04	26257.59	25690.34	97.84%
浙商沪杭甬 REIT	−4038.64	−4785.44	20054.76	19025.83	94.87%
华夏越秀高速 REIT	3806.54	2814.27	8021.44	7028.01	87.62%
富国首创水务 REIT	2454.70	2103.77	8193.37	7419.09	90.55%
中航首钢绿能 REIT	3500.43	3631.00	7321.60	3905.82	53.35%

注：数据取自 2022 年中报合并报表

资料来源：Wind，兴业研究。

（五）公募 REITs 基金合并层面重点关注

综上所述，我们认为公募 REITs 相较于企业主体的财务报告和财务数据分析均相对简单，财务稳健，信用风险不高。对单一 REITs 进行财务分析和观察时，可重点关注合并报表层面以下方面。

（1）资产方面，重点关注基础设施项目入账的投资性房地产、固定资产、无形资产、商誉，确认其计量方法，尤其是投资性房地产是否采用成本法。对于产权型 REITs，成本法计量主要影响账面指标；而对于特许经营权型 REITs，按期计提的折旧与摊销是其基础设施项目的真实折损，实质上也影响其净资本和基础设施项目估值。

（2）负债方面，重点关注对外借款规模、偿付方式和偿付安排，尤其在基础设施项目现金流相对稳定且不高的情况下，是否会存在因对外借款偿付安排不当引发的流动性风险，以及当期大额本金偿付对可供分配金额的侵蚀。若存在到期大额对外借款偿付，还需要关注是否有借新还旧安排。

（3）运营方面，对于目前普遍采用成本法计量的基础设施项目，在报告期内会产生较大规模的折旧和摊销，采用账面净利润、毛利率、ROE相关指标对基础设施项目进行评估均有所失真，可采用EBITDA利润率及其走势判断项目运营情况。

（4）分红方面，需要注意报告期内可供分配金额与实际分配金额之间数据不匹配的问题。公募REITs要求90%以上可供分配金额强制用于分红，但报告期内实际分配金额显示的是已分配的，并非本次可供分配金额将实际分配的部分，因此出现了二者数据之间的较大差异。如建信中关村REIT中报披露2022年上半年可供分配金额为7793.21万元，本报告期内实际分配了4409.99万元，这一分配金额是在2022年第二季度将2022年第一季度可供分配金额4546.00万元中的97.01%分配给了投资者，并非当期全部可供分配金额的分配。再如中航首钢绿能REIT中报披露2022年上半年可供分配金额为3905.82万元，本报告期内实际分配了11603.97万元，这一分配金额是在2022年上半年分配了以2021年末为基准日的可供分配金额，非当期可供金额的分配。

三、公募REITs项目公司层面财务特点

公募REITs定期报告中披露基础设施项目及项目公司层面的内容较为详细，不仅包括项目公司的主要财务数据和主要通用指标，还包括基础设施项目的运营情况，但不披露项目公司报表。

在基础设施项目运营方面，产权型REITs会披露可出租面积、出租率和租金水平。高速公路REITs会披露出入口车流量和日均通行费收入等指标。生态环保REITs会披露各类垃圾处理量、收费均价、完成年设实际能力的比例等同业可比、行业通用指标。

在基础设施项目公司财务数据方面，该部分数据是以项目公司为会计实体编制的，而非公募REITs基金层面，二者相互独立。定期报告中主要披露营业收入和营业成本的构成明细、毛利率/净利率/息税折旧摊销前利润率等盈利能力指标，其中营业收入和营业成本的明细披露较公募REITs基金层面仅披露营业收入和营业成本（无明细）要更为具体。如中航首钢绿能REIT中报，其项目公司营业收入包括发电收入、生活垃圾处置收入、餐厨垃圾收运及处置、其他收入等明细，而其营业成本包括运营管理成本、折旧与摊销、利息支出、其他成本/费用等明细。

表1-30　产权型REITs相关营运指标（万方，元/平方米/月）

RETIs 简称	可出租面积	期末平均出租率	平均租金
中金普洛斯 REIT	70.76	94.56%	43
东吴苏园产业 REIT	42.51	92.06%	24
建信中关村 REIT	13.30	89.87%	173
博时蛇口产园 REIT	9.41	85.97%	122
红土盐田港 REIT	26.61	99.00%	31
华安张江光大园 REIT	4.33	99.51%	165

注：数据取自2022年中报，红色数据未披露，为估算数据
资料来源：Wind，兴业研究。

表1-31　高速公路REITs相关营运指标（万辆，万元）

RETIs 简称	出口车流量	入口车流量	免费车流量	日均通行费收入
华夏中国交建 REIT	23	22.2	2.7	115
平安广州广河 REIT	1268.64		148.97	181.6
浙商沪杭甬 REIT	1060.20	1078.20		200.43
华夏越秀高速 REIT	72.93		2.96	56.49

注：数据取自2022年中报
资料来源：Wind，兴业研究。

需要注意以下4点。（1）产权型REITs的基础设施项目在入账时，项目

公司亦计入投资性房地产科目，但有些公募REITs的项目公司采用成本法计量，有些采用公允价值法计量，并不一定与基金层面保持一致。其中在定期报告中明确说明项目公司采用公允价值计量投资性房地产的是中金普洛斯REIT；有多只REITs未说明采用成本法还是公允价值计量，但在成本构成中无折旧与摊销，推测产权型REITs可能采用公允价值计量，而特许经营权型REITs应采用成本法计量，但折旧与摊销金额未知。计量方式的不同会影响营业成本的构成。（2）项目公司对外借款由两部分构成，一部分是股东（资产支持专项计划）借款，该借款为特意构建的、借由其利息进行抵税，该部分借款产生的利息支出在公募REITs基金合并报表层面可抵消，不影响合并层面利润；另一部分是商业银行提供的借款（有些公募REITs不存在这部分借款），该部分利息支出是其实际的成本之一，在基金合并范围不可抵消。（3）即便是采用成本法对基础设施项目进行计量的项目公司，在按期对投资性房地产、无形资产和固定资产进行折旧计提时，其折旧率与公募REITs基金层面也并不一致，同时项目公司的股东借款产生的利息支出会在基金合并范围进行抵消，导致两个会计实体下的营业成本指标存在较大差异。（4）公募REITs基金合并报表层面，营业总收入中的营业收入=项目公司营业总收入。

表1-32 公募REITs基金层面和项目公司层面营业成本对比（万元）

RETIs 简称	基金层面合并范围		项目公司层面	
	营业成本	折旧与摊销	营业总成本	折旧与摊销
中金普洛斯 REIT	13623.50	1966.78	2890.93	用公允价值计量投资性房地产
东吴苏园产业 REIT	5802.22	1372.39	1246.19	未明确是否用成本法计量
建信中关村 REIT	5014.57	887.42	5122.42	3463.12
博时蛇口产园 REIT	3511.59	327.48	595.72	未明确是否用成本法计量
红土盐田港 REIT	2470.94	603.01	4155.73	1,246.22
华安张江光大园 REIT	4966.82	182.64	4319.65	3,895.62

续表

RETIs 简称	基金层面合并范围		项目公司层面	
	营业成本	折旧与摊销	营业总成本	折旧与摊销
华夏中国交建 REIT	5017.20	94.60	19313.85	未明确是否用成本法计量
平安广州广河 REIT	17960.08	848.01	42980.37	未明确是否用成本法计量
浙商沪杭甬 REIT	30776.57	144.84	21161.65	13009.46
华夏越秀高速 REIT	5844.33	309.86	14404.93	未明确是否用成本法计量
富国首创水务 REIT	11251.12	396.18	10934.68	未明确是否用成本法计量
中航首钢绿能 REIT	17008.83	174.80	20910.08	3060.80

注：数据取自 2022 年中报，未明确是否用成本法计量基础设施项目的公募 REITs 均未披露项目公司的折旧与摊销。

资料来源：Wind，兴业研究。

我们认为，基础设施项目运营数据、项目公司营业收入明细、营业成本中的运营管理成本、EBITDA 利润率可反映其运营情况，是较为重要的辅助参考资料；而项目公司营业成本构成数据及毛利率、净利率等账面指标因计量方法和折旧率选取不同、合并范围抵消等与基金层面同类数据之间存在一定差异，可以仅以基金层面数据作为主要分析依据。

公募REITs所涉税务研究

2022年1月16日，财政部、国家税务总局联合发布《关于基础设施领域不动产投资信托基金（REITs）试点税收政策的公告》（财政部、税务总局公告2022年第3号，以下简称"3号公告"），初步明确基础设施REITs设立、运营、分配等环节部分税收政策，也是我国正式建立专属于REITs税收政策体系的开始。本节从税收政策和税务筹划的视角对公募REITs进行探讨研究。

一、原始权益人在基础设施项目资产重组＆转让环节涉税问题探讨

目前国内公募REITs在上层构架上采取"公募REITs+专项计划+项目公司股权和债权+基础设施项目"的交易框架，之所以采用项目公司股权和债权替代基础设施项目资产产权/特许经营权作为专项计划的直接基础资产，系出于避免基础设施项目在转让过程中产生的土地增值税、节约公募REITs运营过程中项目公司的企业所得税考量。

在公募REITs的设立阶段，原始权益人将基础设施项目资产剥离至项目公司，并通过股权转让的方式使其纳入REITs的控制范围，这一过程可拆分为3个涉税的交易环节：（1）原始权益人通过资产转让、资产重组等方式将基础设施项目转移至项目公司；（2）基金管理人向投资者募集资金设立公募基金，原始权益人参与战略配售，其与关联方战略配售份额不低于募集总额

的20%；（3）项目公司股权由原始权益人全部出售、转移至专项计划。其中，前一个环节涉税种类较多，后两个环节涉及税种相对有限。

在原始权益人向项目公司转让基础设施资产、进行资产重组的环节，涉及土地增值税、增值税、印花税、契税等，不再涉及企业所得税。土地增值税方面，若基础设施项目资产的历史成本较低，在资产重组环节的市场溢价较高，原始权益人则会面临较高税收，其融资成本被动升高。这时，原始权益人可以选择通过反向剥离不相关资产的方式将基础设施资产留存在项目公司中，尽量减少项目资产归属权的变更，以避免正向剥离过程可能存在的较高税负。此外，根据《财政部税务总局关于继续实施企业改制重组有关土地增值税政策的公告》（财政部税务总局公告2021年第21号，以下简称"21号公告"），在REITs结构设计时，原始权益人通过分立重组或资产划转形式，即将基础设施项目出资成立项目公司，再进行项目公司股权转让，可以不征收土地增值税。值得注意的是，21号公告明确以上条款不适用于房地产开发企业，由于公募REITs聚焦基础设施领域，一般不存在不能以不动产出资设立项目公司规避土地增值税的情况，但若原始权益人具有房地产开发资质，则无法通过上述方式来达到减免土地增值税的目的。对于具有房地产开发资质的企业，可将物业增值控制在20%以内进行规避，但可能会降低融资规模。

与土地增值税相似，对于基础设施项目资产转让至项目公司的过程产生的增值税、契税，也可以通过基础设施项目资产出资设立项目公司再转让股权的方式实现免征，依据的相关税法包括《财政部国家税务总局关于全面推开营业税改征增值税试点的通知》（财税〔2016〕36号）和《关于继续执行企业事业单位改制重组有关契税政策的公告》（财政部税务总局公告2021年第17号，有效期至2023年12月31日）。

而若原始权益人因向项目公司转让基础设施项目资产而产生的企业所得税被征收的话，一旦未能成功上市，则会带来不必要的税收成本。2022年1月16日，针对公募REITs的3号公告发布，其规定"原始权益人向项目公司划转基础设施资产相应取得项目公司股权，适用特殊性税务处理，即项目公司取得基础设施资产的计税基础，以基础设施资产的原计税基础确定；原始权益人取得项目公司股权的计税基础，以基础设施资产的原计税基础确定。原始权益人和项目公司不确认所得，不征收企业所得税"，此环节可不涉及企业所得税，解决了若未实现REITs上市而付出的企业所得税成本问题。不过值得注意的是，实务中对于"原始权益人向项目公司划转基础设施资产相应取得项目公司股权"场景的应用可能存在分歧，使得部分REITs项目在发行前的重组阶段并未享受到3号公告中企业所得税的减免。

若基础设施项目资产在此之前已在项目公司运营，则无须进行资产剥离，原始权益人可直接向专项计划转让项目公司股权。这一情况下，项目资产转让时需评估的土地增值税、增值税、契税将不再涉及。

表1-33　国内公募REITs设立阶段相关税法要求

时间	发文部门	文件名称	相关内容
2022/1/16	财政部、国家税务总局	《关于基础设施领域不动产投资信托基金（REITs）试点税收政策的公告》（财政部、税务总局公告2022年第3号）	（1）设立基础设施REITs前，原始权益人向项目公司划转基础设施资产相应取得项目公司股权，适用特殊性税务处理，即项目公司取得基础设施资产的计税基础，以基础设施资产的原计税基础确定；原始权益人取得项目公司股权的计税基础，以基础设施资产的原计税基础确定。原始权益人和项目公司不确认所得，不征收企业所得税。（2）基础设施REITs设立阶段，原始权益人向基础设施REITs转让项目公司股权实现的资产转让评估增值，当期可暂不缴纳企业所得税，允许递延至基础设施REITs完成募资并支付股权转让价款后缴纳。其中，对原始权益人按照战略配售要求自持的基础设施REITs份额对应的资产转让评估增值，允许递延至实际转让时缴纳企业所得税。原始权益人通过二级市场认购（增持）该基础设施REITs份额，按照先进先出原则认定优先处置战略配售份额。

续表

时间	发文部门	文件名称	相关内容
2021/5/31	财政部、国家税务总局	《财政部税务总局关于继续实施企业改制重组有关土地增值税政策的公告》（财政部税务总局公告 2021 年第 21 号）	（1）按照法律规定或者合同约定，企业分设为两个或两个以上与原企业投资主体相同的企业，对原企业将房地产转移、变更到分立后的企业，暂不征土地增值税。 （2）单位、个人在改制重组时以房地产作价入股进行投资，对其将房地产转移、变更到被投资的企业，暂不征土地增值税。 （3）上述改制重组有关土地增值税政策不适用于房地产转移任意一方为房地产开发企业的情形。
2016/3/23	财政部、国家税务总局	《财政部国家税务总局关于全面推开营业税改征增值税试点的通知》（财税〔2016〕36 号）	不征收增值税项目包括：在资产重组过程中，通过合并、分立、出售、置换等方式，将全部或者部分实物资产以及与其相关联的债权、负债和劳动力一并转让给其他单位和个人，其中涉及的不动产、土地使用权转让行为。
2021/4/26	财政部、国家税务总局	《关于继续执行企业事业单位改制重组有关契税政策的公告》（财政部税务总局公告 2021 年第 17 号）	（1）公司分立为两个或两个以上与原公司投资主体相同的公司，对分立后公司承受原公司土地、房屋权属，免征契税。 （2）同一投资主体内部所属企业之间土地、房屋权属的划转，包括母公司与其全资子公司之间，同一公司所属全资子公司之间，同一自然人与其设立的个人独资企业、一人有限公司之间土地、房屋权属的划转，免征契税。 （3）母公司以土地、房屋权属向其全资子公司增资，视同划转，免征契税。

资料来源：根据相关规章文件整理，兴业研究。

　　在公募 REITs 资金募集及项目公司转让至专项计划环节，主要涉及企业所得税、印花税。公募 REITs 的专项计划收购项目公司主要采用股权收购形式，出让方需要缴纳企业所得税、印花税，3 号公告明确"原始权益人向基础设施 REITs 转让项目公司股权实现的资产转让评估增值，当期可暂不缴纳企业所得税，允许递延至基础设施 REITs 完成募资并支付股权转让价款后缴纳"，对递延缴纳的设定延后了原始权益人的纳税时点，减轻了原始权益人纳税负担。根据《公开募集基础设施证券投资基金指引（试行）》（证监会公告〔2020〕54号）相关要求，"基础设施项目原始权益人或其同一控制下的关联方参与基础设施基金份额战略配售的比例合计不得低于本次基金份额发售数量的20%"，其中基金份额发售总量的20%持有期自上市之日起不少于60个月，超过20%部分持有期自上市之日起不少于36个月。基于3号公告，原始权益人所持有的战略配售份额对应的资产转让评估增值，允许递延至实际转让时缴纳企业所得税。原始权益人通过二级市场认购增持REITs份额时，按照先进先出原则认定优先处置战略配售份额。此外，原始权益人认购REITs份额时不涉及资产交易，需在订立合同时缴纳印花税。

总而言之，在REITs设立过程中原始权益人向项目公司划转基础设施资产时产生的企业所得税已不予征收，这一环节税负多少主要视基础设施项目资产是否原来独立存在于项目公司，如果是，则不存在项目资产转让或反向剥离产生的土地增值税、增值税以及契税；如果不是，需先以不动产出资成立项目公司或反向剥离其他资产，以避免直接向专项计划转让基础设施项目产生土地增值税、增值税和契税。更重要的是，原始权益人还可以递延缴纳转让项目公司股权产生的企业所得税，其中参与战略配售的份额可以递延至解禁出售时缴纳，但其在转让股权和认购基金份额时的印花税无法避免，这是国内REITs上市后专门探索的针对性税收优惠政策。

表1-34　原始权益人资产重组和资产转划时避/节税设计

税种	设计
土地增值税	（1）反向剥离不相关资产 （2）项目资产本就在项目公司 （3）原始权益人不具有房地产开发资质，以项目资产对项目公司出资 （4）原始权益人具有房地产开发资质，物业评估增值低于20%
增值税	以项目资产对项目公司出资
契税	以项目资产对项目公司出资

资料来源：兴业研究整理。

（一）公募 REITs 设立阶段所涉各税种的税务要求

在现行的税收体系下，公募 REITs 的设立阶段主要涉及土地增值税、增值税、契税、印花税等，具体要求如下所示。

（1）土地增值税。根据《中华人民共和国土地增值税暂行条例》（国务院令第 588 号），在转让不动产时对交易的增值部分征收土地增值税，土地增值额为转让收入减去规定的扣除项目。房地产初始获得来源不同，在计算时的扣除项目也就不同，如自行建造并转让不动产的，扣除项目主要包括取得土地使用权时支付的价款、开发土地的成本及费用等。我国土地增值税实行四级超率累进税率，其中：增值额未超过扣除项目金额的 50%，土地增值税额=增值额×30%；增值额超过扣除项目金额的 50% 未超过 100%，土地增值税额=增值额×40%–扣除项目金额×5%；增值额超过扣除项目金额的 100% 未超过 200%，土地增值税额=增值额×50%–扣除项目金额×15%；增值额超过扣除项目金额的 200%，土地增值税额=增值额×60%–扣除项目金额×35%。

（2）增值税。根据《关于深化增值税改革有关政策的公告》（财政部税务总局海关总署公告 2019 年第 39 号），原始权益人销售房地产、转让土地使用权等活动所取得的全部价款和价外费用，以 9% 的税率收取增值税。若出售房地产老项目（合同开工日期在 2016 年 4 月 30 日前），可以选择使用简易计税方法，税率为 5%，税基视自建或非自建而定，若是自建，则以取得的全部价款和价外费用作为销售额，若非自建，则以取得的全部价款和价外费用扣除不动产购置原价或者取得不动产时的作价后的余额为销售额。

（3）契税。根据《中华人民共和国契税法》（主席令第 52 号），在房屋买卖、典当、赠予或交换订立契约时，由承让人缴纳契税，税率一般按成交价格的 3%—5%，具体按不动产所在地规定的税率而定。

（4）印花税。根据《中华人民共和国印花税暂行条例》，交易双方签署不动产所有权转移书据按所载金额的 0.05% 缴纳印花税，房屋产权证、土地使用证等领受人按 5 元/件贴花。

二、出于运营阶段项目公司企业所得税节税考量而搭建股债结构

（一）出于运营阶段项目公司企业所得税节税考量而搭建股债结构

根据企业所得税的计税原理，向投资者支付的股息、红利等权益资本的收益款项无法在计算应纳税所得额时扣除，而符合要求的债务资本的利息计入财务费用，能在税前扣除。出于公募REITs运营阶段项目公司企业所得税节税考量，国内公募REITs实践中普遍会引入项目公司债权作为专项计划持有的一项基础资产的设计，即搭建专项计划持有项目公司"股权"+"债权"的股债结构，**将项目公司的部分收益以关联方借款利息a方式进行向上分配，以尽可能地节约在REITs运营阶段项目公司的企业所得税成本**。

项目公司用关联方借款利息抵扣企业所得税应关注结构设比例和利率的合法合规。**在借款规模方面**，根据《关于企业关联方利息支出税前扣除标准有关税收政策问题的通知》（财税〔2008〕121号），"在计算应纳税所得额时，企业实际支付给关联方的利息支出，不超过以下规定比例和税法及其实施条例有关规定计算的部分，准予扣除，超过的部分不得在发生当期和以后年度扣除"，其中对于公募REITs的项目公司，准予扣除的条件要满足其接受关联方债权性投资与其权益性投资比例为2:1。**在利率设定方面**，适用《最高人民法院关于审理民间借贷案件适用法律若干问题的规定》（〔2020〕17号）的规定："法人之间、非法人组织之间以及它们相互之间为生产、经营需要订立的民间借贷合同"，"利息的上限仍以最初本金和合同成立时的4倍LPR之和为准"。即，未超过上述规定的债权性投资与权益性投资的比例和金融企业同期同类贷款利率计算的利息部分，可以税前扣除；超过上述规定的债权性投资与权益性投资的比例和金融企业同期同类贷款利率计算的利息部分应在企业所得税汇算清缴时纳税调增。国家税务总局关于印发《特别纳

---

① 因公募REITs定期报告中普遍使用内部借款利息，正文中亦采用内部借款利息，涉及到关联方借款、关联方债务的亦会采用内部借款等称呼。

税调整实施办法（试行）》的通知（国税发〔2009〕2号）（以下简称国税发〔2009〕2号）第八十五条规定，不得扣除利息支出＝年度实际支付的全部关联方利息×（1-标准比例/关联债资比例），此处的标准比例即为2：1。

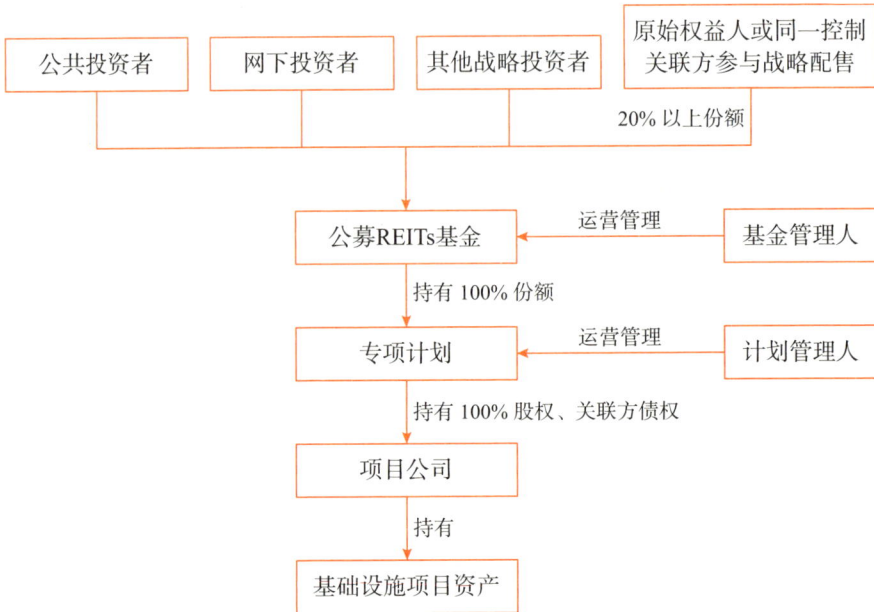

图1-21　公募REITs交易结构简图

资料来源：兴业研究整理。

（二）搭建项目公司股债结构的主要方式

目前，公募REITs形成项目公司存量债务、专项计划给项目公司发放股东借款的偿还该存量债务的方式主要有以下4种。

（1）项目公司存在合适的存量债务，可以由专项计划向项目公司直接发放股东借款，置换项目公司对其他债权人的存量债务，形成专项计划对项目公司的债权。例如中金普洛斯REIT，在上市前，项目公司存在应付未付原股东分红款、预提所得税、存量借款本息等存量债务，上市募集资金后，专项计划将购买项目公司股权后的剩余募集资金向各个项目公司发放贷款，各项目公司用以偿还前述存量债务。这一方法的优点是简单易操作，但需要项目公司存在规模合适的存量债务。

（2）项目公司股东减资，即项目公司的股东减资，但项目公司不支付减资款，形成原股东（即原始权益人）对项目公司的债权，专项计划成立后，在收购项目公司股权的同时一并受让原股东对项目公司债权。该方式不需要使用SPV公司及项目公司的反向吸并，亦未产生大额资金的短期占用成本，操作相对简单，但需要项目公司具备足够的注册资本和实收资本且满足减资条件。如浙商沪杭甬REIT便采用这一方式，原始权益人对项目公司减资21亿元，项目公司未支付减资款，形成了其对原始权益人的应付减资款，之后专项计划向原始权益人收购其持有项目公司的全部股权及因减资所享有的项目公司债权。

（3）在构建SPV公司对项目公司权益性投资的过程中形成原始权益人对SPV公司的债权性投资，而后专项计划从原始权益人处收购SPV公司股权（含其对项目公司的债权），上市后进行项目公司对SPV公司实行反向吸并，承接原SPV公司应付专项计划的存量债务，至此专项计划直接持有项目公司股权和债权。其中在构建SPV公司对项目公司权益性投资的过程中形成原始权益人对SPV公司的债权性投资时，有两种途径，**途径A**：原始权益人向SPV公司提供股东借款收购项目公司；**途径B**：SPV从原始权益人或其关联方处收购项目公司，没有支付股权对价，形成债务债权关系。如红土盐田港REIT，原始权益人新设全资SPV公司并向其提供11.37亿元股东借款，用于收购项目公司100%股权，专项计划向原始权益人购买其持有的SPV公司股权及其对项目公司的债权，完成收购后项目公司反向吸收合并SPV公司承继其股东借款。这一方式普适性较强，在其他三种方式不适用的情况下，均可以采用这一方式。

（4）项目公司通过会计政策调整基础设施项目的公允价值形成项目公司应付股东股利的存量债务。该方法仍然需要引入SPV公司，并由SPV公司收购项目公司股权和项目公司对SPV公司进行反向吸并。如博时招商蛇口REIT，专项计划收购SPV公司的股权，并引入并购贷款向SPV公司发放贷款，用以收购项目公司的股权；调整项目公司投资性房地产以公允价值入账，公允价值与原账面价值之间的差额形成对股东的应付股利，确认为SPV公司对项目公司的债权。在完成反向吸并后，该REIT仍然存在外部机构对项目公司的并购贷款，项目公司的债务由专项计划借款和外部机构的并购贷款构成。这种通过基础设施项目公允价值评估增值构建项目公司应付股利以形成其对专项计划债务的方式，**仅适用于可计入投资性房地产科目的不动产项目**，如仓储物流、保障性住房租赁等，而对于普遍以固定资产、无形资产等科目入账的其他基础设施项目则无法操作，局限性很大。值得注意的是，公募REITs上市之后，基础设施项目均以成本法记账，以计提折旧摊销来降低项目公司企业所得税，因此会变更上市前投资性房地产公允价值记账的方式。

（三）从实际数据看内部借款利息对公募 REITs 的节税效果

绝大部分公募REITs都因构建了股债股债结构达到了节税效果。 已披露2022年报的公募REITs中，通过内部借款利息节约的企业所得税在292万元–11273万元之间，除鹏华深圳能源REIT，其余节税操作后的项目公司企业所得税规模均在800万以下，甚至多录得负值。

在债/股比例方面，专项计划持有项目公司的债/股比例在0.37–1.99倍之间，均未超过抵扣政策要求的2:1。其中，高速公路REITs对债/股结构应用相对充分，主要系其息税前利润规模较大，可抵扣的空间较大，且高速公路行业普遍资产负债率较高，在通过公募REITs上市前银行借款规模较大，会更倾向通过专项计划直接发放股东借款的方式置换原银行贷款。

以节税规模最大的平安广州广河REIT为例，其内部借款为57亿元，系通过置换原项目公司银行借款和减资形成，其中通过专项计划向项目公司发放的股东借款为26亿元，主要用于置换项目公司存量贷款，因减资而应付专项计划的股东借款约31亿元，债/股比例为1倍。其于2021年上市，2022年全年度内部借款利息4.51亿元，以内部借款利息 *25%直接估算项目公司层面抵扣的企业所得税为11,273万元左右，若考虑到专项计划取得项目公司支付的内部借款利息需要支付增值税后，以内部借款利息 *25%–内部借款利息 *3%/（1+3%）估算平安广州广河REIT2022全年度运营期间因股债结构而节税 9,960 万元左右。

值得注意的是，实际中，公募REITs债/股结构比例中权益规模多以股权转让价为标准设定，从2022年报节税情况来看也多得到认定。然亦可能存在税务操作中不被认定的风险，如从鹏华深圳能源REIT2022年报披露数据来看，其2022年企业所得税高达8,969万元，其中不可抵扣的成本、费用和损失的影响为2887万元，应存在部分内部借款利息未能在当年被认定为税前可抵扣。

表1-35　已上市公募REIT项目公司的股债设置及2022年相关财务指标

REITs 简称	股债搭建方式	股东借款规模（亿元）	权益规模（亿元）	债/股	2022年			
					内部借款利息（亿元）	所得税（万元）	直接节约的企业所得税测算（万元）	剔除增值税后的节税金额（万元）
中航首钢绿能REIT	（3）	9.44	13.38	0.71	1.47	104	3,678	3,250
博时蛇口产园REIT	（4）	—	—	—	0.11	−1,705	267	236
富国首创水务REIT	（1）	7.8	10.7	0.73	—	665	—	—
浙商沪杭甬REIT	（2）	21.00	20.31	1.03	3.79	448	9,464	8,362
中金普洛斯REIT	（4）	26.79	29.39	0.91	—	−4,963	—	—
平安广州广河REIT	（1）和（2）	57	58	1.0	4.51	−1,883	11,273	9,960
红土创新盐田港REIT	（3）	—	—	—	—	−3	—	—
东吴苏园产业REIT	（2）	9.45	25.47	0.37	1.69	—	4,230	3,738
华夏越秀高速REIT	（3）	—	—	—	1.30	728	3,244	2,866

续表

REITs 简称	股债搭建方式	股东借款规模（亿元）	权益规模（亿元）	债/股	2022 年			
					内部借款利息（亿元）	所得税（万元）	直接节约的企业所得税测算（万元）	剔除增值税后的节税金额（万元）
建信中关村 REIT	（1）	—	—	—	—	−549	—	—
华夏中国交建 REIT	（1）	56.46	28.83	1.96	2.91	0	7,269	6,422
国金中国铁建 REIT	（3）	—	—	—	0.75	110	1,876	1,657
鹏华深圳能源 REIT	（3）	—	—	—	0.97	8,969	2,414	2,133
华夏北京保障房 REIT	（3）	—	—	—	0.12	−4	292	258
中金厦门安居 REIT	（1）	—	—	—	—	51	—	0
红土深圳安居 REIT	（2）	—	—	—	0.33	4	835	738
华夏合肥高新 REIT	（1）	8.35	—	—	0.23	−285	571	504
国泰君安临港创新产业园 REIT	（4）	2.14	—	—	0.11	−115	281	249
国泰君安东久新经济 REIT	（4）	4.86	—	—	0.20	−121	500	442
华泰江苏交控 REIT	（2）	18.21	10.29	1.77	—	—	—	—
中金安徽交控 REIT	（3）	68.40	34.40	1.99	—	—	—	—
华夏基金华润有巢 REIT	（3）	—	—	—	—	—	—	—
华夏和达高科 REIT	（3）	6.71	6.05	1.11	—	—	—	—

续表

REITs 简称	股债搭建方式	股东借款规模（亿元）	权益规模（亿元）	债/股	2022 年			
					内部借款利息（亿元）	所得税（万元）	直接节约的企业所得税测算（万元）	剔除增值税后的节税金额（万元）
嘉实京东仓储基础设施 REIT	（3）	8.22	8.14	1.01	—	—	—	—
中信建投国家电投新能源 REIT	（3）	19.03	52.62	0.36	—	—	—	—
中航京能光伏 REIT	（1）	8.74	9.32	0.94	—	—	—	—
中金山东高速 REIT	（1）	16.02	13.80	1.16	—	—	—	—
中金湖北科投光谷 REIT	（1）	15.40	—	—	—	—	—	—

注1：直接节约的企业所得税测算 = 内部借款利息 *25%，剔除增值税后的实际节税金额 = 直接节约的企业所得税测算 − 内部借款利息 *3%/（1+3%）

注2：部分 REITs 因为是 2022 年上市，披露的 2022 年相关指标并非全年度，而是上市后至年末数据

注3：所得税为基金合并报表层面的指标，由于基金的所得税全部来源于项目公司，仅以此代替项目公司所得税指标

资料来源：REITs 公告，兴业研究。

三、公募 REITs 运营中主要参与方的税务探讨

在公募 REITs 运营阶段主要涉及基础资产运营产生收益以及收益分配等过程的税收，包括：（1）项目公司通过运营基础设施项目资产获得收入，并支出相应的成本和费用；（2）专项计划从项目公司取得股息分红、利息收入等；（3）公募基金从专项计划取得收益。

（一）项目公司运营阶段涉及税收

项目公司持有并运营基础设施涉税主要为企业所得税、增值税、房产

税、土地使用税、印花税等。

（1）企业所得税

根据《中华人民共和国企业所得税法》（主席令第23号），项目公司在每一纳税年度的收入总额，包括租金收入、特许权使用费收入、利息收入等，在减除不征税收入、免税收入、各项扣除以及允许弥补的以前年度亏损之后，应缴纳企业所得税，税率为25%，具体计算公式为：（收入总额－不征税收入－免税收入－各项扣除－弥补以前年度亏损）×25%。符合特定条件的项目公司可能满足企业所得税优惠政策，具体要视项目公司所在行业、地区等情况，如主席令第23号规定，国家需要重点扶持的高新技术企业的企业所得税率减为15%，企业购置用于环境保护、节能节水、安全生产等专用设备的投资额可按一定比例实行税额抵免等。

表1-36　企业所得税部分优惠政策

时间	发文部门	文件名称	相关内容
2018/12/29	全国人大常委会	《中华人民共和国企业所得税法》（主席令第23号）	（1）国家需要重点扶持的高新技术企业，减按15%的税率征收企业所得税。 （2）企业的下列所得可以免征、减征企业所得税：从事国家重点扶持的公共基础设施项目投资经营的所得；从事符合条件的环境保护、节能节水项目的所得；符合条件的技术转让所得。 （3）企业购置用于环境保护、节能节水、安全生产等专用设备的投资额，可以按一定比例实行税额抵免。
2014/3/25	财政部、国家税务总局	《关于广东横琴新区福建平潭综合实验区深圳前海深港现代化服务业合作区企业所得税优惠政策及优惠目录的通知》（财税〔2014〕26号）	对设在横琴新区、平潭综合实验区和前海深港现代服务业合作区的鼓励类产业企业减按15%的税率征收企业所得税。上述鼓励类产业企业是指以所在区域《企业所得税优惠目录》中规定的产业项目为主营业务，且其主营业务收入占企业收入总额70%以上的企业。

时间	发文部门	文件名称	相关内容
2019/4/13	财政部、税务总局、发改委、生态环境部	《关于从事污染防治的第三方企业所得税政策问题的公告》（财政部 税务总局 国家发展改革委 生态环境部公告 2019 年第 60 号）	对符合条件的从事污染防治的第三方企业减按 15% 的税率征收企业所得税，第三方防治企业是指受排污企业或政府委托，负责环境污染治理设施（包括自动连续监测设施）运营维护的企业。
2020/4/23	财政部、税务总局、发改委	《关于延续西部大开发企业所得税政策的公告》（财政部 税务总局 国家发展改革委公告 2020 年第 23 号）	2021 年 1 月 1 日至 2030 年 12 月 31 日，对设在西部地区的鼓励类产业企业减按 15% 的税率征收企业所得税。
2020/6/23	财政部、税务总局	《关于海南自由贸易港企业所得税优惠政策的通知》（财税〔2020〕31 号）	对注册在海南自由贸易港并实质性运营的鼓励类产业企业，减按 15% 的税率征收企业所得税。

资料来源：根据相关规章文件整理，兴业研究。

按照前文所述，项目公司可以通过在设立阶段交易结构设计合理分配债资比实现节税，通过债务利息的税前抵扣，冲减其在运营期间应纳所得额的纳税基础，减少企业所得税税负。

（2）增值税

在 REITs 成立之后，项目公司运营基础设施项目，并从中取得营业收入及利润，其中产权型项目如中金普洛斯 REIT、东吴苏园产业 REIT 等以仓储物流园、产业园等租金收入为主，特许经营权项目如浙商沪杭甬 REIT、富国首创水务 REIT 等以高速公路收费、污水处理费等特许经营权收入为主，不同类型收入的增值税税率有所不同。根据《中华人民共和国增值税暂行条例》（国务院令第 691 号）和《关于深化增值税改革有关政策的公告》（财政部税务总局海关总署公告 2019 年第 39 号），项目公司出租不动产的增值税税率为 9%，若出租房地产老项目可选择简易计税方式，税率为 5%。其他业务收入如物业管理服务收入、垃圾处理收入等增值税税率为 6%，若满足特定条件还可以享受增值税优惠，例如《关于印发〈资源综合利用产品和劳务增值税优惠目录〉的通知》（财税〔2015〕78号）中规定垃圾处理收入享受增值税即征即退70%，售电享受增值税即征即退100%。

表1-37　项目公司业务收入可能涉及的增值税税率及计算公式

业务	税率	计算公式
出租不动产	9%	应纳税款 = 含税销售额 ÷（1+9%）× 9%– 进项税额
老不动产出租	5%	应纳税款 = 含税销售额 ÷（1+5%）× 5%
物业管理服务收入	6%	应纳税款 = 含税销售额 ÷（1+6%）× 6%– 进项税额
贷款服务收入	6%	应纳税款 = 含税销售额 ÷（1+6%）× 6%– 进项税额
垃圾发电	13%	—
垃圾处理费	6%	应纳税款 =［含税销售额 ÷（1+6%）× 6%– 进项税额 ×30%
污水处理费	6%	应纳税款 =［含税销售额 ÷（1+6%）× 6%– 进项税额 ×30%
高速公路收费收入	9%	应纳税款 = 含税销售额 ÷（1+9%）× 9%– 进项税额

资料来源：兴业研究整理。

（3）房产税

项目公司持有经营性不动产需缴纳房产税。根据《中华人民共和国房产税暂行条例》（国发〔1986〕90号），若持有但未产生租金收入，应以不动产原值减除10%–30%后的余值为基础，按1.2%的税率缴纳房产税，计算公式为不动产原值 ×（1–10%–30%）× 1.2%；根据《中华人民共和国房地产税暂行条例》，若不动产获取租金收入，则以租金收入的12%缴纳房产税，计算公式为租金收入 × 12%。此外，特定用途的不动产可免征房产税，例如按政府规定价格出租的公有住房和廉租住房、经营公租房的租金收入等。

（4）土地使用税

项目公司应以实际占用的土地面积为计税依据缴纳土地使用税，采用定额税率，税率视项目资产所属地区而定，计算公式为土地面积 × 地区每平方米税额。根据《中华人民共和国城镇土地使用税暂行条例》（国务院令第709号），土地使用税每平方米年税额如下：大城市1.5元至30元；中等城市1.2元至24元；小城市0.9元至18元；县城、建制镇、工矿区0.6元至12元。由财政部另行规定免税的能源、交通、水利设施用地和其他用地，免缴土地使用税。

（二）专项计划、公募基金运营阶段涉及税收

专项计划从项目公司取得股息分红和利息收入，并将其进一步分配给公募基金，这两个环节所涉及的税收基本一致，包括增值税、企业所得税等。

在增值税方面，其税收处理相对比较明确，对于运营过程中取得的利息性质的收益，根据财政部、税务总局《关于资管产品增值税有关问题的通知》（财税〔2017〕56号），适用简易计税方法，以3%的征收率缴纳增值税，计算公式为利息性质收益总额÷（1+3%）×3%；对于非利息性质的收益，《关于明确金融、房地产开发、教育辅助服务等增值税政策的通知》（财税〔2016〕140号）规定"金融商品持有期间取得的非保本收益，不属于利息或利息性质的收入，不征收增值税"，一般不缴纳增值税。REITs交易结构中的债权安排往往导致部分或全部收益为利息收入性质，需要缴纳相应增值税。

在所得税方面，专项计划、公募基金不属于法人、机构或组织，因而不是企业所得税的纳税主体，在取得股息分红和股息收入时，一般不涉及所得税的缴纳。例如博时蛇口产业园REIT在《招募说明书》中提及"本基金及资产支持专项计划暂不计缴所得税"。

此外，在REITs运营阶段，由计划管理人和基金管理人分别管理资产支持计划和公募基金，并分别获得专项计划、公募基金支付的管理费。计划管理人和基金管理人提供金融服务所得收入，需缴纳企业所得税和增值税，税率分别为25%、6%。

四、公募REITs运营中投资者所涉税务探讨

（一）公募REITs分红过程中的税收

目前，国内公募REITs强制分红比例为90%，且大多采用现金分红的形

式，向所有基金份额持有人分派。公募REITs基金份额持有人可分为三类，包括战略投资者、网下投资者和公众投资者，其中除公众投资者中可能存在个人投资者外，其余均为机构投资者。在REITs分红过程中，投资者取得投资收益需要根据自身情况进行税务处理，主要涉及所得税、增值税等税收。

在投资者获得REITs分红需缴纳的所得税方面，对于机构投资者而言，依据《关于企业所得税若干优惠政策的通知》（财税〔2008〕1号）的规定，"对投资者从证券投资基金分配中取得的收入，暂不征收企业所得税"，对机构投资者的分红收入不征收企业所得税。对于公众投资者中的个人投资者而言，根据现行所得税税法，个人拥有债权、股权等而取得利息、股息、红利所得需按20%的税率缴纳个人所得税，但根据《财政部 国家税务总局关于证券投资基金税收问题的通知》（财税字〔1998〕55号），"对投资者从基金分配中获得的股票的股息、红利收入以及企业债券的利息收入，由上市公司和发行债券的企业在向基金派发股息、红利、利息时代扣代缴20%的个人所得税，基金向个人投资者分配股息、红利、利息时，不再代扣代缴个人所得税"，因此REITs基金分配收益时个人投资者无需缴纳20%的个人所得税。

在增值税方面，与专项计划、公募基金获取收益时一致，需依据财税〔2016〕140号文判断所取得的非保本收益是否属于利息或利息性质的收入，公募基金分红不属于上述收入，不征收增值税。

表1-38 以2022年5月之前的最近一次分红看公募REITs涉税安排

业务	权益登记日	除息日	分红方案	分红比例（元/10份基金份额）	分红对象	税务安排
博时蛇口产园 REIT	2022/4/7	2022年4月8日（场内）2022年4月7日（场外）	0.3010	96%	权益登记日登记在册的基金份额持有人	暂免征收所得税
红土盐田港 REIT	2022/4/6	2022年4月7日（场内）2022年4月6日（场外）	0.575	97.23%		暂免征收所得税

业务	权益登记日	除息日	分红方案	分红比例（元/10份基金份额）	分红对象	税务安排
华安张江光大REIT	2022/4/12	2022年4月13日（场内）2022年4月12日（场外）	0.80	94.65%		暂不征收个人所得税和企业所得税
东吴苏园产业REIT	2022/4/18	2022年4月18日（场外）2022年4月19日（场内）	1.029	99.99%		暂免征收所得税
中金普洛斯REIT	2022/4/6	2022年4月6日（场外）2022年4月7日（场内）	0.4843	99.98%		暂免征收所得税
平安广州广河REIT	2021/12/23	2021年12月24日、2021年12月23日	5.2710	100%		暂免征收所得税
浙商沪杭甬REIT	2021/12/30	2021年12月31日（场内）2021年12月30日（场外）	3.3760	99.999%		暂免征收所得税
富国首创水务REIT	2022/1/24	2022年1月25日（场内）2022年1月24日（场外）	2.714	98.87%		暂免征收所得税
中航首钢绿能REIT	2022/4/7	2022年4月8日（场内）2022年4月7日（场外）	11.6040	2021年全年97%中67.17%的部分		暂免征收所得税

资料来源：分红公告，兴业研究整理。

（二）公募REITs基金份额出售过程中的税收

投资者出售基金份额时，可能涉及增值税、所得税、印花税等。对于个人投资者而言，无论是在基金存续期间转让还是持有到期，根据财税〔2016〕36号文，均免征增值税，根据财税字〔1998〕55号文，个人投资者买卖基金单位获得的差价收入，在未恢复征收个人所得税以前，暂不予征收。此外，根据《财政部 国家税务总局关于对买卖封闭式证券投资基金继续予以免征印花税的通知》（财税〔2004〕173号），对投资者（包括个人和机构）买卖封闭式证券投资基金免征印花税。因此，在退出REITs时个人投资人不涉及税收处理。

机构投资者通过转让公募基金份额实现退出的涉税方面，要按转让时点分情况讨论。若其持有到期，根据财税〔2016〕140号文"纳税人购入基金、信托、理财产品等各类资产管理产品持有至到期，不属于《销售服务、无形资产、不动产注释》（财税〔2016〕36号）第一条第（五）项第4点所称的金融商品转让"，不需要缴纳增值税；若未持有至到期，应按财税〔2016〕36号文"转让金融商品"缴纳增值税，税率为6%，计税基础为卖出价扣除买入价后的余额，计算公式为：应纳税款=（卖出价–买入价）÷（1+6%）×6%–进项税额；符合财税〔2016〕36号文附件3相关规定的，可免征增值税，如香港市场投资者（包括单位和个人）通过基金互认买卖内地基金份额、证券投资基金（封闭式证券投资基金，开放式证券投资基金）管理人运用基金买卖股票债券等。对于企业投资者，无论是存续期间转让还是到期赎回，只要存在基金份额增值，按照主席令第23号，均需缴纳25%企业所得税。

在原始权益人20%的战略配售份额解禁后，若其在二级市场转让REITs份额，需注意按照3号公告相关规定，遵循先进先出原则缴纳在REITs设立阶段递延的部分项目公司原股权转让收入的企业所得税。

表1–39 公募REITs各环节税负梳理

阶段	环节	税种	缴纳主体	税率	税基基数	是否推高融资成本
设立期	项目公司不动产划转	土地增值税	原始权益人	30%—60%超额累进	收入减除规定的开发成本、费用	是，但可通过反向资产剥离、不动产出资设立项目公司的方式规避

续表

阶段	环节	税种	缴纳主体	税率	税基基数	是否推高融资成本
设立期		增值税	原始权益人	简易（不可扣进项）：5%；一般（可扣进项）：9%	外购：全部价款和费用减去购置原价 自建：全部价款和费用	是，但较少
		契税	项目公司	3%—5%，同一投资主体内部免征	不动产价格，具体计税依据视不同情况而定	是
		印花税	原始权益人、项目公司	0.05%、5元/件	资金账簿：实收资本和资本公积合计；其余账簿：按件计税；不动产产权变更：合同金额	是，但较少
		企业所得税	若认定为原始权益人向项目公司划转基础设施资产相应取得项目公司股权，不征收			可能
	转让项目公司股权至REITs	土地增值税、契税	项目公司股权转让，无须缴纳土地增值税、契税			否
		增值税	股权转让无明确规定需缴纳增值税			否
		企业所得税	原始权益人	25%	评估价与账面价值的差额，20%战略配售份额对应部分可递延至转让时缴纳	否
		印花税	交易双方	0.05%	合同金额	是，但较少
	其他（反向吸收合并）	企业所得税	清算所得按25%缴纳所得税，但清算所得若较少则影响较小			否
		土地增值税、契税等	吸收合并不征收土地增值税、增值税、契税			否

续表

阶段	环节	税种	缴纳主体	税率	税基基数	是否推高融资成本
运行期	项目公司运营、取得收入	印花税	项目公司	0.05%、5元/件	视具体凭证而定	否
		增值税		简易：5%；一般：6%—13%	视具体业务而定	否
		房产税		从价计征1.2%；从租计征12%	计税余值（房产余值减去10%-30%）/租金收入	否
		土地使用税		0.6—30元/平方米不等	实际占用的土地面积	否
		企业所得税		25%	经营所得	否，但可通过构建存量债务节税
	专项计划、公募基金取得收益	增值税	专项计划/公募基金	简易：3%	利息性质收益总额	否
		企业所得税	不是企业所得税的纳税主体			否
	贷款利息	增值税	公募基金	6%	利息收入	否
	基金、计划管理等费用	增值税	基金管理人、计划管理人等	6%	经营所得	否
		企业所得税		25%	经营所得	否
分红期	投资者分红	所得税	投资者	不征收		否
		增值税		不征收		否
	出售基金份额	增值税	机构投资者	6%（未持有到期）	卖出价扣除买入价后的余额	否
		企业所得税	机构投资者	25%	增值部分	否

资料来源：兴业研究整理。

五、我国公募REITs税收政策与美国、新加坡、中国香港对比研究

尽管3号公告目前仅针对REITs设立阶段的企业所得税，设立、运营和

退出阶段（其他税种仍应按现行政策处理），但其出台标志着我国正式开始建立专属于REITs的税收政策体系。我们对美国、新加坡及中国香港地区REITs相关的税收政策进行梳理，分析各国家或地区在REITs税收制度上的差异，以便为我国未来进一步完善REITs相关税收政策提供经验。

在设立阶段REITs进行资产购置和处置时，对于不动产出让方来说，美国、新加坡、香港均涉及企业所得税，其中新加坡和中国香港REITs涉及收购/处置境内物业可免除出售利得的企业所得税，但美国需按出售不动产资产利得以21%税率缴纳企业所得税，只有用于分红的部分免税，持有期超过10年的可以享受税收优惠。若是从境外获取不动产，美国税法规定买方需要代扣代缴对美国境外卖家应收的预提所得税，应缴税额为交易价格的15%。其他税种方面，美国不动产交易双方还需要缴纳转让税，根据交易价格按当地税率计算应纳税额；新加坡买方需缴纳税率7%的商品服务税，住宅物业可免税，商业地产类型的物业不能免税。此外，新加坡和香港REITs不动产交易双方还需要缴纳印花税。相较之下，我国资产出让方涉及的税负并未过多，土地增值税、增值税、契税等可以通过以基础设施项目出资成立项目公司的方式避税，仅需要双方缴纳印花税和转让环节实际出售份额对应的企业所得税，但资产重组阶段的企业所得税使用场景仍需明确。

在REITs持有并运营物业阶段，我国公募REITs或项目公司层面需要承担租金收入的增值税、企业所得税、房产税、土地使用税等。其中，美国和中国香港均无增值税，新加坡有类似的商品服务税，但税率低于我国增值税税率；对于房产税，我国与美国、新加坡基本可比。最主要的差别在于企业所得税，美国、新加坡实行REITs分红部分免税的政策，避免投资收益在REITs和投资者层面双重征税，而根据香港"税务条例"，REITs属于香港证监会批准成立的信托，免征香港利得税，但在项目公司层面的租金收入等营收，则需就未分配利润交纳16.5%的企业所得税。而我国REITs租金收入既要缴纳增值税，也要缴纳企业层面的所得税，这样的税制压缩了REITs的盈利空间，进而影响到收益率。此外，美国国家税务局还设置有惩罚性税收，若REITs从事被禁止的交易取得利润，需以100%的税率交税，以防止REITs

从地产零售中获得任何利润。

在投资者分红阶段，我国 REITs 的投资者一般就基金分红不承担个人或企业所得税、增值税，对个人资本利得不征税，但对企业的资本利得需缴纳企业所得税，未持有到期时的交易还需缴纳增值税。新加坡针对资本利得免税，中国香港对资本利得和分红收益均免税，而美国投资者不享受税收优惠。值得注意的是，为鼓励分红，国外 REITs 基本都在运营阶段对项目公司企业所得税进行有条件的免税，分红部分的利润免税，未分红部分利润不免税，且税收优惠需达到 90% 以上比例的净现金流分红，美国对超过 10% 的收入未分配的还进行税收惩罚。目前，国内公募 REITs 在该层面无税收优惠，仅强调强制分红比例为 90%。

表 1-40 中国与美国、新加坡、中国香港 REITs 税收政策概览

中国大陆				美国	新加坡	中国香港
环节	纳税主体	税种	税基	类似税种情况		
购置/处置物业阶段	买方	3%—5% 契税	出售价格	0.5%—1% 转让税 / 15% 代扣代缴税	7% 商品服务税（GST）买方承担	无
	买方卖方	0.05% 印花税	按比例或定额计税	无	免税	收购物业：1.5%—8.5% 收购股份：0.2%
	卖方	30%—60% 超额累进土地增值税	出售不动产所得的增值额	无	无	无
		9% 增值税（简易征收为 5%）	全部价款 + 费用（－购置原价）	无	无	无
		25% 所得税（转划资产至项目公司免征；转让股权可部分递延）	经营所得	21% 企业所得税	出售利得免税，（除非公司以买卖物业为主，此时税率为 17%）	出售利得免税

中国大陆				美国	新加坡	中国香港
环节	纳税主体	税种	税基	类似税种情况		
持有运营物业阶段	运营公司或REITs	6%—13% 增值税（简易征收为 5%）	视业务而定	无	7% 商品服务税（GST）	无
		25% 企业所得税	经营所得	21% 企业所得税：分红部分免税	17% 企业所得税：分红部分免税	16.5% 企业所得税：SPV 利润免税；来自SPV 的分红免税；境外收入免税
		1.2%/12% 房产税（从价/从租）	计税余额/租金收入	1%—3% 的房产税（从价）	10% 的房产税（从租）	15% 的物业税（从租），自用且通过 SPV 持有物业可免
		无		无	无	0.25%—1% 印花税（租金收入）
投资者分红阶段	机构投资者	分红免征，利得 25% 企业所得税		分红/利得不免税	分红不免税	分红/利得免税
	个人投资者	分红/利得免税			利得免税	

资料来源：美国国家税务局，新加坡税务局，香港税务局，兴业研究整理。

从首例反向吸并终止看公募REITs股债结构搭建

2022年7月20日，华安张江光大园REIT发布《关于华安张江光大园REIT涉及仲裁事项的公告》，称"因实务操作存在较高税务成本，反向吸收合并将对基金份额持有人利益产生较大影响。为保护基金份额持有人利益，本基金管理人决定**终止反向吸收合并**工作，由上海国泰君安证券资产管理有限公司（专项计划管理人）通过仲裁的方式撤销与上海安恬投资有限公司（项目公司）的股权转让协议"，7月30日，华安张江光大园REIT再次发布公告——《关于华安张江光大园REIT所涉仲裁结果的公告》，称"上述相关仲裁程序已终结，仲裁裁决已生效。国君资管与安恬投资签订的股权转让协议已撤销。后续有关主体将按照规定办理相关手续，安恬投资与上海中京电子标签集成技术有限公司将继续存续"，"本次仲裁结果不会对本基金治理机制造成影响，不会对基础设施项目的正常运作造成影响，不会对基金份额持有人利益造成影响"。

○ ○ ○ ●

反向吸收合并（以下简称"反向吸并"）是在类REITs和公募REITs中用来构建股+债交易结构，以使投资者间接所持有的项目公司节税的常用工具，华安张江光大园REIT在反向吸并工作推进中遇阻而终止，成为市场首例出现交易安排风险的公募REITs（含类REITs）。那么在存续期是否如其公告中所言，"不会对基金份额持有人利益造成影响"？本节将延续上节，从反向吸并的使用情况、终止原因、终止前后对公募REITs可供分配金额的影响、此后公募REITs交易结构的可行性方案等多维度进行探讨。

一、反向吸并使用完成情况

截至2023年11月16日，已上市发行28只公募REITs中，使用了反向吸并交易结构设计的有13只，其中12只完成了反向吸并操作，仅1只REITs终止了操作，为华安张江光大园REIT，系偶然事件，并不代表公募REITs反向吸并结构存在制度缺陷或实施障碍。

从反向吸并完成时间来看，除博时蛇口产园REIT、华夏基金华润有巢REIT、嘉实京东仓储基础设施REIT反向吸并完成日分别超过上市日期14个月、8个月、7个月外，其余8只REITs均在上市之后的6个月内完成反向吸并。

表1-41 使用反向吸并结构设计的公募REITs完成情况

证券简称	是否已完成反向吸并	反向吸并完成时间	上市日期	是否使用吸收合并交易结构
中航首钢绿能 REIT	已完成	2021/9/24	2021/06/21	是
红土创新盐田港 REIT	已完成	2021/11/9	2021/06/21	是
博时蛇口产园 REIT	已完成	2022/8/27	2021/06/21	是
华安张江光大 REIT	已终止	–	2021/06/21	是
华夏越秀高速 REIT	已完成	2022/1/29	2021/12/14	是
国金中国铁建 REIT	已完成	2022/10/29	2022/07/08	是
鹏华深圳能源 REIT	已完成	2022/11/24	2022/07/26	是
华夏北京保障房 REIT	已完成	2022/10/21	2022/08/31	是
中金安徽交控 REIT	已完成	2023/3/31	2022/11/22	是
华夏基金华润有巢 REIT	已完成	2023/8/23	2022/12/09	是
华夏和达高科 REIT	已完成	2023/10/13	2022/12/27	是
中信建投国家电投新能源 REIT	已完成	2023/6/27	2023/03/29	是
嘉实京东仓储基础设施 REIT	已完成	2023/9/23	2023/02/08	是

注：数据截至2023年11月16日

资料来源：REITs公告，兴业研究。

二、反向吸并所涉税务处理

按照2009年4月30日财政部、国家税务总局发布的《关于企业重组业务企业所得税处理若干问题的通知》（财税〔2009〕59号文，以下简称"59号文"），"合并，是指一家或多家企业（以下称为被合并企业）将其全部资产和负债转让给另一家现存或新设企业（以下称为合并企业），被合并企业股东换取合并企业的股权或非股权支付，实现两个或两个以上企业的依法合并"，并明确了企业合并过程中当事各方的税务处理方法："（1）合并企业应按公允价值确定接受被合并企业各项资产和负债的计税基础。（2）被合并企业及其股东都应按清算进行所得税处理。（3）被合并企业的亏损不得在合并企业结转弥补。"同时59号文还明确同一实际控制下的合并，在不需要支付股权对价时，**股权支付部分**是适用特殊税务处理规定的："企业合并，企业股东在该企业合并发生时取得的股权支付金额不低于其交易支付总额的85%，以及**同一控制下且不需要支付对价的企业合并，可以选择按以下规定处理**：（1）合并企业接受被合并企业资产和负债的计税基础，以被合并企业的原有计税基础确定；（2）被合并企业合并前的相关所得税事项由合并企业承继；（3）可由合并企业弥补的被合并企业亏损的限额＝被合并企业净资产公允价值×截至合并业务发生当年年末国家发行的最长期限的国债利率；（4）被合并企业股东取得合并企业股权的计税基础，以其原持有的被合并企业股权的计税基础确定"，"对交易中股权支付暂不确认有关资产的转让所得或损失的，其非股权支付仍应在交易当期确认相应的资产转让所得或损失，并调整相应资产的计税基础"。其中"股权支付，是指企业重组中购买、换取资产的一方支付的对价中，以本企业或其控股企业的股权、股份作为支付的形式"，"非股权支付，是指以本企业的现金、银行存款、应收款项、本企业或其控股企业股权和股份以外的有价证券、存货、固定资产、其他资产以及承担债务等作为支付的形式"。

按照合并流程，项目公司吸收合并SPV的过程，首先是SPV把资产转让给项目公司，自身确认资产转让所得，然后清算，在清算中SPV将项目公司的股权分配给专项计划（SPV股东），同时确认自身和专项计划的清算所得。在实务中，普遍是把项目公司的股权变更至专项计划（SPV的股东，计划管理人代持）名下，然后再注销SPV，项目公司继续存续。由于SPV持有的资产（项目公司股权）账面价值和公允价值之间可能会存在较大差价，那么反向吸并在未被认定为同一实际控制下的合并后，将因此缴纳大额资产转让所得税，即存在华安张江光大园REIT公告中的反向吸并"实务操作存在较高税务成本"。

认定为"同一控制下且不需要支付对价的企业合并"，除需要在工商流程上满足外，还需要满足"同一控制"的相关定义，按照国家税务总局2010年7月26日发布的《企业重组业务企业所得税管理办法》（国家税务总局〔2010〕第4号，以下简称"4号公告"），"同一控制，是指参与合并的企业在合并前后均受同一方或相同的多方最终控制，且该控制并非暂时性的。能够对参与合并的企业在合并前后均实施最终控制权的相同多方，是指根据合同或协议的约定，对参与合并企业的财务和经营政策拥有决定控制权的投资者群体。在企业合并前，参与合并各方受最终控制方的控制在12个月以上，企业合并后所形成的主体在最终控制方的控制时间也应达到连续12个月"。类REITs和公募REITs使用反向吸并搭建简单的"股+债"交易结构，必然在时间节点上需满足相关税法要求，实务中多数地方税务部门亦普遍认为反向吸并可适用"同一控制下且不需要支付对价的企业合并"的特殊税务处理，这才导致大量的类REITs和公募REITs使用这一方式。即便如此，地方税务部门仍然对此存在认知差异，因此使用了反向吸并的公募REITs招募说明书中普遍向投资者告知了这一不确定性和由此带来的风险。

三、反向吸并终止的影响

既然存在反向吸并不能完成的风险，那么公募REITs中反向吸并一定要做吗？是否可以保留图1-22左侧的交易结构呢？

从交易结构来看，图1-22左侧为专项计划持有SPV的股权和债权，因利息抵扣企业所得税这一利好事件发生在SPV层面，而项目公司并无存量债务，便失去了其节税的作用。同时，我们梳理了使用反向吸并的公募REITs，普遍提示反向吸并终止在基金治理和基础设施项目运作方面不会造成影响，公募REITs招募说明书普遍披露了反向吸并前后的基金治理机制变化，若反向吸并终止，则采用原来的基金治理结构和治理安排，因此不会造成不利影响，但可能会存在减少公募REITs净利润和可供分配金额的风险。

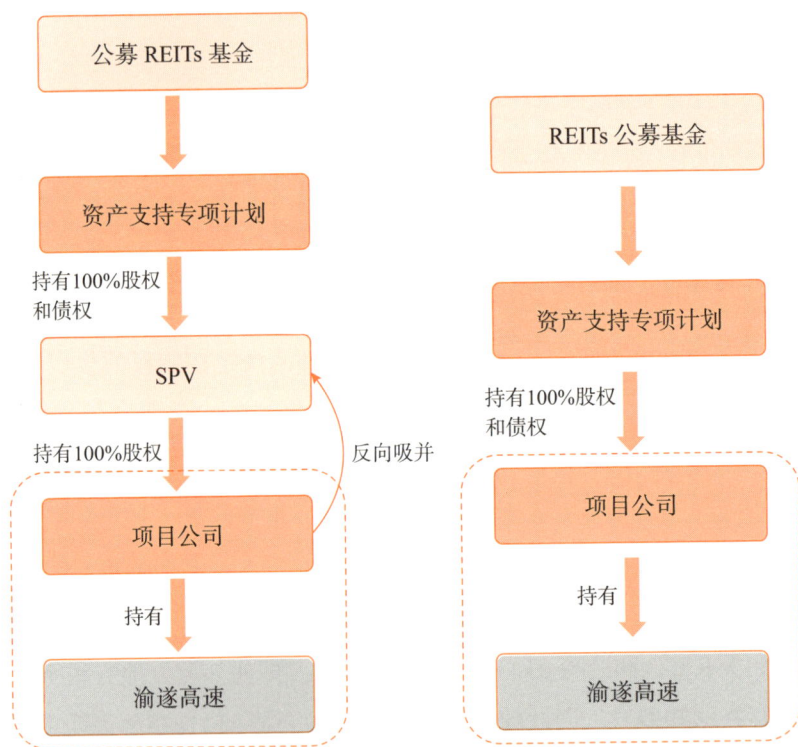

图1-22　反向吸并前后国金中国铁建REIT交易结构变化图

资料来源：兴业研究整理。

博时蛇口产园REIT招募说明书中明确写明该REITs存在SPV与项目公司未能如期完成吸收合并的风险，如未如期完成反向吸并，"则项目公司层面无法搭建股东借款，从而无法计提股东借款利息，从而可能导致项目公司所得税等税负增加"。

华夏北京保障房中心租赁住房REIT招募说明书中亦写明"如果前述交易安排（指反向吸并）未能在预定时间内完成，将对本基金的运作造成不利影响。特别地，如本基金未能按预期完成项目公司反向吸收合并SPV，则股东借款利息无法在项目公司层面进行税前扣除，将导致项目公司较可供分配金额测算的预估情形缴纳更高数额的企业所得税"。

华夏越秀高速REIT招募说明书中除了表示反向吸并未能如期完成"将对本基金的顺利运作造成不利影响。特别地，如本基金在2022年12月31日前仍未完成项目公司反向吸收合并SPV，则该年的股东借款利息无法在项目公司层面进行税前扣除，将导致项目公司较可供分配金额测算的预估情形缴纳更高数额的企业所得税"外，甚至披露了准确的企业所得税需额外缴纳的金额，"基于与可供分配金额测算相同的假设进行预估，如未如期完成反向吸并，2022年项目公司预计将额外缴纳企业所得税约1929.00万元，2022年可供分配金额将预计由15383.81万元下降至13454.81万元"，基于上述数据，我们测算若反向吸并完成后，按25%税率计算，项目公司企业所得税缴纳前可用以扣除的股东借款利息为2572.00万元，减税效果很明显。实现反向吸并仍然是对公募REITs投资者利好的流程。

基于上述分析，华安张江光大园REIT在《关于华安张江光大园REIT所涉仲裁结果的公告》中称反向吸并终止"不会对基金份额持有人利益造成影响"，我们认为此处"不会对基金份额持有人利益造成影响"指的应该是相较于当前未进行反向吸并的交易结构不会对基金份额持有人利益造成影响，而非相较于完成反向吸并后的交易结构。

四、反向吸并终止事件对公募REITs业务的思考

长期来看，公募REITs专门立法的必要性凸显。搭建公募基金间接持有项目公司的"股+债"，是公募REITs存续期运营层面缺乏项目公司企业所得税减免政策的无奈之举，其中使用到反向吸并是公募REITs投行参与者对于

产品的结构创新。国际上，普遍在公募REITs业务推进之初，便对其进行了专门立法。呼吁公募REITs专门立法，尤其建立与收益分配挂钩的企业所得税减免机制，是国内REITs市场多年的呼声，此次首例反向吸并终止事件更加凸显了公募REITs专门立法以完善其税收优惠机制的必要性。2022年5月25日，国务院办公厅发布的《关于进一步盘活存量资产扩大有效投资的意见》（国办发〔2022〕19号）中亦明确表示要"研究推进REITs相关立法工作"。

短期来看，公募REITs发行过程中，可通过如下方法避免由反向吸并可能终止带来的项目公司企业所得税不可减免、可供分配金额减少的风险。

采用其他不使用反向吸并方案搭建项目公司"股+债"的交易结构。（1）项目公司存在合适的存量债务。这种情况下，在专项计划收购项目公司股权后，向项目公司直接发放股东借款，置换项目公司对其他债权人的存量债务，形成专项计划对项目公司的债权。如中金普洛斯REIT、华夏中国交建REIT、华夏合肥高新创新产业园REIT。由于存在合适存量债务且满足申报要求的基础设施项目公司较为少见，可在Pre—REITs业务中注意项目公司存量债务的构建，以在公募REITs发行过程中，可直接构建专项计划对项目公司的股权和债权。（2）项目公司股东减资。在项目公司具备足够的注册资本和实收资本且满足减资条件的情况下，可以通过项目公司的股东减资，但项目公司不支付减资款的方式，形成原股东（即原始权益人）对项目公司的债权。专项计划成立后，在收购项目公司股权的同时一并受让原股东对项目公司债权，该方式除不需要使用SPV及项目公司的反向吸并外，还不产生大额资金的短期占用成本，操作亦相对简单。如浙商沪杭甬REIT、华泰紫金江苏高速公路REIT、红土深圳安居REIT。（3）划转关联方债务至项目公司。原始权益人与项目公司签订《资产划转及债务转移协议》，将关联债务划转给项目公司，并确认项目公司应付关联方的利息费用，专项计划成立后，从原始权益人处收购项目公司股权，并受让其持有的项目公司债权。如中金厦门安居REIT，这也是最新出现的一种项目公司"股+债"的构建方法。

　　提前跟SPV和项目公司注册地税务部门进行沟通，确保其对这种反向吸并适用企业重组的特殊税务处理，以保证在基金上市后预定时间内完成反向吸并，不至于"因实务操作存在较高税务成本"而终止反向吸并，带来项目公司企业所得税不能减免的困境。

公募REITs定价手册

由于我国公募REITs采用了国外REITs强制分红和权益型产品设计特点，为此，本节以美国REITs长周期的市场表现为例，分析REITs的投资价值，研究美国权益型REITs估值定价方法；在此基础上，结合中美REITs异同，本节对我国公募REITs的估值定价方法进行了探讨。

○ ○ ○ ●

一、美国权益型REITs投资价值分析

（一）美国权益型REITs市场概况

20世纪60年代房地产低迷时期，美国创设了REITs产品，并立法规范产品设立和投资，引导社会资金投资房地产市场。历经60多年发展，**美国REITs已成为机构和个人的重要投资品类，市场体量大，行业覆盖面广，年化收益率相对可观。**

据NAREIT统计，截至2021年末，美国共存续217只REITs，总市值达到17402.77亿美元，其中权益型REITs共175只，市值为16645.24亿美元，约占REITs总市值的95.65%。**从底层资产的种类来看，权益型REITs涵盖基础设施、住宅、工业、零售、数据中心、医疗、仓储、办公、特定种类、林场、酒店、多元地产等，**其中纳入富时全权益型REITs指数的前五大行业市值占比分别为16.50%、16.17%、13.32%、12.45%、8.44%。1972—2021年、近10年、近5年、近3年、近1年的美国权益型REITs的年均复合总收益率

分别为11.98%、12.22%、12.46%、19.93%、41.30%，其中1972—2021年和近1年两个时间段的年均复合总收益率高于标普500、道琼斯等股指。

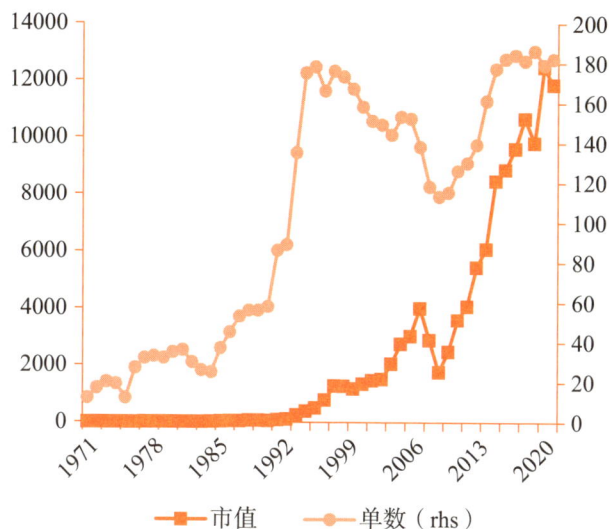

图1-23　美国权益型REITs市值和只数变化

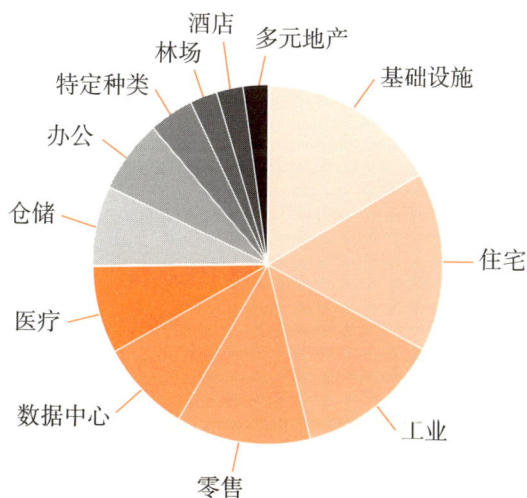

图1-24　美国2021年末权益型REITs行业构成

资料来源：NAREIT，兴业研究。

表1-42　截至2021年末美国REITs与主要股指的年均复合收益率对比

	富时全REITs指数	富时全权益型REITs指数	标普500指数	罗素2000指数	纳斯达克综合指数	道琼斯工业指数
2021: YTD	39.88	41.30	28.71	14.82	22.18	20.95
1-Year	39.88	41.30	28.71	14.82	22.18	20.95
3-Year	19.03	19.93	26.07	20.02	34.26	18.49
5-Year	12.06	12.46	18.47	12.02	24.97	15.51
10-Year	12.03	12.22	16.55	13.23	20.96	14.21
15-Year	7.10	7.47	10.66	8.69	13.26	10.12
20-Year	10.77	11.21	9.52	9.36	10.97	9.28
25-Year	9.71	10.22	9.76	8.99	10.49	7.16
30-Year	10.83	11.35	10.65	10.07	11.57	8.47
35-Year	9.50	10.63	11.31	9.96	11.48	8.80
40-Year	10.65	12.02	12.35	10.66	11.57	9.76
1972—2021	9.97	11.98	11.15	—	9.14	7.70

注：粗体为当期最高回报率；红色显示的回报率仅代表价格
资料来源：NAREIT、兴业研究。

　　2020年3月新冠疫情在美国暴发以来，商业地产因社交隔离政策经受了严峻的产业运营考验，餐饮、酒店、办公楼等细分领域陷入停滞，权益型REITs市值也在当月大幅缩水，2020年美国权益型REITs总收益率为-5.12%。随着美联储宽松货币政策和不动产运营能力恢复，2021年美国权益型REITs总收益率提升高达41.30%，其中工厂、零售、住房、仓储和特种地产的总收益率高于均值，尤其是仓储权益型REITs当年总收益率高达79.43%。后疫情时期权益型REITs的快速恢复体现了运营能力的稳定性和抵御通胀的能力。

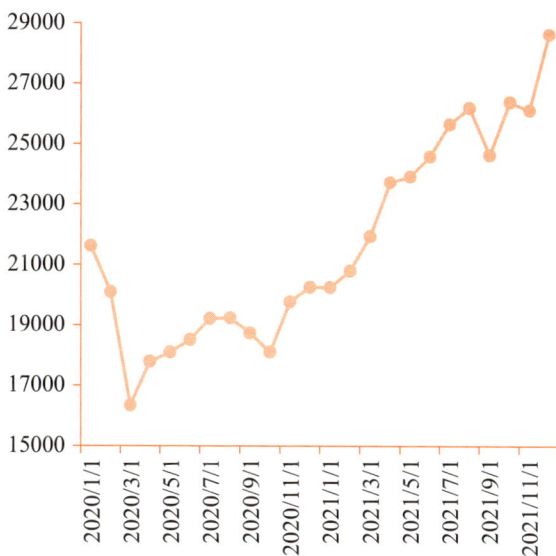

图1-25　2020—2021年美国权益型REITs指数

（百万美元）

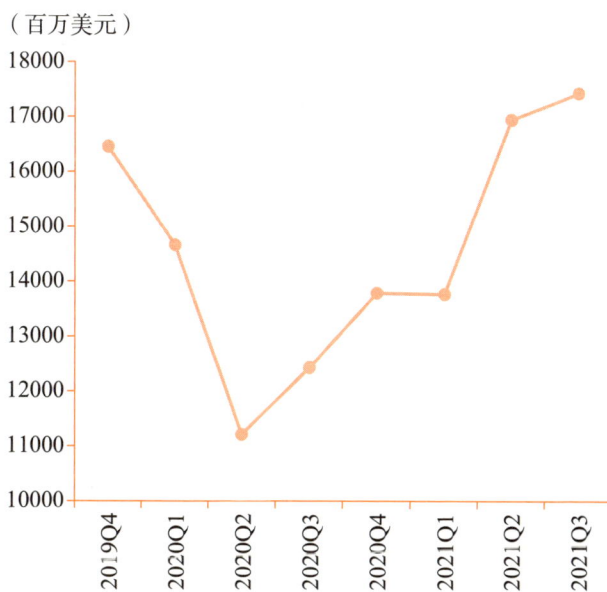

图1-26　美国权益型REITs同店营运现金流恢复快

资料来源：NAREIT，兴业研究。

（二）美国权益型REITs可有效对冲通胀

权益型REITs可以有效对冲通胀对资产价值的侵蚀，在中高通胀环境下，其市场回报和经营状况均有良好历史表现，系商业地产资产价格和租金价格通常随物价的上涨而上涨，从而有效地支持权益型REITs的价格回报（即资本利得）和分红回报（即股息收益），为投资者在中高通胀环境中提供可靠的资本增值和现金收益。

美国在20世纪70—80年代经历了高通胀时期，年化通胀率一度达到13%；但从90年代开始，通胀率很少超过3%。2021Q2以来，美国经济面临着供应链不畅和货币宽松带来的物价水平不断上升的局面，引发投资者对通胀率在中长期居高不下的担忧。我们将美联储目标通胀范围内（2.5%以下）视为低通胀时期，2.5%—6.9%（通胀平均值加一个标准差）视为中通胀，6.9%以上视为高通胀。根据上述标准划定时间区间，我们在相应区间内对比美国权益型REITs指数和标普500指数的总收益率表现。

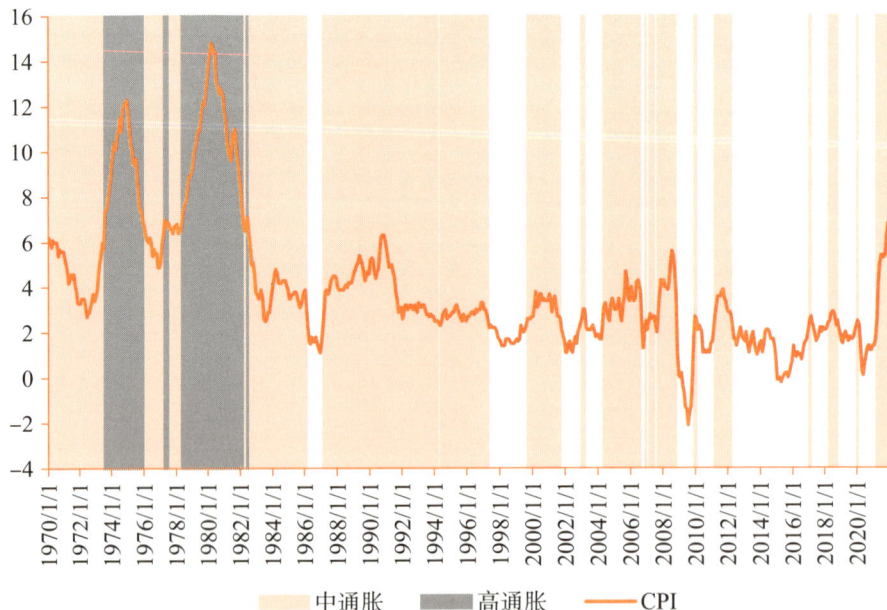

图1-27　1970—2021年美国月度CPI年化同比增长率变化

资料来源：美联储经济数据库、兴业研究。

美国权益型REITs在中高通胀时期整体表现优于标普500指数，而在低通胀时期总收益率略微低于标普500指数。标普500指数在低、中、高通胀环境中平均总收益分别为17.21%，10.13%和10.54%；而权益性REITs在低、中、高通胀环境中平均总收益分别为12.02%，14.70%和12.41%。在收集的中、高通胀时期样本中，美国权益型REITs总收益率优于标普500指数的比例分别为62.96%和66.67%。这是因为在中、高通胀时期，美国权益型REITs的股息收益率的增加超过了标普500指数价格收益率的增加，使得美国权益型REITs平均总收益率在不同的时期分别较标普500指数高出1.87%和4.57%。而在低通胀时期，美国权益型REITs的平均总收益较标普500指数低5.19%。

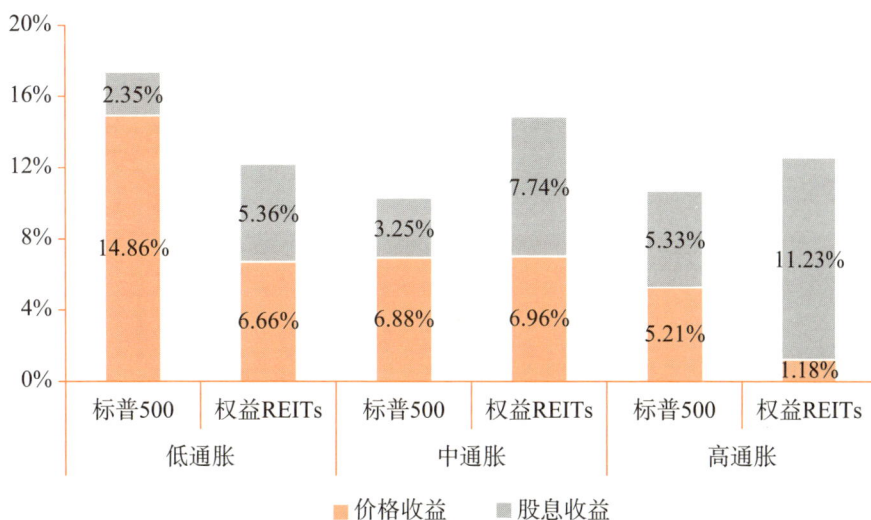

图1-28　标普500与权益型REITs在不同通胀环境下收益对比

资料来源：NAREIT、兴业研究。

美国权益型REITs底层不动产的资产属性和强制分红的特点使其具有了强于股票资产的抗通胀能力。从美国权益型REITs本身长周期收益数据来看，其分红收益率的稳定性亦强于价格收益率，1972—2021年美国权益型REITs

的年均复合总收益率为11.98%，其中价格收益率贡献了4.67%，股息收益率在3.28—11.63%之间波动，均值为7.35%。美国权益型REITs的股息收益率起到了稳定器的作用，保护了物价水平起伏与经济周期波动对REITs总收益的侵蚀。

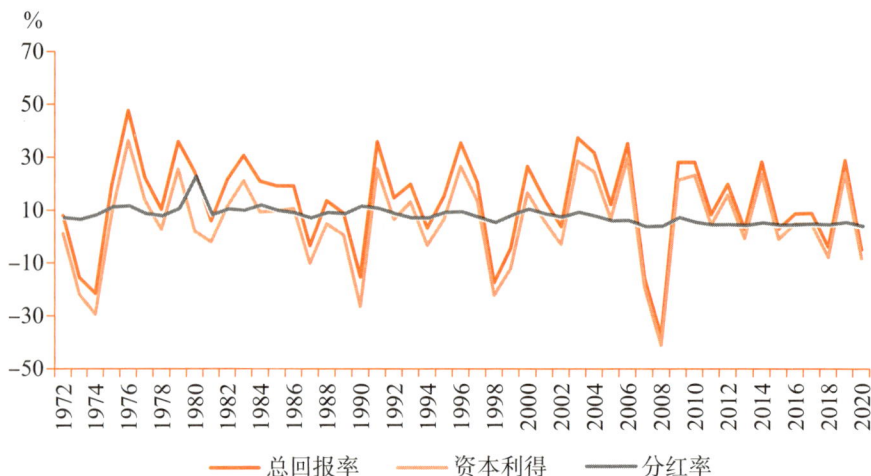

图 1-29　美国权益型 REITs 回报率情况

资料来源：NAREIT，兴业研究。

美国权益型REITs分红表现源于经营表现的支撑。同店营业净收入a（Same Store Net Operating Income，SSNOI）提供了对权益型REITs经营表现的保底估计。我们统计了美国权益型REITs2000Q1—2021Q3的季度同店营业净收入年化同比增长率（SSNOI Growth），该指标超过年化通胀率的样本区间占56.32%。在该时段内，除2021Q2—Q3，其他时期通胀率始终保持在中等较低的水平，平均通胀率约为2.23%，低于美联储目标值。即低通胀时期SSNOI Growth普遍高于通胀水平，而在中通胀时期，如2021Q2—Q3美国年化通胀率上涨至4.2%—5.4%，同期美国权益型REITs的SSNOI Growth

---

①　同店营业净收入排除了新增资产带来的经营收入和一些例如基础设施，林场，数据中心等高成长部门对数据的影响。

分别为5.62%和7.26%，该指标大幅攀升一定程度地帮助REITs抵御通胀压力。

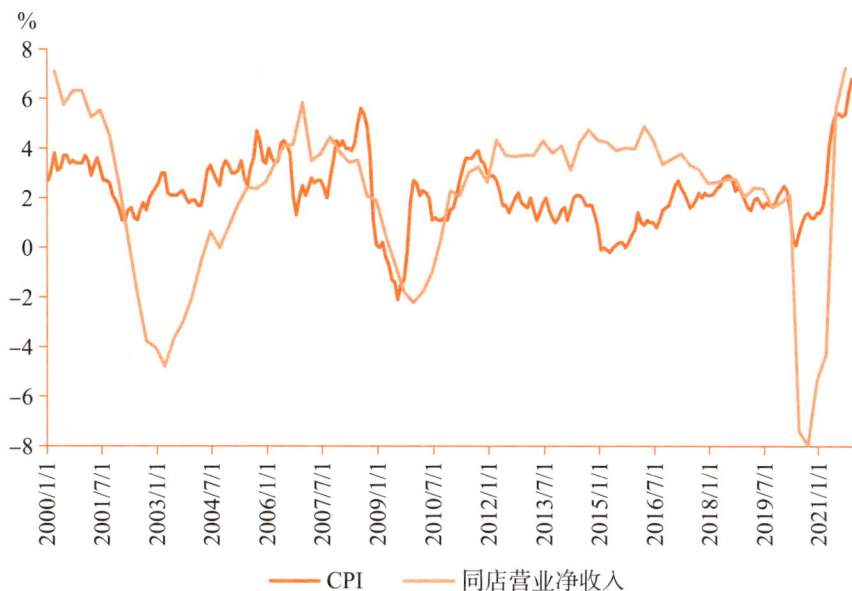

图1-30　美国CPI和权益型REITs的同店营业净收入的同比增长率

资料来源：NAREIT、美联储经济数据库、兴业研究。

（三）美国权益型REITs低息周期表现较好，加息周期亦有支撑

美国权益型REITs作为具有相对稳定分红、兼具固收特点的投资品类。在低息周期普遍表现较好。而在加息周期中，有些情况下其收益表现亦尚可。

（1）在经济下行周期普遍启动降息政策，反映在REITs市场上，投资者对分红收益率要求降低，估值倍数会相应上行，带来REITs价格收益率和总收益率的上涨，这也导致长周期下REITs分红收益率与利率变化高度趋同。

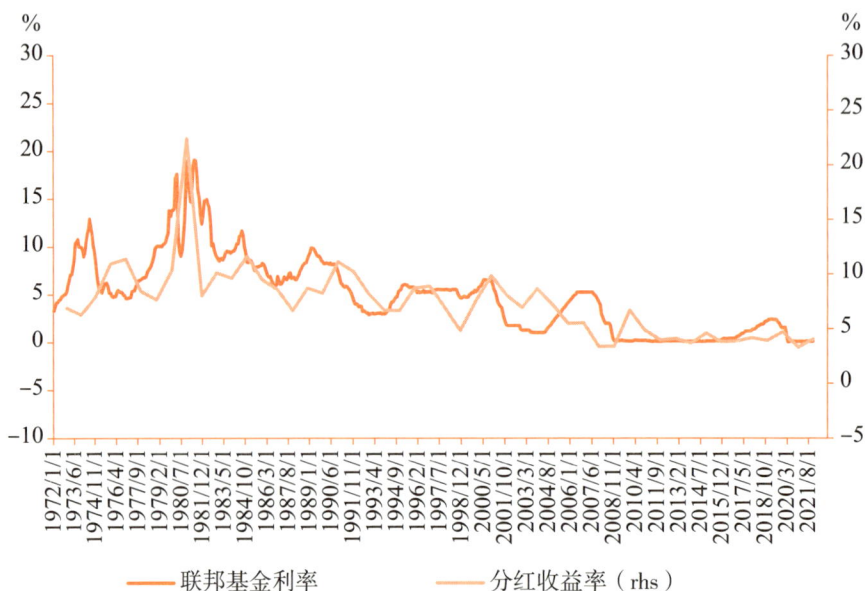

图1-31　美国权益型REITs的分红收益率和联邦基金利率变化高度趋同

资料来源：NAREIT、美联储经济数据库、兴业研究。

（2）在经济过热、房地产价格快速上涨的环境下，央行往往试图通过提高政策利率以期传导至房地产贷款利率，从而对房地产价格形成压力；但历史数据表明，商业地产价格在经济增长支持下，往往能克服利率上行的阻力而持续上涨，从而带来REITs收益率的上行，但这需要具备两个条件：表现较好的经济支撑和此前REITs估值偏低。在2004—2007年和2015—2019年两个加息周期中，美国权益型REITs与商业地产价格指数存在明显趋同的涨势。其中，尽管2015—2019年加息周期中分别在2016年和2018年经历了一定幅度的回撤，但整体涨势明显。2004—2007年周期前美国GDP同比增幅处于从2.7%向6.6%增长期间、权益型REITs的估值指标P/FFO长期低于13倍，因此2004—2005年尽管处于加息周期，但P/FFO持续上行至15倍以上，系估值修复式增长，在次贷危机中才随地产价格缩水大幅下行；在2015—2019年周期的2018年，GDP保持较高增速且估值震荡下行，此后迎来估值攀升至历史新高。但若地产市场过热，权益型REITs估值过高，一旦地产价格下跌，会带来估值的修复，如次贷危机期间权益型REITs指数下跌。

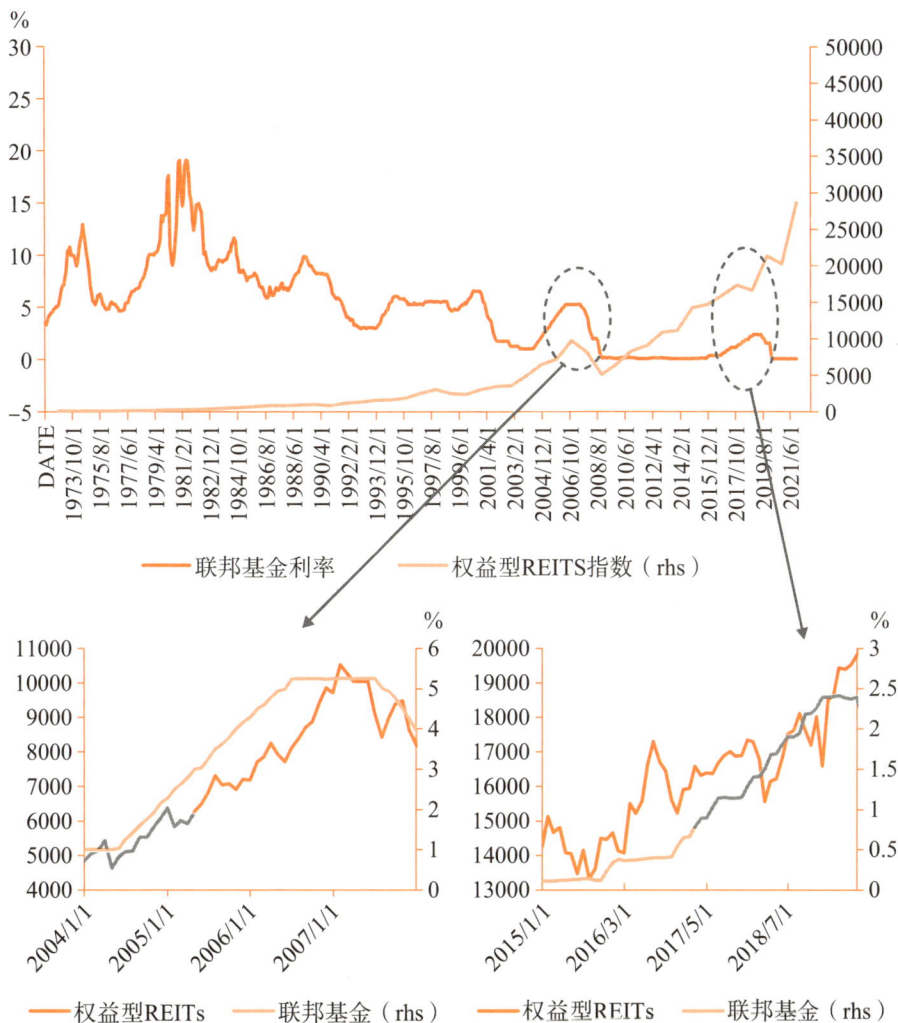

图1-32 美国权益型REITs指数和联邦基金利率

资料来源：NAREIT、美联储经济数据库、兴业研究。

图1-33　商业地产价格在加息周期中表现

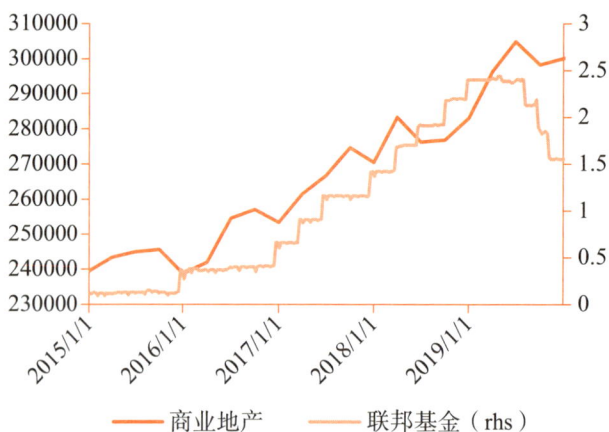

图1-34　商业地产价格在加息周期中表现

资料来源：NAREIT，美联储经济数据库，兴业研究。

（四）美国权益型REITs权益属性较为明显

除总收益波动主要来源于资本利得外，美国权益型REITs与股票指数表现出了较高的相关性，收益波动率和交易活跃度均较高，表现出了较为明显的权益属性。

相关性方面，美国权益型REITs指数近十年的收益率表现与股票市场的相关性高于债券、外汇和商品市场，其权益型属性较为明显，受资金面、市场情绪以及股市联动的影响较大。

图 1–35 美国权益型 REITs 的 P/FFO 在不同经济环境下的变化

资料来源：NAREIT、美联储经济数据库、兴业研究。

表 1–43 美国权益型 REITs 指数与其他大类资产的相关性

	与美国权益型 REITs 指数相关性
标普 500 指数	0.72
MSCI 欧澳远东指数	0.53
MSCI 新兴市场指数	0.44
Bloomberg Aggregated Bond 指数	0.18
Bloomberg 高收益企业债（Corporate HY）	0.65
市政债	0.49
外汇	−0.05
新兴市场债券	0.54
商品	0.42
对冲基金	0.54

注：以 2011/12/31—2021/12/31 期间的季度总收益率计算相关性

资料来源：Bloomberg、NREIT、FactSet、美联储、MSCI、标普、摩根大通资产管理、兴业研究。

图 1-36　美国权益型 REITs 指数和其他股指表现

资料来源：NAREIT、Bloomberg、兴业研究。

波动性方面，美国权益型 REITs 指数近十年的收益率波动性很高，仅次于 MSCI 新兴市场指数，甚至高于标普 500 指数。

表 1-44　美国权益型 REITs 和其他大类资产的波动率

	波动率
美国权益型 REITs 相关性	15%
标普 500 指数	14%
MSCI 欧澳远东指数	14%
MSCI 新兴市场指数	17%
Bloomberg Aggregated Bond 指数	3%
Bloomberg 高收益企业债（Corporate HY）	8%
市政债	3%
外汇	6%
新兴市场债券	7%
商品	15%
对冲基金	5%

注：以 2011/12/31—2021/12/31 期间的季度总收益率计算相关性

资料来源：Bloomberg，NAREIT，FactSet，美联储，MSCI，标普，摩根大通资产管理，兴业研究。

活跃度方面，美国权益型REITs二级市场交易活跃度与标普500指数相当，二级市场较为活跃。

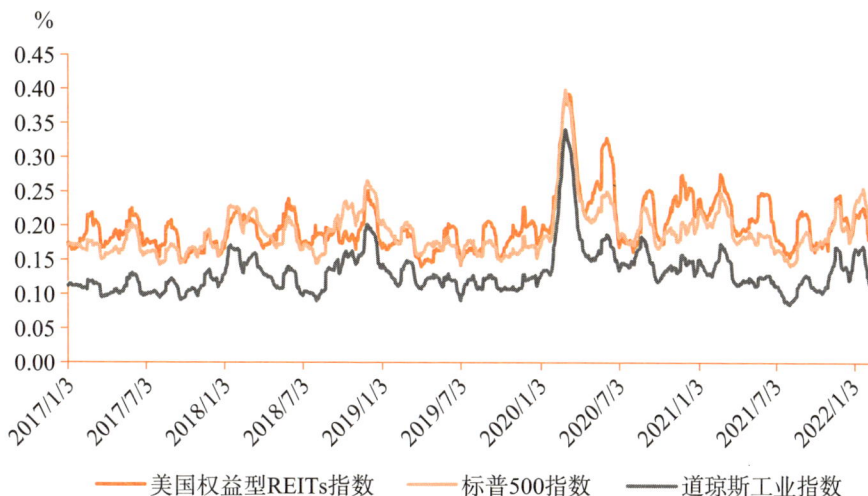

图 1-37　美国权益型 REITs 指数和其他股指换手率情况

资料来源：NAREIT，Bloomberg，兴业研究。

二、美国权益型 REITs 估值定价方法

（一）绝对估值方法——NAV

美国权益型REITs作为权益属性较为明显的金融产品，其估值方法与股票估值方法存在类似之处，可分为绝对估值和相对估值。美国权益型REITs的绝对估值方法采用的是净资产价值（Net Asset Value，NAV）方法，即估算REITs的总资产价值，再扣减当期负债。之所以不使用账面净资产，主要是因为美国REITs净资产反映的是不动产折旧后的账面价值，并未反映其实际的市场价值，尤其是资产增值部分。总资产估值基于REITs所持有的不动产未来每年可能产生的自由现金流以合适的折现率进行折现来计算。

$$NAV = 总资产估值 - 负债$$

$$总资产估值 = \sum_{i=1}^{n} \frac{Ai}{(1+r)^i}，其中，i 为年数，r 为折现率$$

1.自由现金流A

自由现金流A的选择有多种，最常见的有两种：一种是营运现金流（Fund From Operation，FFO），另一种是分红。

FFO： FFO是美国房地产信托协会（NAREIT）于1991年提出的概念，是基于经营产生的现金流，用以衡量REITs产生现金流的运营绩效。美国会计准则中不动产以账面价值入账，定期进行折旧计提和摊销，因此计算FFO时需要在净利润基础上加回资产折旧和摊销，同时扣除一次性物业出售利润和相关利息收入等非经营性利润。这一指标目前在美国REITs的财务报表中常以脚注的形式进行披露，且定期上报NAREIT。

FFO=净利润+折旧+摊销－物业出售收益－利息收入等，具体数值以REITs公司披露为准。

分红： 美国REITs规定，90%以上REITs公司可供分配金额以现金形式分配（即为分红）可以免除企业所得税，分红金额反映了投资者的当期实际收益，并会在定期报告中进行披露。由于分红是90%以上REITs公司可供分配金额，而可供分配金额普遍可通过FFO进行预测，因此未来REITs公司分红金额的预测亦可通过FFO进行预测。通常来说，可供分配金额是在FFO的基础上加物业出售收益等非经常性损益的现金收益，减去未来不动产运维费用支出、外部借款本息支出等调整得到的。

分红=FFO+物业出售收益等非经常性损益的现金收益－运维成本－外部借款本息支出，此处假设可分配现金100%用于分红。

在使用FFO进行总资产估值预测时，由于未来每年的FFO是基于当前披露的FFO叠加一定增长率进行预测的，但一般5年后其预测难度增加，同时因为复利的特点，长周期的增长率在5年后对未来收益的增长作用会大幅度减弱，因此通常预计一定年限的FFO折现后，再加入不动产终值或剩余价值。基于FFO预测分红，并进一步预测总资产估值时，亦存在这一问题，因此基于分红预测总资产估值时亦通常预计一定年限的分红折现后，再加入不动产终值或剩余价值。

基于FFO和基于分红计算总资产估值的两种方法中，前者更侧重评估

REITs公司运营效率带来的不动产价值，但忽略了非经常性物业出售收益带来的投资者收益，而后者更倾向于投资者的实际收益，但一次性物业出售收益对未来现金流预测的波动性扰动较大，该种收益的不可持续性导致其预测的准确度下降。

2.折现率r

在NAV模型中，折现率的选取是难点之一，折现率反映的是投资者对投资标的的预期收益和风险判断，常见的折现率计算模型是资本资产定价模型：

$$r=无风险收益率+ß×风险溢价$$

折现率越高，投资者基于无风险收益率对于REITs公司的风险预期越高，对REITs公司的预期回报要求亦越高，则该REITs公司的估值越低；反之，则该REITs公司的估值越高。这也是美国权益型REITs的分红收益率与联邦基准利率长周期变化趋势高度趋同的原因。

我们认为，一方面可以根据资本资产定价模型确定折现率r，另一方面可参考美国权益型REITs的分红收益率确定折现率r。据NAREIT统计，自1972年有数据以来，美国权益型REITs分红收益率在3.28%—11.63%之间，整体呈下降趋势。从周期角度来看，在房地产周期底部，投资者对风险预期增加，预期回报要求增加，折现率相应提高，REITs估值下降，表现在分红收益率上则要求较高，如1980年前后；而在房地产周期顶部，则相反。近十年a美国权益型REITs分红收益率相对稳定，近十年、五年和三年该指标均值分别为4.00%、4.01%和4.00%，2021年分红收益率为4.01%，较2020年有所回升。但行业间存在较大差异，近几年数据中心、基础设施和工厂分红收益率均低于权益型REITs均值，2021年分别为2.75%、2.86%和3.52%，其估值水平在行业间亦高于均值，而由于疫情利好仓储，其自由现金流大幅攀升，2021年仓储REITs价格大幅上涨后，仍能保持较高的分红收益率4.91%。

---

① 近十年指2012–2021年，近五年指2017–2021年，近三年指2019–2021年。

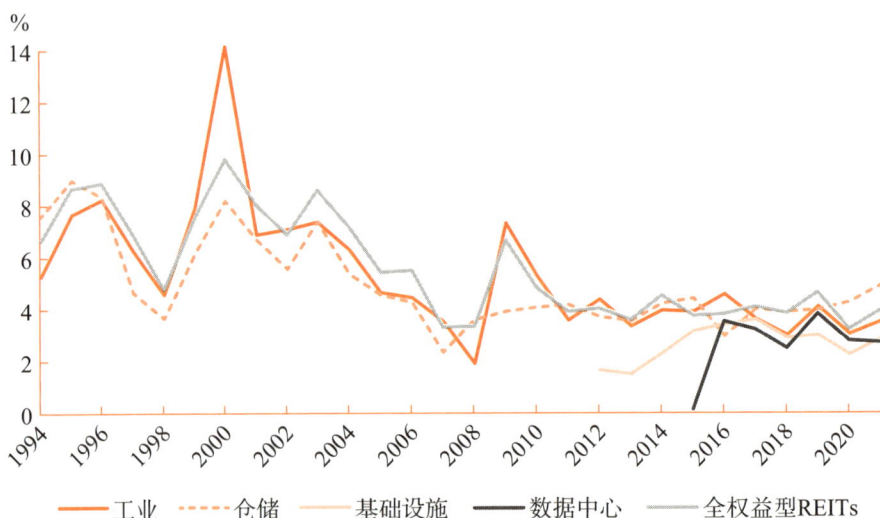

图 1-38　美国权益型 REITs 和重点行业分红收益率变化

资料来源：NAREIT、兴业研究。

（二）相对估值方法——P/FFO、P/AFFO

与股票市场中常采用 P/E 进行相对估值类似，市值与营运现金流之比 P/FFO 常用来作为美国权益型 REITs 的相对估值方法。不采用 P/E，而采用 P/FFO 进行相对估值，系美国会计准则中不动产每年进行折旧计提和摊销所致，REITs 公司净利润无法准确反映其运营效率和实际自由现金流状况，前文所述 FFO 在净利润基础上调整折旧和摊销、非经营性损益所得，以 P/FFO 进行相对估值更可反映 REITs 公司当前经营状况下的定价是否合理，尤其用于同行业、同类型资产的 REITs 横向对比更为合理。

根据 NAREIT 数据测算，2000 年以来美国权益型 REITs 的 P/FFO 从 6.55 倍震荡攀升至 2021 年第二季度的 23.06 倍，最高时为 24.07，整体呈上升趋势。在 2012—2019 年，P/FFO 长期在 15—18 倍波动，及至疫情初期大跌，此后随货币宽松和资产升值带来估值的进一步抬升。行业之间分化明显，2015 年之前，工厂的 P/FFO 普遍低于权益型 REITs 均值，而仓储普遍高于权益型 REITs 均值；2015 年之后尤其是疫情之后，数据中心、基础设施和工厂的 P/

FFO普遍高于权益型REITs，而尽管价格大幅攀升，受FFO表现太好影响，其P/FFO并不高，估值低于权益型REITs均值，这与基于分红收益率的估值结论是一致的。

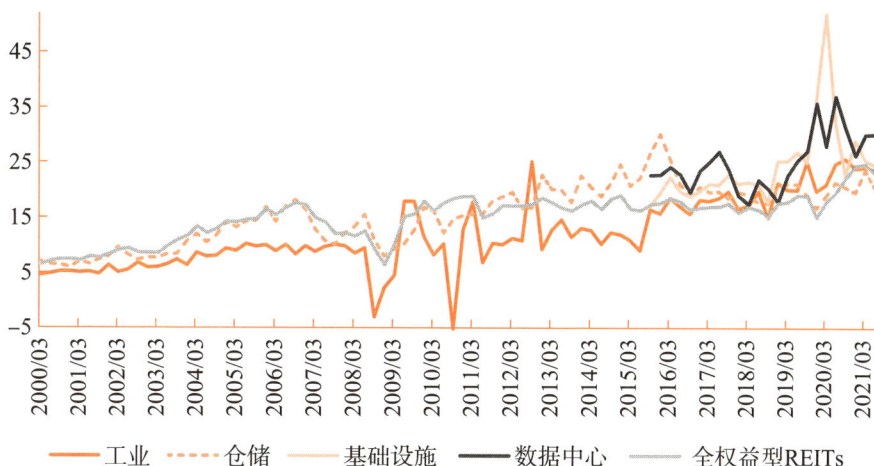

图1-39 美国权益型REITs和重点行业P/FFO变化

资料来源：NAREIT、兴业研究。

值得注意的是，若FFO=分红金额，则P/FFO=1/分红收益率，但实际数据显示，近几年普遍存在P/FFO<1/分红收益率，2021年P/FFO和1/分红收益率的差距缩小，若忽略数据选取区间差异带来的影响，推测FFO>分红金额，且二者之间逐步缩小，表明REITs公司因资产买卖带来的非经常性损益对分红的影响减小。

除P/FFO以外，有投资机构提出用P/AFFO对权益型REITs进行相对估值，即采用调整后的营运现金流（Adjusted Fund From Operation，AFFO）代替FFO，但由于FFO并不在定期报告中披露，亦不上报NAREIT，需投资者自行计算，在实际操作中较少使用。

与绝对估值方法相比，相对估值方法易忽略REITs的杠杆作用，但同行业中对比使用更为便利。如相同FFO下，因高杠杆短期内并购资产带来FFO增加的REITs和低杠杆REITs获得的估值是相近的，但明显后者运营更为稳健，而NAV因扣减负债而更为接近资产净价值本身。

三、我国公募REITs估值定价方法探讨

前文研究了美国权益型REITs的投资价值和估值定价方法，但由于我国公募REITs和美国权益型REITs存在一定差异，在借鉴"他山之石"之际，我们探讨权益型REITs定价方法是否适用我国公募REITs，以及存在哪些改进空间。

（一）我国公募REITs和美国权益型REITs：关键差异及其对估值方法的影响

美国权益型REITs在设立和运行时与我国公募REITs存在一定差异。美国REITs可以为公司制或信托制，1976年《REITs简化修正法》出台之后，允许REITs在原有商业信托的基础上以公司的形式成立，因此目前大部分上市REITs以公司制出现。美国REITs并不强制要求公募上市。投资者构成方面，至少要有100位投资者，且前五大投资者持股比例不得超过50%，以保证投资者分散度。美国REITs要求将总资产的75%投资于不动产，总收入中至少应有75%来源于不动产出租或出售利得、抵押贷款利息，至少90%的可供分配现金流应进行分红，满足一定收入和分红条件方能避税，但对长期负债和底层资产种类无具体要求。其上层设计、资产投向、收入来源及分红避税机制、对外借款和底层资产类型与国内公募REITs设计存在较大差异。

表1–45　我国公募REITs与美国权益型REITs差异对比

	我国公募 REITs	美国权益型 REITs
组织形式	契约型封闭基金制—专项计划—项目公司	公司制—项目公司—子公司
资产类型	基础设施类型，酒店、商场、写字楼等商业地产项目不属于试点范围。	涵盖酒店、商场、写字楼、公寓、医疗、仓储物流、工业地产、基础设施、数据中心等。

	我国公募 REITs	美国权益型 REITs
杠杆要求	基金总资产不得超过基金净资产的 140%，借款可用于基础设施项目日常运营、维修改造、项目收购，但用于项目收购需满足一定条件。纳入新项目以扩募为主。	无限制，部分 REITs 公司债率较高，是购买新不动产的重要资金来源。
资产构成要求	80% 以上募集资金投向基础设施项目，其他部分可投向利率债、AAA 级信用债或货币市场工具。	1. 需将其总资产的 75% 投资于不动产、抵押贷款、其他 REITs 份额、现金或政府债券等； 2. 对具有纳税主体资格的子公司的股权投资不超过总资产的 20%； 3. 持有除政府和子公司外某一发行人的证券不得超过总资产的 5%。
收入要求	无	1. 总收入中至少应有 75% 来源于不动产出租或出售利得、抵押贷款利息； 2. 总收入中至少应有 95% 来源于上述资源、股息、利息及证券出售利得； 3. 如果 REITs 没能满足 75% 或 95% 的收入测试，则将承担 100% 的惩罚性税收。
分红要求	强制：90% 以上合并后基金年度可供分配金额以现金形式分配给投资者。	与税收挂钩：90% 以上可供分配金额以现金形式分配可以免除企业所得税。
是否限制资产买卖	政策上来看不鼓励资产频繁买卖，防止炒作不动产价格。	不限制，很多 REITs 公司顺应房地产周期进行资产买卖获取非经营性损益/非经常性损益。

资料来源：兴业研究整理。

　　具体到定价方法的影响上，我国公募REITs较美国权益型REITs呈现如下特点。

　　（1）我国公募REITs杠杆使用受限，纳入新的不动产资产以扩募资金为主，参与证券化项目均为成熟稳定运营项目，重运营不重扩张；同时，从政策上来看，我国公募REITs不鼓励进行不动产的频繁买卖，与美国REITs公司顺应房地产周期经常进行资产买卖获取商业地产价差这一业务模式存在较大差异，此二者导致我国公募REITs的现金流获取能力呈现"上有顶下有底"的相对稳定状态，即FFO和分红的波动幅度较美国权益型REITs小。若REITs价格出现大幅波动，则主要源于投资者对NAV中折现率r的预期变化，但由于其现金流获取能力的稳定性，REITs价格的波动幅度预期比美国权益型REITs小，其P/FFO倍数波动区间应较小。

（2）我国公募REITs的试点范围为基础设施领域，目前涵盖十大行业，不涉及酒店、写字楼等商业地产项目，与美国权益型REITs中的工厂、数据中心、基础设施、仓储等行业的重叠度较高，受房地产周期影响较小，REITs运营的稳定性强于美国权益型REITs，进行折现率r和P/FFO分析预测时可参考美国权益型REITs的相关数据。从数据表现来看，美国基础设施类REITs的估值倍数普遍高于全权益型REITs，2021年分红收益率在2.75%—3.48%区间，2021Q2的P/FFO在24—30倍区间。

（3）我国公募REITs按照资产类型可分为永续产权类型和特许经营权类型，前者与美国权益型REITs在存续期限、净值等方面相对一致，后者在特许经营权到期后基金净值为0，因此体现在RETIs估值上，应是随剩余存续期限递减的，而每期的分红则类似于债券过手摊还本息。

（4）会计处理细节上，我国产权型REITs不动产可以采用公允价值入账，亦可采用成本法入账，前者反映了其市值情况，若公允价值波动，则在利润表上调整公允价值损益，后者会进行折旧计提，则在利润表上体现为营业成本增加，入账方法的不同对定价的影响主要体现在利润表上，影响净利润构成，进而影响FFO公式中的各个分项，但并不影响FFO的实际金额和实际可供分配现金流；而特许经营权型REITs则以成本法入账，每年进行折旧计提，折旧计提规模视期限、当期产生的现金流对不动产的损耗而定，这与美国REITs的会计处理是一致的。目前，我国公募REITs定期报告中披露了可供分配现金流金额，尚未披露FFO，由于国内公募REITs普遍不会出现物业出售利得，因此二者的差异主要在于上期存留现金、不动产运维成本和对外借款利息预留。在此，我们呼吁市场参与者，尤其是基金管理人重视FFO

指标的定期披露。在尚未定期披露FFO指标时，可用可供分配现金流进行分析。

（二）我国公募REITs绝对估值方法探讨

我们认为，我国公募REITs绝对估值模型可参考美国权益型REITs的NAV模型：

$$NAV=总资产估值-负债$$

$$总资产估值=\sum_{i}^{n}1\frac{Ai}{(1+r)^{i}}，其中，i为年数，r为折现率$$

1.自由现金流A

自由现金流A可选择FFO或分红金额，由于FFO未披露，需投资者自行调整计算，分红金额是可供分配现金流的90%以上，各REITs的分红比例并不完全一致，且可供分配现金流定期披露，因此我们认为，考虑到便利性和可比性，可将年化可供分配现金流金额作为自由现金流A。

2.折现率r

由于国内公募REITs处于业务初始阶段，该类资产和单只REITs运行状况以及市场投资者的接受度缺乏历史数据和认知，在选择以可供分配现金流作为自由现金流的前提下，我们在美国权益型REITs的分红收益率基础上叠加中美无风险利率的差值来确定折现率r：

我国公募REITs折现率r=中美二者无风险利率的利差＋美国权益型REITs分红收益率。

截至2022年2月12日，中美5年期国债收益率利差从100BP以上不断收窄至60—70BP，我们以70BP作为二者无风险利率利差，并分别选用美国权益型REITs中数据中心、基础设施、工厂、仓储等行业近一年和三年的分红收益率测算了国内公募REITs可能的折现率范围，未来随着美国货币政策收紧和国内货币政策宽松，二者无风险利差可能仍会收窄，国内公募REITs要求的折现率将出现一定程度下降，但若同时考虑美国权益型REITs分红收益率的变化，还需要进一步获取数据进行测算。

图1-40　中美5年期国债收益率对比

中债国债到期收益率:5年　　美国:国债收益率:5年

资料来源：Wind，兴业研究。

表1-46　以中美无风险利差70BP、美国基础设施类REITs
分红收益率测算我国公募REITs的折现率

	以2021年分红收益率测算		以2019—2021年平均分红收益率测算	
	分红收益率	折现率	分红收益率	折现率
数据中心	2.75%	3.45%	3.16%	3.86%
基础设施	2.84%	3.54%	2.70%	3.40%
工厂	3.52%	4.22%	3.56%	4.26%
仓储	4.91%	5.61%	4.39%	5.09%

资料来源：兴业研究整理。

（三）我国公募REITs相对估值方法探讨

鉴于前文所述国内公募REITs的独特性，我们认为需要分类探讨其相对估值方法。

1.产权型REITs

产权型REITs永续资产的属性与美国权益型REITs特点一致，可采用

P/FFO作为其相对估值方法，由于国内公募REITs普遍不存在大额不动产出售损益，因此FFO与可供分配现金流的差异主要体现在运维成本和对外借款本息支出预留，当前公募REITs存在对外借款不多，运维成本占运营收入的比例相对稳定的情况，因此在FFO指标未披露前，可使用可供分配现金流金额代替。若可供分配现金流100%进行分红，则P/可供分配现金流=1/分红收益率，因此分红收益率可被作为当前产权型REITs有效、快速的相对估值方法。

另外，若产权型REITs在会计处理中不动产以公允价值入账，那么净利润不仅反映了经营现金流情况，亦可反映资产增值，净资产亦可反映资产价值变化，我们认为P/E或P/B的相对估值方法对于以分红和资本利得为收益来源的公募REITs亦可行。但入账的不动产公允价值是基金管理人委托会计师事务所或第三方评估机构给出的估值，若投资者对其有不同的预测，则需要对估值结果进行相应调整。

2.特许经营权型REITs

特许经营权型REITs的价值与特许经营权剩余期限呈高度相关，处置资产发生的概率相对较低，一般会持有资产至特许经营权到期。我们认为：

若仅以P/可供分配现金流或分红收益率进行相对估值分析，则忽视了剩余期限的影响。例如，若当前10年期特许经营权型REITs的FFO与15年期特许经营权型REITs的可供分配现金流相等，若根据P/可供分配现金流和分红收益率进行估值，则二者应该拥有相同的估值，但后者估值明显高于前者。

若以P/（可供分配现金流×n）（n为剩余期限）或分红收益率×n进行相对估值测算，则引入了剩余期限概念，但未考虑复利的情况，亦无法与产权型REITs估值结果进行对比。

因此我们认为在产权型REITs采用P/可供分配现金流和分红收益率进行相对估值时，特许经营权型REITs可采用内部收益率（Internal Rate of Return，IRR）作为相对估值方法。为与产权型REITs可对比，特许经营权型REITs需要基于分红收益率计算其IRR，再将IRR与产权型REITs的分红收益率做对比；或，将IRR=产权型REITs分红收益率，计算投资者要求的分红收益率，再与其实际分红收益率进行对比。

表1-47　不同年限特许经营权型REITs在不同IRR下的分红收益率测算

	IRR=3.45%	IRR=4.50%
10 年	11.99%	12.64%
15 年	8.66%	9.32%
20 年	6.97%	7.67%
25 年	6.03%	6.74%

假设：每年的分红金额相等
资料来源：兴业研究整理。

另外，特许经营权型REITs的会计处理与美国REITs相对一致，即每年计提折旧直至在特许经营权到期后残值为0，特许经营权折旧后的账面价值反应了其剩余期限内可产生现金流的情况，因此P/B亦可作为相对估值指标。采用P/B对特许经营权型REITs进行估值亦存在与采用P/B对产权型REITs进行估值相同的问题，即存在不动产账面价值为第三方机构评估结果、非投资者判断的问题。

产权型REITs什么情况下会亏钱？

国内产权型REITs因其永续资产类型和租金收入模式与美国权益型REITs相近。产权型REITs的总收益率来源于资本利得和分红收益率，前者源于REITs价格涨跌，后者源于以租金为主的运营净收入，而REITs价格受投资者预期回报率和运营净收入双重影响，因此从逻辑上来看，产权型REITs下行深受货币政策紧缩、宏观经济衰退、地产行业下行及其他影响市场情绪的事件影响。本节盘点了美国权益型REITs历次下行中占据主导地位的因素，以期对国内公募产权型REITs投资有警示作用。

一、美国权益型REITs历次下行盘点

我们以月度NAREIT美国权益型REITs价格指数为筛选指标，筛选出1972年有数据记录以来共计14次大跌情形。其中，下跌幅度超过15%的共有8次，下跌持续时间超过5个月的共有7次，二者重叠度高。

表1-48 截至2021年末美国权益型REITs历次下行统计

时间跨度	持续时间（月）	最大跌幅	主要下行因素分类			
			货币紧缩	经济衰退	地产下行	其他因素
1972.9—1975.3	30	48.34%	■	■		
1979.8—1980.5	9	21.95%	■	■		■
1980.10—1982.7	21	15.37%	■	■		

时间跨度	持续时间（月）	最大跌幅	主要下行因素分类			
			货币紧缩	经济衰退	地产下行	其他因素
1987.7—1990.10	39	38.77%	■	■		
1994.2—1995.1	11	12.05%	■			■
1997.9—2000.2	28	32.93%	■	■	■	
2004.3—2004.4	1	14.88%	■			
2007.1—2009.2	22	71.40%	■	■	■	
2011.7—2011.9	2	16.62%				■
2013.4—2013.8	4	14.34%	■			
2016.7—2016.11	4	12.92%	■			
2017.11—2018.2	3	11.14%	■		■	
2018.11—2018.12	1	8.52%	■		■	
2020.1—2020.3	2	25.04%		■		■

资料来源：NAREIT、兴业研究。

二、货币政策紧缩影响

美国在多次货币政策紧缩时期，权益型REITs价格普遍有所下行，主要因为（1）投资者的风险回报预期上行，REITs分红收益率要求提高，带来估值倍数下降；（2）RETIs运营成本上行，若成本转嫁不利，可能带来REITs净收入和分红下降，则其价格下挫会更为严重。

美国权益型REITs价格下行对加息及加息预期敏感度显著，但因经济形势对不动产运营净收入的影响和当前RETIs估值水平不同，下行幅度有所不同。

表1-50　美国权益型REITs下行明确受加息周期影响统计

时间跨度	持续时间（月）	最大跌幅	加息起点	加息终点	加息总幅度	加息次数
1972.9—1975.3	30	48.34%	1972/3/1	1974/7/10	10.16%	
1979.8—1980.5	9	21.95%	1977/3/30	1980/4/2	14.65%	

续表

时间跨度	持续时间（月）	最大跌幅	加息起点	加息终点	加息总幅度	加息次数
1980.10—1982.7	21	15.37%	1980/7/23	1981/1/7	11.38%	
1987.7—1990.10	39	38.77%	1987/1/4	1989/2/24	3.88%	14
1994.2—1995.1	11	12.05%	1994/2/3	1995/2/1	3.00%	7
1997.9—2000.2	28	32.93%	1999/6/29	2000/5/16	1.75%	6
2004.3—2004.4	1	14.88%	2004/6/29	2006/6/29	4.25%	17
2007.1—2009.2	22	71.40%				
2016.7—2016.11	4	12.92%	2015/12/16	2016/12/14	0.50%	2
2017.11—2018.2	3	11.14%	2017/3/16	2018/3/22	1.25%	4
2018.11—2018.12	1	8.52%	2018/6/13	2018/12/29	1.00%	3

资料来源：NAREIT、兴业研究。

若经济形势尚可，不动产运营净收入受到的影响较小，加息对REITs价格下行有限。1994.2—1995.1期间，美联储持续加息造成权益型REITs价格小幅下行12.05%，但该期间内及此后美国经济形势和REITs运营状况良好，1994年美国GDP为6.3%，权益型REITs股息收益率高达7%，REITs估值整体处于较低水平，可以支撑REITs价格突破加息桎梏上行，因此权益型REITs价格小幅下行后回弹明显。

与此类似的还有2004.3—2004.4期间，美联储加息预期叠加油价上行带来REITs价格下跌14.88%，3个月后美联储开启持续加息，但此后加息周期中，经济强力支撑，REITs同店运营净收入增幅从-0.55%持续正增长，2004年股息收益率均值为5.19%，REITs价格突破式上行，带来估值重塑，2003—2005年期间P/FFO下修明显。

若经济形势无法提供良好支撑，加息周期下，REITs下行幅度和回调压力也较大。1997.9—2000.2期间，美联储多次加息带来权益型REITs价格大幅下挫，回撤幅度高达32.93%，亚洲金融危机演变为国际金融危机叠加俄罗斯债务危机，2000年之后美国经济持续疲软，失业率攀升，权益型REITs价格回升至2002年7月，未达到1997年9月的高位水平后再次掉头回撤。

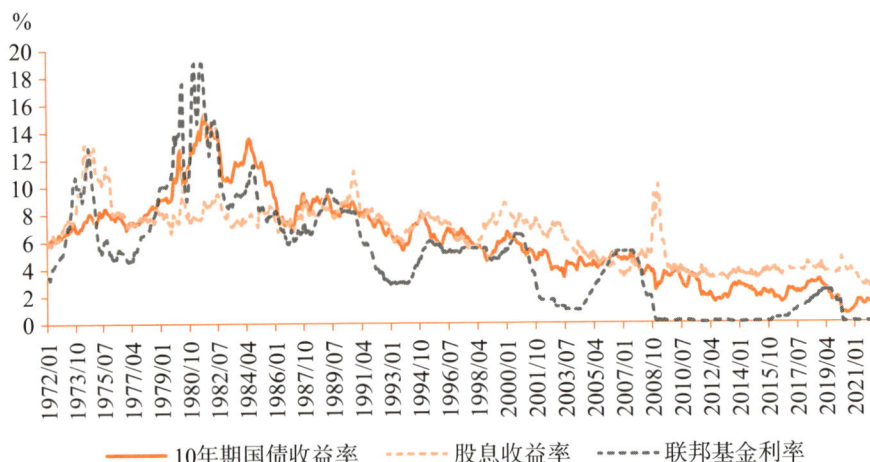

图 1-41　美国权益型 REITs 的股息收益率和联邦基金利率变化高度趋同

资料来源：NAREIT，BEA，美联储经济数据库，兴业研究。

1987.10—1990.10 期间美国权益型 REITs 价格指数下跌 38.77%，其中 30% 的跌幅发生在 1990 年的 10 个月内，1987/1/4 至 1989/2/24 期间持续 14 次加息导致了美国储贷危机爆发，引发美国 1990.7—1991.3 期间的经济衰退。美国储贷机构在 20 世纪 80 年代初经由立法放松了资本监管要求后，贷款规模持续攀升，但由于美联储不断提高短端利率，其固定利率的长期资产大幅缩水，同时储贷机构为吸引资金提高存款利率，造成利率倒挂，迫于盈利压力，其不断降低放贷标准，尤以涉房贷款为最，最终涉房不良贷款攀升导致储贷机构大规模破产。1986—1995 年期间，美国储贷机构从 3234 个降到了 1645 个，储贷机构在家庭住房抵押贷款市场的占比从 53% 降到 30%。1990—1991 年美国 GDP 同比增速分别为 5.70% 和 3.30%，而 1989 年和 1992 年该指标分别为 7.70% 和 5.90%，失业率从 1990 年 6 月的 5.20% 上行至 1992 年 6 月的 7.80%，1990 年 10 月权益型 REITs 股息收益率较 1989 年 12 月增加 32.07%，不动产运营净收入并未下行，但历经 26 个月才恢复至 1990 年初水平。

2017.11—2018.2 期间权益型 REITs 价格下跌 11.14%，同期美国通胀上行，美联储开启加息周期，叠加不动产运营下行，REITs 同店营业净收入增幅从 2017 年第二季度的 3.34% 降至 2018 年第一季度的 2.63%，并持续低位。

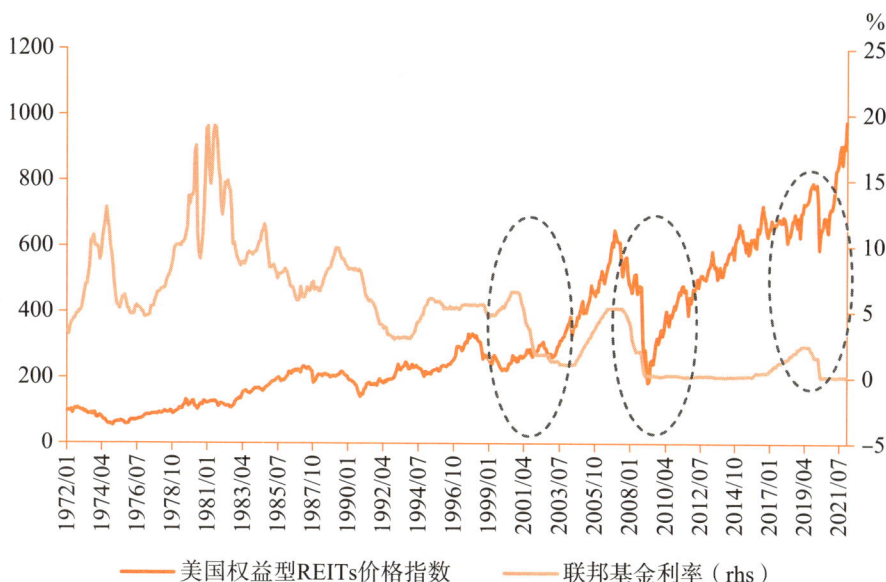

图 1-42 美国权益型 REITs 受加息影响下行明显

资料来源：NAREIT、美联储经济数据库、兴业研究。

2018.11—2018.12 期间权益型 REITs 价格下跌 8.52%，系美联储加息叠加中美贸易摩擦升级所致，2018 年第四季度同店营业净收入增幅短期下行，2019 年第一季度略有反弹，因此该期间短期小幅下跌后反弹。

除美联储加息对美国权益型 REITs 价格下行影响较大外，缩表对其影响亦较为明显。2013.4—2013.8 期间权益型 REITs 价格下跌 14.34%，系 2013 年 5 月美联储表示缩减购买项目，如抛售 RMBS 等，引发市场抛售国债所致，权益型 REITs 指数、标普 500 指数等均出现不同幅度下跌。

三、经济衰退影响

通胀上行，美联储通常会采取加息等紧缩货币政策用以平抑通胀，但可能会带来一定程度的经济衰退。我们结合美联储官方披露的经济衰退期和失业率上行期作为美国经济衰退期，观察美国权益型 REITs 价格变化。美国权益型REITs不动产以住宅、办公楼、商场、酒店、工厂、医疗等商业地产和工业地产为主，业务模式以收取租金为主，一旦进入经济衰退期，企业经营压力加大、国内失业率上行，上述地产租金涨幅乏力、空置率上行、不动产估值下跌，因此在上述多个期间内，权益型REITs价格普遍有所下行。

表1-51　美国官方经济衰退期间权益型REITs表现

官方经济衰退期间	持续时间（月）	最大跌幅	对应 REITs 下行期间	恢复至下跌前的时间（月）
1973.11—1975.3	16	34.29%	1972.9—1975.3	21
1980.2—1980.7	5	19.89%	1979.8—1980.5	11
1981.7—1982.11	16	14.33%	1980.10—1982.7	1
1990.7—1991.3	8	22.29%	1987.7—1990.10	1
2001.4—2001.11	7	−3.76%	−	−
2007.12—2009.6	18	64.00%	2007.1—2009.2	24
2020.2—2020.4	2	19.22%	2020.1—2020.3	10

资料来源：NAREIT、兴业研究。

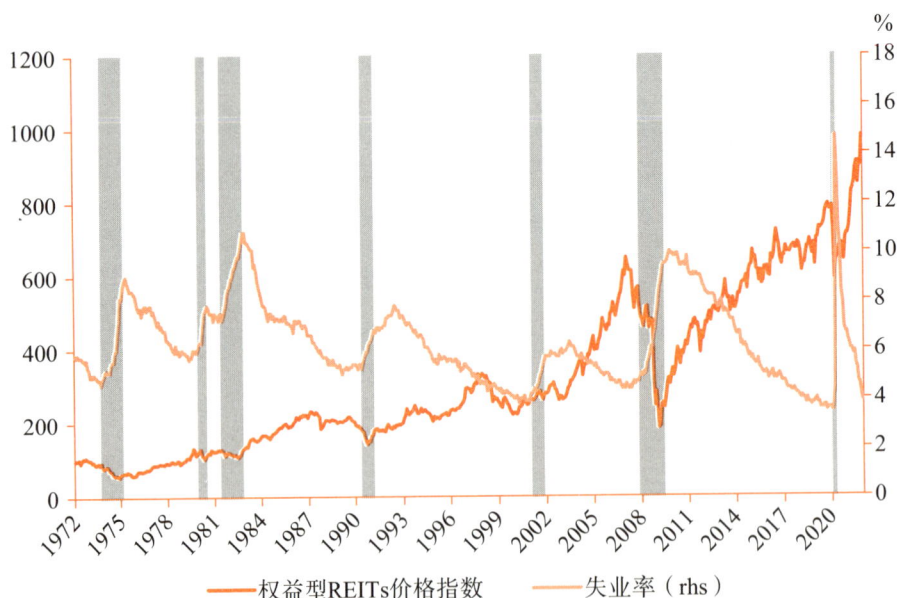

图1-43　美国经济衰退期失业率上行、权益型REITs价格指数下跌

资料来源：NAREIT、美联储经济数据库、兴业研究，阴影部分表示美联储披露的经济衰退期。

1973.11—1975.3 期间，美国权益型 REITs 价格下跌幅度高达34.29%，仅次于次贷危机期间。事实上，在1973年11月美国官方认证经济衰退之前，自1972年9月开始，美国权益型 REITs 便已进入长达30个月的下行周期，全周期最大回撤高达48.34%，权益型 REITs 市值萎缩26.93%。本轮经济衰退源于1971年布雷顿森林体系崩塌后的美元危机，美国国内通货膨胀严重、失业率高企，为此尼克松政府实施"新经济政策"，震荡加息，及至1972年波及 REITs 市场下行，叠加1973年10月石油危机爆发，美国为控制通胀重启加息，经济进入衰退期，失业率最高攀升至1975年5月的9.00%，权益型 REITs 价格指数在当年9月小幅回弹后持续下行至1975年10月，在经济衰退结束7个月后方有所回升。这段期间，从分红收益率来看，1972—1974年年化分红收益率分别为6.93%、6.26%和7.92%，1973—1974年分红收益率同比增长率分别为-9.67%和26.52%，其间年度 REITs 价格下跌了21.78%和29.33%，1973年在 REITs 价格下跌的同时，分红收益率仍有所下滑，说明 REITs 运营净收入也出现了大幅下行，1974年尽管经济处于衰退期，但在"新经济政策"下，境外资金回流美国，刺激房地产市场发展，房地产开发商通过 REITs 盘活成熟不动产进行融资，房地产市场火爆，而 REITs 方面，数据显示，权益型 REITs 价格下跌幅度和分红收益率增长幅度相近，REITs 运营逐步恢复，但 REITs 价格的恢复在本轮恢复中慢于运营的恢复，直至经济衰退结束21个月后才恢复至此前水平。

1980.2—1980.7 和 1981.7—1982.11 期间，伊朗革命引发第二次石油危机导致了美国经济短期内经历两次衰退，失业率攀升至1980年7月和1982年11—12月的阶段性高峰7.80%和10.80%。除1980.7—1980.10期间失业率短暂下降时，权益型 REITs 价格指数短期回升外，长期处于下行趋势，1979.8—1980.5 和 1980.10—1982.7 期间 REITs 最大下跌幅度分别为21.95%和15.37%，而股息收益率分别增加48.87%和27.86%，REITs 运营净收入并未下降。同期，美国国内通胀高企、融资成本处于绝对高位，房地产企业及 REITs 运营成本增加，抵押贷款不良率攀升，尽管权益型 REITs 通过成本转嫁并未造成分红下降，但股息收益率相较于联邦基金利率和国债收益率仍要低得多，经济衰退影响地产行业低迷、利率水平高导致了 REITs 估值重塑。在本轮 REITs 下跌周期中，市场的敏锐度开始显现，1980.2—1980.7期间REITs价格下行周期开始和结束均早于经济衰退的开始和结束，在经济衰退11个月后REITs价格指数恢复至下跌前高位水平。而开始于1980年10月的新一轮REITs下跌在经济衰退前9个月开始下跌，仅在经济衰退期结束1个月后REITs价格指数便恢复至下跌前高位水平。

2020.2—2020.4期间，受新冠疫情、社交隔离政策影响，美国进入短暂的经济衰退期，失业率短期内上行至2020年4月的14.70%，包括地产在内的各行业经受了严峻的产业运营考验，餐饮、酒店、办公楼等细分领域陷入停滞，3月权益型REITs较1月下跌25.04%，之后随着美联储宽松货币政策和不动产运营能力恢复，REITs开启反弹之势，10个月后REITs价格指数回至此前水平。

若在经济衰退期，地产行业受到的影响不大，尤其是成熟不动产的运营能力未受到较大波及，仅因为经济衰退导致资产价格重塑，那么在经济衰退期结束后会较快恢复，而若是因为经济疲软影响到不动产租金收入下降或空置率上行，进而影响到其运营收入，则估值的恢复会建立在不动产运营能力恢复的基础上，恢复时间会相应更久。除经济疲软可能带来不动产运营下行外，房地产供需失衡、行业周期变化对其的影响更为明显。

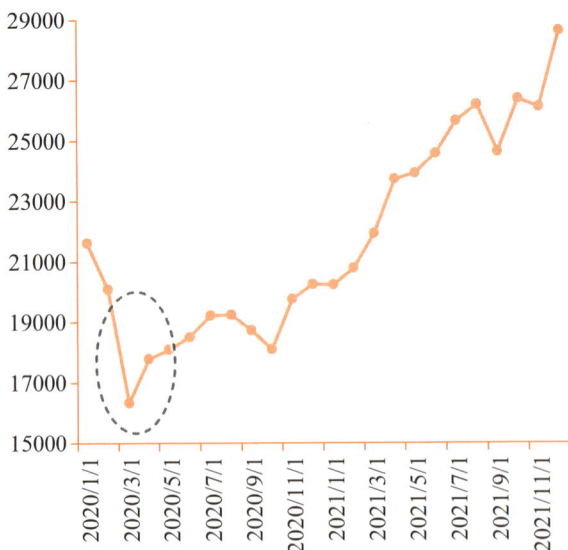

图1-44　2020—2021年美国权益型REITs指数

（百万美元）

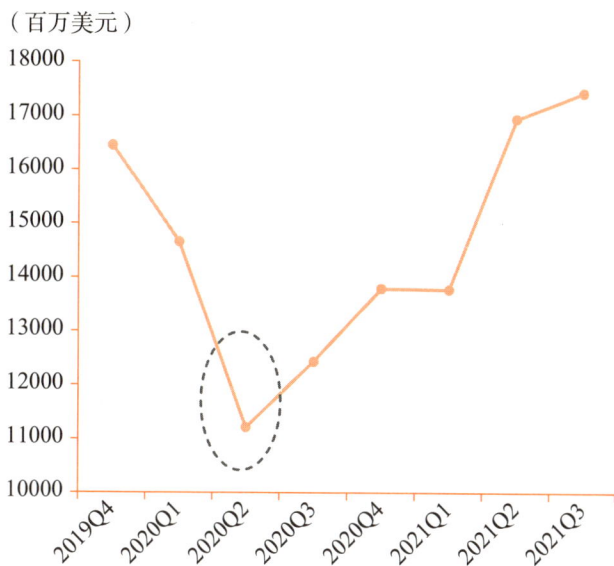

图1-45　美国权益型REITs同店营运现金流恢复快

资料来源：NAREIT，兴业研究。

四、地产运营和价格下行影响

美国权益型REITs在2012年之前以住宅、商场、办公楼、酒店、医疗、工厂、仓储等商业地产和工业地产为主，尽管2012年以后新增数据中心、基础设施等资产类型，但体量不大，整体REITs市场状况受地产运营和价格下行影响明显。

（一）信用宽松向紧缩过渡加剧地产行业和REITs价格下行风险

美国信用市场宽松程度会影响地产行业和企业的运营和发展，继而对权益型REITs价格产生影响。一方面，当放贷标准收紧时会导致商业地产和REITs估值被压缩；另一方面，房地产开发企业和权益型REITs需要不断进行股权和债权融资来支付各项资本支出，信用紧缩对行业主体直/间接融资能力和获取财务杠杆的能力都会造成不利的影响，进而降低房地产企业和

REITs的盈利能力。

我们以美国本土商业银行对商业、工业贷款（C&I Loan）标准收紧的百分比（净值）来衡量信用供给状况，在1997.9—2000.2和2007.1—2009.2期间信贷收紧对美国房地产市场和REITs价格下行产生了明显影响。在这两轮REITs价格下跌之前，信用紧缩程度长期低于历史平均水平，助长了地产行业投机情绪，权益型REITs负债率和价格指数一度达到了历史峰值；而伴随着放贷标准开始收紧到历史最高限度，地产企业和REITs运营均面临融资收紧、业务扩张困难甚至信用风险，尤其是次贷危机期间，资产缩水、负债率居高难下，权益型REITs估值被严重挤压。2020.2—2020.4期间，尽管新冠疫情、经济衰退是REITs主要下行因素，但此前宽松的信贷政策已然使地产行业高风险运行、REITs估值达到了历史新高，2019年6月末的P/FFO高达19倍，下行风险很高，叠加突发的新冠肺炎疫情、不动产运营收入大幅收窄，REITs价格势必下跌。

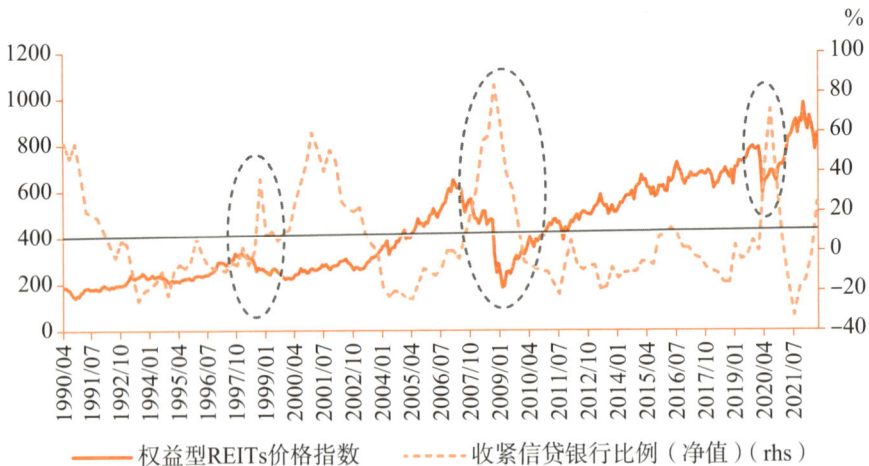

图1-46 美国权益型REITs价格受银行信贷标准影响较为明显

资料来源：NAREIT，BEA，兴业研究。灰色表示收紧信贷标准比例的历史平均水平。

图1-47　美国权益型REITs负债率受银行信贷标准影响较为明显

资料来源：NAREIT，BEA，兴业研究，灰色表示收紧信贷标准比例的历史平均水平。

（二）存量地产估值和运营下行对REITs价格的指针作用

美国商业地产价格、商业地产出租率、房租等存量地产要素决定了权益型REITs不动产的估值和运营能力，因此美国权益型REITs价格走势与上述要素数据走势高度趋同。

具体地，美国商业地产价格在2007.1—2009.2期间大幅下行，权益型REITs价格指数亦大幅下降，在此前及2010年以后的权益型REITs价格指数多个小幅波动周期中，商业地产价格指数均有相应变化，由于商业地产价格指数系调研样本数据编制，滞后性明显；相较于商业地产价格指数变化的滞后性，商业地产出租率和房租增幅对REITs价格变化的指针作用更强，在2010年以后的多个小幅波动周期中，此二者要素领先或同步于REITs价格的变化。

图1-48 美国权益型REITs价格指数与商业地产价格指数

资料来源：NAREIT，美联储经济数据库，兴业研究。

图1-49 美国权益型REITs价格指数与商业地产出租率指数

资料来源：NAREIT，兴业研究。

图1-50 美国权益型REITs价格指数与主要住房房租增速

资料来源：NAREIT，美联储经济数据库，兴业研究。

（三）地产行业下行阶段权益型REITs运营能力下降、估值下跌

美国权益型REITs下行周期中典型由地产行业下行所致的是2007.1—2009.2次贷危机期间，下行周期持续22个月，下跌幅度高达71.40%。

在本轮地产行业下行之前，美国信用供给相对宽松、房地产市场高速发展，房地产开发企业和REITs公司高杠杆运行，宽松的住房抵押贷款政策催生了庞大的次级贷款规模，住宅、办公楼、商场等不动产供给大，REITs运营状况良好，估值高。从数据上来看，2005—2006年美国GDP同比增幅分别为6.70%和6.00%，2006年第四季度美国权益型REITs同店运营净收入增幅一度高达5.83%，良好的经济形势和运营收入支撑REITs估值上行，2007年第一季度估值倍数P/FFO达到历史新高17.25倍，权益型REITs负债率维持55%高位运行。

鉴于经济过热，美联储于2004/6/29—2006/6/29期间持续加息17次，加

息总幅度高达4.25%，导致经济逐步进入衰退期，失业率开始攀升，2007年初由于次级贷款人还款能力不济引发了集中甩房、不良率攀升，不动产滞销明显，住宅连带商业地产价格缩水，并引起金融市场连锁反应和各行业全面衰退，不动产租金涨幅乏力、空置率攀升，叠加金融市场恐慌情绪，权益型REITs价格指数大幅下挫。2007年美国GDP同比增幅仅4.80%，较2006年下降120个百分点，以住宅、办公楼、商场、工厂等为主的REITs同店运营净收入增幅一路下行至2009年第四季度的-2.21%，负债率持续攀升至2017年末的58%才开始回调，估值倍数P/FFO高位回落至2009年第一季度的6.42倍。

2008年10月美国联邦基金利率从1.81%降至0.97%并持续下降至0.2%以下、经济好转、投资者对分红收益率要求下降带来REITs运营改善、估值倍数修复，才迎来REITs价格逐步回升。

图1-51　美国权益型REITs价格指数与同店营业净收入增幅

资料来源：NAREIT，兴业研究。

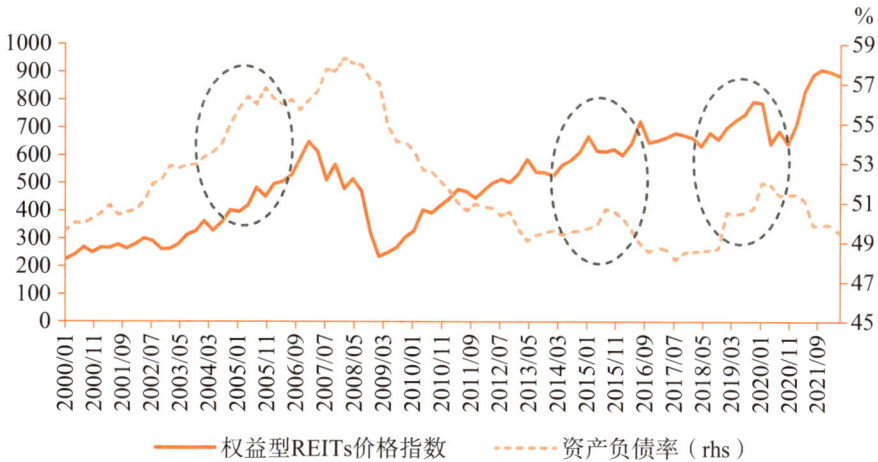

图1-52　美国权益型REITs价格指数与资产负债率

资料来源：NAREIT，兴业研究。

图1-53　美国权益型REITs价格指数与P/FFO

资料来源：NAREIT，兴业研究。

五、其他因素影响

经济结构性调整引起存量地产运营和价格下跌会影响权益型REITs价格下行，2020年初突发新冠疫情，社交隔离、居家办公等防疫政策导致行业发展出现结构性失调，办公楼、餐饮、零售、酒店等运营收入降低，不动产估值下降，权益型 REITs 价格阶段性下行。

全球性重大事件也可能影响市场情绪，进而会影响权益型 REITs 价格。2010 年前后欧债危机爆发，引发市场短期恐慌，2011.7—2011.9 期间美国权益型 REITs 价格指数下跌 16.62%。

特许经营权型REITs什么情况下会亏钱?

我国特许经营权型REITs因特许经营权期限到期后无偿向有权部门转移基础设施项目、对应项目资产净值逐渐归零而独具特色,REITs价格对特许经营权剩余期限内现金流分红折现较为敏感。随着剩余期限逐年缩短,如果再伴随货币政策紧缩,反映投资者预期回报的折现率就会上行,由此可能特许经营权型REITs价格存在下行风险。

从特许经营权项目基本面来看,若发生以下一种或多种情形,REITs价格大概率会出现下跌:(1)通过募资、对外借款进行产能扩张、技术升级改造,但实际产能扩张或运营成本下行不达预期;(2)产能利用率下行,如在高速公路未发生变化的情况下,但通行量下降;在电厂/净水厂/垃圾处理厂未发生产能收缩、特许经营权限未变化的情况下,但电厂发电量/污水处理量或垃圾处理量下降;(3)特许经营权收费价格下跌或上涨乏力,上涨幅度不达预期;(4)因原材料价格上涨、用工成本上行带来的运营成本攀升。

一、特许经营权资产范围

基础设施公募REITs底层资产涉及十大行业:交通、(新)能源、市政、生态环保、仓储物流、园区、新型基础设施、保障性租赁住房、消费基础设施、包括水利设施和旅游设施的其他基础设施。其中,涉及特许经营权资产的有交通、能源、市政、生态环保、供水&发电的水利、旅游等基础设施项目。目前已经上市发行的特许经营权型 REITs 基础设施项目涉及高速公路、生物质发电 & 垃圾处理、污水处理。

表1-53　公募 REITs 最新试点项目行业分布

序号	行业	具体内容	资产类型
1	交通	包括收费公路、铁路、机场、港口项目。	特许经营权
2	（新）能源	包括风电、光伏发电、水力发电、天然气发电、生物质发电、核电等清洁能源项目，特高压输电项目，增量配电网、微电网、充电基础设施项目，分布式冷热电项目。	具有特许经营权的特点
3	市政	包括城镇供水、供电、供气、供热项目，以及停车场项目。	特许经营权为主
4	生态环保	包括城镇污水垃圾处理及资源化利用环境基础设施、固废危废医废处理环境基础设施、大宗固体废弃物综合利用基础设施项目。	特许经营权
5	仓储物流	应为面向社会提供物品储存服务并收取费用的仓库，包括通用仓库以及冷库等专业仓库。	产权
6	园区	位于自由贸易试验区、国家级新区、国家级与省级开发区、战略性新兴产业集群的研发平台、工业厂房、创业孵化器、产业加速器、产业发展服务平台等园区基础设施。其中，国家级与省级开发区以《中国开发区审核公告目录（2018年版）》发布名单为准，战略性新兴产业集群以国家发展改革委公布名单为准。	产权
7	新型基础设施	包括数据中心类、人工智能项目，5G、通信铁塔、物联网、工业互联网、宽带网络、有线电视网络项目，智能交通、智慧能源、智慧城市项目。	产权
8	保障性租赁住房	包括各直辖市及人口净流入大城市的保障性租赁住房项目。	产权
9	消费基础设施	百货商场、购物中心、农贸市场等城乡商业网点项目、保障基本民生的社区商业项目。	产权
9	其他	（1）具有供水、发电等功能的水利设施；（2）自然文化遗产、国家 AAAAA 级旅游景区等具有较好收益的旅游基础设施，其中自然文化遗产以《世界遗产名录》为准。	特许经营权

资料来源：根据相关规章文件整理，兴业研究。

二、收费公路运营下行风险

（一）通行量：下行风险来源于区域经济下行、公转铁＆公转水、高铁和航空替代出行、新冠疫情等

根据2004年11月1日起施行的《收费公路管理条例》（国务院令第417号），按技术等级和规模，我国收费公路分为高速公路（连续里程30公里以上，城市市区至本地机场的高速公路除外）、一级公路（连续里程50公里以上）、二车道的独立桥梁、隧道（长度800米以上）、四车道的独立桥梁、隧道（长度500米以上），以高速公路为主，2020年末我国收费公路共计17.92万公里，其中收费高速公路里程占比持续增加至85.31%。目前及未来很长一段时间，作为公募REITs基础设施项目的会以收费高速公路为主。

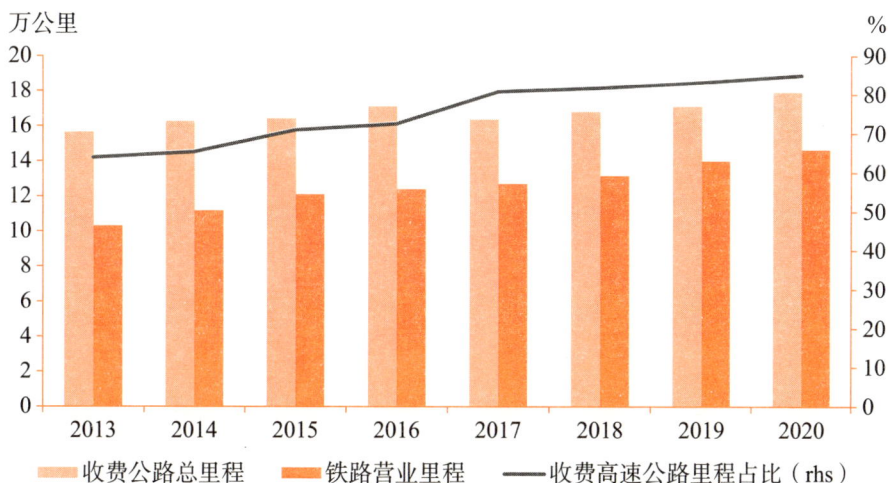

图1-54　我国收费公路里程、收费高速公路占比及铁路里程

资料来源：Wind，兴业研究。

在《公路"十四五"规划》发展思路中提出，"补短板。继续加强国家高速公路待贯通路段及交通繁忙路段、普通国道低等级路段等薄弱环节建设"，"优供给。紧扣国家重大战略，以重大工程、重大项目为抓手，加快推进城市

群、都市圈、沿边沿海、革命老区等重点区域公路通道强化及网络完善我国收费高速公路"。短期内，我国区域经济发展较好的高速公路路网会持续完善。

区域经济下行是高速公路运力下降的重要影响因素。 从数据来看，我国公路货运量同比增速、公路客运量同比增速与GDP同比增速呈现高度趋同的变化趋势，二者对经济下行的变化较为敏感。

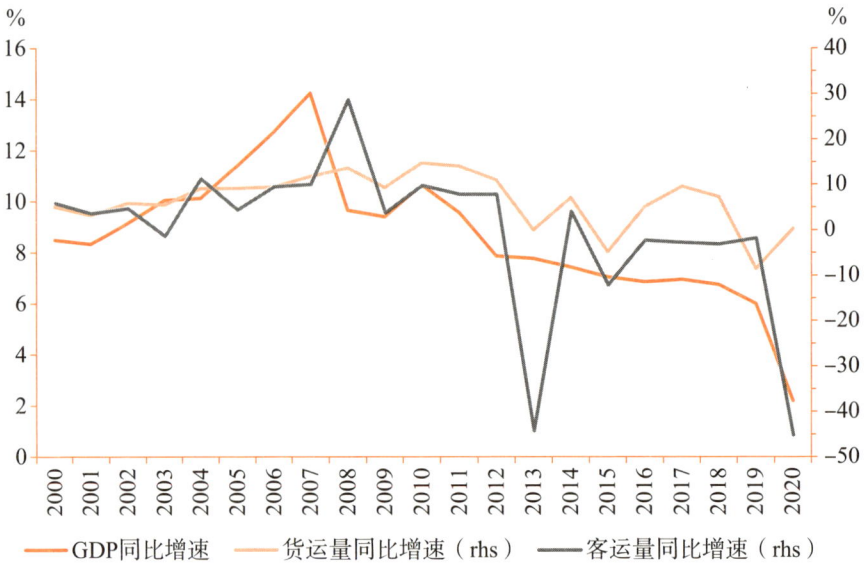

图1-55　我国公路货运量&客运量同比增速与GDP同比增速变化

资料来源：Wind，兴业研究。

从不同省份的高速公路通车量和货运量来看，二者受区域经济分化影响较大。江浙沪、环京、山东、广东，以及以煤炭运输为主的山西、陕西等，大宗商品运输对上述省份货运量的贡献明显。

"公转铁"&"公转水"等替代方案影响公路货运量下行。 铁路的投建成本较公路高，2019年我国收费公路的投建成本为5558万元/公里，而高铁的投建成本在1.04—1.39亿元/公里。因此早期我国选择以公路运输为主。

但是，铁路货运能耗低于公路货运，2019年二者能耗指标分别为3.94吨煤/百万吨公里和17.00吨煤/百万吨公里。随着国家"双碳"目标的提出和铁路网、水路网建设的完善相关部门明确推出了"公转铁""公转水"相关

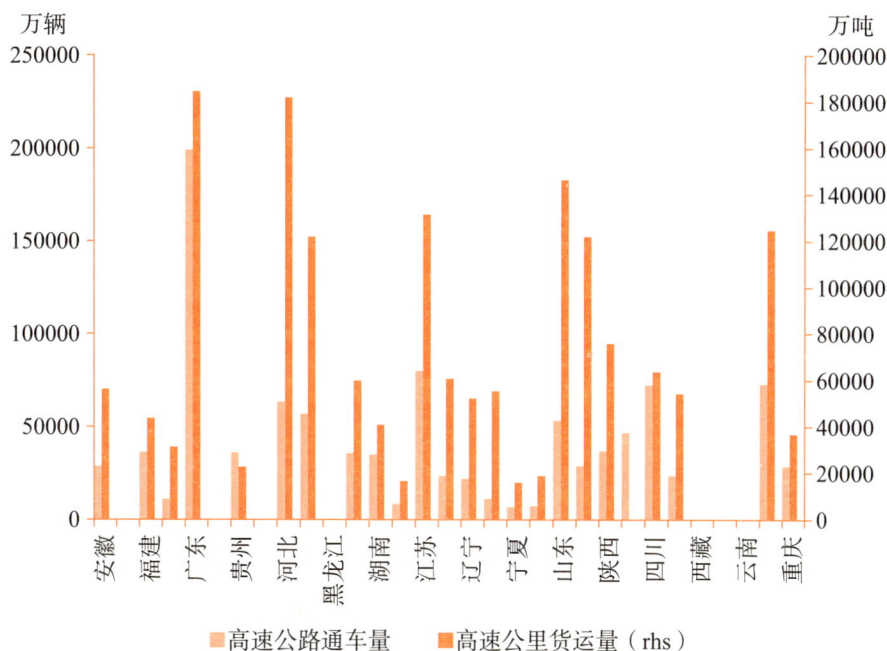

图1-56　2019年我国各省市高速公路通行量和货运量

资料来源：Wind，兴业研究。

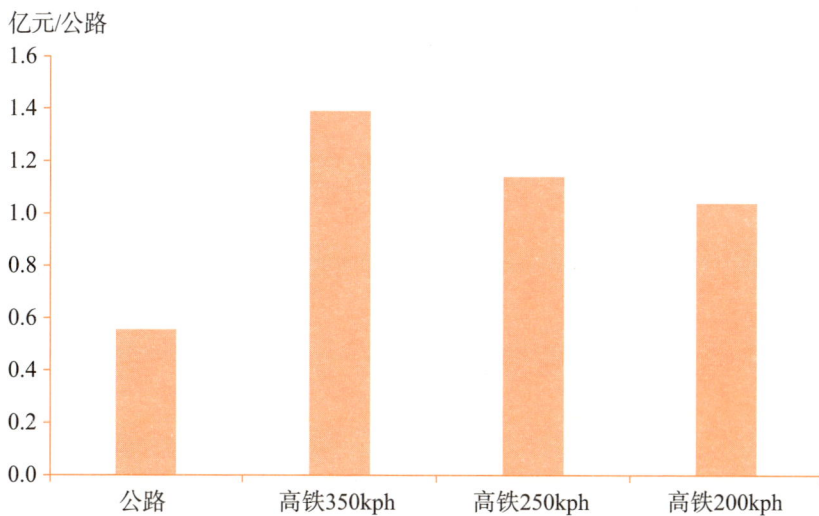

图1-57　我国2019年收费公路和高铁建设成本

资料来源：收费公路统计年鉴、世界银行2019年"China's High-Speed RailDevelopment"，兴业研究。

政策，以2018—2020年三年计划为主。2016—2020年，公路货运量同比增速分别为6.07%、10.34%、7.32%、4.20%、–0.26；同期，铁路货运量同比增速分别为–0.78%、10.71%、9.15%、9.01%、3.72%，水路货运量同比增速分别为4.02%、4.64%、4.64%、5.21%、6.33%、1.93%，一改此前增速乏力表现。2020年铁路货运量45.52亿吨，尽管疫情影响下未达到2018年7月1日中国铁路总公司（现中国国家铁路集团有限公司）发布的《2018—2020年货运增量行动方案》中2020年铁路货运量目标值47.9亿吨，但其增速水平仍然较公路货运量表现好很多。2020年公路货运量、铁路货运量、水运货运量在货运总量中的占比分别为72.45%、9.63%和16.10%，公路货运量较2017年下浮了429个百分点，而后两者分别上升了195个百分点和220个百分点。尽管货运仍然以公路运输为主，但在"公转铁""公转水"相关政策推出3年后，铁路&水路货运已开始显现对公路货运的替代作用。与此同时，受"公转铁"&"公转水"联动影响，2018年公路货运价格断崖式下行，此后在0.49—0.52元/吨公里价格区间内波动，且普遍处于0.49低价阶段。

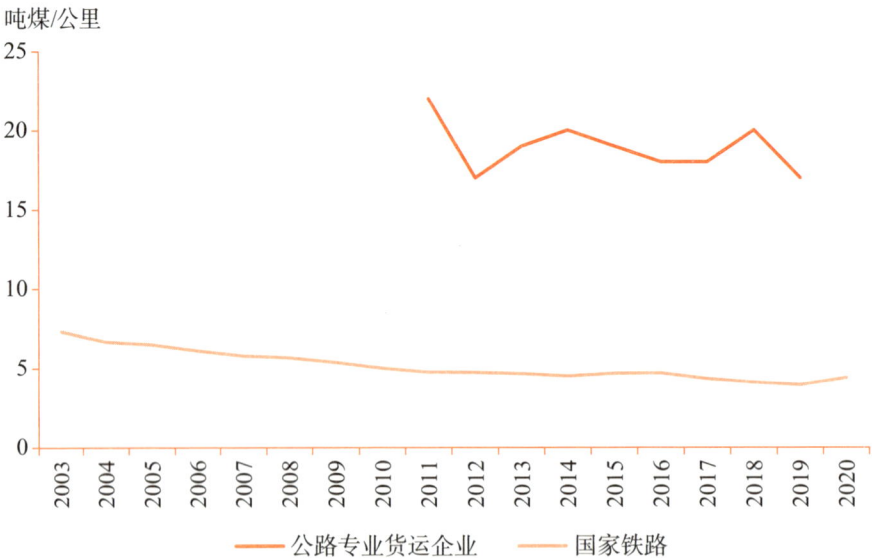

图1-58　我国公路和铁路货运能耗对比

资料来源：Wind，兴业研究。

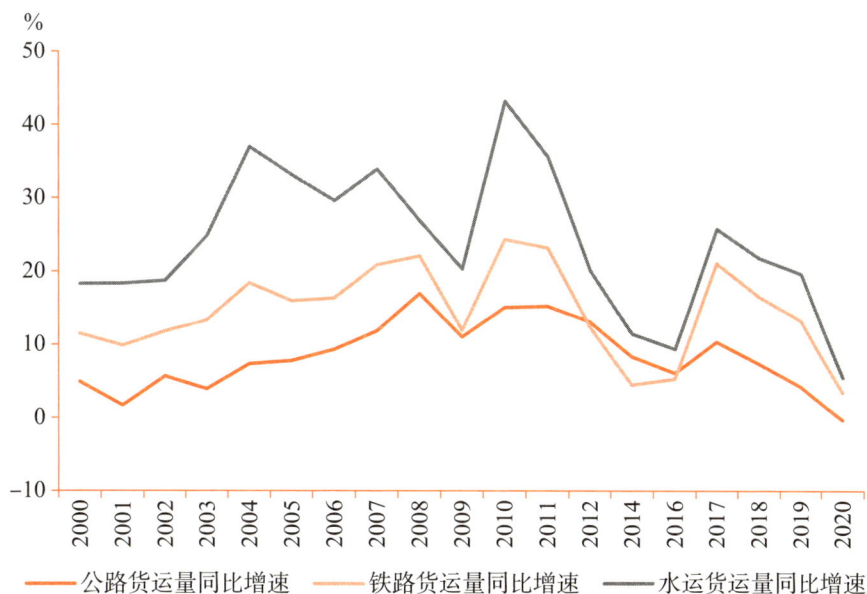

图1-59 我国公路、铁路、水路货运量同比增速变化

注：2013年和2015年统计口径发生了变化，故删除了这两年的同比增速数据

资料来源：Wind，兴业研究。

图1-60 我国36城市公共服务价格公路货运

资料来源：Wind，兴业研究。

2019年9月19日国务院发布的《交通强国建设纲要》（中发〔2019〕39号）要求，加快推进港口集疏运铁路、物流园区及大型工矿企业铁路专用线等"公转铁"重点项目建设。2020年6月2日，发改委、交通运输部发布的《关于进一步降低物流成本的实施意见》（国办发〔2020〕10号）要求加快推动大宗货物中长距离运输"公转铁""公转水"。2022年1月7日，国务院发布的《推进多式联运发展优化调整运输结构工作方案（2021—2025年）》（国办发〔2021〕54号）要求，到2025年，多式联运发展水平明显提升，基本形成大宗货物及集装箱中长距离运输以铁路和水路为主的发展格局。尽管大宗商品运输的最后几公里仍然需要依赖公路来完成，但长距离运输、短距离不收费公路对收费公路的替代作用甚为明显。结合政策和公路货运量数据集中省份来看，改善大宗商品运输交通结构的仍然以广东、浙江、江苏、山东、河北、山西、陕西等省份为主。

表1–54　公转铁、公转水相关政策梳理

日期	发布部门	文件名称	主要内容
2018/4/2	—	中央财经委员会第一次会议	调整运输结构，减少公路运输量，增加铁路运输量。
2018/6/27	国务院	《打赢蓝天保卫战三年行动计划》（国发〔2018〕22号）	2018年底前，沿海主要港口煤炭集港改由铁路或水路运输；2020年采暖季前，沿海主要港口以及唐山港、黄骅港的矿石、焦炭等大宗货物原则上主要改由铁路或水路运输。
2018/7/1	中国铁路总公司	《2018—2020年货运增量行动方案》	到2020年，全国铁路货运量达到47.9亿吨，较2017年增长30%。
2018/9/21	生态环境部等多部门	《京津冀及周边地区2018—2019年秋冬季大气污染综合治理攻坚行动方案》（环大气〔2018〕100号）	北京市要有效增加建材、生活物资、商品汽车铁路运输量。山西省是煤炭大省，重点煤矿企业全部接入铁路专用线成了"硬指标"。山东省要全面推进魏桥和信发集团等企业铁路专用线建设。同时，进一步推进沿海主要港口和唐山港、黄骅港的矿石、焦炭等大宗货物改由铁路或水路运输。

续表

日期	发布部门	文件名称	主要内容
			国家铁路集团有限公司预计新增运能 2000 万吨；挖掘宁西、侯月等铁路运输潜力，预计新增运能 1200 万吨。
2018/10/9	国务院办公厅	《推进运输结构调整三年行动计划（2018—2020 年）》（国办发〔2018〕91 号）	推进大宗货物运输"公转铁、公转水"作为主攻方向，力争通过 3 年时间，沿海港口大宗货物公路运输量减少 4.4 亿吨。
2019/9/1	发改委	《关于加快推进铁路专用线建设的指导意见》（发改基础〔2019〕1445 号）	进一步增加铁路货运量，迫切需要加快铁路专用线建设进度，实现铁路干线运输与重要港口、大型工矿企业、物流园区等的高效联通和无缝衔接。
2019/9/19	国务院	《交通强国建设纲要》（中发〔2019〕39 号）	优化运输结构，加快推进港口集疏运铁路、物流园区及大型工矿企业铁路专用线等"公转铁"重点项目建设，推进大宗货物及中长距离货物运输向铁路和水运有序转移。推动铁水、公铁、公水、空陆等联运发展，推广跨方式快速换装转运标准化设施设备，形成统一的多式联运标准和规则。
2020/6/2	发改委、交通运输部	《关于进一步降低物流成本的实施意见》（国办发〔2020〕10 号）	中央和地方财政加大对铁路专用线、多式联运场站等物流设施建设的资金支持力度，研究制定铁路专用线进港口设计规范，促进铁路专用线进港口、进大型工矿企业、进物流枢纽。持续推进长江航道整治工程和三峡翻坝综合转运体系建设，进一步提升长江等内河航运能力。加快推动大宗货物中长距离运输"公转铁""公转水"。
2021/2/24	国务院	《国家综合立体交通网规划纲要》	完善铁路、公路、水运、民航、邮政快递等基础设施网络，构建以铁路为主干，以公路为基础，水运、民航比较优势充分发挥的国家综合立体交通网。

日期	发布部门	文件名称	主要内容
2022/1/7	国务院	《推进多式联运发展优化调整运输结构工作方案（2021—2025年）》（国办发〔2021〕54号）	到2025年，多式联运发展水平明显提升，**基本形成大宗货物及集装箱中长距离运输以铁路和水路为主的发展格局。**

资料来源：兴业研究整理。

高铁和民航的普及影响公路客运量下行。2017—2020年我国铁路客运量同比增速分别为9.59%、9.28%、8.61%%、39.80%，其中高铁客运量占铁路客运总量的比例分别为56.82%、60.87%、64.43%、70.66%；民航客运量同比增速分别为13.03%、10.60%、8.19%%、36.69%；而同期公路客运量处于持续下行状态，同比下降幅度分别为5.57%、6.30%、4.68%、47.02%，即便是疫情期间，相对安全的公路，其客运量仍然较铁路和民航下降幅度要大。考虑到疫情对2020年客运的扰动，以2019年数据来看，公路、铁路、水运、民航客运量占总量的比例分别为73.91%、20.79%、1.55%和3.75%，较2017年公路客运量占比下浮489个百分点，后三者占比分别上升411个百分点、

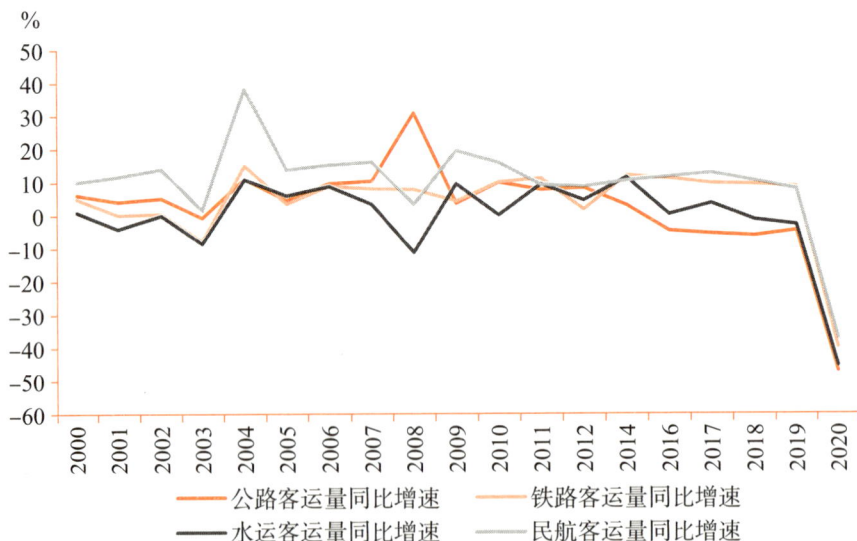

图1-61 我国公路、铁路、水路、航空客运量同比增速变化

注：2013年和2015年统计口径发生了变化，故删除了这两年的同比增速数据
资料来源：Wind，兴业研究。

2个百分点、77个百分点，2020年公路客运量占比进一步下滑，其他客运量占比均有所上升。

对于特定的收费公路基础设施项目而言，除上述因素影响外，其运量下行还受周边公路路网持续完善影响。周边新增公路或铁路，通行车辆有了更优出行方案，对特定收费公路基础设施项目运量的下行影响短期内会很明显。

（二）通行费收入：收费价格长期不变，区域差异明显，下行风险来源于通行量下降

各省、自治区、直辖市根据公路技术登记、投资回报和当地物价指数自行确定收费公路价格。根据《收费公路管理条例》，"（一）政府还贷公路的收费标准，由省、自治区、直辖市人民政府交通主管部门会同同级价格主管部门、财政部门审核后，报本级人民政府审查批准。（二）经营性公路的收费标准，由省、自治区、直辖市人民政府交通主管部门会同同级价格主管部门审核后，报本级人民政府审查批准"，"车辆通行费的收费标准，应当根据公路的技术等级、投资总额、当地物价指数、偿还贷款或者有偿集资款的期限和收回投资的期限以及交通量等因素计算确定"。按照2021年6月2日交通运输部、国家发展改革委、财政部联合印发的《全面推广高速公路差异化收费实施方案》（交公路函〔2021〕228号）中的要求，全面推广分路段、分车型（类）、分时段、分出入口、分方向、分支付方式的差异化收费。

目前很多收费公路普遍做到了差异化收费，且收费价格确定后普遍保持不变，如北京京平高速第1—5类价格不同，于2008年6月21日确定收费价格后再无变化；辽宁高速公路第1—5类价格也不同，于2009年4月10日初次确定价格，并于2016年7月1日进行了二次确定，两次价格保持不变。其他区域、路段的收费公路也呈现了上述特点。

受区域通行量和收费价格差异影响，收费公路每公里通行费收入指标表现出区域分化，区域经济较好的地区，该指标高。

元/公里

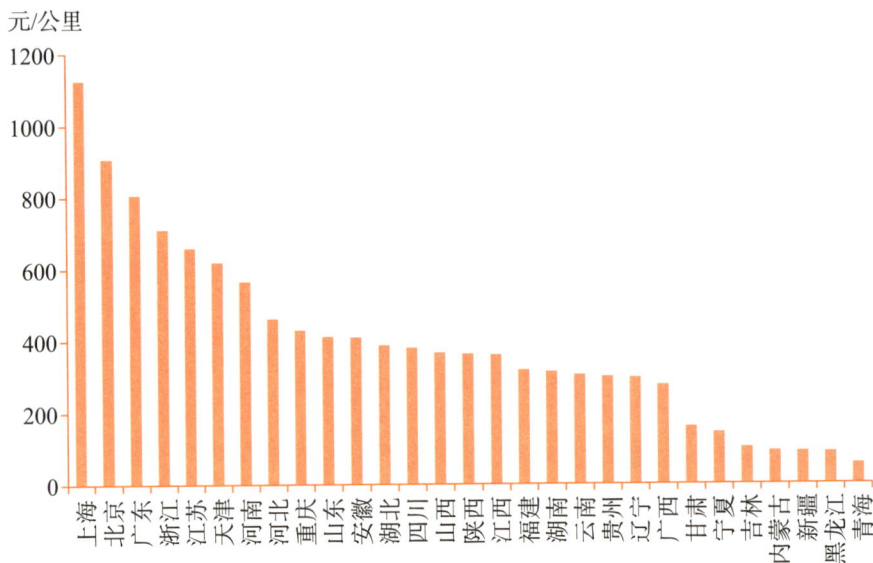

图1-62　我国各省市2019年收费公路每公里通行费收入

资料来源：Wind，兴业研究。

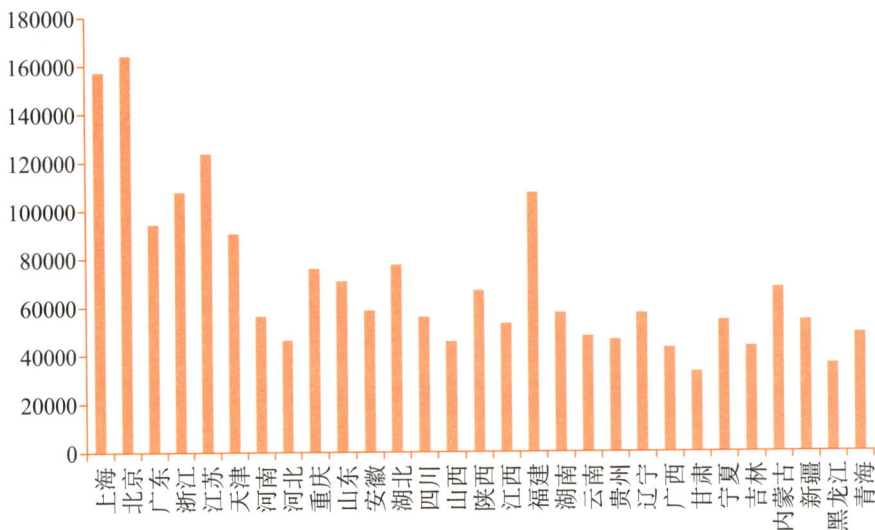

图1-63　我国各省市2019年人均GDP

资料来源：Wind，兴业研究。

基于此，高速公路公募REITs基础设施项目的收费价格下行可能性不大，其通行费收入受通行量影响明显。

与收费高速公路类似的还有电厂，火电厂在碳中和背景下存在实际发电小时低于预期的风险，新能源电厂也存在受天气等因素的影响而实际发电量不及预期的风险。

（三）养护运营成本占比：下行风险来源于居民收入和PPI攀升

收费公路的支出包括还本付息、养护支出、改扩建工程支出、运营管理支出、税费支出，其中养护支出和运营管理支出是公募REITs特定收费公路项目影响现金流的重要因素。

受收费公路里程和通行量影响，收费公路养护运营成本在不断攀升。养护运营成本占通行费收入的比重有所波动，2013—2019年该指标在24.47%—27.27%之间波动。由于公路的养护运营成本主要来源于用工成本和相关机器设备购买支出，因此养护运营成本占通行费收入比例变化趋势与城镇居民收入变化和PPI同比增速变化趋势相似，但略有滞后。

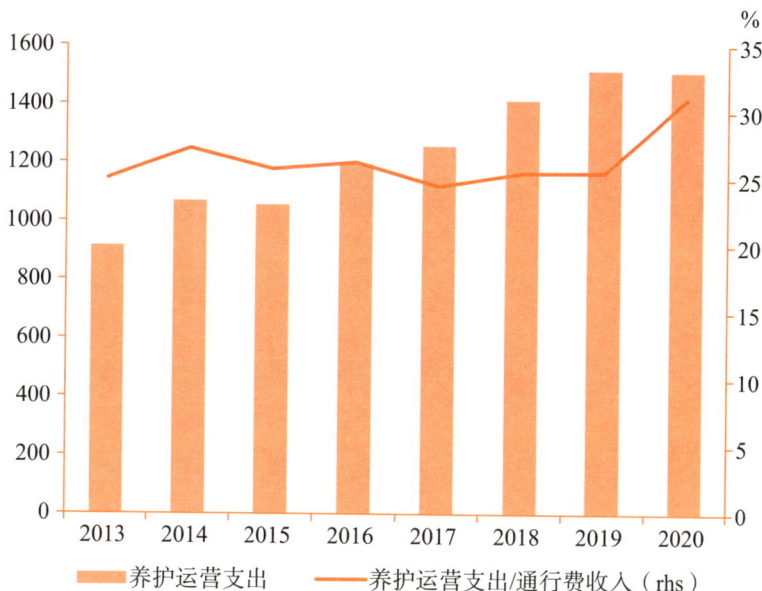

图1-64　我国收费公路养护运营支出和其占通行费收入的比例

资料来源：Wind，兴业研究。

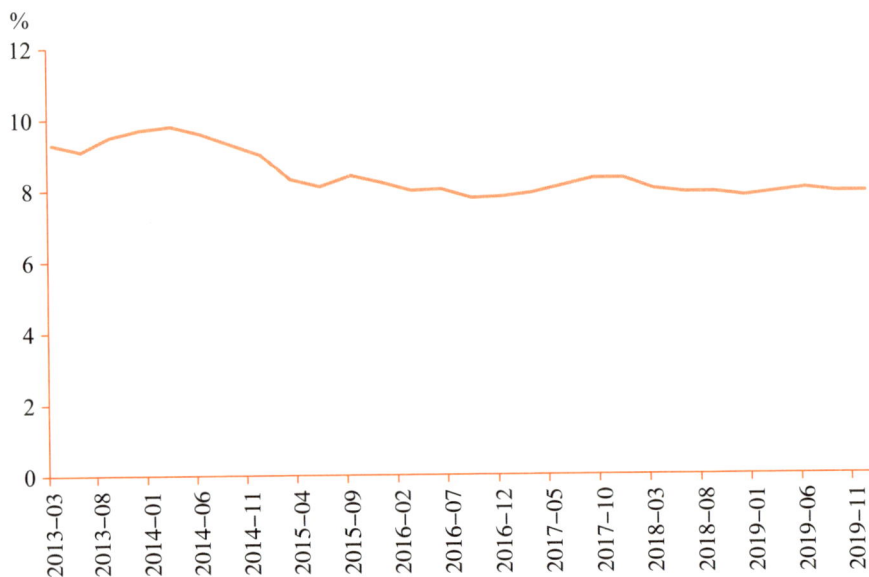

图 1-65　我国城镇居民可支配收入同比增速

资料来源：Wind，兴业研究。

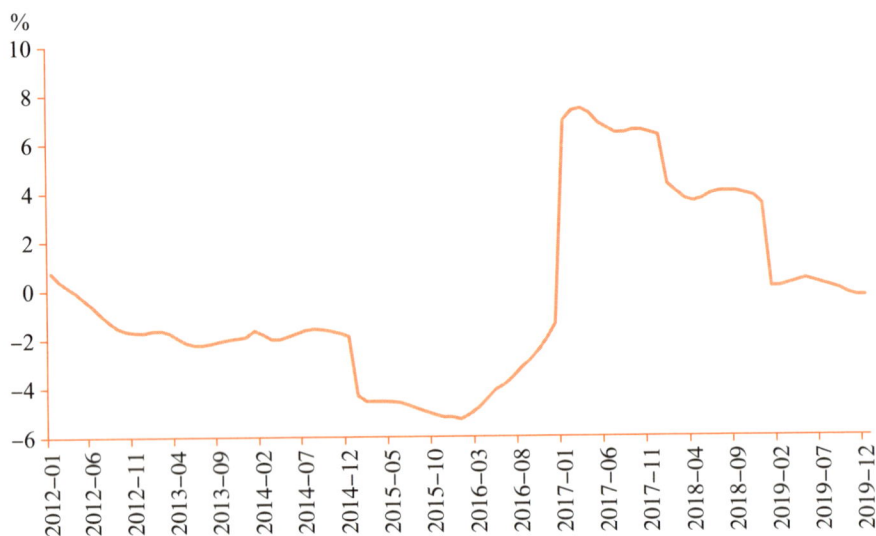

图 1-66　我国 PPI 同比增速

资料来源：Wind，兴业研究。

三、公用设施类运营下行风险

（一）供给量和处理量：下行风险来源于区域经济下行和人口下降

以供水、供电、供气、垃圾处理和污水处理为主的特许经营权基础设施项目，主要客户来源于特定区域内的企业和居民，对于公募REITs来说，当前及未来很长时间内将会选择经济发展较好区域的一二线重点城市相关项目。

截至2020年末，我国城市供水、燃气普及率分别为98.99%和97.87%，城市污水、生活垃圾处理率分别为97.53%和99.92%，较2003年有明显的提升，已接近全普及和全处理状态，未来依靠提高普及率和处理率提升公用事业类基础设施项目的产能利用率的可能性不大。

表1-55　城市公用事业普及率和处理率相关数据

指标	2003 年	2010 年	2020 年
城市供水普及率	86.15%	96.68%	98.99%
城市燃气普及率	76.74%	92.04%	97.87%
城市生活垃圾处理率	—	90.72%	99.92%
城市污水处理率	42.39%	82.31%	97.53%

资料来源：Wind，兴业研究。

从供水、供电、供气、垃圾处理和污水处理的供给量和处理量同比增速来看，由于存在普及率＆处理率提高，其同比增速的边际变化在前期超过了GDP同比增速和人口增速的边际变化。2015年以后随着公用事业普及率＆处理率边际提升下降，其同比增速与GDP和城市人口的同比增速存在较为一致的趋势变化，2020年在GDP同比增速下行时，除城市污水处理量增速略有上行外，其他各项供应量和处理量同比增速均有不同程度的下滑。未来特许经营权基础设施项目所处区域经济及人口下行将会导致其水电燃气供应量和垃圾＆污水处理量增幅的下滑。

除此之外，公募REITs基础设施项目的特许经营区域内新建其他同类项目，但未纳入特定公募REITs特许经营权内，对特许经营权项目的产能挖掘和利用也会带来负面影响。

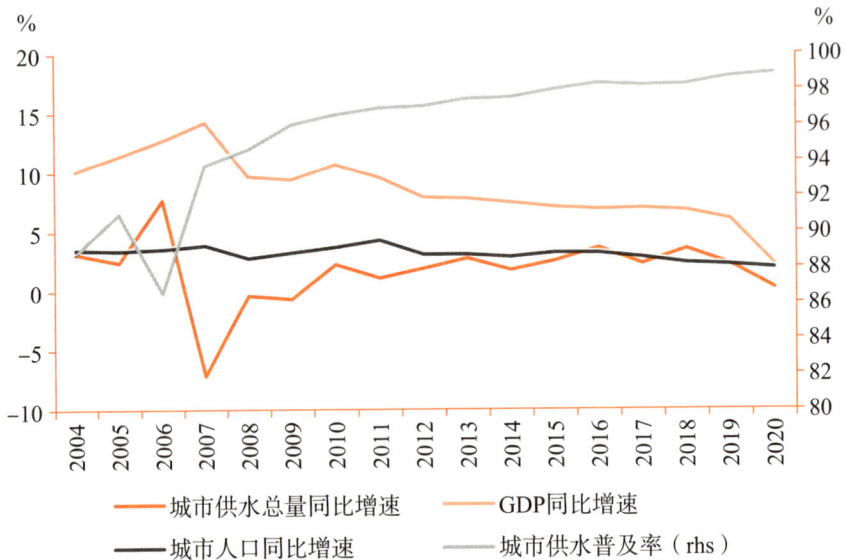

图1-67　我国城市供水量同比增速与相关指标

资料来源：Wind，兴业研究。

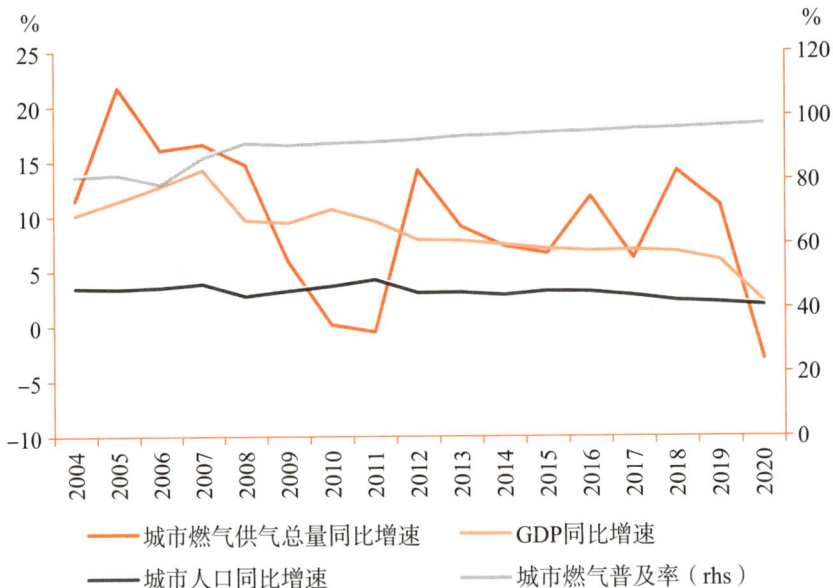

图1-68　我国城市燃气供应量同比增速与相关指标

注：由于液化石油气单位与天然气和人工煤气的单位不同，本文仅采用天然气+人工煤气作为燃气供应量口径

资料来源：Wind，兴业研究。

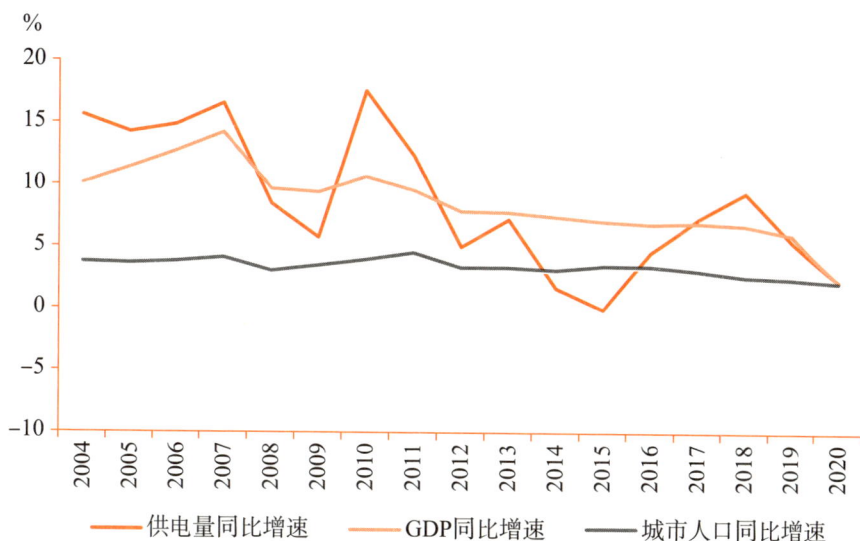

图1-69　我国供电量同比增速与相关指标

资料来源：Wind，兴业研究。

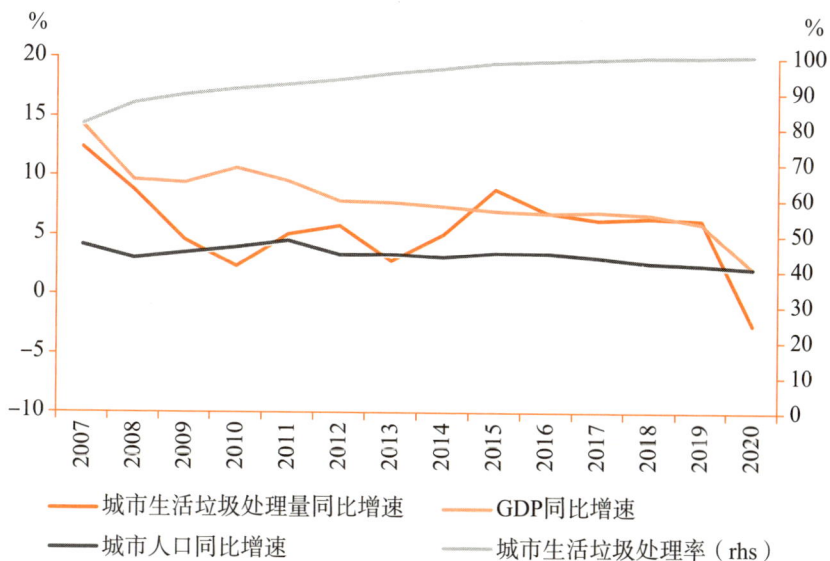

图1-70　我国城市生活垃圾处理量同比增速与相关指标

资料来源：Wind，兴业研究。

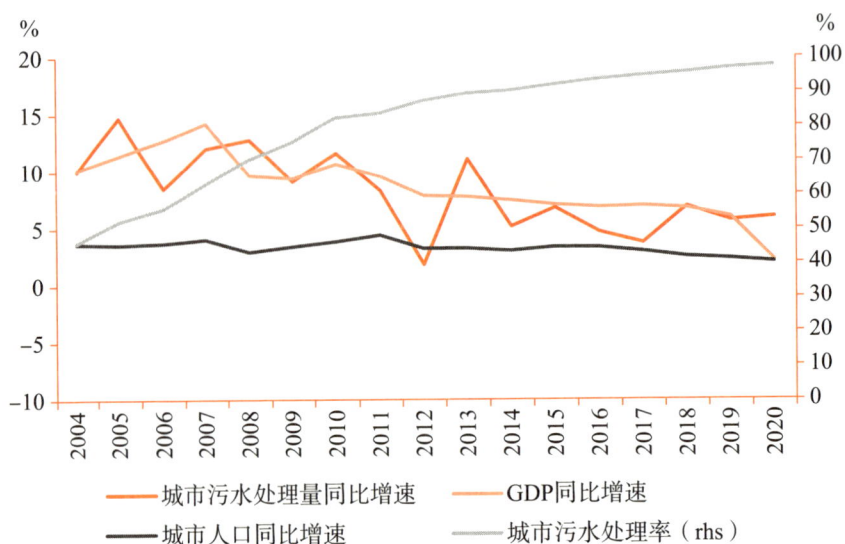

图1-71　我国城市污水处理量同比增速与相关指标

资料来源：Wind，兴业研究。

（二）"成本＋合理收益" 确定利润空间，下行风险来源于成本攀升

2020年12月23日国务院办公厅转发国家发展改革委等部门《关于清理规范城镇供水供电供气供暖行业收费促进行业高质量发展意见的通知》（国办函〔2020〕129号），要求，"坚决清理取消各种形式的不合理收费，提供产品和服务的合理成本主要通过价格得到补偿"，取消服务企业及其所属或委托的安装工程公司在用水用电用气等报装工程验收接入环节向用户收取的各种名目的收费，纳入企业运营成本。

供水价格方面，"城镇供水价格应纳入地方定价目录，实行政府定价或政府指导价。加快建立健全以'准许成本加合理收益'为基础"。电价方面，"平稳推进上网电价机制改革，有序放开各类电源上网电价，完善跨省跨区电力价格市场化形成机制"。配气价格方面，"城镇配气价格应纳入地方定价目录，实行政府定价或政府指导价"。

2018年7月2日国家发改委发布的《关于创新和完善促进绿色发展价格机制的意见》（发改价格规〔2018〕943号）要求，"出台支持燃煤机组超低排放改造、北方地区清洁供暖价格政策，对高耗能、高污染、产能严重过剩行业用电实行差别化电价政策，全面推行居民用电、用水、用气阶梯价格制度，完善水资源费、污水处理费、垃圾处理费政策"。

污水处理方面，"加快构建覆盖污水处理和污泥处置成本并合理盈利的价格机制，推进污水处理服务费形成市场化，逐步实现城镇污水处理费基本覆盖服务费用"；垃圾处理方面，"全面建立覆盖成本并合理盈利的固体废物处理收费机制，加快建立有利于促进垃圾分类和减量化、资源化、无害化处理的激励约束机制"。

综合上述政策来看，我国供水、供气、污水处理和垃圾处理等的收费普遍采用"成本+合理收益"的模式，而供电在用电端和上网电价端有所不同，上网电价要逐渐推进跨省市市场化机制。使用终端采用阶梯价格制度，并针对不同行业采取差异化定价，如对高耗能、高污染、产能严重过剩行业用电实行差别化电价政策。

从长期数据来看，随着经济扩容、居民消费支出水平提高，公用设施类项目价格整体呈稳定上升态势，但偶尔会出现阶段性价格下跌，比如2020年为减轻疫情冲击之下的企业负担，国家要求下调电费，同时涉及普通居民的水电煤气等公用事业定价的上调通常因面临巨大压力而长期保持不变。因此，相较于其他行业的周期性波动和CPI、居民消费支出同比增速的波动，公用设施类项目整体稳定性强。2018年以后，居民用水价格同比增幅在0.44%—4.11%区间，居民污水处理价格同比增速在0—4.30%区间，居民用电价格没有变化，管道天然气价格同比增速在−1.14%—3.56%区间。在PPI大涨特别是水电煤气成本大涨的背景下，如果终端定价无法调整，此类企业的盈利水平将会受到负面影响。

公用设施类项目的成本端包括原材料、机器设备更新以及用工成本，运营成本与PPI和居民可支配收入关联性较高，供电项目和供气项目成本端受煤炭价格、天然气市场价格影响较大，上述成本要素的波动幅度长期来看高于公用设施类项目的价格波动，在成本攀升时实际盈利空间存在收窄风险。

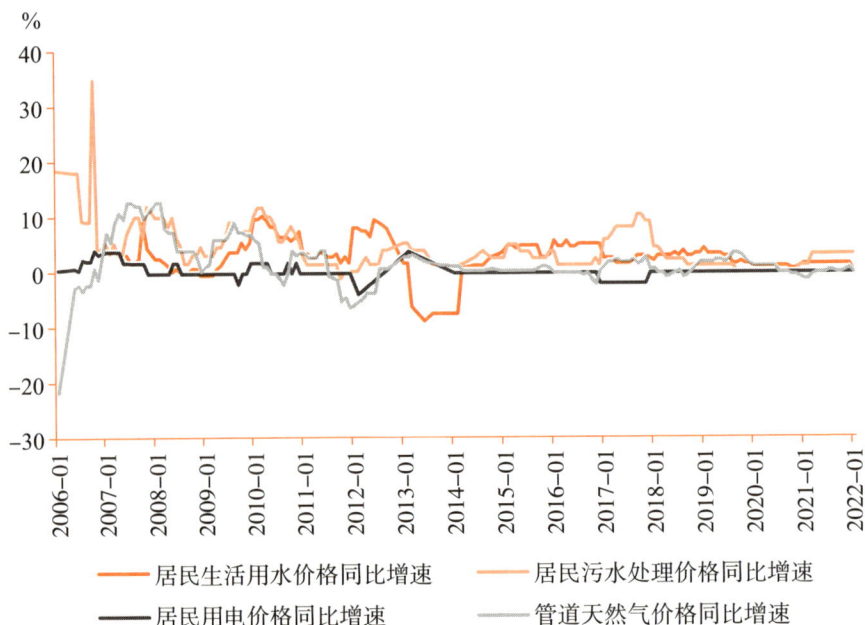

图1-72 我国公用设施类价格同比增速

资料来源：Wind，兴业研究。

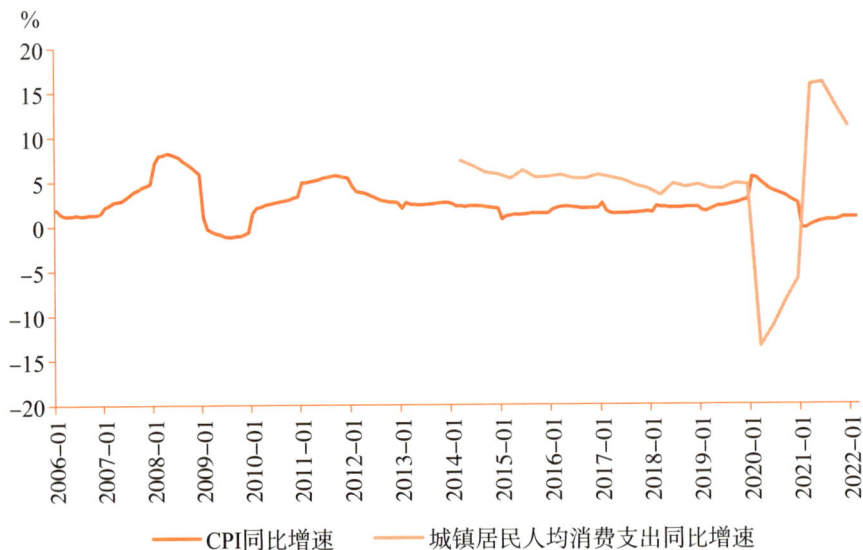

图1-73 我国CPI和城镇居民人均消费支出同比增速

资料来源：Wind，兴业研究。

图1-74　我国煤炭、天然气价格同比增速

资料来源：Wind，兴业研究。

第二章

实　务　与　市　场

商业银行可参与公募REITs哪些环节？

　　公募REITs政策支持力度大、发行空间广阔，商业银行及时深度参与公募REITs业务，既是响应国家政策对公募REITs赋能，又是探索自身创新业务的好机会。为此，本节梳理了公募REITs发行投资的相关环节及实务操作，发现商业银行及其下属子公司可在基金管理及运营、基金托管和账户服务、一二级投资、贷款服务、场外销售等多方面联动参与公募REITs，多维度整合商业银行资源服务基础设施项目拥有量最多的地方政府，切实降低地方政府杠杆压力，深化银证合作。

○ ○ ○ ●

一、投行业务

（一）基金子公司以基金管理人参与RETIs基金管理和运营

　　公募REITs作为契约型基金产品，采用"公募基金+专项计划+项目公司"的嵌套结构。基金管理人负责对基础设施项目进行全面的尽职调查，聘请符合规定的专业机构提供评估、法律、审计等专业服务，与基础设施资产支持证券管理人协商确定基础设施资产支持证券设立、发行等相关事宜，确保基金注册、份额发售、投资运作与资产支持证券设立、发行之间有效衔接；资产支持证券管理人负责配合设立、发行基础设施资产支持证券。按照2020年8月7日证监会发布的《公开募集基础设施证券投资基金指引（试行）》（证监会公告〔2020〕54号）（以下简称《试行指引》），"基础设施基金成立后，基金管理人应当将80%以上基金资产投资于与其存在实际控制关系或受同一控制人控制的管理人设立发行的基础设施资产支持证券全部份额",即REITs基金管理人与资产支持证券管理人系"实际控制关系或受同一实际控制人控制"。

《试行指引》规定基金管理人除满足基本的合规要求外,要求成立满3年;设置独立的基础设施基金投资管理部门,配备不少于3名具有5年以上基础设施项目运营或基础设施项目投资管理经验的主要负责人员,其中至少2名具备5年以上基础设施项目运营经验;具备健全有效的基础设施基金投资管理、项目运营、内部控制与风险管理制度和流程;基金管理人或其同一控制下的关联方应当具有不动产研究经验等。

我国可担任公募REITs管理人的金融机构需具备证监会批准的公募基金牌照,截至目前共计160家,以基金公司为主,以证券公司、券商资管、保险资管为辅,其中成立超过3年的有143家,银行系有15家。按照2014年11月21日证监会发布的《证券公司及基金管理公司子公司资产证券化业务管理规定》(证监会公告〔2014〕49号),基础设施资产支持证券管理人应为证券公司及基金管理子公司。从目前已上市的11单公募REITs来看,基金管理人涉及10家基金公司,仅1家券商资管,而银行系基金管理人仅1家,基金管理人和资产支持证券管理人均满足"实际控制关系或受同一实际控制人控制"的要求。

表2-1 公募REITs基金管理人与资产支持证券管理人明细

公募REITs	基金管理人	资产支持证券管理人	财务顾问
博时蛇口产园REIT	博时基金管理有限公司	博时资本管理有限公司	中信证券股份有限公司,招商证券股份有限公司
红土盐田港REIT	红土创新基金管理有限公司	红土资产管理有限公司	国信证券股份有限公司
中航首钢绿能REIT	中航基金管理有限公司	中航证券有限公司	华泰联合证券有限责任公司
华安张江光大REIT	华安基金管理有限公司	上海国泰君安证券资产管理有限公司	国泰君安证券股份有限公司

公募 REITs	基金管理人	资产支持证券管理人	财务顾问
浙商沪杭甬 REIT	浙江浙商证券资产管理有限公司	浙江浙商证券资产管理有限公司	中国国际金融股份有限公司
富国首创水务 REIT	富国基金管理有限公司	富国资产管理（上海）有限公司	光大证券股份有限公司
东吴苏园产业 REIT	东吴基金管理有限公司	东吴证券股份有限公司	
平安广州广河 REIT	平安基金管理有限公司	平安证券股份有限公司	平安证券股份有限公司
华夏越秀高速 REIT	华夏基金管理有限公司	中信证券股份有限公司	中信证券股份有限公司
中金普洛斯 REIT	中金基金管理有限公司	中国国际金融股份有限公司	中国国际金融股份有限公司
建信中关村 REIT	建信基金管理有限责任公司	建信资本管理有限责任公司	中信证券股份有限公司

注：红色字体为银行系基金管理人

资料来源：募集说明书，兴业研究。

表2-2　银行系基金管理人明细

银行系基金管理人	成立时间	参股商业银行	持股比例
招商基金管理有限公司	2002/12/27	招商银行	55.00%
中银基金管理有限公司	2004/8/12	中国银行	83.50%
工银瑞信基金管理有限公司	2005/6/21	工商银行	80.00%
交银施罗德基金管理有限公司	2005/8/4	交通银行	65.00%
建信基金管理有限责任公司	2005/9/19	建设银行	65.00%
中欧基金管理有限公司	2006/7/19	意大利意联银行	25.00%
浦银安盛基金管理有限公司	2007/8/5	浦发银行	51.00%
农银汇理基金管理有限公司	2008/3/18	农业银行	51.67%
民生加银基金管理有限公司	2008/11/3	民生银行	63.33%
		加拿大皇家银行	30.00%
恒生前海基金管理有限公司	2016/7/1	恒生银行	70.00%

续表

银行系基金管理人	成立时间	参股商业银行	持股比例
中加基金管理有限公司	2013/3/27	北京银行	44.00%
		加拿大丰业银行	28.00%
兴业基金管理有限公司	2013/4/17	兴业银行	90.00%
上银基金管理有限公司	2013/8/30	上海银行	90.00%
鑫元基金管理有限公司	2013/8/29	南京银行	80.00%
永赢基金管理有限公司	2013/11/7	宁波银行	71.49%
		新加坡华侨银行	28.51%

资料来源：Wind，兴业研究。

（二）以财务顾问参与投行业务

尽管基金管理人负有REITs基金发行过程中的投行义务，但其强项业务为投资业务，并非投行业务，因此《试行指引》中也提出，必要时可以聘请财务顾问开展尽职调查，并规定"基金管理人或其关联方与原始权益人存在关联关系，或享有基础设施项目权益时，应当聘请第三方财务顾问独立开展尽职调查，并出具财务顾问报告"，"财务顾问应当由取得保荐业务资格的证券公司担任"。从已发行的公募REITs财务顾问和资产支持证券管理人花落头部证券公司来看，**证券公司作为市场上最具创新性和产品设计能力的投行机构，在公募REITs发行过程中主导地位明显。**

商业银行手握大量企业客户资源，可通过旗下持有公募基金管理牌照的子公司和取得保荐业务资格的证券公司、依托母行客户资源开展公募REITs投行业务，作为基金管理人、资产支持证券管理人、财务顾问参与公募REITs发行环节。由于是嵌套结构，且基金管理人和资产支持证券管理人需满足"实际控制关系或受同一实际控制人控制"的要求，在中标基金管理人的同时，亦获取了资产支持证券管理人业务。

二、托管和监管业务

（一）托管业务

公募REITs在基金层面和资产支持证券层面均需要商业银行提供托管服务。

根据《试行指引》，"基础设施基金托管人与基础设施资产支持证券托管人应当为同一人"。从目前已上市的11单公募REITs来看，其基金托管人和资产支持证券托管人均为同一家商业银行，其中招商银行作为托管人的公募REITs共计7单，占绝对比例。

表2-3 公募REITs基金托管人与资产支持证券托管人明细

	基金托管人	资产支持证券托管人
博时蛇口产园 REIT	招商银行股份有限公司	招商银行深圳分行
红土盐田港 REIT	招商银行股份有限公司	招商银行股份有限公司深圳分行
中航首钢绿能 REIT	招商银行股份有限公司	招商银行股份有限公司北京分行
华安张江光大 REIT	招商银行股份有限公司	招商银行股份有限公司上海分行
浙商沪杭甬 REIT	招商银行股份有限公司	招商银行股份有限公司杭州分行
富国首创水务 REIT	招商银行股份有限公司	招商银行股份有限公司北京分行
东吴苏园产业 REIT	招商银行股份有限公司	招商银行股份有限公司苏州分行
平安广州广河 REIT	中国工商银行股份有限公司	中国工商银行股份有限公司广州分行
华夏越秀高速 REIT	中信银行股份有限公司	中信银行广州分行
中金普洛斯 REIT	兴业银行股份有限公司	兴业银行对资产支持证券托管业务采用由总分行共同完成托管职责的托管运营模式
建信中关村 REIT	交通银行股份有限公司	交通银行股份有限公司北京市分行

资料来源：募集说明书，兴业研究。

在托管协议和收费方面，普遍来说，由公募REITs基金管理人代替REITs

基金、由资产支持证券管理人代替资产支持证券专项计划，分别与托管人签署《基金托管协议》和《资产支持证券托管协议》，委托托管人管理基金账户和资产支持证券账户，执行 REITs 基金管理人和资产支持证券管理人的划款指令、负责办理 RETIs 基金和资产支持证券名下的资金往来，而托管人有权按照上述托管协议约定收取托管费。由于 REITs 基金管理人与资产支持证券管理人系实际控制关系或受同一实际控制人控制，因此亦有实务案例显示，由 REITs 基金管理人与托管人签署一揽子托管服务协议，采用统一口径付费。

较 ABS 或其他单一结构下的融资产品，公募 REITs 基金管理人&资产支持证券管理、托管服务均涉及两层结构，合计费率高；公募 REITs 封闭式运作，期限长，单一体量规模大；在上述机构合规合法运营、认真履责的情况下，一般不会更换；上述服务以规模为基础基数进行收费，营销性价比高。

值得注意的是，公募 REITs 的基金托管人与基金管理人不得为同一机构，也不得相互出资或者持有股份，商业银行旗下基金公司若作为管理人参与公募 REITs 的发行，则该商业银行不可同时作为基金托管人。

（二）监管业务

公募 REITs 在基础设施项目公司层面需要商业银行提供账户监管服务。但由于项目公司在进行公募 REITs 上市前普遍已有收款账户，变更收款账户需要告知交易对手方，甚至需要就账户变更重新签署合同，手续繁琐，因此实务中普遍就项目公司当前使用账户进行监管，不再另行聘用监管银行。若项目公司是为公募 REITs 上市发行在资产重组过程中新设立的，那么其收款账户亦需重新开立，此时商业银行可在这一环节作为监管银行参与业务。

三、贷款业务

公募 REITs 可以 REITs 基金作为借款人直接对外借款，也可以是其间接持有的各个基础设施项目公司分别对外借款。前者和 REITs 募投资金共同持有资产支持证券，现金流分配时，项目公司的所有可供分配现金流通过资产支持证券分配后先行分配偿还对外借款的本息，再进行投资者分红；后者体现为基础设施项目公司的对外借款，REITs基金合并报表中将对外借款纳入合并范围，亦需要满足对外借款相关比例要求，现金流分配时，相关项目公司的可供分配现金流先偿还对外借款的本息，再分配给资产支持证券，进而进行REITs投资者分红，需要注意的是，若公募REITs持有多个项目公司，每个项目公司的对外借款情况可不同。

公募REITs对外借款需要满足《试行指引》的相关规定，"基础设施基金直接或间接对外借入款项，应当遵循基金份额持有人利益优先原则，不得依赖外部增信，借款用途限于基础设施项目日常运营、维修改造、项目收购等，且基金总资产不得超过基金净资产的140%"，用于基础设施项目收购的借款"不得超过基金净资产的20%"。

（一）并购贷款

公募REITs用于基础设施项目公司股权并购的对外贷款可以发生在发行阶段，也可以发生在运营期收购新基础设施项目环节。目前已上市发行的11单公募REITs中，仅博时蛇口产园REIT在发行阶段项目公司股权收购环节引入了对外借款，且REITs间接持有的两个项目公司中仅一个引入了对外借款。

以博时蛇口产园REIT为例，据其募集说明书披露，在REITs基金持有100%资产支持证券，资产支持专项计划取得SPV（万融）、SPV（万海）股权后，两家SPV公司在收购两家基础设施项目股权过程中，SPV（万海）通过向招商银行借入3.00亿元并购贷款用于支付项目公司（万海）的股权转让价款，并由SPV（万海）持有的对应项目公司（万海）股权、项目公司（万海）持有的基础设施项目及项目公司（万海）对基础设施项目的应收租金为这一借款提供股权质押、不动产抵押及应收账款质押。完成SPV公司对项目公司的股权收购后，再进行项目公司对SPV公司的反向吸并，前述贷款合同项下的贷款债务由吸收合并SPV（万海）的项目公司（万海）承继，项目公司（万海）按照计划分期归还贷款本金和/或利息。该并购贷款期限为5年，

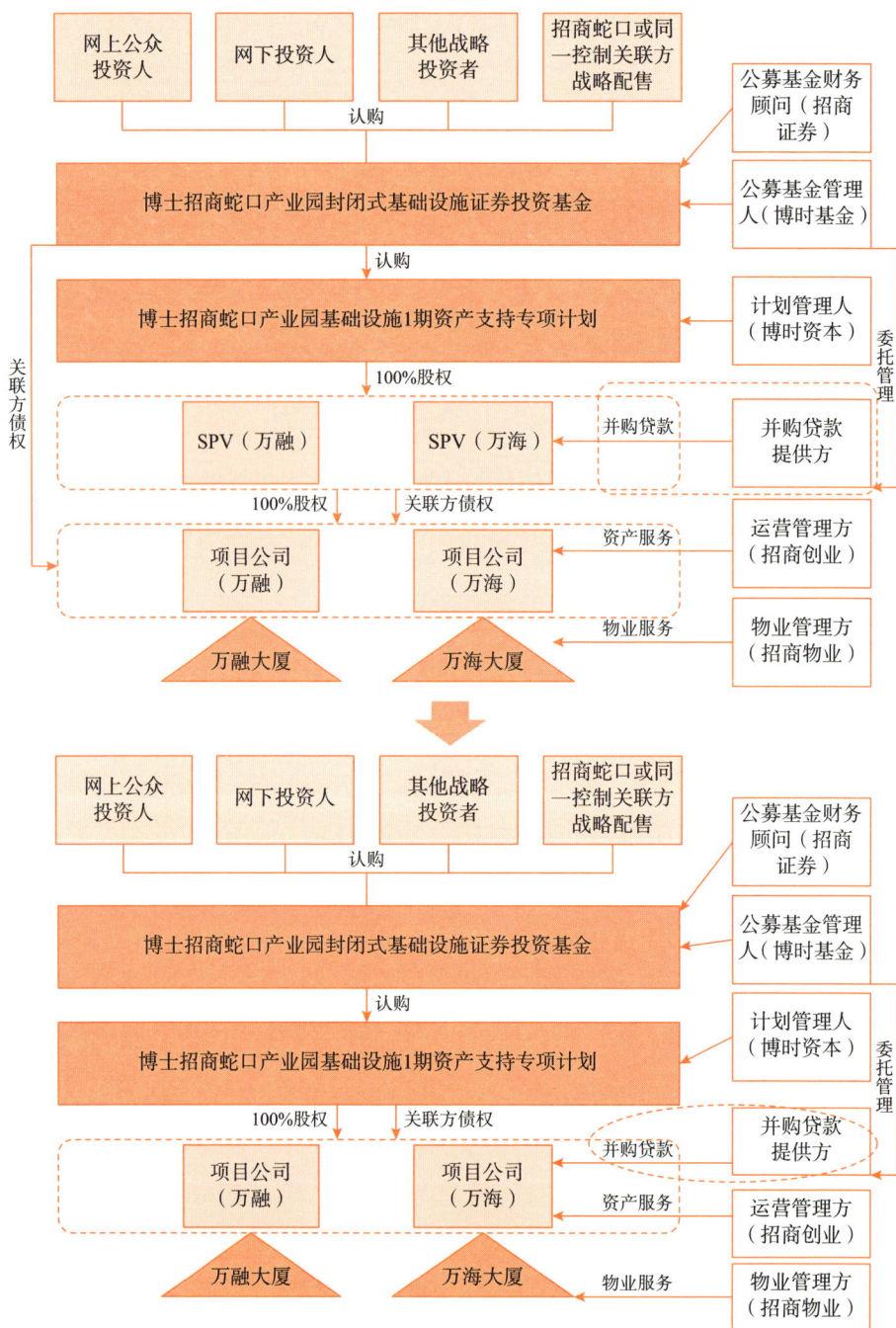

图2-1 博时蛇口产园REIT基金整体构架

资料来源：募集说明书，兴业研究。

于第3、4年偿还本金的1%，第5年偿还本金的98%，本金偿还来源安排包括：（1）延长贷款期限；（2）引入其他贷款；（3）扩募；（4）极端情况下，出售基础设施项目。由于基础设施项目的运营现金流相对稳定，当前对REITs基金的杠杆使用限制严苛，因此项目公司信用风险并不高。但博时蛇口产园REIT对外借款剩余98%的本金偿还依赖再融资而非自有现金流，主要是因为其本金集中兑付压力过高，而非项目公司自有现金流不足。招商银行尽管仅发放了5年期贷款，但未安排本金分期偿付，应该是出于对长期限贷款利率变动考量且后期续贷合作意愿很高所致。商业银行可根据贷款收益和对REITs基金/项目公司的信用判断来约定期限和本金偿还方式。

公募REITs运营期用于项目收购的对外借款，最大可能仍然是发生在待收购基础设施项目的项目公司层面，待收购完成后，成为新增项目公司的对外借款，其流程与发行阶段的项目公司股权并购贷款相近。

（二）置换贷款

无论在发行阶段还是运营阶段，若公募REITs基础设施项目公司存在存量债务，商业银行均可为其提供贷款服务提前偿还或到期偿还。商业银行为公募REITs提供置换贷款服务可以分为以下两种情形。

第一，直接为项目公司提供长期置换贷款，形成公募REITs运营期内的对外借款。

以建信中关村REIT为例，据其募集说明书披露，在REITs基金项下的专项计划设立后，交通银行向基础设施项目公司中发展壹号公司发放了4.61亿元的贷款，用于偿还该项目公司对原间接控股股东中发展集团的存量债务，该置换贷款由基础设施项目提供抵押，期限15年，其本金偿付安排较为分散，其中前1—6年本金偿付金额分别为0.005亿元、0.005亿元、0.01亿元、0.01亿元、0.015亿元、0.015亿元，金额很小，第7年后的本金偿付金额有所增加，届时会对可供分配现金流产生一定压力。需要注意的是，发行阶段普遍构建项目公司的存量债务，并由募集资金通过专项计划间接发放给项目公司贷款予以置换，以达到REITs基金间接持有项目公司股权+债权的目的，而在建信中关村 REIT 中，在这个环节引入外部借款，商业银行持有了项目公司的债权。

除发行阶段外，若运营阶段存在大额债务集中兑付，如前文所述博时蛇口产园 REIT 中的并购贷款到期后一次性偿付 98% 的剩余本金，亦可为其提供置换贷款，但这种情况下，原存量债务的商业银行普遍具有业务先机。

第二，协助解除基础设施项目的抵质押权利负担，可形成 REITs 运营期内的对外借款，亦可仅作为过桥贷款临时使用。

公募 REITs 基础设施项目上要求应没有他项权利设定，不存在抵质押等情况，若存在，需安排解除措施。当前很多基础设施项目存在抵质押情况，不满足基础设施项目合规要求，且不满足公募 REITs 基金层面或项目公司层面的对外借款要求，需要进行解除基础设施项目的抵质押，方便进行基础设施项目资产重组，以符合公募 REITs 合规要求。

若存在基础设施项目公司作为借款人、以基础设施项目作为抵质押进行的贷款融资，商业银行可为其发放长期贷款，协助基础设施项目公司提前偿还该存量贷款，并形成其在 REITs 基金运营期内的对外借款，有一石二鸟之效果。以越秀高速 REIT 为例，在 REITs 基金成立前，基础设施项目公司汉孝公司原有的 2 笔合计 3.5 亿元余额的贷款中，将基础设施项目汉孝高速公路固定资产和 100% 收费权抵质押给招商银行广州富力中心支行，在该基金发行前已由中信银行广州分行向项目公司发放 3.5 亿元贷款，用以置换招商银行的 3.5 亿元贷款，并解除抵质押登记。REITs 基金发行后，项目公司保留了中信银行 3.5 亿元银行贷款。据募集说明书，该笔贷款期限 15 年，贷款利率为五年期的贷款市场报价利率（LPR）下浮 122bps，还款计划为：第 1—3 年，每年还本分别不少于贷款本金的 1%、2%、3%，第 4—7 年每年还本不少于贷款本金的 5%，第 8—14 年每年还本不少于贷款本金的 10%，第 15 年归还全部剩余贷款本息。每半年还本不少于 1 次。

若原始权益人作为借款人、以基础设施项目作为抵质押进行的贷款融资，商业银行可发放过桥贷款，协助原始权益人提前偿还附有基础设施项目抵质押的存量贷款，待 REITs 基金成功上市后，以募集资金偿还该笔过桥贷款。

图2-2 越秀高速REIT引入外部借款解除基础设施项目抵质押的结构

资料来源：募集说明书，兴业研究。

（三）运营贷款

公募REITs大额运营借款主要用于基础设施项目大型维修和改造升级。一般来说，该类借款主要发生在项目公司层面，尤其是在REITs基金持有多个项目公司的情况下。用于项目维修/改造升级的对外借款理论上会带来基础设施项目产能提升或运营成本下降，整体运营能力提升，未来产生的净现金流有所增加，增加部分应能覆盖借款本息，而非依赖外部融资或侵蚀投资者分红，同时抬升REITs基金价值，而由于REITs对外借款"不得依赖外部增信"，一旦项目维修/改造升级后，其现金流改善程度不及预期，会影响公募REITs分红收益和价格，严重者会影响贷款本息偿付，因此商业银行发放该类贷款时需要对项目维修/改造升级收益进行综合评估和现金流预测。

四、投资业务

（一）公募REITs发行阶段投资

公募REITs的投资者可以分为三类：战略投资者、网下投资者和公众投资者。根据《试行指引》，"基础设施项目原始权益人或其同一控制下的关联方以外的专业机构投资者可以参与基础设施基金份额战略配售"，商业银行及其理财子公司亦可以作为网下投资者参与基础设施基金份额配售。因此理论上看，商业银行及其理财子公司可以作为战略投资者、网下投资者、公众投资者多重身份参与发行阶段公募REITs投资，亦可在二级市场进行REITs

基金份额买卖。而在实务中，根据我国《商业银行资本管理办法》，商业银行自营资金投资公募REITs，其风险权重或可高达1250%，因此当前商业银行普遍以理财子公司参与公募REITs一二级市场投资。

表2-4　公募REITs投资者构成要求

投资者类型	投资者范围	比例要求	持有期限要求	商业银行理财子公司是否可参与
战略投资者	基础设施项目原始权益人或其同一控制下的关联方	≥ 20%	基金份额发售总量的20%持有期自上市之日起不少于60个月，超过20%部分持有期自上市之日起不少于36个月，基金份额持有期间不允许质押。	
	基础设施项目原始权益人或其同一控制下的关联方以外的专业机构投资者	—	持有基金份额期限自上市之日起不少于12个月。	可以
网下投资者	证券公司、基金管理公司、信托公司、财务公司、保险公司、合格境外机构投资者、商业银行及其理财子公司、符合规定的私募基金管理人以及其他中国证监会认可的专业机构投资者	≥（本次公开发售数量 - 战略投资者持有份额）*70%	—	可以
公众投资者	—	—	—	可以

资料来源：《试行指引》，兴业研究。

商业银行理财子公司作为网下投资者和公众投资者参与公募REITs投资的限制不大，不存在二级市场限售要求，但由于二者占比较低，参与认购资金体量较大，配售比例不高。前两批上市的公募REITs中，发售阶段网下投资者和公众投资者合计持股比例在21.03%—44.67%，网下投资者配售比例在1.83%—

25.95%，公众投资者配售比例更低，尤其是第二批公募REITs上市时，首批REITs的涨幅已很明显，市场投资者更为踊跃，配售比例非常低，华夏越秀高速REIT和建信中关村REIT的网下投资者配售比例分别低至2.60%和1.83%。

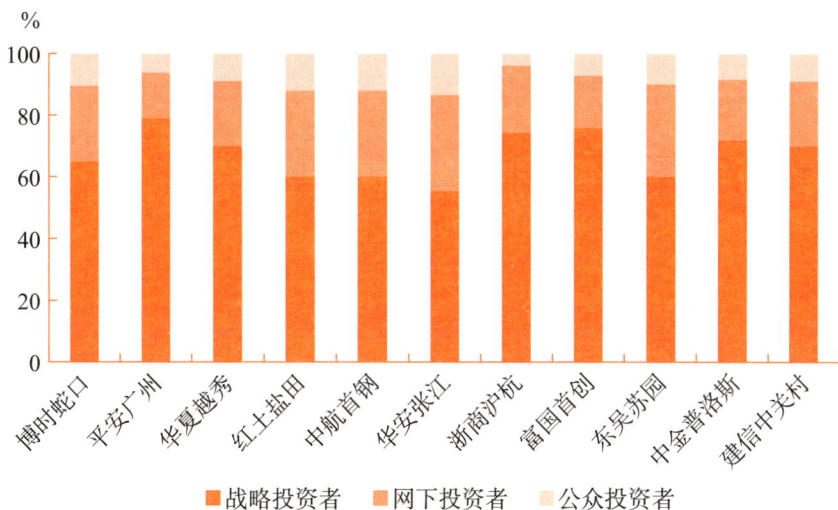

图2-3　前两批公募REITs投资者构成

资料来源：Wind，兴业研究。

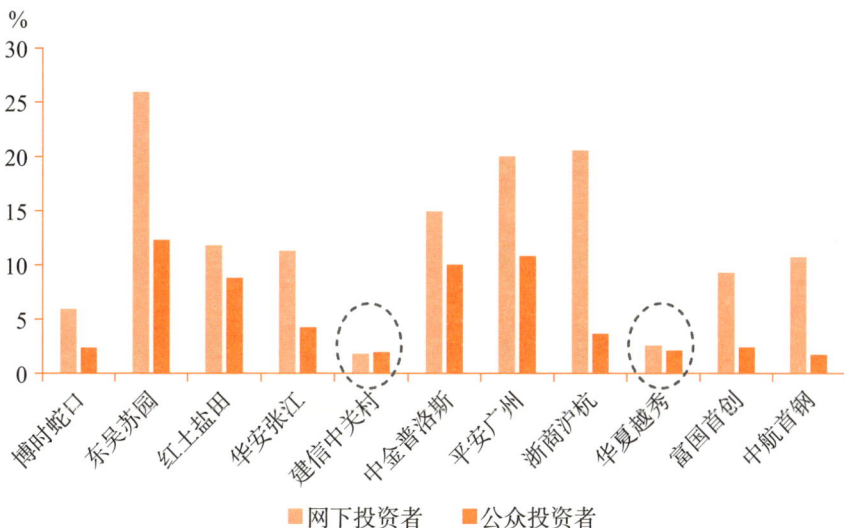

图2-4　前两批公募REITs网下投资者和公众投资者配售比例

资料来源：Wind，兴业研究。

因此有些商业银行理财子公司转而选择配售比例100%的战略投资参与公募REITs，但商业银行理财子公司作为基础设施项目原始权益人或其同一控制下的关联方以外的专业机构投资者，其持有基金份额期限自上市之日起应不少于12个月。截至2022年2月22日，Wind可查的商业银行理财子公司战略投资公募REITs的理财产品共计27只，包括直投和外委，初始战投金额在0.07亿元—2.10亿元，合计15.80亿元，涉及商业银行有光大银行、招商银行、工商银行、广州银行、中国银行和民生银行，其中光大银行战投参与度最高，初始战投金额高达6.16亿元。

表2-5　截至2022年2月22日商业银行理财子公司
战略投资公募REITs统计（亿元）

所涉商业银行	初始战投金额合计	涉及理财产品只数
光大银行	6.16	6
招商银行	3.58	7
工商银行	3.28	8
广州银行	1.18	1
中国银行	1.12	4
民生银行	0.49	1
总计	15.80	27

筛选方法：战略投资方限售明细中，剔除原始权益人或其同一控制下的关联方后，筛选出带有银行字样的资产管理计划。

资料来源：Wind，兴业研究。

（二）重视二级市场择时择券策略

商业银行理财子公司还可以参与公募REITs二级市场买卖。公募REITs总收益来源于分红收益和二级市场的资本利得。截至2022年2月23日，已进行分红的公募REITs有6只，叠加二级市场价格涨幅，上市的11只公募REITs总收益率处于7.45%—92.38%区间，收益可观，但差异化明显。2022年2月以后公募REITs价格高位回撤明显，价格波动是商业银行理财子公司在二级市场投资的主要风险，择时择券策略重要性凸显。

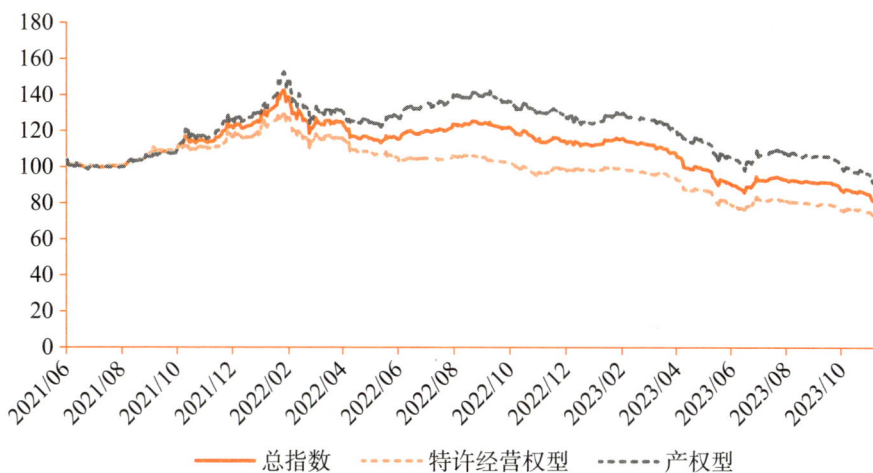

图2-5　CIB—REITs价格指数变化

资料来源：Wind，兴业研究。

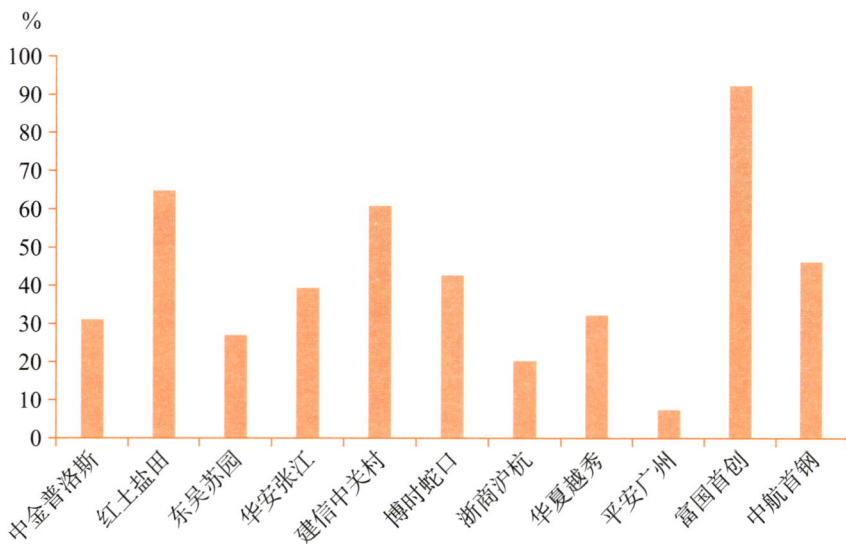

图2-6　前两批公募REITs截至2022年2月23日总收益率

资料来源：Wind，兴业研究。

五、其他可参与业务

（一）REITs基金代销业务

商业银行还可以参与公募REITs场外基金代销，在前两批上市的公募REITs发行过程中，有7家全国性商业银行和1家城市商业银行参与了其场外基金代销业务，其中招商银行和平安银行分别参与了5只和4只REITs基金的代销业务。

除商业银行以外，证券公司、基金公司等均可代销公募REITs；一只公募REITs同时会选择很多机构进行代销，已上市发行的11只公募REITs的代销机构，多则140家，少则98家，业务竞争激烈。

表2-6　参与代销公募REITs的商业银行明细

基金代销机构	代销RETIs基金只数
招商银行股份有限公司	5
平安银行股份有限公司	4
华夏银行股份有限公司	1
兴业银行股份有限公司	1
上海浦东发展银行股份有限公司	1
中国建设银行股份有限公司	1
交通银行股份有限公司	1
北京银行股份有限公司	1

资料来源：Wind，兴业研究。

（二）公募REITs回收资金再投资项目金融业务

按照2020年4月30日，发改委和证监会联合发布的《关于推进基础设施领域不动产投资信托基金（REITs）试点相关工作的通知》（证监发〔2020〕40号），"发起人（原始权益人）通过转让基础设施取得资金的用途应符合国家产业政策，鼓励将回收资金用于新的基础设施和公用事业建设，重点支持补短板项目，形成投资良性循环"，此后发改委多次发文均要求用好回收资金，形成良性循环。

我们统计了前两批上市的11只公募REITs原始权益人或其同一控制下的关联方以外的专业机构战略投资、网下投资、公众投资的净融资金额，共计229.84亿元。2022年1月29日，国家发改委官方微博表示，已上市的11只公募REITs共发售基金364亿元，其中用于新增投资的净回收资金约190亿元，可带动新项目总投资超过1900亿元。

公募REITs发起人投放新项目的过程中，对长期贷款等外部融资需求旺盛，商业银行可在后REITs周期持续跟踪发起人新项目投放过程中的资金需求，为其提供包括项目贷款在内的金融服务。

六、公募REITs备选项目来源

商业银行及其子公司参与公募REITs各环节业务的项目来源可有四种：

1.梳理当前各分支行机构和信托、证券、基金子公司在内投放的基础设施项目贷款、PPP项目贷款、基础设施项目非标业务，建立并跟踪基础设施项目投建进度和运营情况，挖掘基本符合公募REITs试点要求的项目进行储备。

2.可寻求类REITs项目中非商业地产类的包括住房租赁、仓储物流在内的项目进行公募REITs退出探讨。截至2022年2月，存续类REITs共计104单，发行规模2089.98亿元，其中公寓类、基础设施类和仓储物流类分别有14单、23单和6单。

表2-7　截至2022年2月存续期类REITs分类统计（亿元）

底层项目类型	单数	发行规模
公寓类	14	181.82
基础设施类	23	576.28
仓储物流类	6	97.78

底层项目类型	单数	发行规模
其他商业地产类	61	1234.1
合计	104	2089.98

资料来源：cnabs，兴业研究。

3.积极参与Pre—REITs相关项目，从项目立项、投建环节进行培育，培育期可参与基础设施项目的贷款投放，待其运营成熟后，协助其进行公募REITs上市发行，并参与其投行、投资、基金贷款、托管、代销等各环节业务。

4.通过地方政府挖掘备选公募REITs项目。很多基础设施项目并不在企业表内，产权隶属于各级地方政府、当地国资委或财政部门，尚未划拨至地方国资企业，可挖掘基本符合公募REITs试点要求的项目进行储备。但该类项目普遍存在合规性差的特点，需要重点解决项目的合规问题。

商业银行作为综合型的金融服务机构，分支机构众多、客户触角敏锐、金融牌照相对齐全，而公募REITs作为创新型金融产品，投融过程中涉及业务环节众多、专业金融服务要求较高，商业银行可从公募REITs项目培育阶段参与到上市后二级市场阶段及REITs后周期，从投行、投资、贷款、托管、代销等多环节联动深度挖掘公募REITs业务机会。

公募REITs实务中如何解决合规痛点问题？

2020年8月证监会在《公开募集基础设施证券投资基金指引（试行）》（证监会公告〔2020〕54号）中要求，基础设施公募REITs在申报过程中应就基础设施项目合法合规性、基础设施项目转让行为合法性、权属到期情况、处置安排做出说明。针对上述合规要求，本节盘点了前两批上市的11单公募REITs，梳理实务操作中备选基础设施项目可能存在的合规问题，并就合规问题探索合理快速的解决方案，以期为业务部门挖掘可证券化的基础设施项目、规避合规性风险提供参考方案。

一、基础设施项目是否满足试点范围要求

2020年4月30日，证监会、发改委联合发布的《关于推进基础设施领域不动产投资信托基金（REITs）试点相关工作的通知》（证监发〔2020〕40号）对试点项目划定了相对明确的范围，2021年7月和2023年3月发改委分别在《关于进一步做好基础设施领域不动产投资信托基金（REITs）试点工作的通知》（发改投资〔2021〕958号）（以下简称《进一步试点通知》）和《关于规范高效做好基础设施领域不动产投资信托基金（REITs）项目申报推荐工作的通知》（发改投资〔2023〕236号）（以下简称"236号文"）中进一步拓宽了试点范围，具体试点范围详见第1章的《公募REITs政策手册》。

截至2022年2月18日，基础设施公募REITs已上市发行11单，区域分

布方面，京津冀、长三角、粤港澳大湾区分别有3单、3单、4单，而中金普洛斯REIT项目分布在多个区域；行业分布方面，交通、市政、园区、仓储物流分别有3单、2单、3单、2单，上述公募REITs在募集说明书中普遍进行了基础设施项目符合试点范围的说明。

二、固定资产投资管理相关手续完备性

公募REITs的基础设施项目应处于稳定运营阶段，原则上成熟运营了3年及以上，其在固定资产投资过程中相关手续需要完备，具备能够持续运营的法律基础。固定资产投资管理法律完备性包括立项核准/备案、规划、用地、环评、消防、人防、节能、施工许可等各个环节、流程是完备的，需要具备立项核准/备案文件、选址意见书、建设用地规划许可证、建设工程规划许可证、土地获取相关文件、环评批复文件、建筑工程施工许可证、竣工验收等。

（一）土地获取合规性

目前我国常见的土地获取方式有三种：出让（招拍挂）、协议转让和划拨用地，而基础设施项目土地获取方式普遍是出让和划拨，出让方式常见于园区办公楼、仓储物流、保障性住房租赁等营利性略强的行业/项目，划拨方式常见于交通、市政、生态环保等公共基础设施项目。在已发行的公募REITs中，建信中关村RETI、中金普洛斯REIT等持有的基础设施项目的土地获取方式为出让，项目公司需出具项目投建初期的《土地出让合同》以示其通过出让进行土地获取的合法合规性；而所有高速公路REITs、中航首钢绿能REIT、富国首创水务REIT均为划拨土地，项目公司需出具土地划拨决定书、建设用地批复等文件。

目前国内大量需盘活的公共基础设施项目普遍以划拨用地的方式获取土地，但早期项目建设合规性较弱，存在划拨用地文件未到位、基础设施项目所在公司不拥有划拨用地所有权等问题，会给公募REITs标的项目带来釜底

抽薪的风险。根据2021年发改委发布的《进一步试点通知》，"对项目公司不拥有土地使用权的项目。应说明土地使用权拥有人取得土地使用权的具体方式、出让（转让）方和取得时间等相关情况，土地使用权拥有人与项目公司之间的关系，以及说明项目公司使用土地的具体方式、使用成本、使用期限和剩余使用年限，分析使用成本的合理性，并提供相关证明材料"，即项目公司不拥有土地使用权的项目仍然可以通过说明合法合理使用占用土地，并可测算其成本的方式申报通过公募REITs发行，政策端开启了较为宽松的准入门槛，从实务中来看，普遍是特许经营权型REITs存在这一风险且可以通过审批上市，因为特许经营权对应的现金流权属明确更重于土地使用权的归属。

平安广州广河REIT募集说明书中披露，广州广河高速项目原所在项目公司市高公司并未就项目占用范围内的土地取得单独的用地批准书、划拨决定书等文件，其实就广和高速项目的用地批复事宜，国土资源部早已于2010年7月16日作出了《国土资源部关于广州至河源高速公路广州段工程建设用地的批复》[国土资函〔2010〕546号]，广东省国土资源厅已于2010年8月30日作出了《关于广州至河源高速公路广州段项目建设用地的批复》（粤国土资（建）字〔2010〕664号），批准了基础设施项目的用地事宜，但广河高速项目尚未取得《国有土地使用证》或《不动产权证书》，市高公司也未取得单独的用地批准书。为进行公募REITs，广州市高速公路有限公司采用无偿划拨方式，将广河高速项目资产、负债、业务、人员从市高公司整体划转至新设的广河项目公司。为规避项目公司无土地使用权风险，2020年12月21日，广州市规划和自然资源局出具了《广州市规自局复函》，对新设广河项目公司在特许经营期内合法使用广河高速划拨土地无异议，即广河项目公司可无偿使用该划拨地。使用类似方法使得划拨用地合规的还有富国首创水务REIT，其募集说明书中披露，标的项目之一的深圳项目，其用地由深圳市政府行政划拨给市水务局，土地使用权归市水务局所有，项目公司深圳首创无该项目的划拨用地，但根据《特许经营权协议》约定，深圳首创可无偿使用深圳市水务局向其提供的土地。

表2-8　基础设施项目土地获取方式

土地获取方式	常见行业	合规性要求
出让（招拍挂）	园区、仓储物流、保障性住房租赁等项目	《土地出让合同》
协议转让		
划拨	交通、市政、生态环保等国企从事的公共基础设施项目	土地划拨决定书、建设用地批复、建设用地规划许可等文件

资料来源：《关于进一步做好基础设施领域不动产投资信托基金（REITs）试点工作的通知》，兴业研究。

（二）其他投建环节的合规性

公募 REITs 基础设施项目在其他投资管理的合规性方面，存在缺失或合规性较弱的情况，可通过补办规避风险。从已发行的公募 REITs 中可看出偶有合规性文件较弱的情况，如富国首创水务 REIT 募集说明书中披露，深圳项目提标改造阶段规划许可、用地许可、施工许可均未办妥；越秀高速 REIT 汉孝高速主线的水土保持设施验收手续、与汉孝高速机场北连接线管理/养护等附属房屋建筑物（含加油站）相关的消防设计、消防竣工验收备案手续尚未办理，这两个 REITs 均采用补办的方式规避合规性风险；中航首钢绿能 REIT 中，生物质能源项目的建设工程施工许可证复函系 2020 年办理，应是在 REITs 申报过程中应监管要求补办。在公募 REITs 申报阶段，通过排查，标的项目存在合规文件不全或合规文件有效性较弱的情况，可通过及时补办进行规避，补办过程不影响继续申报，不过应为缺失的合规文件影响不大、合规风险较小、补办成功概率很高的项目。

值得注意的是，236 号文在项目申报合规性方面，给予了基础设施项目满足投资管理合规性相对明确的方案。"项目投资建设时无需办理但按现行规定应当办理的有关手续，应按当时规定把握，并说明有关情况；项目投资建设时应当办理但现行规定已经取消或与其他手续合并的有关手续，如有缺失，应由相关负责部门说明情况或出具处理意见；按照项目投资建设时和现行规定均需办理的有关手续，如有缺失，原则上应由相关负责部门依法补办，确实无法补办的应由相关负责部门出具处理意见。如项目曾进行改变功能用途的重大改扩建，应主要依据改扩建时的相关手续办理情况判断其投资管理合规性"。

三、基础设施项目权属及他项权利情况

关于基础设施项目权属他项权利方面，2021年发改委发布的《进一步试点通知》要求，公募REITs的基础设施项目应"权属清晰、资产范围明确，发起人（原始权益人）依法合规直接或间接拥有项目所有权、特许经营权或经营收益权。项目公司依法持有拟发行基础设施REITs的底层资产"，2020年证监会《指引》中要求，"原始权益人享有完全所有权或经营权利，不存在重大经济或法律纠纷，且不存在他项权利设定，基础设施基金成立后能够解除他项权利的除外"。

（一）权属清晰

前两批上市发行的公募REITs中，产权型REITs共5单，特许经营权型REITs共6单，基础设施项目要求权属清晰，产权型REITs体现在均取得了《不动产权证书》，特许经营权型REITs体现在均明确了特许经营权范围。

对于取得《不动产权证书》的基础设施项目，产证上所载土地用途应与实际用途一致，所载事项齐全。中航首钢绿能REIT中，3个子项目分别办理了两份《不动产权证书》，其中第二份均为2020年办理，北京首钢生物质能源项目和北京首钢餐厨垃圾收运处一体化项目（一期）两个子项目第一份《不动产权证书》上均仅载有国有土地使用权面积，无房屋建筑面积，2020年办理的第二份《不动产权证书》上载有房屋建筑面积，若基础设施项目已有《不动产权证书》，但所载事项不全，仍需进行完善。华夏越秀高速REIT存在产证所在用途与实际用途不符（已整改）、部分房屋建筑未办理产证（正在补办）等微小权利瑕疵，黄陂国用（2009）第3303号土地使用权证项下的20000平方米土地所在用途为公路用地，属于批准的划拨用地，但实际中，部分土地用于存放高速公路设施，部分土地曾用作种菜、鱼塘、家禽养殖，

其产生的农产品供公司内部使用，存在实际用途与规划用途不一致的风险，已整改。汉孝高速机场北连接线部分尚未办理完毕其沿线相关管理、养护等房屋建筑的《房屋所有权证》等不动产权属证书，目前正在补办。

对于特许经营权型 REITs，特许经营权的明确更重于取得《不动产权证书》，我们也发现，个别特许经营权 REITs 并未办理基础设施项目的《不动产权证书》，如平安广州广河 REIT，不仅缺乏基础设施项目的《不动产权证书》，且其募集说明书中并未说明未来是否会办理；华夏越秀高速 REIT 汉孝高速公路存在部分附属房屋建筑尚未取得《房屋所有权证》；富国首创水务 REIT 中的深圳项目和合肥项目分别是 BOT 和 PPP 项目，项目用地均为划拨用地，但均未披露是否办理了《不动产权证书》，不过，深圳项目的划拨用地所有权并不在深圳首创，大概率无法办理《不动产权证书》。在 BOT\PPP 实务中，存在很多项目未办理《不动产权证书》，但普遍具有当地政府针对特定业务授予的特许经营权，并基于此获得稳定的现金流，那么在无《不动产权证书》的情况下，仍然可以申报公募 REITs。

（二）不存在他项权利负担

公募 REITs 基础设施项目上应没有他项权利设定，不存在抵质押等情况，若存在，需安排解除措施。已发行的公募 REITs 中，均不存在被法院查封或采取其他司法强制措施等较为严重的权利瑕疵，但存在多个他项权利负担，并安排解除的项目。越秀高速 REIT 汉孝公司 3.5 亿元借款中，将 100% 汉孝高速公路收费权质押给招商银行广州富力中心支行，在该基金发行前已由中信银行广州分行向项目公司发放 3.5 亿元贷款，用以置换招商银行的 3.5 亿元贷款，并解除收费权质押登记；张江光大园 REIT 张江光大园项目公司中京电子及其股东安恬投资的借款中，将张江光大园抵押、其租金收入质押给了工行上海虹口支行，安排公募 REITs 的募集资金用于偿还借款并解除抵质押；广河高速 REIT 中项目公司与工行、招行、浦发均签有借款合同项下的质押合同，以广河高速项目收费权对应的应收账款为贷款提供质押，目前签订补充合同，在取得证监会同意基础设施 REITs 注册的文件后，贷款银行应按照项目公司通知在其指定时间内（但不晚于基础设施REITs发行前）配合办理完毕全部担保注销手续并解除账户监管。

四、基础设施项目转让合法性

基础设施项目转让的合法性普遍体现在三个方面：转让合法性的内部流程、是否存在合同/协议/监管等方面的转让限制、特殊资产的转让合法性。

（一）关于转让的发起人内部流程的合法性

公募REITs发起人、基础设施项目公司原相关股东应已履行其内部决策程序，并协商一致同意项目公司股权转让。若涉及发起人、项目公司原股东为上市公司，则还应满足交易所的监管要求。如浙商沪杭甬REIT和华夏越秀高速REIT，项目公司和标的公路原属于香港联交所上市公司沪杭甬公司和越秀交通，发起公募REITs构成了资产分拆上市，经上报审批香港联交所上市委员同意上市公司可根据《香港上市规则》第15项应用指引进行分拆上市。

（二）是否存在合同/协议/行业政策/区域管理等方面的转让限制

公募REITs基础设施项目公司进行转让，需排查是否存在基础设施项目项下相关合同/协议/行业政策/区域管理等方面的转让限制，若存在，需有权部门出具相关文件解除转让限制。在上述方面可能存在的限制包括以下3点。

（1）土地获取方面，《土地出让合同》或者当地政府用地管理等相关条例中可能存在转让限制或转让条件。

中金普洛斯REIT中，昆山普淀项目股权转让因用地存在转让限制，根据2018—02—11昆山市人民政府颁布的《昆山市工业用地再开发及交易管理办法（试行）》（昆政发〔2018〕7号），工业用地项目调整出资比例、股权结构的，经所在地区镇同意后，由市场监管部门依法予以变更；同等条件下，所在地区镇可优先收购，该REIT通过取得昆山普淀出具的《回函》解除了项目公司股权转让限制，《回函》载明"你公司目前持有的普洛斯淀山湖物流园系我辖区内的物业，镇政府同意你公司股东通过转让你公司100%的股权的方式将普洛斯淀山湖物流园项目纳入公募基础设施基金及其持有的特殊目的载体，从而发行基础设施 REITs 项目"。

建信中关村 REIT 中，基础设施项目的土地获取方式为协议出让，按照2010年12月23日北京市人大审批并通过的《中关村国家自主创新示范区条例》，"以协议出让方式获取的土地转让应报请北京市人民政府批准，土地所在地的区人民政府享有优先购买权"，因此该 REITs 取得了北京市人民政府出具的《北京市人民政府关于同意中关村发展集团申报基础设施领域不动产信托基金（REITs）试点相关事项的批复》，该文件同意标的资产所在项目公司以100%股权转让的方式发行公募 REITs；同时，该 REITs 取得了项目所在地的海淀区出具的《北京市海淀区人民政府关于支持中关村发展集团股份有限公司参与申报基础设施领域不动产信托基金（REITs）试点的函》，该文件同意了标的基础设施项目土地使用权以 REITs 试点工作为目的的转让，并放弃了相应的优先购买权。

（2）特许经营权方面，在基础设施项目获取特许经营权的相关协议中，若存在项目公司股权转让的限制，需由有权部门出具相关函件，同意该具有特许经营权的项目公司股权转让。在 BOT/PPP 项目中，需要由该项目的合作政府方同意进行特许经营权所在项目公司的股权转让。

平安广州广河 REIT 中，《初始特许经营权协议》中约定"在特许经营期内，项目公司股权的变更，包括股权融资、债权融资或公路经营权有偿转让或项目公司内部股权结构的调整等等，均应将融资方案（包括融资方式、资产评估结果、融资期等）报请政府批准""未经招标人事先书面同意，项目公司不能转让本合同或本合同项下任何权利或义务，或其任何资产"，为解除上述限制，项目公司取得了《广州市交通局复函》，同意广河高速项目股权转让。

富国首创水务 REIT 中，深圳项目和合肥项目分别为 BOT 和 PPP 项目，二者的政府合作方分别为深圳市水务局和合肥市城建局，在《特许经营权协议》中分别约定"未经政府批准，项目公司及其投资人无权转让项目建设权或受让权，建设期内和运营期前三个周年期间项目公司的股权不得转让。运营期第四周年后，在不影响污水处理厂正常持续运营的前提下，经政府方批准同意，投资者可部分或全部转让项目公司的股权""未经甲方事先书面同意，特许经营期内乙方的股权结构不得发生变化…自特许经营期开始八年之内乙方股东不能直接或间接转让乙方的股份。特许经营期满八年后，经甲方事先书面同意，乙方股东可转让乙方股份"，为此深圳市水务局和合肥市城建局分别出具了《关于福永等水质净化厂实施REITs项目有关事宜的函》《关于十五里河污水处理厂PPP项目实施REITs项目有关事宜的函》，原则上同意首创水务在项目的实际控制权不发生转移的前提下将所持股权开展本次发行交易结构下的股权转让。

（3）行业政策方面，某些行业经营权转让需要报有权部门审批，尤以高速公司公路最为明显，根据2017年11月修订后的《公路法》，高速公路项目公司股权转让所涉及的交通运输相关监管要求中，公路收费权转让由"审批制"改为"备案制"，原则上可以不必审批，但实务层面，监管部门会要求有权部门进行审批。越秀高速REIT中，应国家发改委要求，汉孝公司取得了武汉市交通运输局出具的《市交通运输局关于翔丰有限公司出让汉孝公司100%股权的复函》（武交函〔2020〕51号），该函同意翔丰有限公司转让持有的汉孝公司100%股权。

在收费公路经营权转让方面，各地政策还存在差异，如《浙江省收费公路管理办法》规定"收费公路经营企业股权（份）转让，致使对收费公路收费权具有控股地位的股东发生变化的，应当报省人民政府批准"，因此浙商沪杭甬REIT中，由沪杭甬公司（项目公司股东）出具《浙江沪杭甬高速公路股份有限公司关于项目公司股权转让的限制的承诺函》，承诺在该REITs发行时认购本次基金发售比例的51.00%，确保杭徽高速公路（浙江段）收费权的具有控股地位的股东不发生变化，并将对项目公司进行并表管理；并承诺在基金发行后，如减持导致该收费权的具有控股地位的股东发生变化的，将履行相应的报批程序。

我们发现，来自合作方或行业政策的转让限制中，可能会要求基础设施项目的实际控制权不发生变化，因此在公募REITs实际发售过程中，原始权益人及其一致行动人合计持股比例会比较高，如超过51%，方便公募REITs整体并表处理，以保证标的项目的实际控制权不发生变化。

（三）国有资产转让的合法性

大部分基础设施项目为国企持有，其项目公司股权转让涉及国有资产转让，根据国资委2016年6月24日发布的《企业国有资产交易监督管理办法》（财政部令第32号），国有资产转让行为应履行企业国有产权转让的相关审批手续。已发行的公募REITs中，涉及国有资产转让的项目，均取得了当地国资委的批复同意。

越秀高速REIT和红土盐田港REIT中，基础设施项目所在地的国资委均回复"基础设施REITs是通过证券交易所公开发行的金融产品，遵循等价有偿和公开公平公正的原则公开规范发行，无需另行履行国有资产进场交易程序"，浙商沪杭甬REIT中，浙江国资委要求"转让价格不低于资产评估值"。

五、基础设施项目权属期限及展期安排

基础设施项目的权属期限均为有限期限，但根据资产类型的不同可以分为两种：产权类型和特许经营权类型。产权类基础设施项目的土地性质普遍为工业用地和科研用地，最高总使用年限不超过50年，剩余期限亦不超过50年，在权属期限到期后、基金到期前，项目公司可以申请基础设施项目所在宗地土地使用权续期，但面临远期政策调整风险。特许经营权型REITs基础设施项目的期限以特许经营权期限为依托。上述情况均在公募REITs募集说明书中进行了相应披露。

公募REITs扩募和新购入基础设施研究

　　扩募是上市主体在有资金投向和融资需求的前提下进行的一种股权融资行为。公募REITs扩募的资金投向主要包括：（1）新购入基础设施项目；（2）对现有的基础设施项目进行改造升级和大型维修维护；（3）偿还大额外部借款。其中，新购入基础设施项目是公募REITs最重要的资金投向。基于此，本节合并进行二者监管要求及相关案例研究。

　　常见的扩募方式包括公开市场发售、二次发售、私募发售、优惠发售、以及供股等。

表2-9　常见的REITs扩募方式梳理

扩募方式	简　介
公开市场发售（Public Offering）	在公开市场向投资者发售新发行的基金份额
二次发售（Follow-on Offering）	在首次公开发行完成后，再次发售新发行的基金份额
私募发售（Private Placement）	以向特定的机构或投资者在非公开市场上发售新发行的基金份额的方式募集资金
优惠发售（Preferential Offering）	向特定的投资者群体以优先的认购权或优惠的认购价格发售新发行的基金份额
供股（Rights Issue）	向现有投资者按现有基金份额比例授予认购新发行的基金份额的权利

资料来源：兴业研究整理。

一、国内公募REITs涉及扩募的相关政策梳理

在目前国内公募REITs已发布的相关政策中，尚未对扩募进行专门规定，但多项政策对此有所涉及。

从证监会和发改委的框架政策来看，2020年8月7日，证监会发布《公开募集基础设施证券投资基金指引（试行）》（证监会公告〔2020〕54号），对REITs基金扩募要求和程序进行了简单的明确，扩募需取得一定比例REITs份额持有人的同意，拟购入基础设施项目标准和要求、战略配售安排、尽职调查要求、信息披露等应当与基础设施基金首次发售要求一致。2021年7月2日，发改委在其发布的《关于进一步做好基础设施领域不动产投资信托基金（REITs）试点工作的通知》（发改投资〔2021〕958号）中对项目基本条件提出了"原始权益人应具有较强扩募能力"的要求，并要求其控股的备选基础设施项目的资产规模不低于"拟首次发行基础设施REITs资产规模的2倍"，便是为公募REITs上市后以扩募方式收购新项目、优化投资组合做准备。

从交易所具体的业务规则来看，2021年1月29日，上交所发布的《上海证券交易所公开募集基础设施证券投资基金（REITs）规则适用指引第2号——发售业务（试行）》的通知（上证发〔2021〕11号）和深交所发布的《关于发布公开募集基础设施证券投资基金配套业务规则的通知》（深证上〔2021〕144号）附件：《深圳证券交易所公开募集基础设施证券投资基金业务指引第2号——发售业务》中，制定了相对简单的扩募规则：对扩募份额销售对象未做限制，可以是现有REITs份额持有人，也可以是其他对象；可以根据基础设施基金二级市场交易价格和拟投资项目市场价值等有关因素，合理确定基金扩募发售价格或定价方式，以及相应的份额数量，并将其与扩募方案等其他事项报基金份额持有人大会决议通过；要向交易所提交扩募的相关资料并取得无异议函；扩募发售方案应具备的相关信息并向扩募对象加以披露。但该文件对扩募发售对象和扩募发售价格等关键内容，未作具体规定。

表2-10　中国公募REITs扩募机制和法规要求

时间	发文部门	文件名称	相关内容
2020/8/7	证监会	《公开募集基础设施证券投资基金指引（试行）》（证监会公告〔2020〕54号）	（1）金额低于基金净资产50%的基础设施基金扩募，应当经参加大会的基金份额持有人所持表决权的二分之一以上表决通过；金额占基金净资产50%及以上的扩募，应当经参加大会的基金份额持有人所持表决权的三分之二以上表决通过；基础设施基金就扩募等重大事项召开基金份额持有人大会的，相关信息披露义务人应当依法公告持有人大会事项，披露相关重大事项的详细方案及法律意见书等文件，方案内容包括但不限于：交易概况、交易标的及交易对手方的基本情况、交易标的的定价方式、交易主要风险、交易各方声明与承诺等。 （2）基础设施基金扩募时，基金管理人应当及时聘请评估机构对基础设施项目资产进行评估。 （3）基础设施基金扩募，基金管理人应当依法编制并发布临时公告。
2021/7/2	发改委	《关于进一步做好基础设施领域不动产投资信托基金（REITs）试点工作的通知》（发改投资〔2021〕958号）	（1）项目基本条件方面，原始权益人应具有较强扩募能力，以控股或相对控股方式持有、按有关规定可发行基础设施REITs的各类资产规模（如高速公路通车里程、园区建筑面积、污水处理规模等）原则上不低于拟首次发行基础设施REITs资产规模的2倍。 （2）基础设施REITs扩募有关项目申报工作应符合本申报要求相关规定，可根据项目具体情况适当简化。
2021/1/29	上交所/深交所	《上海证券交易所公开募集基础设施证券投资基金（REITs）业务办法（试行）》（上证发〔2021〕9号）	（1）基础设施基金按照规定或者基金合同约定就购入基础设施项目事项召开基金份额持有人大会的，相关信息披露义务人应当按照《基础设施基金指引》规定公告持有人大会事项，披露拟购入基础设施项目

时间	发文部门	文件名称	相关内容
		《关于发布公开募集基础设施证券投资基金配套业务规则的通知》（深证上〔2021〕144号）附件：《深圳证券交易所公开募集基础设施证券投资基金业务办法（试行）》	事项的详细方案及法律意见书等文件。涉及扩募的，还应当披露扩募发售价格确定方式。 （2）基础设施基金存续期间购入基础设施项目完成后，涉及扩募基金份额上市的，依基金管理人申请，本所安排新增基金份额上市；涉及基础设施资产支持证券挂牌的，参照本办法第三章的有关规定办理。
2021/1/29	上交所/深交所	《上海证券交易所公开募集基础设施证券投资基金（REITs）规则适用指引第2号——发售业务（试行）》的通知（上证发〔2021〕11号） 《关于发布公开募集基础设施证券投资基金配套业务规则的通知》（深证上〔2021〕144号）附件：《深圳证券交易所公开募集基础设施证券投资基金业务指引第2号——发售业务》	（1）基础设施基金扩募的，可以向原基础设施基金持有人配售份额，也可以向不特定对象或特定对象发售。 （2）基金管理人可以根据基础设施基金二级市场交易价格和拟投资项目市场价值等有关因素，合理确定基金扩募发售价格或定价方式，以及相应的份额数量，并将其与扩募方案等其他事项报基金份额持有人大会决议通过。 （3）基础设施基金扩募的，基金管理人应当向本所提交中国证监会同意变更注册的批准或备案文件复印件、扩募发售方案、扩募发售公告等文件。本所5个工作日内表示无异议的，基金管理人启动扩募发售工作。 （4）扩募发售方案中应当包括本次基础设施基金发售的种类及数量、发售方式、发售对象及向原基金份额持有人配售安排、原战略投资者份额持有比例因本次扩募导致的变化、新增战略投资者名称及认购方式（若有）、基金扩募价格、募集资金用途、配售原则及其他本所要求的事项。

资料来源：根据相关规章文件整理，兴业研究。

扩募完成后，公募REITs在资产构成和负债率方面仍需满足公募REITs目前的监管运营需求：（1）80%以上基金资产要投向基础设施项目；（2）基金总资产不得超过基金净资产的140%，借款可用于基础设施项目日常运营、维修改造、项目收购，用于基础设施项目收购的借款金额不得超过基金净资产的20%。

二、国内公募REITs新购入基础设施项目的相关政策梳理

沪深交易所于2022年5月31日发布的《公开募集基础设施证券投资基金（REITs）规则适用指引第3号——新购入基础设施项目（试行）》（以下简称《指引》）明确规定了存续期公募REITs新购入基础设施项目需满足的条件、具体流程、资金来源和信息披露管理等关键事项。

在新购入的基础设施项目方面，《指引》要求拟购入的基础设施项目原则上与基础设施基金当前持有的基础设施项目为同一类型。此外，新购入的项目还需符合国家战略、发展战略、产业政策及相关法律法规要求；有利于基础设施基金形成或者保持良好的基础设施项目投资组合，不损害基金份额持有人合法权益；有利于基础设施基金增强持续运作水平，提升综合竞争力和吸引力等。

在基础设施基金方面，《指引》要求基金自上市之日至提交基金变更注册申请之日原则上满12个月，且最近一年财务报表的编制和披露合规，会计报告无负面意见。此外，还要求基础设施基金投资运作稳健、运营业绩良好、治理结构健全和现金流稳定等。

在参与方要求方面，《指引》要求基金管理人、托管人、持有份额不低于20%的第一大基金份额持有人等相关主体具备专业胜任能力、风险控制措施良好、没有重大违法违规和未受交易所谴责等。

表2-11 公募REITs新购入基础设施项目的规则和条件

要素类型	需满足的规则和条件
基础设施项目	（一）符合国家重大战略、发展规划、产业政策、投资管理法规、反垄断等法律法规的规定；
	（二）不会导致基础设施基金不符合基金上市条件；
	（三）拟购入的基础设施项目原则上与基础设施基金当前持有基础设施项目为同一类型；
	（四）有利于基础设施基金形成或者保持良好的基础设施项目投资组合，不损害基金份额持有人合法权益；
	（五）有利于基础设施基金增强持续运作水平，提升综合竞争力和吸引力；
	（六）拟购入基础设施项目涉及扩募份额导致基础设施基金持有人结构发生重大变化的，相关变化不影响基金保持健全有效的治理结构；
	（七）拟购入基础设施项目涉及主要参与机构发生变化的，相关变化不会对基础设施基金当前持有的基础设施项目运营产生不利影响。
基础设施基金	（一）符合《中华人民共和国证券投资基金法》《公开募集证券投资基金运作管理办法》《基础设施基金指引》《基础设施基金业务办法》及相关规定的要求；
	（二）基础设施基金投资运作稳健，上市之日至提交基金变更注册申请之日原则上满12个月，运营业绩良好，治理结构健全，不存在运营管理混乱、内部控制和风险管理制度无法得到有效执行、财务状况恶化等重大经营风险；
	（三）持有的基础设施项目运营状况良好，现金流稳定，不存在对持续经营有重大不利影响的情形；
	（四）会计基础工作规范，最近1年财务报表的编制和披露符合企业会计准则或者相关信息披露规则的规定，最近1年财务会计报告未被出具否定意见或者无法表示意见的审计报告；最近1年财务会计报告被出具保留意见审计报告的，保留意见所涉及事项对基金的重大不利影响已经消除；
	（五）中国证券监督管理委员会（以下简称中国证监会）和本所规定的其他条件。
	（一）基金管理人具备与拟购入基础设施项目相适应的专业胜任能力与风险控制安排；
	（二）基金管理人最近2年内没有因重大违法违规行为受到行政处罚或者刑事处罚，最近12个月未受到重大行政监管措施；

续表

要素类型	需满足的规则和条件
基金管理人、基金托管人、持有份额不低于20%的第一大基础设施基金持有人等参与方	（三）基金管理人最近 12 个月内未受到证券交易所公开谴责，不存在其他重大失信行为；
	（四）基金管理人现任相关主要负责人员不存在最近两年受到中国证监会行政处罚，或者最近 1 年受到证券交易所公开谴责，或者因涉嫌犯罪正在被司法机关立案侦查或者涉嫌违法违规被中国证监会立案调查的情形；
	（五）基金管理人不存在擅自改变基础设施基金前次募集资金用途未作纠正的情形；
	（六）基金管理人、持有份额不低于 20% 的第一大基础设施基金持有人最近 1 年不存在未履行向本基金投资者作出的公开承诺的情形；
	（七）基金管理人、持有份额不低于 20% 的第一大基础设施基金持有人最近 3 年不存在严重损害基础设施基金利益、投资者合法权益、社会公共利益的重大违法行为；
	（八）中国证监会和本所规定的其他条件。

资料来源：上交所，深交所，兴业研究。

在资金来源方面，《指引》明确用于收购基础设施项目的资金可以单独或同时以留存资金、对外借款或者扩募资金等作为资金来源。**针对扩募而言，**根据《指引》规定，基础设施基金扩募可以向不特定对象发售，包括向原持有人配售和公开扩募，也可以向特定对象发售，即定向扩募；这与扩募的相关规定保持一致。

在扩募发售定价方面，若收购基础设施项目的资金来自向原持有人配售，《指引》要求向原持有人配售上限不超过配售前基金份额总额的50%；若资金来自公开扩募，则可以全部或者部分向权益登记日登记在册的原基础设施基金持有人优先配售，发售价格应不低于发售阶段公告招募说明书前20个交易日或者前1个交易日的基础设施基金二级市场均价；若资金来自定向扩募，根据《指引》规定，每次发售对象不超过35名，发售价格应不低于定价基准日前20个交易日基础设施基金交易均价的90%。《指引》关于扩募发售定价的规定，对此前公募REITs关于扩募较为框架式的规定有了具体、便于操作的补充。

《指引》还对定向扩募的限售期做了明确规定，定向扩募的基金份额自上市之日起6个月内不得转让；发售对象新购入基础设施项目的原始权益人或者其同一控制下的关联方，其认购的基金份额自上市之日起18个月内不得转让。对比初始发行时的规定：战略配售投资者的份额均限制转让，原始权益人的份额限售期为5年，原始权益人关联方的份额限售期为3年，其余战略配售投资者的份额限售期为1年。定向扩募相对于初始发行的限售期更短，投资者通过定向扩募投资基础设施基金产品享有更好的流动性。

表2-12 公募REITs扩募发售的3种方式

发售方式	发售对象、定价及限售期安排
配售	**发售对象**：向权益登记日登记在册的原基础设施基金持有人配售份额，且配售比例应当相同。
	定价方式：遵循基金份额持有人利益优先的原则，根据基础设施基金二级市场交易价格和新购入基础设施项目的市场价值等有关因素，合理确定配售价格。
公开扩募	**发售对象**：可以全部或者部分向权益登记日登记在册的原基础设施基金份额持有人优先配售；网下机构投资者、参与优先配售的原基础设施基金份额持有人以及其他投资者，可以参与优先配售后的余额认购。
	定价方式：不低于发售阶段公告招募说明书前20个交易日或者前1个交易日的基础设施基金交易均价。
定向扩募	**发售对象**：应当符合基金份额持有人大会决议规定的条件，且每次发售对象不超过35名。
	定价方式：不低于定价基准日前20个交易日基础设施基金交易均价的90%
	限售期：定向扩募的基金份额自上市之日起6个月内不得转让；发售对象新购入基础设施项目的原始权益人或者其同一控制下的关联方，其认购的基金份额自上市之日起18个月内不得转让。

资料来源：上交所，深交所，兴业研究。

在扩募流程方面，公募REITs通过扩募方式购入新基础设施项目的流程主要包括初步磋商、尽职调查、基金管理人内部决议、证监会、交易所变更注册审核、取得批复、召开持有人大会、实施交易方案、扩募发售、上市。

210

图2-7　公募REITs通过扩募新购入基础设施项目的业务流程简图

资料来源：上交所，深交所，兴业研究。

在信息披露管理和停复牌方面，《指引》要求参与交易的各方应当及时向基金管理人通报信息、配合基金管理人披露，并规范保密责任。同时借鉴了股票市场经验，通过分阶段披露方式减少停牌时间，停牌时间不超过5个交易日，特殊情况连续停牌时间原则上不得超过25个交易日。

由于新购入基础设施项目是公募REITs扩募的最主要资金投向，因此《指引》中涉及扩募的流程要求也为公募REITs扩募提出了明确的操作要求。

三、境外REITs扩募相关政策梳理

我们梳理了美国、新加坡及中国香港地区的REITs扩募规则，发现REITs扩募基本要符合：（1）扩募数量超过已发行量一定比例时，需要股东大会决议批准，香港联交所还要求扩募首先要以供股形式售予现有股东；（2）专门针对REITs的特殊规定，其中美国和新加坡对REITs扩募几无特殊要求，但要求REITs扩募后仍然需要满足当地REITs对资产构成、收入构成和负债率水平等方面的运营要求；相较之下，中国香港地区专门针对REITs的特殊规定较美国和新加坡要略微严苛，由于扩募对象优先选择现有持有人，要求中国香港REITs的扩募应先依照现行持有人持有量，按比例向其发售，只有现行持有人未认购时，才可以将其分配或发行予其他人士，现持有人可以超比例认购新发份额，但要在发行时放弃投票。

表2-13　美国、新加坡和香港地区REITs扩募要求

时间	发文部门	文件名称	相关内容
2013/8/15	纽约证券交易所	《纽交所上市规则》	当扩募股票数量超过已发行量20%时，需股东大会普通决议批准。
2022/3/3	新加坡交易所	《新交所上市规则》	在向交易所提交扩募申请时，交易所可附条件批准该申请，包括股东批准、特定股东放弃投票等。
2022/3/3	新加坡金融管理局	《集体投资计划守则》（Code on Collective Investment Schemes）	如扩募会导致房地产项目占资产总值的比例低于75%，应将其比例提高至75%，其中跌至50%至75%之间的要在12个月内，跌至低于50%的要在24个月内。若基金承诺在12个月内或24个月内返还至少70%的新股认购款，以上不适用。
2020/12/4	香港证监会	"房地产投资信托基金守则"	规定REITs扩募的要求、配售规则、信息披露等： （1）扩募需要披露持有人为评定与该计划有关的情况而必需的、为避免该计划会出现虚假市场而必需的、合理地预期为会严重影响该计划的市场活动及其单位的价格的、须经持有人批准的交易的资料等。 （2）扩募需说明新发行所获收益的使用计划及相关安排，并在15个营业日内，向所有有关计划的持有人送达通函。凡需要召开持有人全体大会，相关通函须在发出大会相关通告的同时或之前发送予持有人。 （3）当年扩募总数超过上年末已发行量20%时，采用非配售方式发行须经持有人全体大会普通决议批准；有关发行涉及关联人士交易，须经持有人全体大会普通决议批准；扩募新增市值超过50%时，须经持有人全体大会普通决议批准。 （4）扩募应先依照现行持有人持有量，按比例向其发售；只有现行持有人未认购时，才可以将其分配或发行予其他人士。现行持有人可以超比例认购新发份额，但要在发行时放弃投票；管理公司及其关联人士须在任何单位发行中放弃投票。 （5）扩募数量应在半年度和年度报告中披露。

续表

时间	发文部门	文件名称	相关内容
2020/11/1	香港联合交易所	《香港联合交易所有限公司证券上市规则》	（1）除非现有股东另有决定，否则上市发行人新发行的所有股本证券，均须首先以供股形式售予现有股东。； （2）如扩募会使发行人已发行股份数目或市值增加 50% 以上，需经少数股东批准； （3）上市发行人证券开始在交易所交易起 6 个月内，不得再发行上市发行人的股份或任何可转换为上市发行人的股本证券的证券。新上市者证券开始在本交易所买卖的日期起计 12 个月内不得扩募，除非按规则经少数股东批准； （4）扩募的要约期限不少于 10 个营业日。如扩募会导致理论摊薄效应达 25% 或以上，除非发行人可证明此乃特殊情况，否则不得扩募。

资料来源：根据相关规章文件整理，兴业研究。

表2-14　美国、新加坡和中国香港地区 REITs 扩募后仍需满足的运营要求

	美国 REITs	新加坡 REITs	中国香港地区 REITs
投资者要求	至少 100 人，其中前 5 大合计持股比例不能超过 50%。	无限制。	至少已发行量的 25% 必须由公众人士持有。
资产要求	（1）需将其总资产的 75% 投资于不动产、抵押贷款、现金或政府债券等； （2）持有非政府债券和对具有纳税主体资格的子公司的股权投资不超过总资产的 25%。	（1）至少 75% 以上资产投资于产生定期租金收入的房地产项目； （2）不得从事房地产开发活动，除非计划在项目落成后持有已开发项目； （3）不得投资于空置土地和抵押贷款，但可以投资于已批准开发的空置土地或其他未完成的房地产开发项目；	（1）资产总值至少 75% 投资于产生定期租金收入的房地产项目。 （2）空置、没有产生收入或正在进行大规模开发、重建及修缮的项目的累计合约价值，连同房地产并发费用，不超过资产总值 10%；若信托计划准许、持有人全体大会通过决议、受托人不反对，上限可提高至不超过资产总值 25%。

续表

	美国 REITs	新加坡 REITs	中国香港地区 REITs
		（4）已进行开发项目的合约总值及对未完成开发项目的投资，不超过 10%；上限可提高至不超过资产总值 25%，若超额的 15% 投资于已持满三年并将在建成后至少持有三年的项目，且经股东大会批准。	（3）禁止投资于空置土地，除非有关投资是房地产开发中不可或缺的部分且在信托计划投资目标或政策范围内。（4）不能投资获得任何须承担无限责任的资产。（5）可投资于上市证券、非上市债务证券、政府证券等金融工具，要求不超过资产总值 10%，且具备充足的流通性。（6）可投资于其不拥有大多数（超过 50%）拥有权及控制权的联权共有地产。（7）每项房地产项目持有最少 2 年，除非持有人全体大会特别决议同意提前出售。（8）若该计划为某一类别的房地产项目，则最少将非现金资产的 70% 投资于该类房地产项目之上。
收入要求	（1）总收入中至少应有 75% 来源于不动产出租或出售利得、抵押贷款利息；（2）总收入中至少应有 95% 来源于上述资源、股息、利息及证券出售利得。	总收入中至少应有 90% 来源于不动产出租或其附属收入，以及投资的利息、股息和其他类似款项。	无限制。
负债率要求	无限制。	（1）2022 年 1 月 1 日前，不超过基金存置资产的 50%；在此之后不超过基金存置资产的 45%，若基金在考虑新借款的利息支付义务后利息覆盖率最低为 2.5 倍，则可超过 45%，但最高不超过 50%。	债务比例上限为资产总值的 50%。

	美国 REITs	新加坡 REITs	中国香港地区 REITs
		（2）若借款用于部分或全部购买新地产，用于确定总杠杆的存放物业的价值可以包括正在购买的新地产价值，但需要借款发生在地产购买完成的同一天，或者在之前发生但存放在为新地产单独设立的银行账户中； （3）对现有借款再融资不视为额外借款。	

资料来源：根据相关规章文件整理，兴业研究。

在扩募流程方面，相较于美国和中国香港地区未明确标明扩募流程，新加坡交易所在《新加坡交易所上市规则》中明确了扩募流程：（1）发行人发布相关公告；（2）提交附加增发上市申请；（3）交易所三周内进行审查并作出决定；（4）发行人及时公告交易所决定；（5）获得股东大会批准（如需）；（6）发行人确定发行日期并正式发行。

四、境外REITs扩募案例分析

本书以越秀房托和凯德中国最近一次因收购资产而进行的扩募为例，对REITs收购目标资产、资金来源、扩募方式、收购完成后REITs各方面变化进行分析，并探讨二者之异同。

（一）越秀房托与关联方的扩募收购

越秀房地产投资信托基金（0405.HK，以下简称"越秀房托"）于2005年12月21日在香港联交所上市，为全球首只投资于中国内地物业的上市房地产投资信托基金，越秀地产及其一致行动人为实际控股方。截至2021年末，越秀房托所持物业共9处，包括办公楼、零售、酒店、服务式公寓及其他商业用途的物业，产权面积共约118.3万平方米，主要分布在广州，辅以上海、武汉和杭州。其中，位于广州的白马大厦、财富广场、城建大厦和维多利广场是首次上市时纳入越秀房托的物业，除此之外均为融资收购。

表2-15　越秀房托所持物业组合（万平米、亿元）

所持物业名称	类型	面积	2021 年的收入贡献	所处城市区位	收购时间	收购资金来源
白马大厦	批发商场	5.02	50.07	广州越秀区	2005 年	首次上市
财富广场	办公楼	4.28	12.53	广州天河区	2005 年	首次上市
城建大厦	办公楼	4.45	10.56	广州天河区	2005 年	首次上市
维多利广场	零售商场	2.77	9.55	广州天河区	2005 年	首次上市
广州国际金融中心	商业综合体	45.74	187.86	广州天河区	2012 年	银行贷款、配售、发行递延基金单位
越秀大厦	办公楼	6.21	30.60	上海浦东新区	2015 年	境外融资、内部资源
武汉物业	商业综合体	24.82	36.29	武汉硚口区	2017 年	银行贷款、内部资源、新都会大厦物业出售款
杭州维多利	办公楼	4.01	6.19	杭州上城区	2018 年	银行贷款、内部资源、新都会大厦物业出售款
越秀金融大厦	办公楼	21.03	80.30	广州天河区	2021 年	供股、银行贷款、基金内部资源

资料来源：Wind，兴业研究。

越秀房托通过扩募和银行贷款收购越秀金融大厦。最近一次越秀房托扩募是为收购目标资产广州越秀金融大厦而进行的。2021年10月24日，越秀房托就收购关联方资产越秀金融大厦、供股扩募、包销等事宜发布公告。越秀金融大厦的原始权益人为越秀房托的关联方越秀地产股份有限公司（0123.HK，以下简称"越秀地产"），越秀地产于收购公告日间接拥有约12.9亿个越秀房托单位，占已发行基金单位的38.7%。

该项物业的协议收购金额为78亿元人民币，收购资金来源于39.19亿港元（相等于约人民币32.61亿元）供股扩募、46亿港元（相等于约人民币37.52亿元）银行贷款及约9.92亿港元（相等于约人民币8.26亿元）越秀房托内部资源，合计共78.39亿元人民币。

在供股扩募方面，越秀房托按供股认购价3.20港元计划供股发行12.34亿个基金单位（按每持有100个现有基金单位获发37个供股基金单位的基准），筹集约39.50亿港元（扣除费用前）。基金单位数由供股前的33.36亿个基金单位增加至45.71亿个基金单位。根据2022年1月19日公布的供股结果，共计958128662个供股基金单位（即已接纳供股基金单位及配售基金单位的总数）已获接纳、申请或配售，占供股项下提呈发售供股基金单位总数的77.6%，而剩余22.4%全部由越秀一致行动集团包销，市场投资者认购热情并不高。供股完成后，越秀一致行动人集团所持有的基金单位占比由42.2%上升至47.8%，公众基金单位持有人所持有基金单位占比由57.8%下降到52.2%。

在银行贷款方面，基金管理人于2021年10月19日与贷款银行（为独立第三方）签订了合计不超过46.00亿港元（相等于约人民币38.28亿元）的无抵押定期贷款合同，年利率为香港银行同业拆借利息加1.3%，于提取之日起三年到期偿还。由于大额资金支出的募集，普遍采用股权融资和债务融资的组合方式进行，在这个扩募过程中，商业银行可参与REITs外部借款。

本次收购提高了办公楼在资产组合中的占比。广州越秀金融大厦为国际甲级写字楼，是位于广州市珠江新城核心区的地标建筑。该物业落成时间为2015年8月，包括写字楼、停车场和零售商场，土地使用年限分别为50年、50年和40年；可出租面积共计17.02万平方米。该物业区位较好，运营并未过于受疫情拖累，2021年9月末写字楼出租率为93.8%，零售商场出租率为100%；2021年8月23日该物业评估值为80.3亿元人民币，均价每平方米人民币45829元，低于最接近及最近的可比交易的珠光谭村写字楼每平方米人民币61500元的成交均价。交易价格基于评估值折价2.86%。

表2-16　广州越秀金融大厦概况

物业名称	广州越秀金融大厦
可出租面积	170196.81平方米
楼宇高度	约309米（地上68层；地下4层）
落成时间	2015年8月
出租率	写字楼：93.8%；零售商场：100%
平均租金	写字楼：人民币199.30元/平方米 零售商场：人民币223.32元/平方米
评估值	人民币80.30亿元
协议收购金额	人民币78.00亿元
停车位	827个

资料来源：Wind，兴业研究。

越秀房托的大部分现有物业相对成熟，收入稳定。相较之下，广州越秀金融大厦建成时间短，收购时才进入第二个租赁周期，未来有一定的租金增长空间。截至2021年9月末，该物业写字楼部分的现时租金约为每月每平方米人民币199.3元，低于2021年第二季度珠江新城核心区可比物业的国际甲级写字楼每月每平方米人民币218元的平均租金，其租金有进一步上升的潜力。

在收购该物业前，据越秀房托披露，广州国际金融中心占越秀房托的所有物业估值的54%，办公楼类型的物业面积占比为68%，单一资产和单一物业类型占比过高。收购完成后，越秀房托的物业总估值增加约23%，总收入预计增加24%，广州国际金融中心的估值占比降至44%，但办公楼类型的物业面积占比进一步提升为73%，所有物业的平均楼龄从14.2年减至13.4年。尽管单一资产依赖度下降，但办公楼类型的集中度风险有所提升。

收购完成后，基金收益预期略有提升。按照越秀房托的相关公告，该物业收购完成前后，越秀房托的每个基金单位分派收益预期由0.1020元人民币增加至0.1055元，每个基金单位分派收益率预期由6.68%提升至7.16%。

根据季度报告，截至2021年6月30日，越秀房托净值为145.64.3亿元人民币，每个基金单位的资产净值约为4.366元人民币。收购完成后，追溯调整2021年6月30日的基金资产净值为178.06亿元，每个基金单位资产净值由4.366元人民币摊薄至3.888元人民币。

由于存在债务融资，且债务融资比例较高，本次收购完成后，越秀房托的资产负债率预计将由约38.8%增至约41.0%，距离监管允许的50%资产负债率上限仍然保留了较为安全的距离。新增贷款的年化利率为香港银行同业拆利息加1.3%，处于1.34%—1.75%区间，而越秀房托于2020年12月31日及2021年6月30日的港元借款及票据的实际年化利率分别为2.28%及2.18%，本次收购进行的债务融资成本低于其此前的平均融资成本，利于权益投资者的收益获得。

（二）凯德中国主动管理下的扩募收购

凯德中国信托管理有限公司（CAPITALAND CHINA TRUST, AU8U. SG，以下简称"凯德中国"）是2006年12月8日在新加坡上市的以中国为重点的房地产投资信托，其中同样在新加坡上市的Capitamall Trust（C38U.SG）持有其信托份额的比例为19.70%。凯德中国的投资组合包括11个购物中心、5个产业园研发中心和4个仓储物流，分布在中国12个主要城市，总建筑面积约为200万平方米。

凯德中国通过扩募和债务融资收购4处仓储物流。凯德中国最近一次扩募是发生在2021年10月，因收购4处仓储物流中心而进行的募资。2021年10月12日，凯德中国宣布向非关联第三方收购4处物流中心资产，资产收购价16.83亿元人民币（独立估值总价16.94亿元）。本次收购的资金来源包括扩募和债务融资，二者募集金额分别为1.50亿新元和1.79亿新元，合计人民币15.792亿元。

在扩募融资方面，凯德中国本次扩募向机构投资者、合格投资者及其他投资者私募配售约1.29亿个新信托单位，以每单位1.165新元的价格发行，募集总金额为1.5亿新元，配售信托单位超过原计划增发的1.03亿份新信托单位，配售获得了超额认购。2021年10月15日，该配售计划获得新加坡交易所证券交易有限公司原则上批准，2021年10月20日新信托单位上市发行。

在债务融资方面，凯德中国因本次收购进行了1.79亿新元的债务融资，包括在岸人民币贷款、离岸新元贷款和发行中期票据。由于此次收购中债务融资的占比高于收购前凯德中国的资产负债率，因此将其该指标从35.9%提升至38.2%。

本次收购提升了凯德中国的资产多样性和新型资产占比。本次收购的4处物流资产分别是华东上海物流物业、华东昆山物流物业、华中武汉物流物业、西南地区成都物流物业，位于凯德战略目标中的五个核心城市圈内，截至公告日整体出租率为96.3%。本次收购是凯德中国收购的第一单物流资产，是其为实现2026年管理资产的30%处于新经济领域的战略目标而进行的一项收购。

表2-17　凯德中国最新收购的4处物流中心（平方米）

物流名称	面积	出租率
成都物流中心	71556	90.5%
昆山物流中心	43945	99.4%
上海物流中心	62785	98.6%
武汉物流中心	86973	97.6%

资料来源：Wind，兴业研究。

本次收购前，凯德中国的资产管理规模为43.79亿新元，其中新经济类资产仅有产业园研发中心一类，约占总管理资产的15.3%；本次收购完成后，其管理规模增加至47.29亿新元，新经济类资产占比提升至21.4%，零售业的占比将有所下降。同时，投资组合加权平均土地使用权到期日将延长1.94年。

收购完成后，凯德中国资产负债率小幅上行。本次收购完成后，凯德中国投资物业的经营净收入预计从1.35亿新元提高至1.53亿新元。信托收益方面，四处物流中心的资产净收益率为5%，收购完成后，信托收益由每信托单位0.0635新元增加到0.0657新元。

本次收购完成，凯德中国的资产负债率从35.9%提升至38.2%，距50%的监管上限还有一定距离，其刚性债务中，新元离岸贷款、在岸人民币贷款和中期票据占比分别为65.8%、20%和14.2%。

（三）越秀房托和凯德中国扩募收购对比

越秀房托和凯德中国在以扩募方式进行资产收购的时候，存在如下异同之处。

在资金来源方面，二者均通过扩募股权和债务融资相结合的融资方式募集资金，且股权融资占比相近，均低于50%，提高了扩募后REITs的杠杆率。

表2-18　越秀房托和凯德中国最近一次扩募收购对比

	越秀房托	凯德中国
上市地点	香港联交所	新加坡交易所
目标资产	广州越秀金融大厦	四处物流中心
资产类型	办公楼	物流中心
目标资产来源	重大关联方（越秀地产）	独立第三方
资产购置成本	人民币 78.00 亿元	人民币 16.83 亿元
资产估值	人民币 80.30 亿元	人民币 16.94 亿元
溢价 / 折价比例	折价 2.86%	折价 0.6%
扩募方式	供股计划	特定投资者私募增发
扩募占收购融资金额比例	46.20%	45.59%
资产负债率变化	38.8%—41.0%	35.9%—38.2%
扩募过程股价变化	–7.9%	几无影响

资料来源：Wind，兴业研究。

在资产类型方面，越秀房托收购的越秀金融大厦属于以办公室加零售为主的写字楼资产，属于传统地产资产；凯德中国收购的是物流中心，属于新型地产资产。二者分别以评估价折价2.86%和折价0.6%成交，交易对价相对合理。与初始资产发行REITs上市不同的是，此交易价格并不体现在REITs

份额的价格上。

在主动化管理方面，越秀房托本次收购资产的卖方为越秀地产，系其重要关联方，本次交易不仅于越秀房托而言改变了资产组合，还于越秀地产而言进行了不动产证券化，降低了负债率，是二者的联动融资，越秀房托的基金管理人对于资产组合的运营更倾向于配合越秀地产，而非具有绝对自主权的主动管理行为，可以预见未来其资产收购亦更多倾向于越秀一致行动人实际控制的资产；相较之下，凯德中国管理人的运营更具主动性，从 REITs 投资人和 REITs 价格成长性方面考量，买卖资产的目的在于优化资产组合和提升资产组合的收益率，本次收购的市场化性质更强，看中中国内地物流资产的成长性，交易对手方为独立第三方，其选择资产的范围更为广阔。

在 REITs 份额扩募方式和投资意愿方面，越秀房托采用了供股的方式向基金单位持有人按持有份额比例获得认购新份额的权利，现有基金份额持有人实际认购了占此次扩募总数 77.6% 的基金单位，由于剩余部分未被认购，越秀一致行动人作为重大关联方在此次扩募中因与越秀房托签订了包销协议，认购了未被现有基金单位持有人认购的 22.4% 的扩募基金单位。越秀地产基金的扩募方式给予了现有基金份额持有人优先认购权，越秀一致行动人集团在扩募中扮演了重要的作用，所持有基金单位的百分比经过扩募由 47.8% 上升至 52.2%。而凯德中国在信托份额扩募中采用了向特定机构投资者和合格投资者进行私募增发的方式，由于投资者认购较为积极，扩募发行规模由计划的 1.03 亿份信托份额增加到了 1.29 亿份信托份额，扩募金额也相应增加。越秀房托基金单位增发价格为 3.20 港元，较交易公告前最后交易日 3.67 港元收盘价折价 12.8%，而凯德中国信托份额增发价格为 1.165 新元，较交易公告前最后交易日 1.21 新元的收盘价折价 3.72%。相比之下，投资者参与凯德中国扩募的积极性更高。

在收购前后 REITs 价格表现方面，由于越秀房托系关联方资产转让、采用供股扩募、收购的资产为传统地产资产，投资者认可度不高，而凯德中国系市场化收购、定向权益募资、收购的资产为物流中心资产，投资者积极性很高，这使收购前后两只 REITs 的价格表现不同。越秀房托发布供股扩募基金的公告日，即2021年10月24日的收盘价为3.67港元，公告发布后2天连续下跌，2021年10月26日收盘价大幅下跌10.63%至3.28港元，至供股增发结束日，即2022年1月26日收盘价略有回升至3.38港元，整个扩募期间股价下跌幅度达7.9%。而凯德中国增发信托份额的扩募公告日，即2021年10月12日的收盘价为1.25新元，扩募结束日，即2021年10月13日的收盘价为1.22新元，较前一日下跌2.4%，扩募结束次日，即2021年10月14日的收盘价便已恢复了1.25新元的水平，该扩募方案对凯德中国的REITs价格几无影响。

在收购完成后REITs各财务指标方面，越秀房托和凯德中国均对收购后的基金收益表现和财务状况做了估计。越秀房托预测基金单位分派年化收益率将从6.68%上升到7.16%，凯德中国按交易公告前每单位1.21新元价格估算，预测其每份额分派年化收益率将从5.25%上升至5.43%。两只REITs的资产负债率在扩募融资后均有所上升，但与50%的监管上限均保持了一定的安全距离。

图2-8　最近一次扩募收购对越秀房托股价的影响

资料来源：Wind，兴业研究。

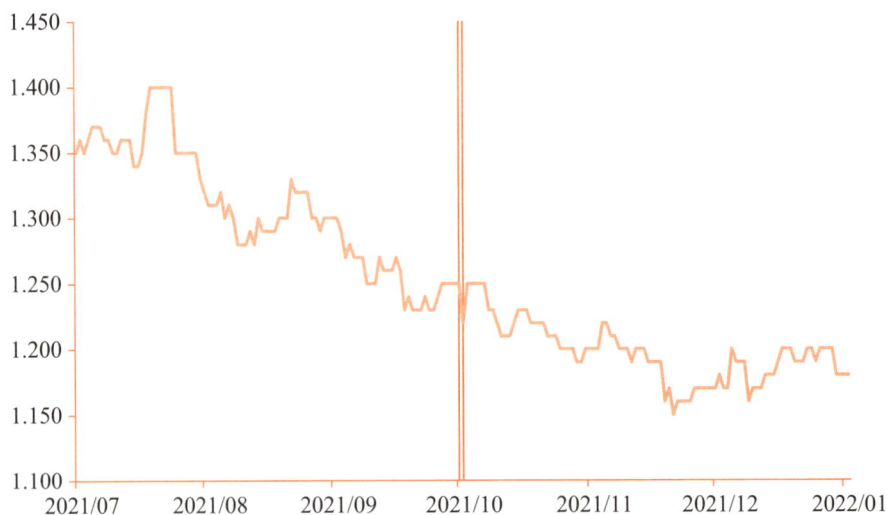

图2-9 最近一次扩募收购对凯德中国股价的影响

资料来源：Wind，兴业研究。

五、国内公募REITs扩募案例分析

2023年6月16日，中金普洛斯REIT、华安张江产业园REIT、博时蛇口产园REIT、红土创新盐田港REIT等四单首批公募REITs通过扩募完成新购入基础设施项目，扩募金额合计50.60亿元，均为定向扩募，涉及园区基础设施和仓储物流两种类型。与首发规模相比，除红土创新盐田港REIT外，其余三单扩募规模均低于首发规模。

表2-19 通过扩募购入基础设施项目的公募REITs明细

REITs 简称	首发规模	扩募规模	资产类型
中金普洛斯 REIT	58.35	18.53	仓储物流
华安张江光大 REIT	14.95	15.53	园区基础设施
红土创新盐田港 REIT	18.4	4.15	仓储物流
博时蛇口产园 REIT	20.79	12.44	园区基础设施
合计	112.49	50.64	—

资料来源：Wind，兴业研究。

（一）新购入基础设施项目资产情况

在新购入基础设施项目的运营方面，四单公募REITs新购入的基础设施项目与首发时的类型一致，购入前运营情况良好，但扩募纳入公募REITs后运营情况有所分化，对四单公募REITs的运营影响有所不同。

表2-20　扩募前后四只公募REITs出租率情况

REITs 简称	平均出租率（%）			
	2022	2023Q1	2023Q2	2023Q3
中金普洛斯 REIT	94.20%	92.70%	87.60%	88.46%
华安张江光大 REIT	92.60	70.57	82.31	67.60
其中：张江光大园	92.60	70.57	70.57	78.00
张润大厦（扩募项目）	96.32	–	94.05	57.19
红土创新盐田港 REIT	99%	99%	99.50%	99.50%
博时蛇口产园 REIT	85.00	82.00	93.00	91.00
其中：万海、万融大厦	85.00	82.00	88.75	90.00
光明加速器二期（扩募项目）	–	–	97.00	91.00

注：平均出租率为期末时点出租率的平均值。
资料来源：Wind，兴业研究。

中金普洛斯REIT新购入的项目仍为仓储物流项目，共3个，分别位于青岛、江门和重庆，除青岛项目外，其他2个项目的出租率低于2023年3月末中金普洛斯REIT现有项目的出租率均值92.70%，扩募购入后将使得中金普洛斯REIT基础设施项目的分散度更高，但短期内对出租率可能有所拖累，扩募前后中金普洛斯REIT在2023年3月末、6月末和9月末的出租率均值分别为92.70%、87.60%和88.46%。

表 2-21　中金普洛斯 REIT 新购入基础设施项目基本情况

项目名称	建筑面积（万平方米）	可租赁面积（万平方米）	2022 年末出租率	2022 年末估值（万元）
普洛斯青岛前湾港国际物流园	12.08	12.39	98.19%	56200
普洛斯江门鹤山物流园	12.13	12.45	85.70%	50800
普洛斯（重庆）城市配送物流中心	20.95	20.72	82.11%	50200
合计	45.16	45.56	87.46%	157200

注：估值单价＝估值／建筑面积。
资料来源：招募说明书，兴业研究。

华安张江光大 REIT 新购入的基础设施项目张润大厦仍位于张江高科技园区，2020—2022 年运营表现稳健，出租率分别为 98.93%、98.95% 和 96.32%，且租金水平稳步提升。但扩募之际出现了租户哲库科技退租事件，预计受重要入驻行业之一——互联网行业下行风险影响，其后续或仍面临一定运营压力。从扩募前后华安张江光大 REIT 的出租率数据来看，新购入基础设施项目确有拖累，2023 年 3 月末、6 月末和 9 月末，华安张江光大 REIT 的出租率均值分别为 70.57%、82.31% 和 67.60%。

表 2-22　华安张江光大 REIT 新购入的基础设施项目
2020—2022 年出租率及租金情况

项 目	2020 年	2021 年	2022 年
出租率	98.93%	98.95%	96.32%
平均租金（元/天/平方米）	5.56	5.81	5.9

资料来源：招募说明书，兴业研究。

红土创新盐田港 REIT 新购入的基础设施项目世纪物流园位于深圳，其唯一承租人为关联方深圳市通捷利物流有限公司，最新租赁期限为 2022 年 9 月 1 日至 2027 年 5 月 31 日，高空置率风险极低，但后续租金上调或面临市场化定价不足的风险。

博时蛇口产园REIT新购入的基础设施项目位于深圳市光明高新园区的招商局光明科技园科技企业加速器二期项目，包括光明科技园A栋厂房、A-6栋厂房、B-3和B-4厂房。截至2022年末，该项目的平均出租率为97.1%，其租户较为分散，但租期普遍为1—3年，后续可能面临续租和重新招租压力。

表2-23 博时蛇口产园REIT拟购入基础设施项目基本情况

栋号	建筑面积（万平方米）	可租赁面积（万平方米）	2022年末出租率
A栋	4.92	4.92	95.7%
A6、B3、B4栋	6.15	1.81	98.3%
合计	11.07	11.07	97.1%

注：估值单价＝估值/建筑面积。
资料来源：招募说明书，兴业研究。

（二）新购入基础设施项目估值情况

据招募说明书披露，新购入基础设施项目的四单公募REITs，其新购入基础设施项目的预测现金流分派率，2023年处于3.80%—4.52%。其中，中金普洛斯REIT和红土创新盐田港REIT比扩募前基于2023年6月1日市值和估算年化现金流测算的分派率略低，而华安张江光大REIT和博时蛇口产园REIT比扩募前基于2023年6月1日市值和估算年化现金流测算的分派率略高。从理论上来看，若新购入的基础设施项目在运营过程中能实现现金流分派率高于原来项目的现金流分派率，其对公募REITs价格和估值将有一定拉动作用。若新购入基础设施项目运营下行明显，会对公募REITs价格和估值有负面作用。

表2-24 四只扩募REITs新购入基础设施项目估值及净现金流分派情况

| 项目 | 2022 年末估值（亿元） | 估值折现率 | 2022 年末估值（亿元） | 预测现金分派率 | | 扩募前基于市值的年化现金流分派率 |
				2023E	2024E	
中金普洛斯 REIT 新购入基础设施项目	15.72	8%–8.75%	15.72	4.52%	4.76%	5.19%
华安张江光大 REIT 新购入基础设施项目	14.77	6%	14.77	4.39%	4.35%	3.66%
红土创新盐田港 REIT 新购入基础设施项目	3.70	7%	3.70	3.80%	3.55%	4.34%
博时蛇口产园 REIT 新购入基础设施项目	11.72	6.25%	11.72	4.35%	4.43%	3.36%

注：可供分配现金流分派率基于最高发售金额测算。
资料来源：REITs 公告，招募说明书，兴业研究。

（三）扩募后二级市场情况

首批扩募的四单公募REITs在扩募前后的二级市场表现一般。首批扩募的四单公募REITs均在2023年4月18日发布第二稿扩募并新购入基础设施项目招募说明书草案，并于2023年5月19日发布扩募并新购入基础设施项目招募说明书的正式稿。从价格来看，4月18日之后，此四只扩募REITs均有所下行，至扩募上市之后，除博时蛇口产园REIT外，才小幅回升；这期间固然受公募REITs市场二季度运营不及预期带来整体市场下行影响，同时也有投资者对新购入基础设施项目对公募REITs资产组合改善和对投资者收益拉动的预期不强的影响。以华安张江产业园REIT为例，其在5月12日发布公告称，即将新购入的基础设施项目出现了大租户退租事宜，而招募说明书中披露的现金流预测和分派率预测均以高于大租户退租后的出租率的假设条件进行预测，发生大租户退租事件之后，若未能及时补充租户，将很难完成之前的现金流预测值和分派率预测值，此公告发布后的2个交易日价格持续下跌，从3.86元跌至3.51元，之后有所反弹，但均未超过3.70元。

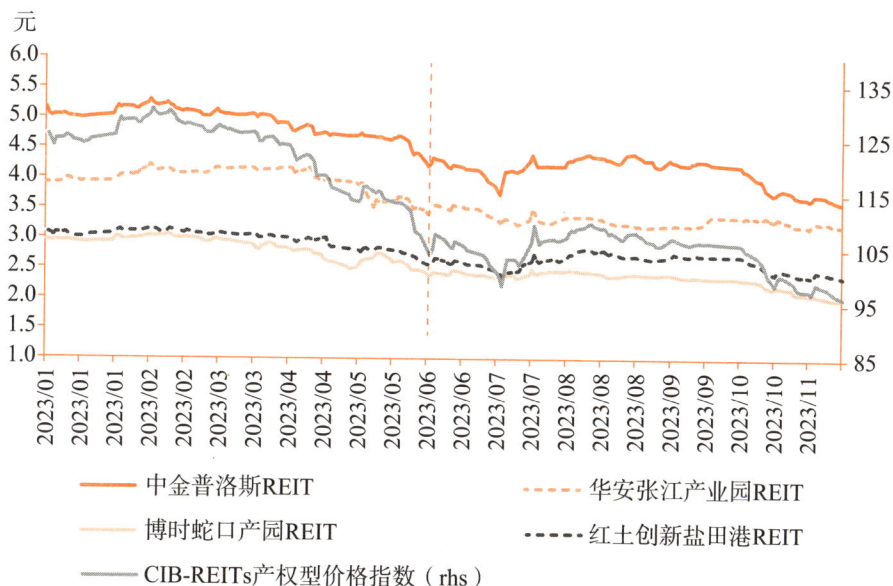

图2-10　扩募REITs及CIB-REITs产权型价格变化走势

资料来源：Wind，兴业研究。

　　REITs扩募过程中扩募资金的投向、扩募方式的选择、扩募份额的定价、扩募融资和债务融资比例的确定等均为关键要素，若扩募资金投向新增资产，那么目标资产交易对价是否公平或低于市场价格、收购后资产组合是否得到优化、对提升每份额收益率和股息的影响、对资产净值的影响等是关系REITs收购成功与否的关键，应为首选考量要素。扩募后REITs价值的变化会得到市场的检验，并体现在REITs价格上。因此无论从投行视角还是从投资视角来看，上述扩募要素均是参与方的重要考量要素。

类REITs寻求公募REITs退出的可行性探讨

在公募REITs推出之前，国内不动产进行REITs证券化有两个渠道：境外REITs上市和境内发行类REITs。自2014年首单类REITs"中信启航专项资产管理计划"（以下简称"启航2014-1"）发行至2022年3月末，我国类REITs共计发行110单，发行规模合计2127.65亿元，目标资产涵盖办公楼、商场、酒店、住房租赁、仓储等类型，其中处于存续期的共有92单，发行规模合计1725.88亿元。若上述类REITs目标资产符合公募REITs试点范围和要求，可寻求以公募REITs实现类REITs退出。

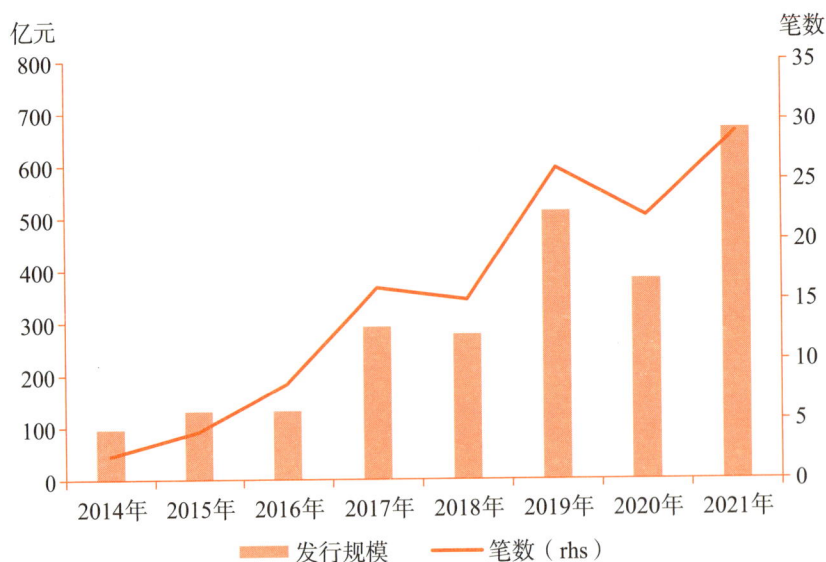

图2-11　类REITs发行情况

资料来源：cn-abs，兴业研究。

一、已清算类REITs的退出方式盘点

类REITs证券端作为固定收益资产，普遍采用3+3+…+3年的期限设置，可以在某个3年末、证券回售权或回购权启动的情况下选择终止、清算类REITs。截至目前，已有18单类REITs进行清算，发行规模合计401.77亿元，涉及基础设施、仓储物流、公寓、零售物业、办公物业和混合类型基础资产。目前清算的类REITs到期退出的处置方式包括原融资主体回购、续发和市场化退出。

表2-25 已清算类REITs项目汇总（亿元）

产品简称	发行量	产品细分	起息日	清算日	处置方式
建清 2020-1	47.05	基础设施	2020/6/12	2021/12/21	–
顺丰 2018-1	18.46	物流仓储	2018/12/11	2021/12/22	–
领昱 1 号 2018-1	2.50	公寓	2018/6/21	2021/6/21	–
碧桂园租赁 2018-1	17.17	公寓	2018/4/27	2020/2/5	主体回购
悦方 2017-1	27.70	零售物业	2017/10/20	2021/10/20	
亿利 2017-2	7.36	办公物业	2017/7/28	2021/3/19	市场化退出
凤凰 2017-1	35.10	酒店	2017/7/12	2020/8/13	–
华远 2017-1	7.36	零售物业	2017/1/24	2020/12/28	市场化退出
苏广 2016-1	16.80	零售物业	2016/12/27	2020/1/3	续发产品
中百 2016-1	10.40	零售物业	2016/12/26	2021/12/25	
云享 2016-1	18.47	物流仓储	2016/6/24	2020/6/23	
吾悦 2016-1	10.50	零售物业	2016/6/16	2021/6/16	主体回购
航星 2016-1	14.00	零售物业	2016/6/14	2019/5/16	
天虹 2015-1	14.50	零售物业	2015/12/11	2020/11/19	–
恒浩航 2015-1	25.00	混合	2015/12/2	2019/1/23	市场化退出
苏宁 2015-2	33.35	零售物业	2015/6/29	2018/6/28	续发产品
苏宁 2014-1	43.95	零售物业	2014/12/16	2018/1/30	续发产品
启航 2014-1	52.10	办公物业	2014/4/25	2017/9/29	主体回购

资料来源：cn-abs，兴业研究。

（一）原融资主体回购的处置方式

目前已清算的类 REITs 中，据可查资料，实现以原融资主体回购的方式进行退出的类 REITs 为启航 2014-1 和东证资管-青浦吾悦广场资产支持专项计划。

启航 2014-1，2014 年 4 月 25 日发行，系中信证券以其表内持有的、自用的北京和深圳的写字楼物业为目标资产发行的类 REITs 产品，目标资产出租率 100%，租户以中信证券及其子公司为主，普遍签有 5 年以上的租赁合同，该项目采用"专项资产管理+私募基金+项目公司股权和债权"的典型股+债类 REITs 交易结构。证券端采用优先、次级分层设计，发行总规模为 52.1 亿元，其中优先级 36.5 亿元，次级 15.6 亿元，优先级期限 5 年，每年付息，到期还本，退出时分享增值收益的 10%，次级为权益型设计，每年付息，到期还本，退出时分享增值收益的 10%，即目标资产的租金收入用于支付证券端利息，目标资产的处置收入用于支付证券端本金和超额收益。私募基金的期限设计亦为 5 年，在 3 年内未实现公募 REITs 上市，私募基金可提前结束，此后在 2 年内通过处置目标资产偿还证券端本息。

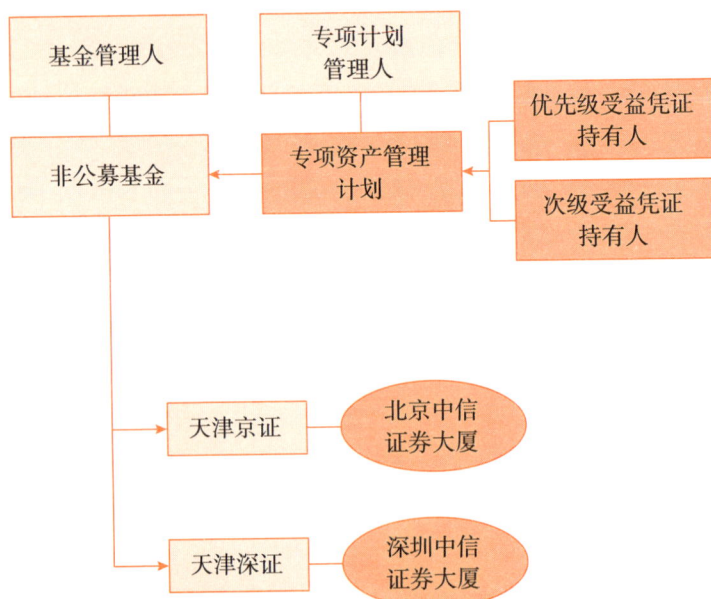

图 2-12　启航 2014-1 交易结构简图

资料来源：计划说明书，兴业研究。

因此，2017年4月24日，即中信启航专项资产管理计划设立期满3年时，在该类REITs未实现公募上市之际，私募基金管理人发出通知，将按照基金合同中的规定对其拥有的目标资产权益进行资产处置。经独立评估机构评估，项目公司合计净资产评估值为5.82亿元，资产处置价格应不低于该评估值。根据股权转让协议的约定，原始权益人中信证券通过支付股权转让价款5.82亿元和用于清偿委托贷款本金50.40亿元，合计56.22亿元的方式，实现了对该类REITs项目以主体回购的处置方式退出。私募基金收取回购方资金，并在2017年6月15日向专项计划进行了第四次收益分配暨资产处置分配，在该次分配中，按照初始《计划说明书》中的约定优先级获得了基础收益（预期收益）、全部本金和10%超额收益共计38.05亿元，次级获得全部本金和90%超额收益共计19.10亿元。

（二）续发类REITs的处置方式

实现类REITs退出的第二种方式是续发类REITs，以新募集资金购买旧类REITs目标资产的方式实现退出。目前，据不完全统计，共有3单类REITs通过续发类REITs产品的方式实现退出，为苏宁电器集团有限公司（以下简称"苏宁集团"）系列类REITs。

苏宁2014-1、苏宁2015-2和苏广2016-1均为苏宁集团或其下属子公司发行的类REITs产品，目标资产分别为11家门店物业、14家门店物业和成都苏宁广场，大部分物业由苏宁集团或其下属子公司承租，交易结构极为相似，均采用"专项计划+私募基金+项目公司股权和债权"的典型股+债类REITs结构，私募基金对项目公司发放委托贷款，项目公司将其持有的目标资产抵押给私募基金为该笔贷款进行担保。苏宁2014-1、苏宁2015-2证券端分为优先A和优先B，优先A期限为18年，专项计划设立日期每满3个计划年度开放申购/回售，计划管理人有权提前清偿并终止优先A，第三年时优先回购权人苏宁集团可选择是否回购优先B证券。优先A每年付息，过手还本，优先B期限为3+1年，每年付息，固定摊还本金，但二者的本金偿付来源不同，优先A和优先B的利息以及优先

A 的本金偿付的现金流来源于目标资产的租金收入，而优先 B 本金偿付的
现金流来源于优先回购权人的权力维持费以及最终资产处置收入。苏广
2016-1 分为优先 A、优先 B 和次级，其优先 A 和优先 B 的设置与前两者基本
一致。

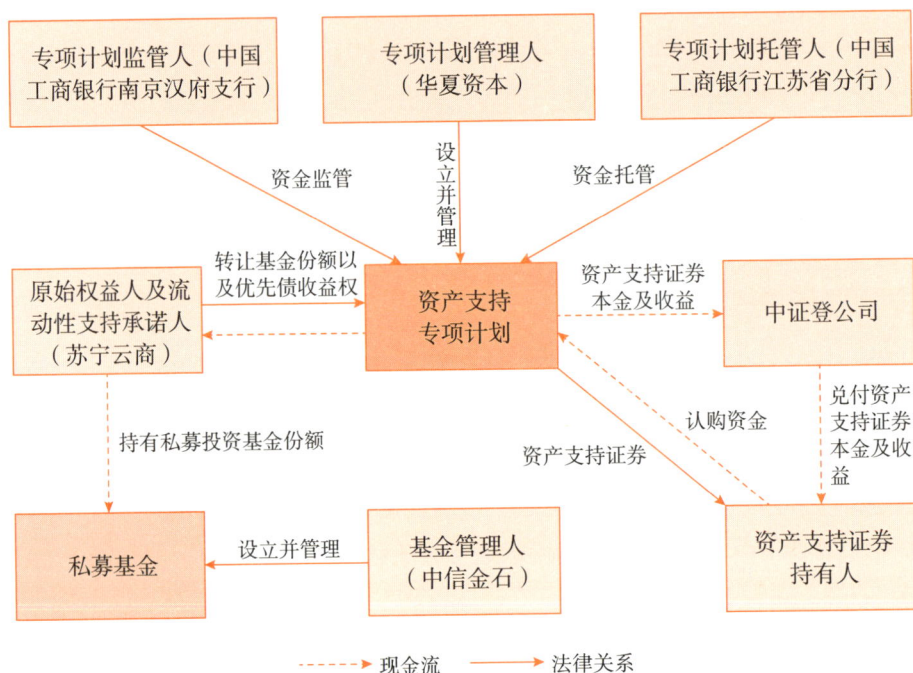

图 2-13　苏宁 2014-1 交易结构简图

资料来源：评级报告，兴业研究。

苏宁集团系列类 REITs 在交易结构设计中，均约定在计划设立日届满 3
年之际，计划管理人有权在该日通过提前偿还优先 A 提前终止专项计划。以
苏宁 2014-1 为例，华夏资本、中信金石基金管理有限公司在专项计划成立
满 3 年时与苏宁电器集团签署协议，同意类 REITs 中的私募基金收购专项计
划持有的对项目公司的优先债收益权，交易对价为 18.76 亿元，用于偿付优
先 A 本息，同时苏宁电器集团行使对优先 B 的优先回购权，支付对价 23.10
亿元，苏宁集团持有专项计划所有优先 B 证券，计划管理人再对苏宁集团进

行实物分配,至此优先B终止。苏宁2015-2与苏宁2014-1的退出方式基本一致,2018年4月27日和2018年5月3日,计划管理人分别发布了《中信华夏苏宁云创二期资产支持专项计划A类资产支持证券附条件提前终止提示性公告》和《关于苏宁集团行使中信华夏苏宁云创二期资产支持专项计划B类资产支持证券优先收购权的公告》,苏宁集团拟提前偿还优先A本息并行使对优先B的优先收购权。苏广2016-1的退出方式与前两者基本一致。在上述类REITs中,苏宁集团用于偿还优先A本息和回购优先B证券的资金均属于过桥资金,此后苏宁集团分别于2018年11月21日、2018年6月8日和2019年12月6日以相同的目标资产再次以类REITs融资方式进行融资,并用募集资金偿付了此前的过桥资金。

从全过程来看,类REITs的这一退出方式为续发产品募集资金退出,但仅从前半程来看,实质仍然是原融资主体回购,只是原融资主体资金紧张,在旧的类REITs退出后,再次用相同的目标资产,以相同的融资方式进行募资。通过新一轮类REITs融资,目标资产的估值较此前均有所提升,其对应的实际融资金额较此前亦有所增加,交易结构证券端设计均有优化痕迹;然而受限于市场利率的变化,发行利率并未实现绝对下降。在计划管理人和承销商方面,续发类REITs均发生了计划管理人和承销商的变更,可见投行部门是可以实现从存续类REITs中挖掘公募或续发类REITs业务机会的。

表2-26 苏宁系列首发和续发类REITs项目对比(亿元,%)

目标资产	项目简称	原始权益人	外部支持方	计划管理人	发行规模	优先A规模	级别	发行利率	优先B规模	级别	发行利率
11家门店	苏宁2014-1	苏宁云商集团股份有限公司	苏宁电器集团有限公司	华夏资本(中信证券)	43.95	20.85	AAA	6.17	23.1	AA	8.50
	苏云2018-1	苏宁电器集团有限公司	苏宁电器集团有限公司	中金	49.20	28.72	AAA	6.20	20.38	AA+	7.50

续表

目标资产	项目简称	原始权益人	外部支持方	计划管理人	发行规模	优先A规模	级别	发行利率	优先B规模	级别	发行利率
14家门店	苏宁2015-2	苏宁云商集团股份有限公司	苏宁电器集团有限公司	华夏资本（中信证券）	33.35	16.77	AAA	5.60	16.58	AA+	–
	苏宁2018-1	苏宁电器集团有限公司	苏宁电器集团有限公司	华泰资管（华泰证券）	34.92	18.53	AAA	6.50	16.29	AA+	7.50
成都苏宁广场	苏广2016-1	苏宁置业集团有限公司	苏宁电器集团有限公司	平安证券	16.80	3.50	AAA	5.20	11.00	AA+	6.00
	苏广2019-1	南京苏宁商通企业管理服务有限公司	苏宁电器集团有限公司	中信证券	19.00	18.00	AAA	6.50–7.90	–	–	–

注：苏广2019-1优先级分为A1、A2、A3，发行利率分别为6.50%、7.50%、7.90%

资料来源：cn-abs，计划说明书，兴业研究。

（三）市场化的处置方式

类REITs实现退出的第三种方式是目标资产的市场化处置，典型案例是恒泰浩睿-海航浦发大厦资产支持专项计划（以下简称"恒浩航2015-1"）。

恒浩航2015-1成立于2015年12月2日，计划管理人恒泰证券，标的物业为上海浦发大厦，交易结构为典型的"专项计划+私募基金+项目公司股权和债权"的股+债类REITs结构，募集资金25亿元，其中7.21亿元用于向项目公司发放委托贷款，其余为购买项目公司股权。目标资产发行阶段估值为25.24亿元，证券端分为优先A和优先B，发行规模分别为15.31亿元和9.69亿元，二者均按年付息，前者过手还本，后者到期一次性偿付，由于发行规模整体较大，租金收益率相对较低，标的物业的净运营收入仅可满足覆盖优先A利息和少量本金，因此海航实业为其提供流动性支持，每3年可选择是否回收；而海航资产管理有限公司（以下简称"海航资产"）对优先B享有优先回购权，每3年可选择是否进行回购，其支付的优先回购权权利维持费用于偿还优先B本息。上述外部支持均由海航集团提供无条件连带责任担保。

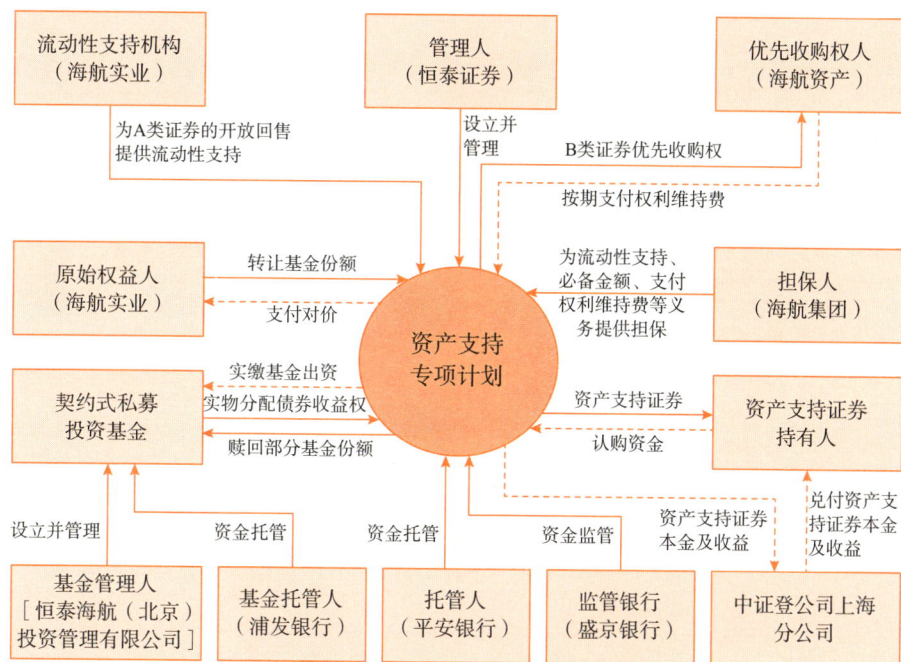

图2-14　恒浩航2015-1交易结构简图

资料来源：评级报告，兴业研究。

表2-27　恒浩航2015-1项目信息

	优先A	优先B
项目结构	设立初期：专项计划－私募基金份额－物业项目公司股权＋债权－标的物业，合计25亿元； 设立之后：专项计划以对物业项目公司债权本息做对价赎回部分私募基金份额，（1）专项计划－私募基金份额－物业项目公司股权－标的物业产权，17.79亿元；（2）专项计划－物业项目公司债权－标的物业抵押权，7.21亿元。	
标的物业	浦发置业公司持有的上海浦发大厦8—19层、21—32层及地下1—2层，建筑面积共计46739.65平方米，估值25.24亿元（评估日期2015年9月30日）。	

续表

	优先 A	优先 B
规模（亿元）	15.31	9.69
期限（年）	3+3+3+3+3+3； 投资者拥有回售权	3+3+3+3+3+3； 海航资产拥有优先回购权
付息方式	年付	年付
还本方式	每年过手摊还	到期一次性偿还
发行利率	5.30%	6.9%
偿付来源	扣税后的物业运营收入	海航资产支付的权利维持费
偿付保障	海航实业的流动性支持 + 海航集团担保	海航集团担保
未处分下的分配科目	专项计划账户的回收款科目	专项计划的权利维持费科目
未处分下的分配顺序	税费、执行费用 – 登记托管机构相关费用 –其他参与方相关费用 –A 收益 –A 本金	B 收益
处分下的分配科目	处分科目	
处分下的分配顺序	税费、执行费用 – 登记托管机构相关费用 – 其他参与方相关费用 –A 收益 –A 本金 –B 收益 –B 本金	

资料来源：计划说明书，兴业研究。

　　恒浩航 2015–1 分别于 2017 年 1 月 23 日和 2018 年 1 月 23 日进行过两次偿付分配，截至市场化处置之前，优先 A 和优先 B 未偿本金余额分别为 15.11 亿元和 9.69 亿元。2019 年 1 月 7 日，凯德集团在其官网公告称，与一家非关联方第三方公司合资成立的公司（各自持股 50%）以 27.52 亿元收购上海浦发大厦约 70% 的商业面积（即恒浩航 2015–1 的目标资产）。恒泰证券股份有限公司于 2019 年 1 月 15 日发布《关于恒泰浩睿口海航浦发大厦资产支持专项计划的临时公告》，"根据专项计划持有人会议决议，恒泰浩睿 – 海航浦发大厦私募投资基金管理人召开私募基金份额持有人会议，并根据会议决议，与资产处置交易相关方签署关于出售及购买上海浦发大厦置业有限公司的 100% 股权之合作协议、《关于恒泰海航（北京）投资管理有限公司与海航投资控股有限公司的咨询服务协议》等资产处置相关交易文件"，并于2019年1月10日完成资产交割。在此之前，2018年12月，恒浩航2015-1的A类资产支持证券份额持有人已全部完成回售登记。2019年1月14日，海航资产向管理人宣布资产处置交易价款已全额到账，决定不再继续行使B类资产支持证券的优先收购权，因此A类资产支持证券回售流程、B类资产支持证券优先收购流程均于2019年1月14日终止，恒浩航2015-1以第三方收购目标资产的市场化方式实现了退出。根据计划管理人于2019年1月23日发布的偿付报告，恒浩航2015-1的A类和B类资产支持证券偿付本息共计26.26亿元，与资产交易价格扣除税费和期间费用后基本一致。

上述三种类REITs退出方式的实质有所差异，启航2014-1和恒浩航2015-1均为目标资产买方从私募基金处购买项目公司股权和债权，差别在于前者的资产买方为原融资主体，资产交易价格在扣除税费和期间费用、偿付完优先本息和次级本金后，剩余溢价收益要进行超额收益的分配，这对融资主体并不友好，也导致后续类REITs设计中加入了融资主体优先回购证券的设计；后者的资产买方为非关联第三方，此次交易价格扣除税费和期间费用后与应付A类和B类证券本息基本一致，因此B类证券的优先回购权人放弃了行使回购权，若存在溢价收益，B类证券的优先回购权人最大可能会先行使回购权，然后再以现金进行分配。而苏宁集团系列类REITs的退出方案实质则是优先B类证券的回购，以证券端应付本息的成本进行了类REITs的退出，后续再发行类REITs还实现了估值跃升。

二、存续期类REITs公募上市退出可行性探讨

（一）类REITs中公募上市的退出安排机制

尽管目前已清算的类REITs中没有通过国内公募REITs上市实现退出的，但目前已发行的类REITs在处置分配上，几乎都设置了公募上市的退出路径。

按照大部分类REITs的计划说明书，处置分配是指分配的对象为私募基

金以对项目公司的股权或目标资产的处置而获取的收益（包括募集资金、出售价款和公募 REITs 上市份额）而向专项计划进行的分配，其中公募 REITs 上市份额的分配称为虚拟分配或名义分配。处置分配中，以募集资金及相应 REITs 份额（REITs 份额的价值应按照其公募上市时的发行价格计算）先向专项计划进行分配（含虚拟分配），专项计划收到前述分配后，再按照约定顺序进行证券端分配。一般来说，分配顺序为：

（1）支付专项计划于该分配日所在的计息期间及以前的任何一个计息期间内应承担而尚未支付的税收（如有）、执行费用（如有）；

（2）支付于该分配日所在的计息期间及以前的任何一个计息期间内发生的而尚未支付的受益凭证上市、登记、资金划付等相关费用；

（3）支付计划管理人于该分配日所在的自然年度及以前的任何一个自然年度的管理费（已经支付的除外）；

（4）支付于该分配日所在的自然年度及以前的任何一个自然年度内发生的而尚未支付的其他专项计划费用，包括但不限于专项计划托管人的托管费、项目公司监管账户的监管费、跟踪评级费、审计费；

（5）同顺序支付优先级 A 证券持有人的利息；

（6）同顺序支付优先级 B 证券持有人的利息；

（7）同顺序支付优先级 A 证券持有人的未分配本金；

（8）同顺序支付优先级 B 证券持有人的未分配本金；

（9）同顺序支付次级证券持有人的未分配本金和收益；

（10）其他分配。

除第（7）—（10）项外，若同一顺序的多笔款项不能足额分配，则按各项金额的比例支付，并在下一次分配中优先予以补足；但在完全处置前，应以目标资产的运营收入和处置收入予以补足。

在 REITs 份额分配中，即私募基金因持有或出售 REITs 份额而获得的收益而向专项计划进行的分配，及私募基金将原虚拟分配给专项计划的 REITs 份额实际分配给专项计划而进行的分配，如尚未实现完全处置，则各档证券持有人应上述顺序获得相应 REITs 份额的虚拟分配的比例进行分配；如已实现完全处置（所有REITs份额已全部出售），则应先用于承担专项计划费用，即第（1）—（4）项，余额再按照后续顺序获得相应REITs份额的虚拟分配的比例进行分配。

基于上述安排，若类REITs以公募REITs实现退出，有三种方案可选：

第一种方案，以全部公募REITs募集资金购买目标资产，以现金方式对专项计划，进而对类REITs证券端进行分配。事实上，作为新加坡上市REITs主体，凯德收购恒浩航2015-1目标资产上海浦发大厦可认为是这一方案的非典型案例。从类REITs退出角度来看，这也是公募REITs上市退出方案中最简单的。

第二种方案，以公募REITs份额对专项计划进行分配，专项计划通过私募基金持有REITs份额，之后既可继续持有REITs获得分红收益，又可出售部分或全部REITs份额获得现金，再进行分配。这一方案下，一方面，证券端仍然保持了分层结构设计和预期收益、本金按时偿付的固定收益证券的特点，若某一兑付日需要偿付大额证券本金，需要在二级市场上出售REITs份额变现，REITs价格的波动较此前固定收益证券相对较大，确实在当前存在新上市REITs上涨的优势，但也存在REITs价格下跌、出售所得无法覆盖本息的风险，因此这一方案与原证券持有人初始投资下的风险偏好和收益预期并不一致，通过持有人大会决议的可能性并不大；另一方面，公募REITs采用"公募基金＋专项计划"的交易结构，类REITs以这一方退出，交易结构变为"专项计划＋私募基金＋公募基金＋专项计划"，交易结构非常复杂，操作可行性不高。

第三种方案，复杂一些的，还可以一定比例的募集资金和REITs份额共同进行分配，即目标资产并非以全部公募REITs的方式募集，还可以保留一部分份额分配给当前类REITs投资者，这一方案也存在方案二的风险，操作上更为复杂。

以公募REITs上市实现类REITs退出，需证券持有人大会进行决议，上述三个方案中，第一种方案通过证券持有人大会决议的可能性最大，操作亦最简便。

（二）存续期类REITs存在满足公募REITs试点范围的目标资产

截至2022年3月末，存续期类REITs共计92单，发行规模合计1725.88亿元，剔除酒店、商场、写字楼等商业地产类REITs后，符合基础设施公募REITs行业试点范围的类REITs共计33单，发行规模合计525.11亿元，目标资产涵盖住房租赁（公寓）、收费路桥、仓储物流、能源基础设施项目、产业园项目和科技园项目，上述类型的发行规模占比分别为34.63%、20.93%、19.82%、16.88%、5.80%和1.94%。

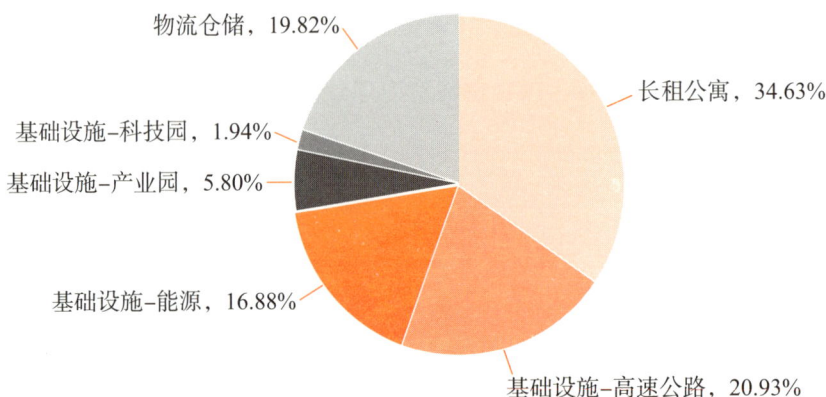

图2-15 符合公募REITs试点范围要求的类REITs目标资产分布

资料来源：cn-abs，兴业研究。

在目标资产的地域分布方面，有资料可查的12个类REITs项目涉及92处物业a，其中公寓类REITs目标资产大多位于北京、上海、深圳、广州等一线城市或者天津、长沙、西安等直辖市/省会城市，且大多位于城市的核心区。仓储物流类REITs资产大多位于深圳、义乌等大湾区、长三角城市群中物流枢纽城市，一般具有较高的出租率以保障收入来源的稳定性。收费路桥类REITs目标资产则位于四川、安徽、河北等地，多为省内或跨省交通运输要道。

---

① 其中有一个类REITs项目目标资产为长租公寓，共65套，分布于多处。

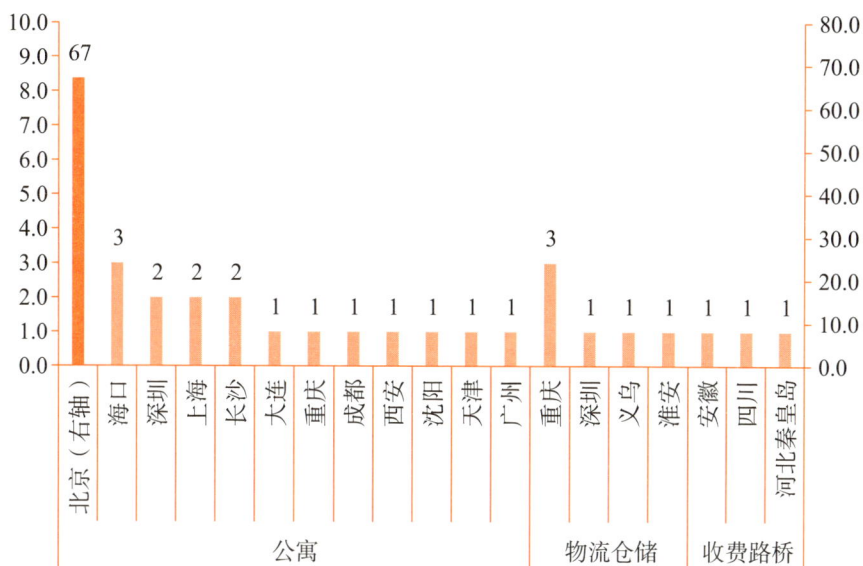

图2-16　符合公募REITs试点范围要求的类REITs目标资产地域分布

资料来源：计划说明书，评级报告，兴业研究。

　　在资产运营方面，为保障固定收益证券现金流来源的稳定性，类REITs目标资产普遍由融资主体或其关联方承租，再进行对外运营，但公募REITs要求现金流来源合理分散，若以公募REITs退出，则需要变更整体回租再行市场化运营的设计方案。公寓类REITs以深创投安居集团人才租赁住房第一期资产支持专项计划（以下简称"安居2018-1"）和新派公寓权益型房托资产支持专项计划（以下简称"新派2017-1"）为例，其目标资产分别位于深圳市南山区、龙岗区和北京市朝阳区，地理位置优越。其中，安居2018-1项目涉及2处物业，分别为建筑面积为1.43万平方米的81套住宅及建筑面积为5.82万平方米的600套公寓，均定位为人才公寓，并由完全融资人深圳市人才安居集团有限公司整体承租，再由其出租经营。截至2020年5月29日，2处物业完成交付并取得《不动产权证书》，剩余租赁期限为18.58年。租金方面，2处物业的第一个租赁年度整租租金标准分别为58.43元/平方米/月、29元/平方米/月，此后每年增长3%，按季度支付当季度租金，租金收缴率为100%。估值方面，2处物业最新估值为2019年末的31.44亿元，较2017年末初始估值仅增长2.03%，由于上述物业是人才公寓，具有一定保障性住房属性，租金收入涨幅不高。而新派2017-1目标资产为建筑面积5,11.57平方米的CBD公寓，共有99个房间，**市场化出租运营**，截至2018年5月底出租率100%，整体出租情况良好，但会受行业淡季和换租高峰期影响，呈现一定波动性。租金方面，截至2018年3月底，每间房间合约平均租金为8500元/月，较2017年6月末增长6.78%，租金水平增幅尚可。估值方面，物业所在区域经济及商业地产运营环境无重大变化，2017年6月30日的估值水平为3.15亿元。

表2-28　两单长租公寓类REITs目标资产情况对比

	安居2018-1	新派2017-1
目标资产	2处物业，包含81套住宅、600套公寓	1处物业，包含1个公寓的99个房间
所处位置	深圳市南山区、龙岗区	北京市朝阳区
建筑面积	物业1为1.43万平方米，物业2为5.82万平方米	511.57平方米
出租方式	原始权益人整租	市场化出租
出租率	100%	91%—98%
租金	第一个租赁年度整租租金标准分别为58.43元/平方米/月、29元/平方米/月，此后每年增长3%，按季度支付当季度租金。	2016年度平均为7500元/月/间，2017年平均为8500元/月/间
估值	31.44亿元（2019年12月31日）	3.15亿元（2017年6月30日）

资料来源：计划说明书，评级报告，兴业研究。

仓储物流类REITs典型案例为华泰佳越-顺丰产业园一期第2号资产支持专项计划（以下简称"顺丰2019-2"）。顺丰2019-2目标资产包括3处物流产业园，分别位于深圳市宝安区、义乌市和淮安市清河区，建筑面积合计23.16万平方米。仓储物流的收入来源主要为租金收入及管理费等，该项目3处物业目前出租率均为100%，租约分别于2022年、2023-2024年、2023年到期，收入来源较为稳定。其中，深圳产业园承租人为顺丰航空和顺路物流，义乌产业园承租人为义乌丰预泰管理和金华顺丰速运，淮安产业园承租人为淮安丰泰管理，以上承租方均为融资人同一控制下的关联方，市场化运营程度不高。2020年1–4月，3处物业平均租金分别为74.39元/平方米/月、20.31元/平方米/月和10.97元/平方米/月；租金收入分别为2041.49万元、1049.37万元和240.77万元，净营运收入分别为2272.55万元、942.61万元和203.63万元。估值方面，截至2019年3月末，3处产业园市场价值分别为8.42亿元、4.50亿元和1.18亿元。相较于公募上市、同样是非国企控股的中金普洛斯REIT，同样是以多处分散物流园为底层资产，中金普洛斯REIT底层资产由7个仓储物流园组成，分布于京津冀、长三角、大湾区三大城市群，建筑面积合计约70.76万平方米，约是顺丰2019–2项目总面积的3倍，估值合计53.46亿元，平均估值单价7,583元/平方米。2020年末，中金普洛斯REIT的7处仓储物流园出租率为97%—100%，且其运营高度市场化，主要租户包括京东、美团、德邦物流、上海医药、捷豹路虎等，截至2020年末，前十大租户占比58.32%，关联方租户占比仅为5.70%。

表2-29　仓储物流类REITs与公募REITs目标资产情况对比

	顺丰 2019-2	中金普洛斯 REIT
目标资产	3 处物流产业园	7 处仓储物流园
所处位置	深圳市宝安区、义乌市、淮安市清河区	北京市、广州市、佛山市、苏州市、昆山市
建筑面积	分别为 7.42 万平方米、10.3 万平方米、5.43 万平方米	7 座物流园共 70.76 万平方米
出租方式	原始权益人关联方整租	市场化出租
出租率	100%	北京通州、苏州望亭、广州保税、广州增城、佛山顺德为 100%，北京空港、苏州昆山为 97%
租金	深圳 74.39 元/平方米/月，义乌 20.31 元/平方米/月，淮安 10.97 元/平方米/月（2020 年 1–4 月）	北京空港 63.3 元/平方米/月、通州 74.4 元/平方米/月，苏州望亭 33.6 元/平方米/月、昆山 25.2 元/平方米/月，广州保税 25.2 元/平方米/月、增城 39.9 元/平方米/月，佛山顺德 33.0 元/平方米/月（2020 年）

续表

	顺丰2019-2	中金普洛斯REIT
估值	深圳8.42亿元，义乌4.50亿元，淮安1.18亿元（2019年3月末）	53.46亿元（2020年末）

资料来源：计划说明书，评级报告，兴业研究。

高速公路REITs典型案例为上海广朔实业有限公司2019年第一期光证资产支持票据（以下简称"广朔ABN2019-1"）。广朔ABN2019-1资产为沿海高速公路（秦皇岛至冀津界段）车辆通行收费权，总里程174.49公里，特许经营年限至2027年12月20日。沿海高速公路为双向四车道，2017年日均车流量为30862辆，货车占比为60.02%，沿海高速公路主要连接天津、唐山、秦皇岛等三个地区，据《现金流预测报告》预计2020-2025年交通量增长率分别为4.2%、3.2%和4.0%。2020年上半年，受新冠肺炎疫情期间延长免通行费收入政策影响，沿海高速实现通行费收入12.13亿元，低于预测值23.19%；2021年第一季度实现通行费收入3.06亿元，同比增长176.67%，已逐步恢复到正常水平。与高速公路公募REITs浙商沪杭甬REIT相比，后者目标资产为杭徽高速公路（浙江段）及其相关构筑物资产组的特许经营权，收费里程122.25公里，特许经营权最长至2031年。杭徽高速公路也为双向四车道，2020年日均车流量23233辆，通行费收入4.52亿元，预测2021-2031年车流量复合增速可达5.7%。相较之下，广朔ABN2019-1项目资产收费里程更长、车流量更大、历史通行费收入更高，但特许经营权年限较短。

表2-30 目标资产同为高速公路的类REITs与公募REITs目标资产情况对比

	广朔ABN2019-1	浙商沪杭甬REIT
目标资产	沿海高速公路（秦皇岛至冀津界段）车辆通行收费权	杭徽高速公路（浙江段）及其相关构筑物资产组的收费权
所处位置	秦皇岛市北戴河区	杭州市
车道数	双向四车道	双向四车道

续表

	广朔 ABN2019-1	浙商沪杭甬 REIT
收费里程	174.49 公里	122.25 公里
特许经营权年限	至 2027/12/20	留汪段及汪昌段至 2031/12/25，昌昱段至 2029/12/25
日均车流量	30862 辆（2017 年）	23233 辆（2020 年）
通行费收入	12.13 亿元（2020 年）	4.52 亿元（2020 年）
车流量预测复合增长率	2020—2025 年天津、唐山、秦皇岛交通量增长率分别为 4.2%、3.2% 和 4.0%	2021—2031 年车流量复合增速达 5.7%
估值	—	45.63 亿元（2020 年末）

资料来源：计划说明书，评级报告，兴业研究。

可挖掘以公募上市退出的类 REITs 除了满足行业试点范围要求之外，还需要满足现金流来源合理分散、现金流分派率符合监管要求、首次发行的目标不动产评估净值原则上不低于 10 亿元、发起人（原始权益人）具有较强扩募能力等要求，需要基金管理人对备选项目进行进一步甄别。

Pre-REITs研究手册

2022年2月17日多家媒体报道a，国家发改委投资司就Pre-REITs基金相关事宜进行了探讨，参会机构包括央企、国企以及金融机构。2023年2月20日，证监会于其官网发布《证监会启动不动产私募投资基金试点　支持不动产市场平稳健康发展》（以下简称"不动产私募投资基金试点"），基金业协会于同日发布《不动产私募投资基金试点备案指引（试行）》，在私募股权投资基金类型项下增设"不动产私募投资基金"产品类型，Pre-REITs有了相对明确的产品载体。

○ ○ ○ ●

一、Pre-REITs 在不动产全周期的环节定位和概念

在美国、新加坡等市场中，不动产生命周期中贯穿REITs各种生态，Pre-REITs位于生态前端，进行不动产上市前的项目培育和储备。尽管国内Pre-REITs概念是在近两年REITs讨论火热之余进入公众视野的，但以私募股权形式参与不动产前期投资和培育，再进行后期退出获取增值溢价收益的业务模式早已出现。

根据项目来源不同，不动产项目的全生命周期可以分为两种：（1）新建不动产可以分为项目开发、培育、成熟、证券化、证券化后运营、老化改

---

① https://finance.eastmoney.com/a/202202182281523891.html.

造、再运营阶段；（2）收购运营不良的不动产可以分为收购、改造、培育、成熟、证券化、证券化后运营、老化改造、再运营阶段。无论是新建不动产进行开发培育还是收购不良的不动产进行改造培育，这个帮助不动产进入成熟运营阶段、实现项目增值并以证券化方式退出的过程，称为 Pre-REITs 阶段。在后 REITs 时代，若公募 REITs 中存在老化待改造项目，除公募 REITs 自身对其进行改造升级外，还可以将项目出售给 Pre-REITs 从业主体，由其进行改造培育和增值，再进行证券化。

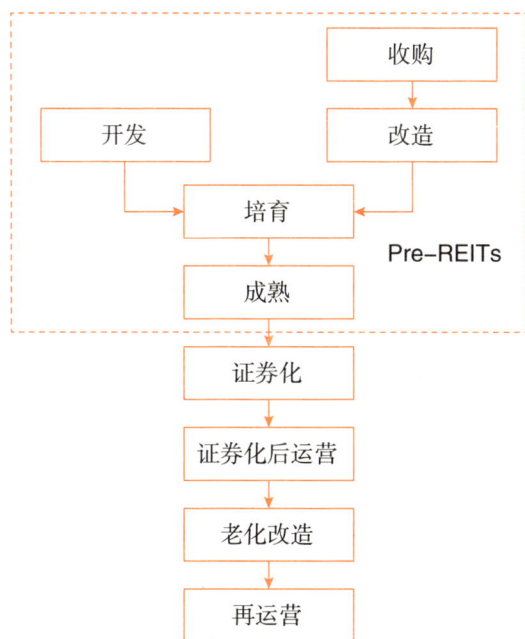

图2-17　包含Pre-REITs的不动产项目全生命周期

资料来源：兴业研究整理。

从参与机构来看，Pre-REITs 的主要参与机构包括牵头人、不动产运营方和金融机构，其中牵头人和不动产运营方普遍是同一控制下的关联方或同一家非金融企业，通常是持股比例最高的不动产项目公司实际控制人；不动产运营方有两种，一种是专门投资地产和运营的管理平台，一种是产业企业主体下属子公司，在基础设施 REITs 推进之际，产业主体的参与对资产运营专业能力提升作用明显；金融机构仅参与财务投资和重要决策，不参与实际运营，其参与 Pre-REITs 的方式主要是权益投资，债权投资相对较少；目前常见 Pre-REITs 的财务投资主要来源于私募基金、保险资金、券商资管、财务公司等。

从业务形式来看，Pre-REITs 通常以私募股权基金（有限合伙型）、信托计划等非标形式对不动产所在项目公司进行 100% 股权投资，方便项目成熟后以公募 REITs 等形式实现整体退出。这也是 Pre-REITs 在业务搭建过程中非常重要的一环，其结构设计力求顺利实现整体退出。其中以私募股权基金最为常见。私募基金的合伙人，通常分为普通合伙人（GP）和有限合伙人（LP），有些私募基金的有限合伙人还根据投资者的风险收益偏好，进行优先、夹层和权益的分层。私募基金下设投资决策委员会，对重大事项进行决策。

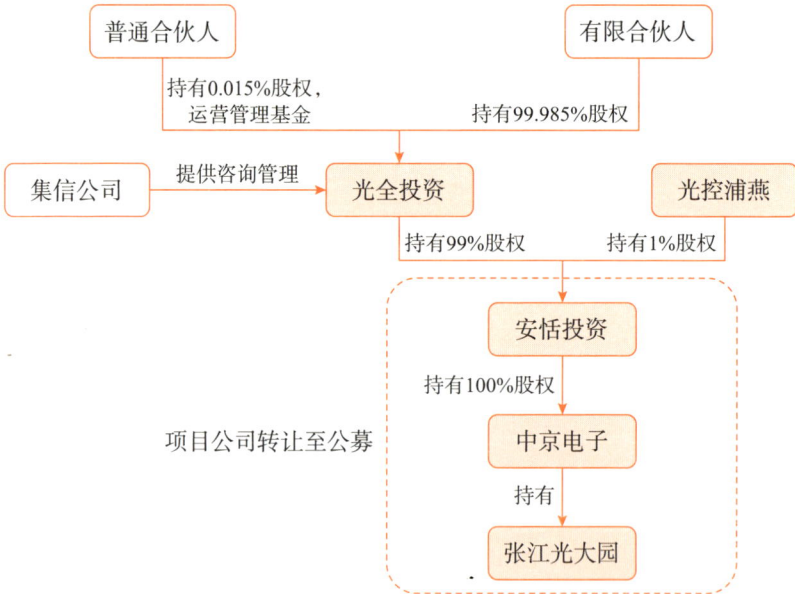

图 2-18　华安张江光大 REIT 上市前的光全投资不动产私募基金整体架构

资料来源：张江高科公告，兴业研究。

表2-31 华安张江光大REIT上市前的光全投资不动产
私募基金主要投资者及比例

合伙人名称	合伙人类别	认缴出资额（万元）	认缴出资额占认缴出资总额的比例
光控安石	普通合伙人	10	0.02%
首誉光控	优先级有限合伙人	20040	29.29%
张江集电	优先级有限合伙人	13360	19.53%
光兰投资	夹层级有限合伙人	6000	8.77%
张江集电	夹层级有限合伙人	4000	5.85%
光兰投资	权益级有限合伙人	15000	21.93%
张江集电	权益级有限合伙人	10000	14.62%

资料来源：张江高科公告，兴业研究。

从参与机构尤其是金融机构的目标来看，Pre-REITs旨在对不动产资产管理创造价值，达到不动产估值最大化，并顺利实现各参与机构的资金退出和合理的收益回报。对于新建项目来说，在项目开发阶段，Pre-REITs需要从市场角度做好不动产的价值管理，在选址评估、项目定位和设计、未来租户选择、定制化建设等方面进行增值设计，以求在项目落成后培育、快速成熟，较前期资金投入有较大的估值跃升；对于收购项目来说，在项目改造阶段，需要针对项目所在区域精准定位、调整租户结构、重新装修改造升级、提高运营效率和出租率，以求通过专业化运营和改善不动产原来的客户体验和现金流状况，实现不动产最大的估值改善。经过Pre-REITs，不动产进入成熟稳定运营阶段，通过类REITs、CMBS或公募REITs等多种不动产证券化方式实现参与机构的资金退出和不动产盘活，以获取合理回报；相较于类REITs和CMBS，公募REITs作为权益型、永久性退出方案，是Pre-REITs参与机构最期待的证券化方式。

若仅将其狭义地看作金融机构参与的业务产品，Pre-REITs的业务流程可分为资金募集、开发培育和项目退出三个阶段。

表2-32　Pre-REITs业务流程

	业务流程
资金募集	私募基金、产业基金、业务牵头方（原始权益人）作为一般合伙人设立私募股权基金（有限合伙），并吸收其他机构投资者作为有限合伙人出资加入。
开发培育	通过私募股权基金持有项目公司股权，间接持有不动产产权或特许经营权，并由产业合作方和专业管理运营方进行开发/收购改造、孵化管理。
项目退出	不动产项目经营状况相对成熟稳定、符合证券化条件时，通过公募 REITs、类 REITs 上市发行或扩募及其他市场化方式实现退出。

资料来源：兴业研究整理。

二、Pre-REITs 对公募REITs的意义

当前公募REITs试点发行，存在三大通过Pre-REITs可缓解的问题：（1）政策要求加快推进公募REITs上市，基础设施项目需求量较大，但成熟、合规、符合现金流和收益率要求的基础设施项目稀缺；（2）专业化项目资产管理机构匮乏；（3）募集资金循环投资有效性欠妥。首先，Pre-REITs可从项目立项阶段开始根据公募REITs试点要求去新建、改造存量不动产，通过专业运营管理进入稳定运营，形成在合规性、现金流来源和收益率要求等方面均满足要求的优质项目储备，为基础设施公募REITs发行上市持续提供备选资产；其次，Pre-REITs有助于形成资产运营机构群体效应，提升参与方尤其是资产运营方、项目牵头人的资产运营和管理能力，为公募REITs储备后备专业机构和专业人才；最后，公募REITs募集资金循环投资的过程中，仍可以Pre-REITs的业务模式推进基础设施项目成熟运营，彻底打通Pre-REITs—公募REITs—Pre-REITs（再投资）的良性循环路径。

除上述外，公募REITs基金管理人、财务顾问等专业团队在寻找公募REITs备选资产时，可定向重点关注Pre-REITs项目，将有机会提前介入基础设施项目，有针对性地从资产合规性、尽职调查要求、重要参与方筛选等方面对标的基础设施项目进行孵化和整合，为公募REITs发行所需的准备工作奠定基础，缩短上市交易所需时间，做好各项项目发行上市的前期工作。

与公募REITs相比，Pre-REITs重在基础设施项目的开发/改造、培育，目前并未有专门针对Pre-REITs的相关业务规范、监管要求和税收优惠，业务形式相对灵活，标的筛选限制性小，投资者分散度和杠杆率方面均无限制性要求，但正因如此，Pre-REITs的风险程度相对较高，对投资者的专业化要求亦相对较高，投资者更侧重于从收益回报的维度进行项目筛选。

三、Pre-REITs对基础设施项目的意义

国内进行不动产前期投资和培育的模式主要有三种：（1）以持有、运营为目的进行的不动产项目开发，这也导致大量不动产留存在开发主体表内，尚未盘活，流动性弱，仅在开发主体出现债务危机、急需资金的情况下进行资产出售，如商业地产项目；（2）以运营为目的进行的不动产项目开发，开发主体前期投入大量资金，有盘活意愿，但由于缺乏退出渠道，因此亦留存在开发主体表内，如PPP、BOT等模式；（3）以运营、退出为目的进行的Pre-REITs不动产项目开发，较上述两类项目，该类型模式新颖，但项目量较少。前两种不动产项目尤其是基础设施项目的资金来源仍然主要是债务融资，包括商业银行长期贷款、信托计划等长期非标融资、发行债券等，相较之下，Pre-REITs为基础设施项目建设提供了新的融资选择，也为金融服务实体经济开拓了新渠道。

在融资方式方面，债务融资为表内负债融资，会推高项目公司并表范围内的资产负债率，而Pre-REITs主要是权益融资，融资部分计入并表后的少数股东权益，降低其负债水平。

在资金使用期限方面，商业银行并购贷款或经营性物业贷款期限通常为5—7年，项目开发贷款可长达15—20年；而Pre-REITs的权益资金预期期限普遍在5—7年，分为3—5年的投资孵化期加2年左右的退出期。

在资金偿付方面，债务融资在存续期及到期后存在还本付息的刚性债务偿付压力，而Pre-REITs普遍要求退出时的溢价回报，对存续期分红要求不高，且若项目退出时估值不达预期，也由投资者承担相应损失。

在偿债保障和收益保障方面，债务融资的债权人通常要求项目收益权质押、产权抵押及原始权益人担保的增信要求，此类增信要求通常会为基础设施项目通过公募REITs退出带来一定合规风险，而Pre-REITs作为股权融资可以规避这类合规风险，Pre-REITs主要通过加强项目公司资金监管，设置项目期间经营指标对赌、项目退出对赌或回购等安排保障投资者收益，在一定程度上控制并降低不动产项目的投资风险。

在融资成本和资金回报方面，债务融资的资金收益要求通常以5年期以上贷款基准利率作为参照，并根据融资主体资质进行适当的上下浮动；Pre-REITs主要以获得项目退出后，二级市场溢价为投资目标，全周期IRR在7%—8%水平是行业内普遍认为相对合理的收益区间。

表2-33 Pre-REITs权益融资与债务融资对比

	债务融资	Pre-REITs
偿付压力	按合同安排还本付息。	存续期间普遍不分红，退出时获取溢价回报。
投资期限	并购贷款、经营性物业贷款通常5—7年，项目贷款可达15—20年。	项目投资孵化期限通常为3—5年，项目退出期通常为2年。
增信措施	项目收益权质押、产权抵押及原始权益人担保。	加强项目公司资金监管，设置项目期间经营指标对赌、项目退出对赌或回购等安排。
资金成本	参考5年期以上贷款基准利率，并根据融资主体资质进行适当的上下浮动。	全周期IRR通常在7%—8%区间。
入账方式	传统表内负债融资，抬升融资主体资产负债率。	权益融资，计入并表后的少数股东权益，降低融资主体资产负债率。

资料来源：兴业研究整理。

四、Pre-REITs退出案例分析

国内Pre-REITs培育的不动产项目成熟后通过证券化方式实现成功退出的案例已有多个，但普遍以类REITs形式退出，以国内公募REITs退出的案

例仅光大安石投资张江园区的不动产私募基金。

（一）通过华安张江光大REIT实现退出的光控安石Pre-REITs

华安张江光大REIT^a基础设施项目张江光大园，原名星峰企业园，其所属项目公司为上海中京电子标签集成技术有限公司（以下简称"中京电子"），运营情况不佳，2016年5月12日，光大安石（北京）房地产投资顾问有限公司（以下简称"光大安石"）联合上海张江高科技园区开发股份有限公司（以下简称"张江高科"）共同成立了不动产私募基金上海光全投资中心（以下简称"光全投资"），并于12月收购了中京电子100%股权，对张江光大园项目进行改造培育。该基金总规模为6.841亿元，存续期为20年，设立时采取结构化设计，将有限合伙人分为优先级、夹层级、权益级，有限合伙人涉及首誉光控资产管理有限公司（以下简称"首誉光控"）、上海光兰投资中心（有限合伙）（以下简称"光兰投资"）、上海张江集成电路产业区开发有限公司（以下简称"张江集电"），持股比例分别为29.294%、30.697%和39.994%，其中首誉光控和光兰投资为光大安石的关联方，张江集电为张江高科的全资子公司，在任一有限合伙层级中，光大安石关联方与张江集电的持股比例均为3∶2。光大安石全资子公司光控安石（北京）投资管理有限公司（以下简称"光控安石"）为光全投资的普通合伙人暨执行事务合伙人，对光全投资进行基金管理。

收购完成后，光全投资对张江光大园进行了优化租户结构、提升客户品质等一系列操作，提升了张江光大园的出租率和租金水平。收购之前，2016年第三季度张江光大园出租率仅为70%，收购培育后，2017年底出租率达到96.3%，之后光大安石仍主动进行租户结构调整，引入在线新经济、集成电路等符合国家重大战略、宏观调控及产业政策、发展规划的行业内优质企业入驻，主动调租面积约1.6万平方米，尽管2018年受租户结构调整出租率有

---

① 该案例中部分资料来源于林华等.中国REITs操作手册.北京：中信出版社，2022：143—177

所下降，但2019—2020年均保持了高出租率。与此同时，平均租金也持续上涨，从2017年的5.12元/天/平方米上涨至2019年的5.22元/天/平方米。

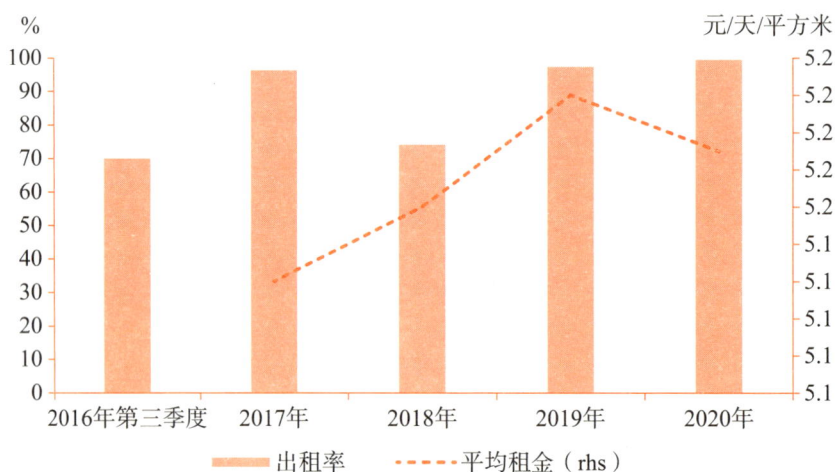

图2-19　张江光大产业园出租率及租金水平变化

资料来源：张江高科公告，招募说明书，兴业研究。

经过光全投资4年多的培育，张江光大园基本满足了公募REITs对基础设施项目的发行要求：（1）成熟运营3年以上；（2）现金流持续稳定且来源合理分散，张江光大园的运营收入主要来源于经营性物业租赁收入、物业管理费收入和停车费收入，2018—2020年其运营净收入分别为8474.3万元、7183.7万元、8344.5万元，2020年前三大租户收入占比分别为13.13%、12.59%、11.09%，租户行业分布于新经济、金融科技、先进制造业、集成电路等，行业分散度尚可，从租约年限来看，租约年限以2—3年为主，2年内到期的租约面积占比为58%，未来现金流稳定性和分散度均满足要求；（3）预计未来3年净现金流分派率原则上不低于4%，张江光大园2021—2022年预计可供分配金额分别为6974.05万元和6042.28万元，按照上市估值，现金流分派率预测值分别为4.74%和4.11%。2021年6月，华安张江光大REIT发行成功，募集资金总额为14.95亿元；（4）基本满足基础设施项目合规性要求，仅存在张江光大园产权抵押和租金收入质押问题，系项目公司中京电子及其股东安恬投资的借款中，将张江光大园抵押、其租金收入质押给了工行上海虹口支行，该项权利瑕疵通过安排公募REITs的募集资金偿还借款并解除抵质押来解决。

对于参与张江光大园Pre-REITs的张江高科和光大安石来说，公募REITs的项目交易对价较2016年12月的收购价格高一倍多，实现了该项目的高额溢价退出，全周期IRR超过15%。但由于公募REITs要求原始权益人或其同一控制下的关联方参与基金份额战略配售，配售比例不低于20%，因此张江高科和光大安石并未实现完全退出，张江集电、珠海安石宜达企业管理中心（有限合伙）合计认购1亿份，占华安张江光大REIT发售总量的20%，限售期为60个月。

光大安石作为中国光大控股有限公司（以下简称"光大控股"）的产业投资和不动产投资私募基金管理平台，通过对标的项目进行升级、改造、开发、运营等培育，实现标的项目估值最大化，其旗下的房地产基金大多投向商业及商业综合体、写字楼及办公园区和物流地产。除张江光大园私募基金通过公募REITs实现退出以外，光大安石操盘的其他不动产投资基金还通过类REITs形式实现过退出，系其投资的大融城品牌旗下零售物业作为标的资产的私募基金，通过安石2019-1、安石2019-2、安石2020-3进行了退出，募集资金合计89.2亿元，但相较于公募REITs退出方式，类REITs交易结构设计中引入了原始权益人及其股东作为外部支持方或优先权回购方，类REITs证券端到期回售/回购时仍然需要原始权益人及其股东的资金支持，与此相似的还有CMBS，因此以类REITs或CMBS方式实现的仅是暂时性退出。

（二）通过类REITs实现退出的中城投资住房租赁Pre-REITs

类REITs高和晨曦-中信证券-领昱1号资产支持专项计划（以下简称"领昱1号2018-1"）目标资产上海浦江国际博乐诗服务公寓、柚米国际社区，所属项目公司分别为上海勇然商务咨询有限公司、上海勇塑商务咨询有限公司。2017年5月19日，上海中城联盟投资管理股份有限公司（833880.NQ，已退市，以下简称"中城投资"）子公司上海中城年代股权投资基金管理有限公司（以下简称"上海中城年代"）参与投资的股权投资基金上海中城乾菁投资中心（有限合伙）（以下简称"中城乾菁"）成立，并于2017年9月进行实缴资金出资。该基金于2017年8月17日出资设立上述两个项目公司分别用于收购上海浦江国际博乐诗服务公寓和柚米国际社区，并对标的物业进行培育。中城乾菁实缴出资23376.37万元，存续期设置为10年，上海中城年代担任基金管理人，对其进行基金管理。

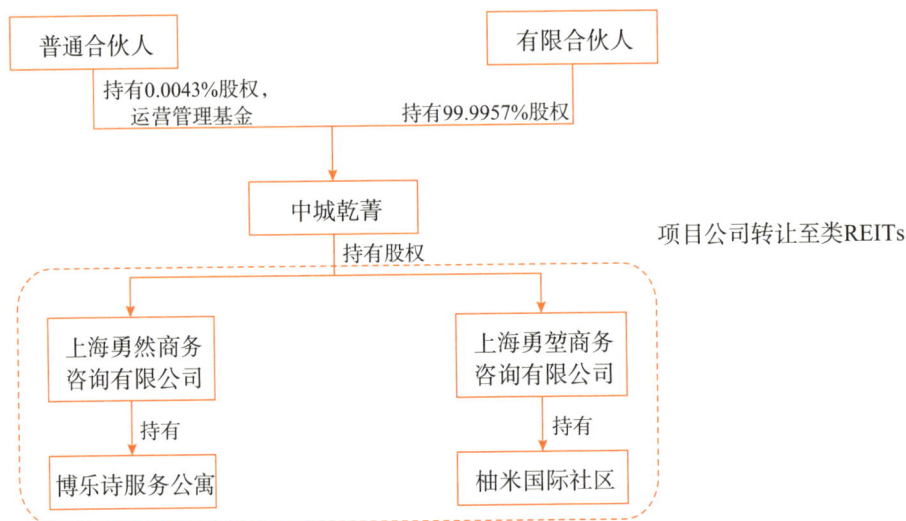

图2-20　上海中城乾菁投资中心（有限合伙）整体架构

资料来源：兴业研究根据相关资料整理。

表2-34　中城乾菁不动产私募基金主要投资者及比例

合伙人名称	合伙人类别	认缴出资额（万元）	认缴出资额占认缴出资总额的比例（%）
上海中城年代	普通合伙人	1.00	0.004%
中诚信托有限责任公司	优先级有限合伙人	13900.00	59.462%
上海速永投资管理有限公司	优先级有限合伙人	9375.37	40.106%
上海晨曦股权投资基金管理有限公司	夹层级有限合伙人	100.00	0.428%

资料来源：兴业研究根据相关资料整理。

由于持有期较短，中城乾菁对两项长租公寓资产的运营提升并未有明显体现。博乐诗服务公寓于2013年竣工，2017年4月正式营业，建筑面积8048.58平方米，以长租和日租结合的方式运营，出租率稳定提升，至2017年11月出租率达到81%，客房平均租金约每天195元/间；柚米国际社区于2013年竣工，2017年正式开始营业，可出租面积为2433平方米，至2017年11月出租率达95%，平均租金为每月138元/平方米。

表2-35 中城乾菁所持有两项长租公寓资产状况

目标资产	上海浦江国际博乐诗服务公寓	上海浦江国际柚米国际社区
所在区域	上海市闵行区	上海市闵行区
建筑面积	8048.58平方米	4480.32平方米
可出租面积	142间客房	2,433平方米
出租率（2017年11月）	81%	95%
平均租金	每天195元/间	每月138元/平方米
估值	2017年10月31日市场价值为2.05亿元，2018年12月20日市场价值为2.13亿元	2017年10月31日市场价值为1.00亿元，2018年12月20日市场价值为1.01亿元

资料来源：计划说明书，评级报告，兴业研究。

2018年6月21日，领昱1号2018-1在上海证券交易所挂牌发行，标的资产为中城乾菁所持有的两栋长租公寓资产，2018年6月27日，中城乾菁私募基金完成清算，根据中城投资年报，该基金实现收益802.62万元，收益率不高，主要是私募基金对目标资产的持有期限短、物业培育效果并不显著所致。

中城投资成立于2002年，是国内成立较早的房地产投资管理机构，截至目前共有股东53家，主要股东包括万科企业股份有限公司、上海三盛宏业投资（集团）有限责任公司、旭辉集团股份有限公司（以下简称"旭辉集团"）、泰禾（福建）集团有限公司等。截至2019年9月30日，中城投资下属5家私募基金管理人在管的存续基金为33只，其中有限合伙型基金29只，契约型基金 4 只，所有在管存续基金认缴额合计 289 亿元，其中不动产私募基金主要投向商业地产和家居地产。与光大安石通过类 REITs 实现暂时性退出相似，领昱 1 号 2018-1 的两项标的物业整体出租给旭辉集团下属子公司上海家迪酒店管理有限公司，并由其进行运营，同时设计了融资人回购安排，并由旭辉集团提供差额支付，退出程度并不彻底。从整个业务流程来看，该私募基金设立的初衷，并不是对标的资产进行培育增值，而是使其实现整体类 REITs 融资的合规性设计。

五、Pre-REITs 投资群体逐渐形成

（一）逐渐形成以不动产投资平台、产业基金和金融机构为主的投资群体

目前，国内不动产私募基金投资与运行仍然处于初期，在监管层面鼓励 Pre-REITs 之前，出现了如平安不动产、光大安石、普洛斯、中城投资等不动产私募基金投资的牵头方和运营方，但标的资产的选择倾向于商业地产、物流地产等资产，主要是因为：（1）传统的基础设施项目收益回报不及商业地产；（2）商业地产经过不动产私募基金培育后，在没有公募 REITs 上市途径之前，还可以通过出售给境外 REITs 及其旗下私募基金、其他经营不动产的企业主体的方式实现退出，而传统基础设施项目缺乏退出渠道，但也正因如此，除物流地产以外，现有的不动产私募基金持有的不动产，已达到成熟运营条件、满足现金流和收益率要求的项目普遍不在试点范围内，因此对新增 Pre-REITs 的需求更为强烈。

在监管层面表示鼓励 Pre-REITs 以培育公募 REITs 所需基础设施项目以后，基础设施项目 Pre-REITs 投资群体有所扩大，除基金管理人和出资的金融机构外，国企旗下产业基金和资产评估机构也随之加入，为 Pre-REITs 的基金管理能力、基础设施项目运营能力、资产估值有效性提升提供了多重保障。

从标的资产选择来看，旨在资产培育增值和通过公募REITs实现退出的新增Pre-REITs主要锁定产业园区、物流地产、住房租赁、绿色环保和双碳、数据中心等新型基础设施项目，可提升公募REITs募集资金循环投资效率。

表2-36 （潜在）基础设施Pre-REITs不完全统计（亿元）

产品名称	时间	底层资产	出资机构	基金管理人	资产服务机构	规模
中城－世联红璞长租公寓不动产私募基金	2018/11	长租公寓	中城投资 世联行 （002285.SZ）	上海中城荣耀股权投资基金管理有限公司（股东中城投资）	深圳红璞公寓科技管理有限公司（股东世联行）	30
深石（深圳）智慧物流基础设施私募基金	2021/6	南昌深国际综合物流港项目		–	–	总目标：200 一期约：22
元联基金发起并设立的不动产并购基金	2021/8/20	上海凯科国际大厦	新建元集团	–	元联基金（股东新建元集团）	–
金色中环张江科学城发展基金	2021/10 签署协议	张江科学城范围内的项目	浦东投控集团 张江高科 中国太保集团等	国泰君安	张江高科子公司张江智芯	–
首钢基金 Pre-REITs	2021/10 宣布	绿色环保产业	首钢基金 中国人寿	首钢基金	–	50
绿色基础设施投资 Pre-REITs	2021/12 宣布	北京市双碳相关产业	首程控股（00697.HK） 首钢基金 中国人寿	首钢基金	–	首期：45

注：首钢基金 Pre-REITs 和绿色基础设施投资 Pre-REITs 可能是一个，但目前双方披露的资料略有出入，权且作为两个 Pre-REITs。

资料来源：兴业研究根据公开资料整理。

（二）基础设施Pre-REITs的业务瓶颈

尽管出于公募REITs项目储备的需求，基础设施Pre-REITs在一定时期内会存在较大力度的政策支持，但其能否大规模发展还是取决于参与方收益风险的考量。当前及未来一段时间内，基础设施Pre-REITs仍然面临如下问题。

（1）收益回报不及预期。公募REITs要求基础设施项目净现金流分派率不低于4%，该收益率保证了上市后投资者利益，但符合这一要求的基础设施项目很少。若要符合收益率要求，势必做低估值，对于以公募REITs为退出路径的基础设施Pre-REITs来说，在投建、改造、运营成本难以压降的情况下，相当于收窄了其收益空间，长期来看，基础设施Pre-REITs的投资动力会受损。

（2）培育期长，退出时间久。Pre-REITs普遍在不动产项目前期参与，深度参与到选址、项目定位和设计、客户筛选、定制化建设等全流程中，公募REITs要求基础设施项目原则上稳定运营3年以上，投建期、培育期、稳定运营期以及实现公募REITs退出的时间预计合计超过6年，回报周期过长可能并不满足很多投资者的诉求。

（3）公募REITs战略配售份额限售，导致退出不彻底。公募REITs要求原始权益人或其同一控制下的关联方参与基金份额战略配售，配售比例不低于20%，战略配售份额占比20%部分限售期60个月，其他部分限售期36个月，对于寻求以公募REITs退出的基础设施Pre-REITs来说存在较大限制。

（4）匹配上述特点的投资者相对较少。期限方面，基础设施Pre-REITs不能满足面向公众的资管产品，尤其是公募产品的要求；权益投资属性方面，基础设施Pre-REITs不符合商业银行自营资金投资要求；收益率方面，基础设施Pre-REITs难以满足有较高要求的高净值客户理财诉求。因此当前以国企产业基金、有政策背景的私募基金及部分险资参与为主。

（三）商业银行可参与Pre-REITs的业务环节

商业银行可以从以下环节参与Pre-REITs。

（1）以集团下属券商或基金公司作为牵头方设立子公司，参与成立私募基金，作为基金管理人对不动产Pre-REITs进行管理，但券商和基金公司擅长资本运作，并不擅长基础设施项目运营，因此需要与产业主体或旗下基金进行合作，各取所长。这也可为后续参与该Pre-REITs的公募REITs退出的投行业务奠定基础。

（2）项目公司及私募基金层面账户监管。Pre-REITs主要投资者，尤其是私募基金的有限合伙人普遍是以权益投资的方式参与，缺乏增信措施，为保证收益率，普遍要求对项目公司和私募基金层面进行账户监管，商业银行可参与上述环节的相关业务。

（3）商业银行及其下属子公司作为金融机构对Pre-REITs进行财务投资，获取回报收益，不过鉴于Pre-REITs的前述业务难度和以权益投资为主的特点，可以匹配收益率要求略低、回报期限较长、非固定收益类的资金参与，如下属券商资管、收益率要求不高的高净值客户、私募基金等；

（4）商业银行可以各种方式深度参与Pre-REITs的公募REITs退出，具体可参见第二章"商业银行可参与公募REITs哪些环节？"。

REITs 退市机制研究及案例分析

完善的REITs业务机制不仅需要建立顺畅的申报和上市机制、严格且合理的存续期管理和信息披露机制，亦需要建立适当的退市机制，目前国内公募REITs尚未发布明确的退市机制和规则。境外REITs几十年的发展历程中，相对成熟的REITs市场中均出现过退市案例，1998年美国权益型REITs的数量为173只，因退市、合并、兼并等原因减少至2009年的115只，减幅超过30%；日本REITs在次贷危机期间亦发生过退市和合并案例，J–REITs数量由2007年的42只减少至2011年的34只，新冠疫情发生后，2020年和2021年又分别退市了1只J–REITs；中国香港市场亦在2021年退市了2只H–REITs。本节将就境外多个REITs市场的退市机制进行研究，并对2只退市H–REITs进行案例分析。

○ ○ ○ ●

一、REITs退市机制研究

（一）美国REITs退市机制

美国REITs普遍采用公司制模式，不强制上市，但大部分为公开上市的权益型REITs。美国上市REITs并未在REITs的专门立法中规定其退市的相关机制，其退市机制和流程需要遵守《美国证券交易法》的规定以及美国证券交易委员会（SEC）颁行的其他相关证券监管规则，几乎与普通上市公司遵循同样的退市规则，其中纽交所在《上市公司手册》中对REITs退市进行了特别说明。

公开上市的美国REITs，主要有两种退市情形。（1）主动退市，即被REITs公司要求或REITs被第三方投资集团兼并。（2）被动退市，REITs被主管部门、机构或证券交易所除牌，停止交易，被动退市的主要原因包括交易价格低于规定水平、违反交易规定或违法、破产或清算等，纽交所对连续30个交易日平均市值低于0.15亿美元的REITs会立刻启动暂停交易和退市流程。在此之前，在其连续30个交易日平均市值低于0.35亿美元时，纽交所会通知REITs公司，并向其提示除牌标准。从退市流程来看，美国交易所对于REITs退市给予了足够多的申请复市机会和足够长的复市调整时间，退市流程最长需要耗时23个月。交易所是整个REITs退市机制中的监管主体，它承担着从制定退市标准到审核退市的绝大部分职责，SEC虽然对REITs退市有最后决定权，但鲜有出现SEC驳回交易所有关强制REITs退市的请求。

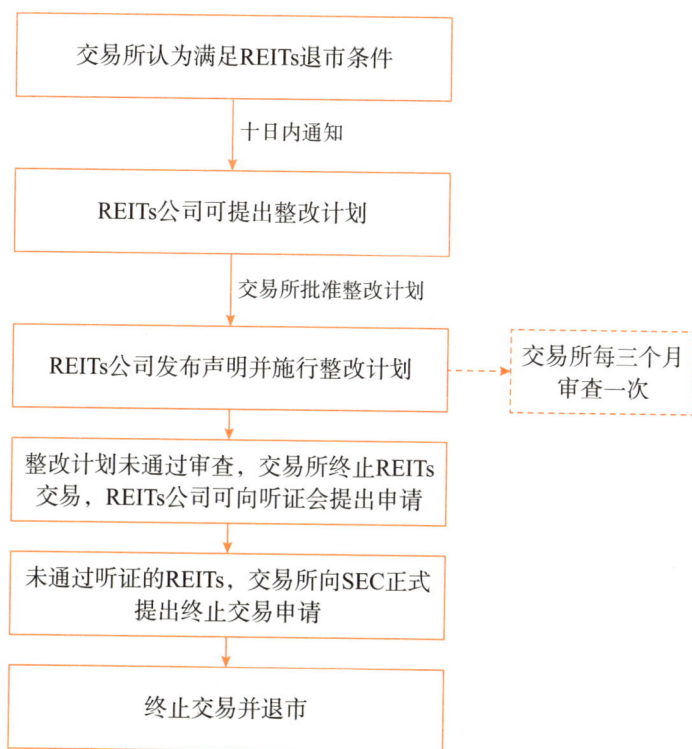

图2-21　美国REITs被动退市流程

资料来源：兴业研究根据相关资料整理。

在REITs满足了退市条件后，交易所需要在10个工作日内通知REITs公司，REITs公司需在45日内做出答复，在答复中可以提出最长18个月的整改计划。交易所接到整改计划后在45日内，通知REITs公司是否接受其整改计划。收到整改计划的批准后，REITs公司在45日内发布低于退市标准声明，并开始施行整改计划，其间交易所每隔三个月对其整改情况进行审查，如果发现REITs公司不执行整改计划或整改不到位，交易所将视情况做出是否终止交易的决定。如交易所终止REITs交易，需通知REITs公司可向听证会申请听证，未通过听证的REITs，交易所将向SEC提出正式终止交易的申请，该申请获批后，REITs正式终止交易。

（二）新加坡REITs退市机制

新加坡金融管理局（以下称"金管局"）发布的《房地产基金指南》（Property Fund Guidelines）中没有单独规定S-REITs的退市机制，新加坡公开上市交易的S-REITs退市机制需遵从新加坡《证券期货法》及《商业信托法》的规定，并且要求在退市过程中REITs份额买卖须符合公平合理原则，保障中小投资者权益等。

S-REITs退市情形亦主要有两种。（1）自愿注销，REITs受托管理人可向金管局申请注销已上市的REITs。如果允许代理人在股东大会上投票表决，则至少提前21天发出书面通知，明确提出撤销REITs的决议的意向。REITs份额持有人有权亲自投票，或在超过90%份额持有人同意的情况下，通过代理投票。注销行为应通过至少四分之三的拥有投票权的份额持有人同意。在受托管理人的董事会宣布该REITs不再由原收购REITs中的机构或个人持有后，金管局可将该REITs撤销注册，并发布撤销公告通知，同时告知该REITs受托管理人。（2）强制注销，如果金管局或者新交所有合理理由相信REITs的受托管理人没有管理或经营REITs的业务能力，可以强制注销S-REITs。金管局可以邮寄信函给受托管理人，并说明如果在一个月内未收到解释答复，将公告通知注销该REITs。此后再以挂号邮递方式通知受托管理人清盘，在该通知日期起计3个月届满时，可向法院申请对该REITs委任清盘人。在完成清盘通知后，金管局可以直接撤销该REITs，且发布公告。但REITs受托人和份额持有人的责任继续存在，且法院可以对其进行强制执行。如REITs

受托人对此有异议，法院允许在被注销后6年内提出复议申请，如果复议理由充分，可恢复REITs注册，并且在向金管局提交备案后，该REITs被视为继续存在。但金管局通常不会直接强制注销，而是先由新交所对S-REITs进行停牌，自停牌起12个月内未收到新交所复牌建议或S-REITs提出的复牌建议在6个月内未获执行，新交所会对其除牌。通常发生如下情况，联交所会将S-REITs停牌：（1）除公众持有份额外的已发行份额占比低于10%；（2）S-REITs资产发生变化，导致其资产全部或大部分由现金或短期证券组成；（3）S-REITs未能继续经营或未能向联交所及其股东证明其有能力经营，包括法院提出对S-REITs进行司法管理、S-REITs不能及时偿付债务而被债权人向法院申请破产清算、S-REITs未能发布财务报告；（4）S-REITs不能或者不愿意遵守或者违反上市规则；（5）新交所认为为维持公平、有序及透明的市场而有必要对S-REITs停牌时；（6）新交所认为对S-REITs停牌是适当的；（7）新交所认为S-REITs发布的公告对市场太敏感而对其停牌。

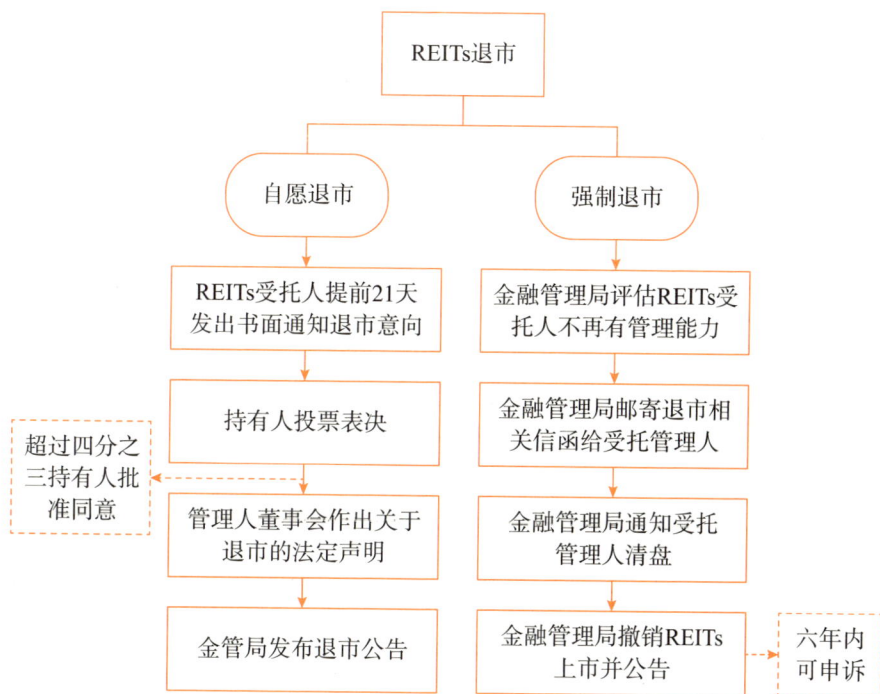

图2-22 新加坡REITs退市流程

资料来源：兴业研究整理。

（三）中国香港 REITs 退市机制

2003 年 7 月 30 日，香港证监会颁布《房地产投资信托基金守则》，对 H-REITs 的设立条件、组织结构、从业人员资格、投资范围、利润分配等方面进行了明确规定。2016 年 6 月，为对 H-REITs 收购、兼并、退市等活动进行监管，香港证监会对《房地产投资信托基金守则》进行修订，规定将《公司收购、合并及股份购回守则》的适用范围扩大至香港证监会认可的 H-REITs。H-REITs 的终止、清盘与退市的情形主要包括因不合格被撤销认可、自愿终止、破产、收购合并等，可以总结为因终止退市和因私有化退市两类。

与美国 REITs 和新加坡 REITs 终止交易流程需按照当地交易所参考上市公司退市相关规定执行相似，H-REITs 亦应完全遵从联交所《上市规则》适用于上市公司撤回上市的所有规则，除此之外，H-REITs 退市计划在联交所批准后，亦需要满足 H-REITs 专门立法中的相关规定。

表 2-37　中国香港 REITs 因终止退市和因私有化退市

	因终止退市	私有化退市
类型	撤销认可、破产、自愿终止	合并、收购、兼并或重组交易
适用情景	1. 被法院清盘 2. 经 REITs 份额持有人在全体大会上以特别决议的形式通过	1. 通过作出全面要约，当买家取得所需的股份百分率后，可继而进行法定的强制收购 2. 通过协议安排
后续处理	一般会终止清算	不一定终止清算

资料来源：兴业研究整理。

在强制退市方面，港交所可以根据主板《上市规则》第 17 项应用指引规定的程序将出现严重财务困难或未能维持足够业务运作下长期停牌的 H-REITs 除牌，继而取消其上市地位。但港交所普遍不会直接除牌，而是先对其停牌，如果 H-REITs 已停牌 6 个月或以上且又未能符合有关主板《上市规则》的规定，那么港交所将决定该 REITs 是否需要进入除牌程序的第二阶段。进入该阶段H-REITs将有6个月的时间向港交所提交可行的复牌建议，如果H-REITs未能在限期内提交可行的复牌建议，那么将会进入除牌程序的第三阶段。进入第三阶段除牌程序后，上市公司将有最后6个月向港交所提交可行的复牌建议。若H-REITs在该阶段届满时仍未能提交可行的复牌建议，其上市地位将会被取消，即被除牌。H-REITs被港交所停牌或除牌经常在以下情形出现：（1）公众持有的H-REITs基金单位数量不足；（2）H-REITs无足够的业务运作或不再拥有相当价值的有形资产或无形资产，如（a）出现财务困难以致严重损害H-REITs继续经营业务的能力，或导致其部分或全部业务停止运作；（b）H-REITs出现负债金额高于资产总额、资不抵债的情况。对于H-REITs而言，由于不动产资产运营以出租为主，且对其杠杆使用有限制，在极端情况下才会出现不动产运营出现严重问题、叠加其估值大幅收缩可能会被联交所除牌的情形，因此截至目前H-REITs尚未出现被港交所强制退市的案例。

在主动退市方面，需要注意的是，如果终止或者合并等建议由REITs管理人提出，而管理人或其关联方拥有该REITs份额时，当他们就终止REIT的意见与其他REITs份额持有人的意见不同时，则REITs受托人或其关联方不得进行投票。

REITs终止或合并事宜获批后，REITs受托人须就持有人全体大会的结果通知REITs份额持有人，并尽快发布有关REITs终止或合并计划公告。REITs将根据其所处阶段停止设立、注销、出售或赎回，不得转让，持有人记录册的记录在未获得受托人批准之前亦不可以作出任何改动。此外，有关方面须在有关公告发表后的15个营业日内，向所有REITs的持有人送达通函，通函至少包含下列资料：（1）REITs终止或合并的依据；（2）REITs终止或合并的实际日期；（3）处理REITs所持有的资产的方式；（4）REITs终止所得收益分配的程序及时间；（5）估值报告（日期不得超过该通函发出日期之前3个月）；（6）投资者的选择；（7）REITs终止或合并预计所需费用及费用支付方；（8）REITs份额持有人应获悉的其他重要资料。

即将终止的REITs不得再作投资。受托人、管理公司及资产评估机构仍须继续负责，直至解散。若终止，受托人必须在符合清盘资格后，监督管理公司将房地产项目尽快变现，并确保在支付未偿还的债务及在保留足够的债务拨备后，变现收益将按持有人在终止当日持有权益的比例，分派给持有人。

在REITs清盘过程中，所有房地产项目必须通过公开拍卖或公开竞投出售，出售价必须为公开拍卖或公开竞投所获得的最佳价格。受托人必须确保清盘行动在终止生效当日起12个月内完成，特殊情况也不得超过24个月，并发布相关公告。若清盘历时超过6个月，则须在6个月期间结束时，将所收到的出售收益作中期分派。在REITs清盘完成后，须在清盘完成日期起计的1个月内作出一次性现金分派。在REITs清盘期间，仍须继续发布年度报告或半年度报告。

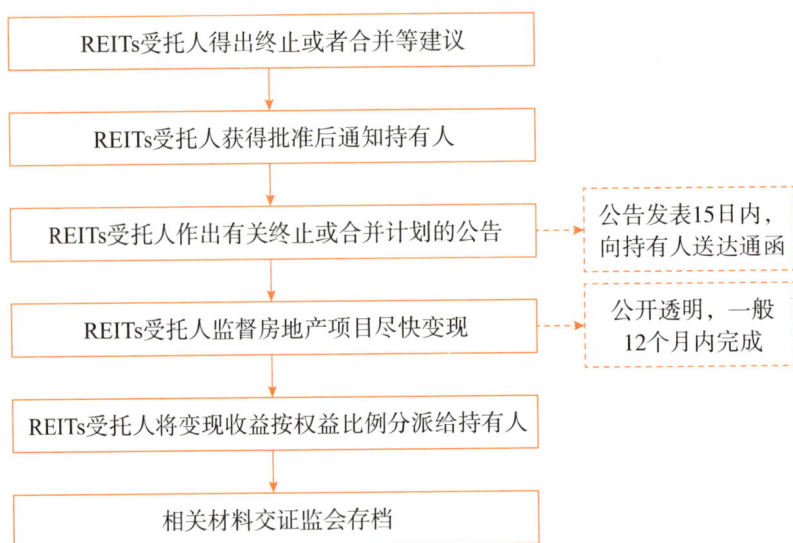

图2-23　中国香港REITs退市流程

资料来源：兴业研究整理。

在REITs清盘或合并完成后，需发布如下文件：（1）管理公司就该REIT的表现而发布的检讨及意见，并阐述有关房地产项目的出售过程、交易价格及有关出售的主要条款（终止适用），或者有关房地产项目在合并时如何入账（合并适用）；（2）受托人报告，表明管理公司已按照《房地产投资信托基金守则》及有关信托契约的条款管理该基金，并已清盘（清盘适用）或合并（合并适用）；（3）REIT财务报表及审计报告，财务报告的副本必须在3个月内派发给REITs份额持有人并交证监会存档。

二、REITs退市案例分析

（一）开元REITs退市分析

开元产业投资信托基金（以下简称"开元REITs"），属于酒店型REITs，其所持物业主要是位于中国大陆的酒店物业。开元REITs于2013年7月10日在香港联交所主板上市，发起人为开元集团，主要在中国从事中高档连锁酒店的经营及管理，基金管理人为开元资产管理有限公司，系开元集团下属子公司。上市之初，开元REITs主要股东包括浩丰国际有限公司、Wealthy Fountain Holdings Inc.和开元资产管理有限公司，持股比例分别为58.28%、14.66%和2.04%。经过多次股权变更，截至2020年末，开元REITs主要股东变更为浩丰国际有限公司、Skyline Horizon Consortium Ltd.、顶安投资有限公司和开元资产管理有限公司，持股比例分别为60.62%、14.11%、6.41%和5.20%。

在持有物业方面，上市之初，开元REITs持有5家高星级酒店，包括杭州开元名都大酒店、杭州千岛湖开元度假村、宁波开元名都大酒店、长春开元名都大酒店等4家五星级酒店，以及浙江开元萧山宾馆1家四星级酒店，资产估值合计43.82亿港元。此后分别于2014年、2015年和2016年收购上海松江酒店、开封酒店和荷兰酒店，扩大持有物业规模；但随后因经营不善，分别于2017年和2019年出售上海松江酒店和荷兰酒店，实现出售利得合计3.03亿港元。截至2020年末，开元REITs所持酒店物业共计6家，即上市之初的5家酒店和开封酒店，建筑面积共计374586平方米，客房数目共计2375间。2021年4月，为实现退市，开元REITs将旗下6家酒店整体出售给控股股东浩丰国际有限公司。

表2-38　开元REITs资产变动情况（亿港元）

时间	所涉资产	行为	资产情况	交易价格	交易对手方
2014年7月	上海松江酒店	收购	446间客房，71027平方米	7.00	Success Conquer Global Ltd.
2015年8月	开封酒店	收购	356间客房，53512平方米	3.80	杭州開元房地產集團有限公司
2016年8月	荷兰酒店	收购	206间客房，11677平方米	0.33	IRE Hotel II Holdco 1 S.à.r.l.，
2017年7月	上海松江酒店	出售	446间客房，71027平方米	8.77	杭州工商信託股份有限公司
2019年9月	荷兰酒店	出售	206间客房，11677平方米	1.59	Somerset Real Estate VI B.V.、Horizons III B.V.、Zoutelust B.V. 及 Caerdydd Beheer B.V.
2021年4月	剩余6家酒店	出售	2,375间客房，374586平方米	17.28	浩丰国际有限公司

资料来源：开元REITs相关公告，兴业研究整理。

在物业运营方面，从房价水平来看，受酒店业逐步饱和、行业竞争加剧影响，开元REITs积极拓展旅游业务及线上预订，加强与线上旅游代理商及其他旅游代理商的合作，推出各种优惠及营销活动，因此从2016年起，其所持酒店的日均房价开始呈下跌趋势，但前三年降幅并不明显，2019年降幅较大，从2018年的526元降至486元。2020年受新冠疫情影响，日均房价再次下跌至448元。从酒店入住率来看，开元REITs的营销措施取得了一定效果，其所持酒店的平均入住率在2015—2017年不断升高，到2017年达到最高值69.60%，尽管此后有所下滑，但总体上在2016—2019都保持着超过65%的较高入住率。2020年，新冠疫情在影响日均房价的同时，亦大幅冲击了酒店入住率，2020年2月开元REITs所持酒店的平均入住率一度跌至个位数，于12月回升至约54.2%，整个年度报告期间，开元REITs所持酒店的平均入住率为44.7%，同比下降21.8%。

元/日

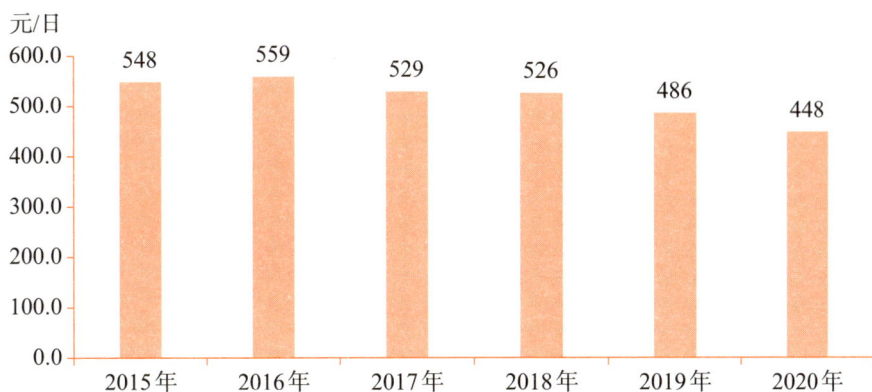

图2-24 开元REITs日均房价

资料来源：Wind，兴业研究。

%

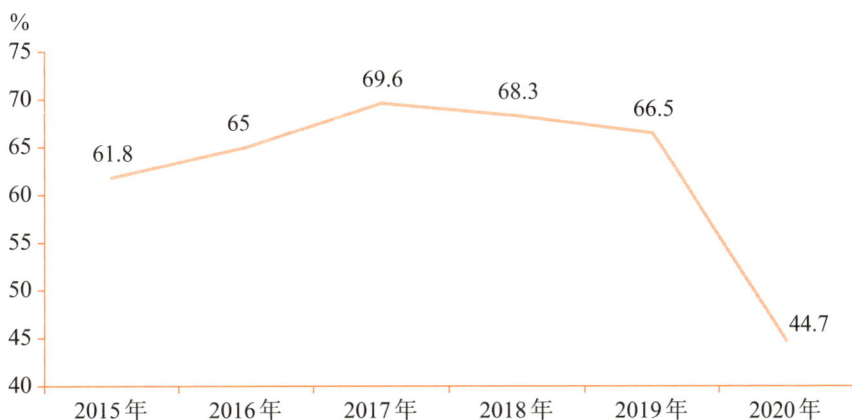

图2-25 开元REITs平均入住率

资料来源：Wind，兴业研究。

在收入和盈利方面，在开元REITs上市之初的2013年营业收入表现最佳，2014—2015年大幅下行，此后的营销措施取得一定成效，受酒店运营及资产买卖的双重影响，2016—2018年营业收入较此前有了一定起色，但仍然呈现了一定的下行趋势。与此同时，净利润和EBITDA亦在2016—2018年好于其他年份，2019年酒店日均房价大幅下行，EBITDA收缩明显，使得不动产估值下降,J-REITs以公允价值入账的记账方式,使得其利润表上出现了较大规模的公允价值变动,净利润表现不佳,这一情况在2020年更为恶化。由于净利润包含了所持物业的公允价值变动,因此其账面ROE可以反映J-REITs的实际运营及资产增值情况,开元REITs2019—2020年ROE大幅下降、运营及资产增值表现不佳,这直接推动了开元REITs价格的下行和退市。

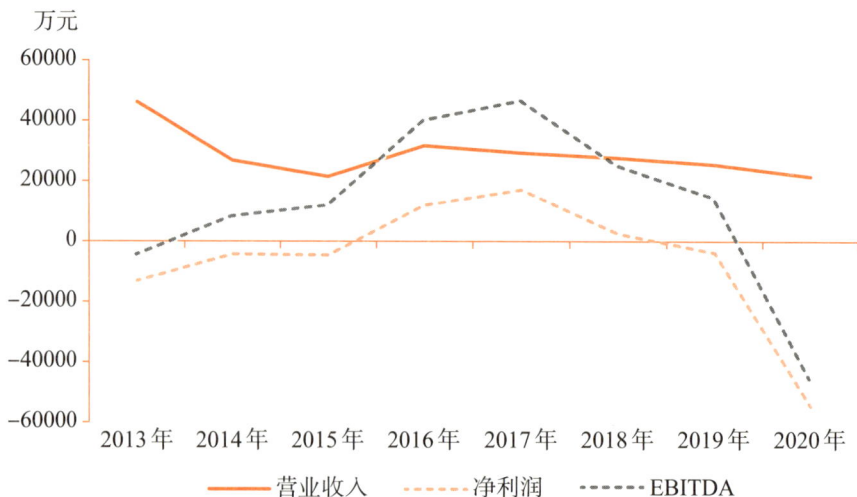

图2-26 开元REITs收入和盈利情况

资料来源:开元 REITs 年报,兴业研究。

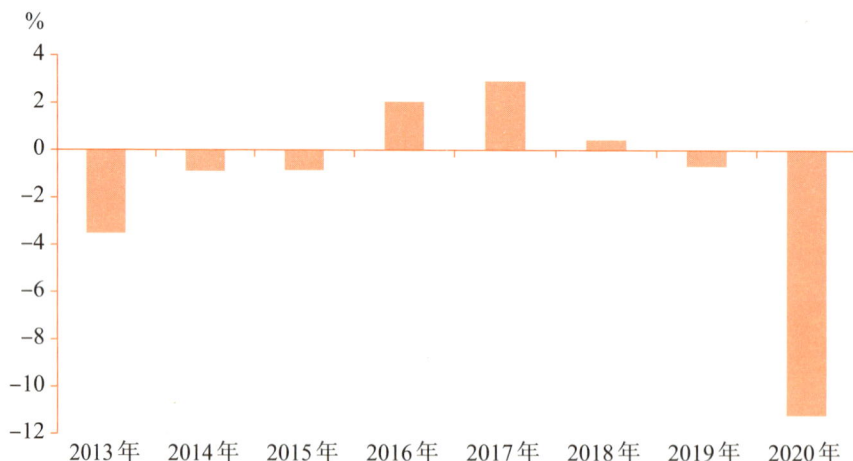

图2-27 开元REITs年ROE

资料来源:开元 REITs 年报,兴业研究。

在杠杆使用方面，开元REITs长期保持较高的资产负债率，2015年及以后其资产负债率几乎一直保持在50%以上的较高水平，远高于J-REITs的行业均值（长期维持在35%以下），流动比率波动幅度较大，2015和2018年甚至达到0.16和0.29。

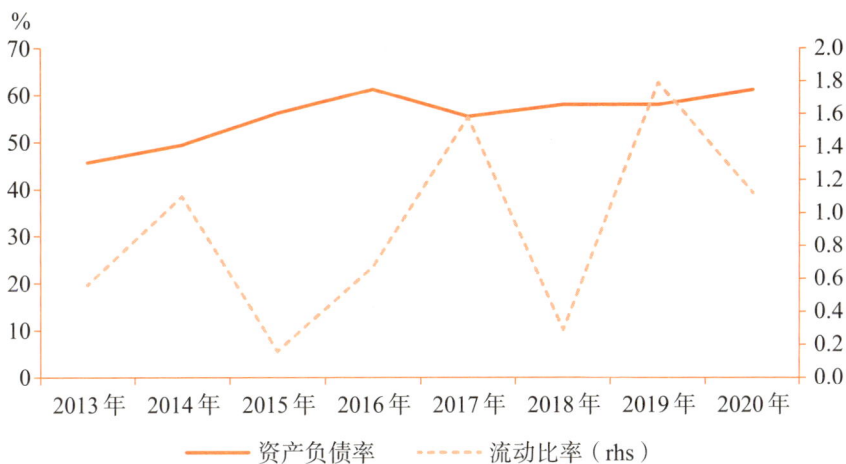

图2-28　开元REITs偿债能力指标

资料来源：开元 REITs 年报，兴业研究。

在收益率方面，开元REITs于2013年7月10日的上市价为3.5港元，因招股反应不佳，未能实现原计划募集金额16.45亿—19.74亿港元，仅募集约6.75亿港元。上市后，其股价一路走低，2020年6月跌至0.99港元，至2021年4月，以2.01港元收盘，其间最大跌幅约71.88%。恒生REITs指数在2019年7月之前整体呈上升趋势，相较之下，同为单一酒店型REITs的富豪REITs表现并不如恒生REITs指数，但仍然优于开元REITs。自上市至退市，开元REITs的价格下跌了42.90%，但是得益于每年分红，总收益率为−12.04%，即使长期持有，投资者仍然大幅亏损。

开元REITs运营情况欠佳，尤其是2019—2020年运营效率大幅下行，所持不动产估值大幅下行，2020年末，据戴德梁行评估，开元REITs所持酒店物业估值由2019年末的46.12亿元人民币再次下跌13%至39.97亿元人民币，

REITs价格持续下挫，REITs基金单位持有人的收益率远低于H-REITs平均水平，最终开元REITs于2021年自愿出售物业资产，根据《公司收购、合并及股份购回守则》中规定的退市流程及要求完成退市。

图2-29　开元REITs、富豪REITs价格与指数对比

资料来源：Wind，兴业研究。

表2-39　开元REITs退市流程

时间	所涉资产
2021/1/27	停牌并发布联合公告，REIT基金单位持有人以投票方式通过同意建议出售、建议终止、建议清算及建议除牌的特别决议案
2021/3/18	REITs管理人向基金单位持有人发布通函
2021/4/12	召开REITs基金单位持有人特别大会
2021/4/16	暂停办理基金单位持有人过户登记
2021/4/19	完成所持6家酒店资产出售至控股股东浩丰国际有限公司
2021/4/29	该日期之前寄发建议中期分派支票和2020年度分派支票
2021/6/4	发布相关通知并开始清算
2021/8/29	发布基金单位持有人通知书，提醒持有分派有关的未兑现支票的基金单位持有人于10月31日前认领未付分派

续表

时间	所涉资产
2021/8/9	发布最终清算报告，并规定在清算完成后7个营业日内以现金形式按比例分派给REITs基金单位持有人，预留15.0百万港元的出售成本后，中期分派为19.76亿港元（约人民币17.77亿元），其中卖方应向买方及管理人支付的11.98亿港元（约人民币10.77亿元）将被抵销代价，剩余7.78亿港元（约人民币7.00亿元）将以现金分派予其他基金单位持有人（买方及管理人除外），每个基金单位分派现金2.00港元
2021/8/30	经证监会批准，开元REITs正式撤回上市

资料来源：开元REITs相关公告，兴业研究整理。

（二）睿富REITs退市分析

睿富商业房地产投资信托基金（以下简称"睿富REITs"），系2007年6月22日上市的第7只H-REITs，由睿富中国房托基金管理有限公司管理，该管理人为睿富另类投资通过 Deutsche Asia Pacific Holdings Pte. Ltd.持有的全资子公司。截至退市前，其前七大股东分别为Sculptor Master Fund, Ltd.、田力、Veritas Asset Management LLP、Citigroup Inc.、新加坡政府投资有限公司、UBS AG和Sculptor Capital LP，持股合计62.05%。

在所持资产方面，睿富REITs所持资产相对单一，系位于北京市朝阳区的佳程广场，包含两栋25层写字楼，其中约10%为商铺。上市之初，佳程广场为北京市仅有的少数甲级写字楼之一，估值约为39.78亿港元，于2010年4月以19亿港元出售给丰树印度中国基金。

财务造假暴露运营状况不佳。睿富REITs营业收入以物业租金收入为主，辅以停车场租金收入和广告租金收入，其中，物业租金收入占比超过95%。从租金水平来看，据睿富REITs招募说明书和财务报告，上市前佳程广场月租金水平为273元/平方米，2008—2009年亦均超过270元/平方米，2007年出租率96.00%。**但上市不足4个月，睿富REITs便被爆出财务造假丑闻。**根据评估机构戴德梁行提供的数据，佳程广场上市前实际租金仅约176元/平方米，且有两个租户是其股东之一田力的关联方，拖欠租金4060万港元，系虚假租约，存在实际租金水平和出租率造假的情况，上述两项导致睿富REITs欠收租金合计高达2.78亿港元，而当时其年度收入尚不足2亿元人民币。其后披露的财务报告可信度亦不高，2009年在其月租金水平降至200元/平方米左右，出租率从88.6%下降至76.5%的情况下，2009年营业收入较上年下降幅度并不大。

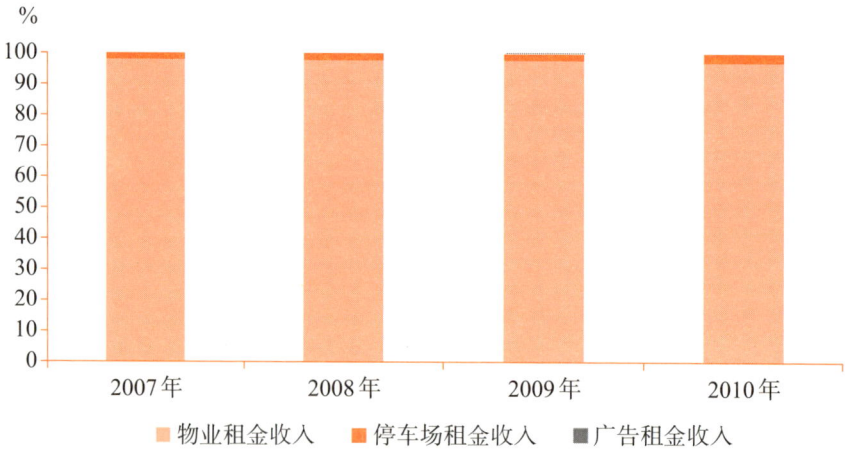

图2-30　睿富REITs营业收入构成

资料来源：睿富 REITs 年报，兴业研究。

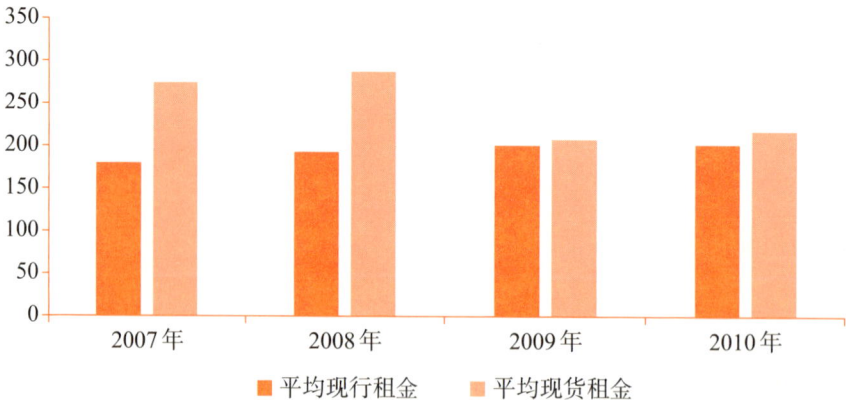

图2-31　睿富REITs平均月租金水平

资料来源：睿富 REITs 年报，兴业研究。

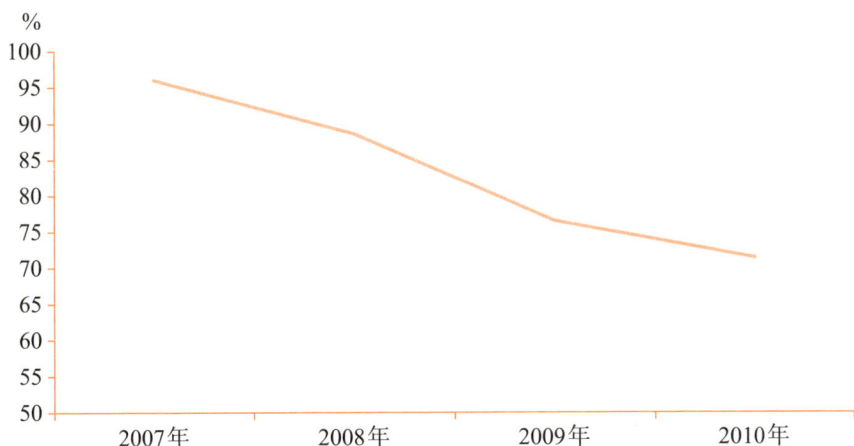

图2-32　睿富REITs出租率

资料来源：睿富REITs年报，兴业研究。

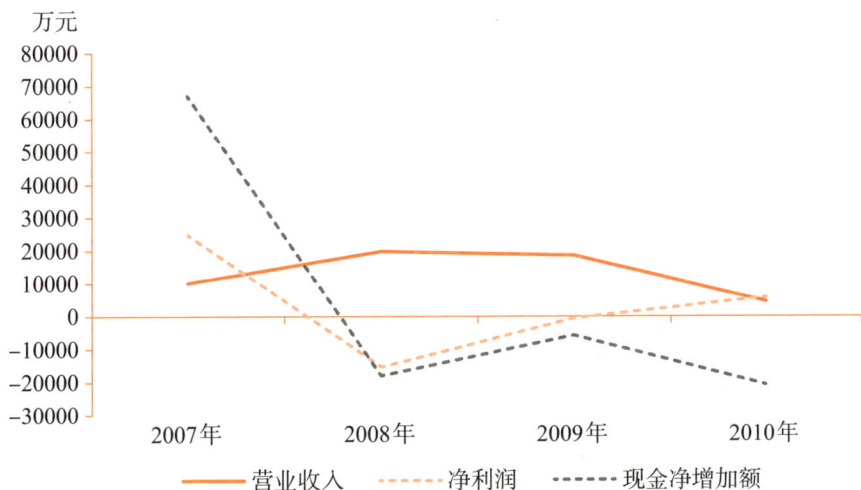

营业收入　　　净利润　　　现金净增加额

图2-33　睿富REITs收入和盈利情况

资料来源：睿富REITs年报，兴业研究。

收益率受财务造假影响严重。睿富REITs发行价格为5.15港元，财务造假爆出后，其价格从2007年9月10日的4.52持续下跌至2007年10月31日的3.28%，跌幅27.43%，而同期恒生REITs指数小幅上行了2.40%。此后睿富REITs股价虽然有所回升，但仍远低于上市价格。从每基金单位分派金额来看，2007—2009年睿富REITs每基金单位分派金额分别为0.34港元、0.36港元、0.30港元，在出售资产准备退市的2010年每基金单位分派总额为4.10港元（含资产出售价格的分派），结合上市股价，收益率并不乐观。

图2-34　睿富REITs与恒生REITs指数对比（不复权）

资料来源：Wind，兴业研究。

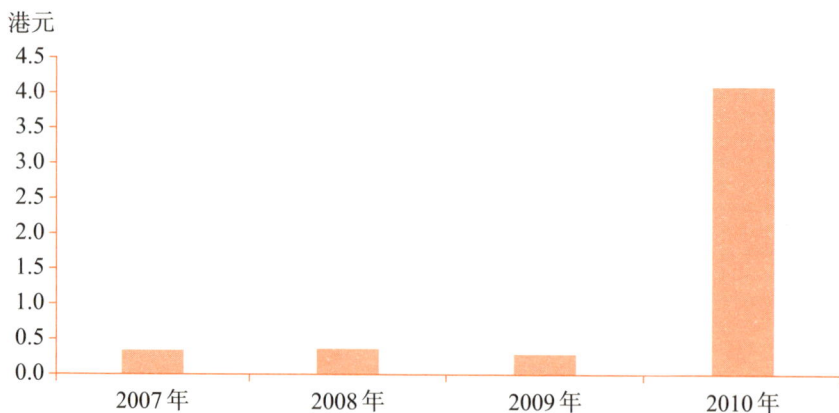

图2-35　睿富REITs每个基金单位分派总额

资料来源：睿富 REITs 年报，兴业研究。

财务造假导致睿富REITs价格始终难以提振，投资者收益率低迷，2010年2月睿富REITs决定出售佳程广场终止上市，经过公开招标，睿富REITs

以19亿港元向丰树印度中国基金出售佳程广场，并于当年提起退市流程，但由于股东田力提起诉求，睿富REITs清盘和退市延误至2021年10月26日才完全完成。

表2-40 睿富REITs退市流程

时间	所涉资产
2010/2/4	REITs 基金单位暂停买卖。
2010/2/11	发布公告称，受托人与管理人已于 2 月 3 日分别就关于出售 BVI 公司（不动产所在项目公司）订立协议，出售后睿富 REITs 将因不能履行房地产投资信托营运标准而被取消上市地位。
2010/3/5	发布批准建议出售、建议终止及建议除牌的公告。
2010/3/7	向基金持有人寄发基金单位持有人特别大会通函。
2010/3/31	暂停办理 REITs 基金单位持有人过户登记，并召开基金单位持有人特别大会。
2010/4/12	完成资产出售。
2010/5/11	该日期之前寄发建议中期分派支票。
2010/7/4	睿富 REITs 发布公告称，管理人估计清盘建议、取消上市地位建议及取消授权建议预计于本年 6 月 30 日前完成。
2010/7/15	田力先生以原告人身份发出传讯令状，向德意志银行、管理人、受托人提出若干索偿，使得清盘与退市出现了延误。
2016/5	判决后，尝试追讨应属睿富 REITs 的应收法律费用一直未能成功。
2021/8/30	至，睿富 REITs 发布公告称管理人与受托人认为继续进行清盘建议、取消上市地位建议及取消授权建议符合基金单位持有人的最佳利益，故将向证监会提交申请。
2021/10/8	发布清算报告称，截至清盘账目日期，睿富 REITs 并无任何尚未清偿的负债或任何资产，因此并无款项可用于最终分派，不作出最终分派。
2021/10/26	完全完成清盘并撤回上市地位。

资料来源：睿富 REITs 相关公告，兴业研究整理。

从境外REITs的退市机制和流程可以看出，境外监管机构对于REITs的强制退市要求较为宽松，出现不具备持续经营能力、违反交易规定或违法、破产或清算等极端情况时，交易所普遍先对其停牌，在复牌申请未通过的情况下除牌退市；相较之下，主动退市则较为常见，上文中的开元REITs虽然出现了经营不善但尚未达到强制退市条件，睿富REITs尽管被爆出财务造假，但其仍然未被监管强制退市，二者均在股价不振的情况下，选择主动退市。

第三章

行　业　与　应　用

保障性租赁住房REITs

2021年6月24日，国务院办公厅发布《关于加快发展保障性租赁住房的意见》，提出"保障性租赁住房主要解决符合条件的新市民、青年人等群体的住房困难问题"；2021年7月2日，国家发展改革委发布《关于进一步做好基础设施领域不动产投资信托基金（REITs）试点工作的通知》，将保障性租赁住房纳入基础设施REITs试点范围。2022年4月13日，首单保障性租赁住房REITs——深圳市人才安居集团保障性租赁住房REIT项目报送至国家发改委，至2023年11月16日已上市4单保障性租赁住房REITs。本节将从住房租赁及保障性租赁住房的相关政策、业务现状、保障性租赁住房REITs发行空间、发行过程可能遇到的问题及解决方案、美国住房租赁REITs运行多角度讨论保障性租赁住房REITs。

一、保障性租赁住房REITs相关政策梳理

（一）住房租赁相关政策：支持与规范并行

2015年以来，为支持住房租赁企业及行业发展，中央及地方纷纷出台各类落地政策，指导住房租赁市场发展。2016年6月，国务院发布《关于加快培育和发展住房租赁市场的若干意见》，强调培育发展住房租赁企业、鼓励房企转型开展住房租赁业务。随后中央及地方政府各类政策落地，以支持住房租赁市场发展，如鼓励租赁住房消费、完善租售同权、增加租赁土地与

房源供给、提供金融支持等，住房租赁市场初现繁荣，住房租赁运营企业增加。整体来看，中央层面住房租赁的政策支持可归纳为以下几类。（1）土地供给方面，扩大住房租赁土地供应，如2021年2月《自然资源部办公厅关于开展2021年住宅用地供应分类调控工作的通知》（自然资办函〔2021〕194号）中明确重点城市在2021年年度计划中单列租赁住房用地占比不低于10%，其中常住人口增长快、租赁住房用地缺口大的城市要进一步提高比例。（2）金融支持方面，允许提取住房公积金支付房租、对租赁企业给予融资支持、推进REITs试点。（3）财政方面，发放租赁补贴、给予税收优惠，具体而言对于住房租赁企业向个人出租住房取得的全部出租收入，增值税一般纳税人可以选择适用简易计税方法，按照5%的征收率减按1.5%计算缴纳，应纳税款=含税销售额÷（1+1.5%）×1.5%，或适用一般计税方法，应纳税款=含税销售额÷（1+9%）×9%－进项税额；增值税小规模纳税人则按照5%的征收率减按1.5%计算缴纳。房产税方面，对企事业单位、社会团体以及其他组织向个人、专业化规模化住房租赁企业出租住房的，减按4%的税率征收房产税。各地方政府迅速跟进政策，出台了具体落实措施，以扩大住房租赁土地供应，降低拿地价格为主，如天津规定租赁用地地价是住宅用地的30%，福州为50%，上海则在20%—30%；商业、工业和集体用地一定条件下可用于住房租赁业务，多元化住房租赁土地结构，有效增加住房租赁一级供给。

2018年以后"租金贷"等乱象频出，住房租赁市场频频爆雷，中央开始要求行业规范化发展，严控租金监管，限制租金池下的无序扩张。2020年9月7日，住建部发布《住房租赁条例（征求意见稿）》，在出租与承租、租赁企业、经纪活动等方面明确66条规范措施，要求住房租赁企业存在"长收短付""高进低出"等高风险经营行为的，房产管理等部门应当将其列入经营异常名录，直辖市、设区的市级人民政府可以建立住房租赁资金监管制度，将租金、押金等纳入监管，以规范住房租赁市场秩序。2021年2月以来，北京、上海、武汉、深圳等重点一二线城市亦针对住房租赁企业要求设立单一账户、进行租金监管等，严格规范行业发展，保障房东租客双向权益。

表3-1　2019年以来中国住房租赁相关政策

时间	发文部门	文件名称	相关内容
2019/12/13	住建部等多部委	《关于整顿规范住房租赁市场秩序的意见》（建房规〔2019〕10号）	指出要加强从业主体管理、加强房源信息发布管理、规范住房租赁合同、管控租赁金融业务、管控租赁金融业务等。
2020/9/7	住建部	关于《住房租赁条例（征求意见稿）》公开征求意见的通知	条例包括总则、出租与承租、租赁企业、经纪活动、扶持措施、服务与监督、法律责任和附则等8章，共66条。
2020/11/3	中央人民政府	《中共中央关于制定国民经济和社会发展第十四个五年规划和二〇三五年远景目标的建议》	坚持房子是用来住的、不是用来炒的定位，租购并举、因城施策，促进房地产市场平稳健康发展。有效增加保障性住房供给，完善土地出让收入分配机制，探索支持利用集体建设用地按照规划建设租赁住房，完善长租房政策，扩大保障性租赁住房供给。
2021/2/18	自然资源部	《2021年住宅用地供应分类调控相关工作要点》	重点城市在2021年年度计划中单列租赁住房用地，占比一般不低于10%，并且常住人口增长快、租赁住房用地缺口大的城市要进一步提高比例。
2021/4/15	住建部、国家发改委等六部门	《关于加强轻资产住房租赁企业监管的意见》（建房规〔2021〕2号）	对于从事转租经营的轻资产住房租赁企业，明确加强从业管理、规范住房租赁经营行为、开展住房租赁资金监管、禁止套取使用住房租赁消费贷款、合理调控住房租金水平等7方面监管措施。
2021/7/15	财政部、税务总局、住建部	《关于完善住房租赁有关税收政策的公告》（财政部、税务总局、住房城乡建设部公告2021年第24号）	（1）住房租赁企业中的增值税一般纳税人向个人出租住房取得的全部出租收入，可以选择适用简易计税方法，按照5%的征收率减按1.5%计算缴纳增值税，或适用一般计税方法计算缴纳增值税；增值税小规模纳税人按照5%的征收率减按1.5%计算缴纳增值税。（2）对企事业单位、社会团体以及其他组织向个人、专业化规模化住房租赁企业出租住房的，减按4%的税率征收房产税。

资料来源：根据相关规章文件整理，兴业研究。

（二）保障性租赁住房相关政策：多方面落实支持措施

在住房租赁市场规范化发展的同时，针对新市民、青年人等群体的住房困难问题，政策逐渐导向为保障性租赁住房提供定向支持。2021年6月24日，国务院办公厅发布《关于加快发展保障性租赁住房的意见》（国办发〔2021〕22号，以下简称《意见》），提出要加快完善以公租房、保障性租赁住房和共有产权住房为主体的住房保障体系，并从土地支持、优化行政审批、资金支持、减税降费和金融支持等五方面明确保障性租赁住房基础制度和支持政策。《意见》明确对象标准，保障性租赁住房主要解决符合条件的新市民、青年人等群体的住房困难问题，以建筑面积不超过70平方米的小户型为主，租金低于同地段同品质市场租赁住房租金，准入和退出的具体条件、小户型的具体面积由城市人民政府按照保基本的原则合理确定。《意见》还明确了相关支持措施，土地支持方面，提出集体经营性建设用地和企事业单位依法取得使用权的土地可用于建设/改建保障性租赁住房、提高产业园工业项目配套用地比例等5项措施，以加大保障性住房项目的供给；资金支持方面，中央通过现有经费渠道，对符合规定的保障性租赁住房建设任务予以补助，改善其盈利情况；金融支持方面，支持银行业金融机构向保障性租赁住房自持主体提供长期贷款，支持银行业金融机构发行金融债券，募集资金用于保障性租赁住房贷款投放；税收优惠方面，保障性租赁住房比照适用住房租赁增值税、房产税等税收优惠政策。2022年以来，中国人民银行、银保监会、住建部等也陆续发文，明确保障性租赁住房项目有关贷款不纳入房地产贷款集中度管理，鼓励银行保险机构加大对保障性租赁住房发展的支持力度。2021年7月1日，国家发改委发布《进一步做好基础设施领域不动产投资信托基金（REITs）试点工作的通知》（发改投资〔2021〕958号），将保障性租赁住房纳入基础设施公募REITs试点行业范围。

表3-2　中国保障性租赁住房相关政策

时间	发文部门	文件名称	相关内容
2021/5/20	国家发改委	《关于印发〈保障性租赁住房中央预算内投资专项管理暂行办法〉的通知》（发改投资规〔2021〕696号）	规范中央预算内投资支持保障性租赁住房建设有关项目管理，包括总则、支持范围和标准、项目及年度投资需求申报、年度投资计划下达和项目管理、监管措施、附则等6章，共22条。
2021/6/24	国务院办公厅	《关于加快发展保障性租赁住房的意见》（国办发〔2021〕22号）	住房保障体系将以公租房、保障性租赁住房和共有产权住房为主体，从土地支持、优化行政审批、资金支持、减税降费和金融支持等五方面入手，明确保障性租赁住房基础制度和支持政策。
2022/1/30	中国人民银行、银保监会	《关于保障性租赁住房有关贷款不纳入房地产贷款集中度管理的通知》（银发〔2022〕30号）	明确保障性租赁住房项目有关贷款不纳入房地产贷款集中度管理，鼓励银行业金融机构按照依法合规、风险可控、商业可持续的原则，加大对保障性租赁住房发展的支持力度。
2022/2/16	银保监会、住建部	《关于银行保险机构支持保障性租赁住房发展的指导意见》（银保监规〔2022〕5号）	构建保障性租赁住房金融服务体系，加大对其金融支持力度，把握保障性租赁住房融资需求特点，提供针对性金融产品和服务，建立完善支持保障性租赁住房发展的内部机制等。
2021/9/9	苏州市住房和城乡建设局	《苏州市保障性租赁住房建设实施办法（征求意见稿）》	（1）用作建设保障性租赁住房的土地可采取出让或划拨的方式供应，采用出让供应的，土地定价上限为周边商品房地价均价的10%，允许出让价款分期收取。保障性租赁住房租赁价格及调整方式可作为出让或租赁土地的前置条件。 （2）一次性收取租金数额原则上不得超过3个月租金，收取押金数额不得超过1个月租金。
2021/11/9	上海市人民政府办公厅	《关于加快发展本市保障性租赁住房的实施意见》（沪府办规〔2021〕12号）	（1）申请保障性租赁住房的基本准入条件：一是在本市合法就业、在职工作；二是在本市存在住房困难，住房困难的面积标准原则上按照家庭在本市一定区域范围内人均住房建筑面积低于

时间	发文部门	文件名称	相关内容
			15 平方米确定。产业园区、用人单位配套建设的保障性租赁住房，应当优先或定向供应本园区、本单位、本系统符合条件的职工。 （2）新出让商品住房用地继续配建不少于 5% 的保障性住房，无偿移交政府，主要用作公共租赁住房；继续配建不少于 15% 的开发企业自持租赁住房，主要用作保障性租赁住房，在土地出让合同中进行约定，并鼓励各区统筹配建面积，集中实施配建。集中实施配建的保障性租赁住房，应当先于商品住房供地或者同时供地。单独选址的租赁住房用地，主要用于建设保障性租赁住房，在土地出让合同中进行约定，土地出让价款可以分期收取。 （3）在确保保障性租赁住房资产安全和规范运行的前提下，试点推进以保障性租赁住房为基础资产的公募 REITs。
2021/12/9	江苏省人民政府办公厅	《江苏省人民政府办公厅关于加快发展保障性租赁住房的实施意见》（苏政办发〔2021〕101 号）	（1）"十四五"期间，全省新增保障性租赁住房供给 50 万套（间）以上，南京、苏州新增保障性租赁住房占新增住房供应总量的比例力争达到 30%。 （2）优先保障其中从事基本公共服务行业的住房困难群体，不设收入线门槛，可采用保障性租赁住房配租或租赁补贴方式予以保障。 （3）支持符合条件的保障性租赁住房项目发行基础设施领域不动产投资信托基金。
2021/12/23	陕西省人民政府	陕西省人民政府办公厅关于加快发展保障性租赁住房的实施意见（陕政办发〔2021〕40 号）	（1）面向符合条件的新市民、青年人，特别是从事基本公共服务行业等市民群体。新开工建设的保障性租赁住房，以建筑面积不超过 70 平方米的小户型为主；已经开工或建成的住房转为保障性

续表

时间	发文部门	文件名称	相关内容
			租赁住房使用的，可适当放宽面积标准，适合改造成小户型的应予以改造，具体面积由城市人民政府确定。用于保障本单位（园区）职工的保障性租赁住房应加强轮转，原则上优先用于保障新入职无房职工。 （2）支持保障性租赁住房建设、改造、运营企业发行REITs融资。

注：地方政策相关内容主要梳理了较中央政策更具体的内容

资料来源：根据相关规章文件整理，兴业研究。

此后，上海、湖南、重庆、苏州等地也陆续发布保障性租赁住房的落实政策，对准入条件和支持措施进行了细化，如2021年11月9日上海政府发布的《关于加快发展本市保障性租赁住房的实施意见》（沪府办规〔2021〕12号）中要求，"申请保障性租赁住房，需要同时满足以下两项基本准入条件：一是在本市合法就业、在职工作；二是在本市存在住房困难，住房困难的面积标准原则上按照家庭在本市一定区域范围内人均住房建筑面积低于15平方米确定。产业园区、用人单位配套建设的保障性租赁住房，应当优先或定向供应本园区、本单位、本系统符合条件的职工"，同时，支持开展保障性租赁住房基础设施REITs试点。重庆市政府还提出鼓励银行、资产管理公司等积极参与REITs产品的战略配售和投资。

二、住房租赁及保障性租赁住房业务现状

（一）住房租赁业务现状

目前我国住房租赁行业发展程度仍然很低，住房租赁占居民住房供给的比例仅为16%，一线城市略高，上海为25%。与其他国家相比，仍有较大的提升空间。在当前较低的住房租赁占比中，市场供给主体仍存在严重不平

衡，分散度高、机构化率低。个人出租占67%，城中村房源占28%，分散式品牌公寓占4%，集中式品牌公寓占比仅为1%，机构化率仅为5%。住房租赁机构众多，任一机构市占率不高，市场高度分散。

表3-3　各国及上海不同居民居住途径对比

	自有住房	公共租赁住房	PRS 租赁住房	其他
英国	63.50%	17.50%	19.00%	–
法国	61.00%	17.40%	21.50%	–
荷兰	60.00%	31.00%	9.00%	
德国	44.50%	3.20%	45.80%	6.50%
美国	65.30%	1.50%	33.20%	–
瑞士	39.80%	4.80%	55.10%	–
瑞典	62.10%	0.40%	36.70%	0.80%
上海	63.20%	4.60%	25.00%	7.20%

资料来源：同策研究院，兴业研究。

我国住房租赁的业务模式主要有两种：轻资产运营和重资产运营。轻资产运营模式下，从业主体不持有租赁物业产权，通过承租房产开展租赁业务，通过收取租赁费的价差和提供增值服务来获取利润，初期房源来源较为分散，获取房源难度相对较大，管理成本相对较高，后来出现集中式获取租赁房源的业务模式，主要是从当地国企、政府及村集体业主手中获取破旧厂房、办公楼或住宅楼等进行装修改造。重资产运营主要通过自持物业开展租赁业务，从业主体通过收购或自建的方式获得租赁房源，进行运营并提供物业服务和相关增值服务，以获得租金收益、服务收益及未来资产增值收益。

表3-4　住房租赁主要业务模式

业务模式	经营方式	收益来源	主要品牌
轻资产运营	不持有，分散式包租	租赁费价差、增值服务收入	链家自如、蛋壳公寓、青客公寓、优客逸家等
	不持有，集中式包租		魔方公寓、城家、YOU+ 公寓、新派、万科泊寓等

业务模式	经营方式	收益来源	主要品牌
重资产运营	持有，收购或自建	租金、增值服务收入、未来资产增值收益	万科泊寓、龙湖冠寓、旭辉领寓、保利公寓、招商蛇口壹公寓等

资料来源：兴业研究整理。

在系列住房租赁鼓励政策出台之前，早期从事住房租赁业务的机构，如新派、自如、魔方、YOU+等，便是以轻资产、分散式运营模式开展业务，但其盈利能力不高。因此很多早期机构致力于规模拓展，以寻求上市实现股权退出和资本增值。但由于资金实力较弱，业务拓展依赖于大规模房源的获取，资金需求叠加2015年以后个人消费贷的大量供给导致大量轻资产住房租赁企业选择租金池的融资-扩张模式发展，2017年后出现了大量爆雷的住房租赁企业，房客房东权益受损。2020年受疫情影响，房源空置率攀升，加剧了这类住房租赁企业出清。

各地住房租赁政策在土地出让方面通常要求以"企业自持"、"出租期限限制"、"配建租赁住房"的形式增加新建住房中的租赁住房比例，出于政策导向及房企业务转型诉求，大中型房企一度是住房租赁行业的主要供给方。借助于其资金及其在住房建设、改造等方面的优势，房企采用轻重资产并行的业务模式，实现业务快速拓展，代表品牌为万科泊寓、龙湖冠寓、旭辉领寓、招商蛇口壹公寓等。由于有些地方政策明确要求企业自持租赁住房应当以租赁方式自持经营，不得销售，不得分割转让、分割抵押。自持租赁住房持有年限与土地出让年限一致，而此年限远高于对外出租单次租期。这也导致重资产运营模式成本高，资金回报周期长，资产流动性差。近两年，房地产持续严监管，销售回款放缓，现金流紧张，盈利能力下滑，2020年疫情期间各地出台减免公寓租金、空置率上升，住房租赁利润更低，房企住房租赁业务扩张亦放缓，城投平台、当地国企以及建筑行业的央企等逐渐成为市场供给主力，住房租赁行业格局发生明显变化。

在土地供给方面，纯租赁用地和竞自持、竞配建租赁用地已成为租赁用地的主要供应模式。据克而瑞数据，2018年以后纯住房租赁用地成交有所下降，2021年回升超过2019年水平，共计79宗，规划建筑面积511.15万平方米，纯住房租赁成交面积占比达39%，其次为拿地配建租赁用地、竞自持租赁用地，占比分别为24%、17%。值得注意的是，竞自持、竞配建等拿地方式将通过传导提高房价。土地获取主体方面，上海地产集团、深圳人才安居集团、上海城投、光明集团、杭州钱投集团、上海浦发、上海张江、南京江北新区建设投资集团、上海港城开发集团有限公司、武汉经开投资有限公司、上海浦发、武汉临空港投资集团有限公司等国家队已成为各地新建租赁用房主力，其中上海地方平台公司表现突出，2021年共计获取90万平方米租赁用地。

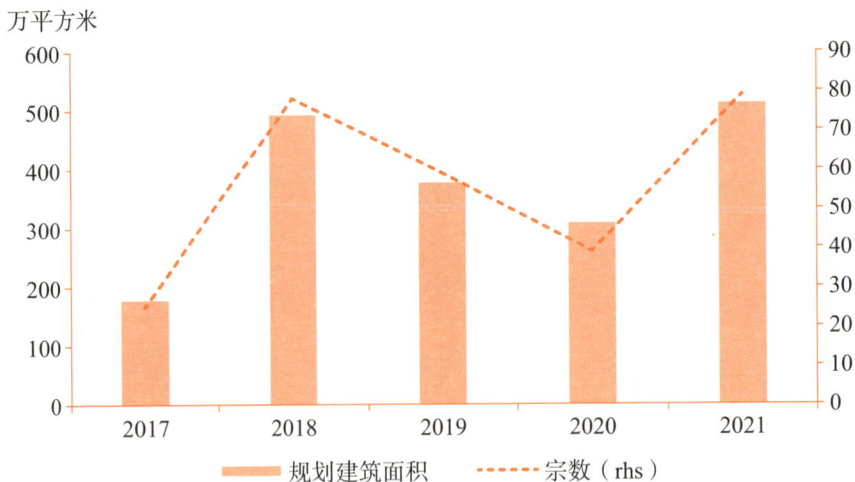

图3-1　2017—2021年纯租赁用地成交情况

资料来源：克而瑞，兴业研究。

在地域分布方面，由于流动人口规模大、房价高，国内住房租赁业务集中在一线及重点二线城市，主要住房租赁企业的门店和房源布局、土地获取等也体现了这一点。据ICCRA数据，截至2022年第一季度末，全国60个住房租赁企业已开业门店数共2838个，开业房间规模共83.12万间，其中北京、上海、广州和深圳四个一线城市已开业房间占比57.8%；从增速来看，与2019年相比，2021年中国住房租赁房间规模增幅达122.9%，其中成都、深圳、广州增速最快，分别为253.6%、175.9%、135.7%，而北京、上海的增速分别为114%、70.6%。据克而瑞数据，截至2022年4月，纯租赁用地累计供应286幅土地，成交总建面1829.81万平方米，其中上海为961.29万平方米，占比52.53%。

万平方米

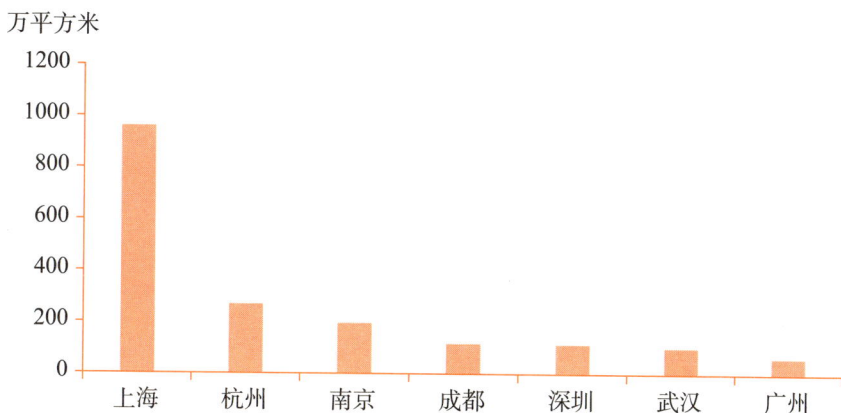

图3-2　截至2022年4月部分城市纯租赁用地成交面积

资料来源：克而瑞，兴业研究。

在拿地成本方面，住房租赁地块成本近年来呈现上升趋势，但比普通住宅用地成本更低。2020—2021年重点城市纯租赁用地成交均价分别为6960元/平方米、9809元/平方米，同比增长28.87%、40.93%。在政策优惠下租赁住房地价一般低于住宅用地，根据各地基准地价成果，天津规定租赁用地地价是住宅用地的30%，福州为50%，上海则在20%—30%。从租赁用地实际出让价格来看，2018—2020年上海纯租赁用地平均成交价格为5969元/平方米，为同期涉宅用地价格的46%，若考虑地块的区域分布，租赁住宅用地的成交价格仅为涉宅用地的30%左右。

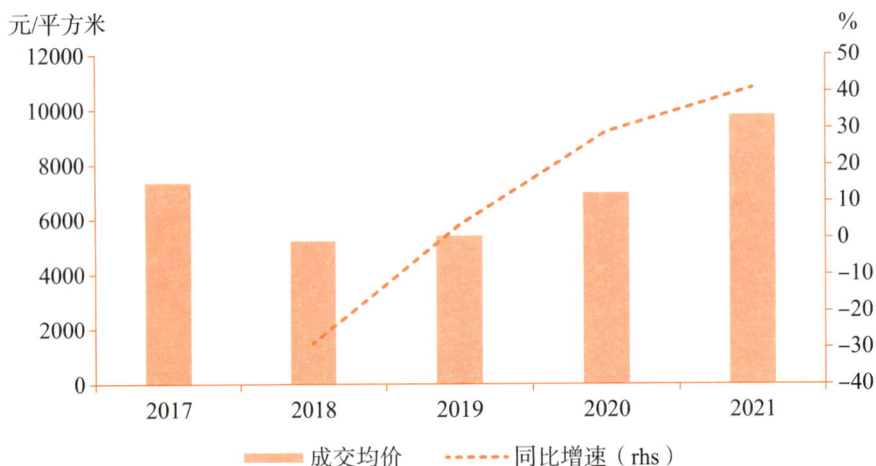

图3-3 2017—2021年重点城市纯租赁用地成交价格

注：重点城市为北京、上海、广州、深圳、成都、杭州、南京、武汉。
资料来源：克而瑞，兴业研究。

在租金水平方面，从住房租赁价格指数来看，2017年以来全国价格指数相对平稳，一线城市持续走高，2020年疫情期间略有下降后，2021年有所反弹，而二线城市持续下降，二线城市住房租赁的大量供给对价格下降有引导作用。从重点城市价格指数变动来看，上海2021年末较2019年末增长6.3%，大部分一线、二线城市如北京、广州、成都等基本与疫情前持平，而西安、武汉等较2019年末有所下降。从绝对租金水平来看，根据CERIS数据，2021年12月末北京、深圳、上海等一线城市平均月租金较高，超过70元/平方米，杭州、南京、成都等二线城市平均月租金为30—50元/平方米。从出租率来看，2021年北上广深一线城市租赁住房出租率较高，在93%以上，且均较疫情前有所增长，重点二线城市出租率普遍在80%以上，并不是很高，其中重庆、成都、杭州增长较快。从成交周期来看，房客源成交周期仍高于疫情前，根据贝壳研究院数据，2021年全国重点城市房源成交周期为50.1天，同比减少4.6%，较2019年增加24.6%，客源成交周期为9.7天，同比基本持平，较2019年增加24.4%。

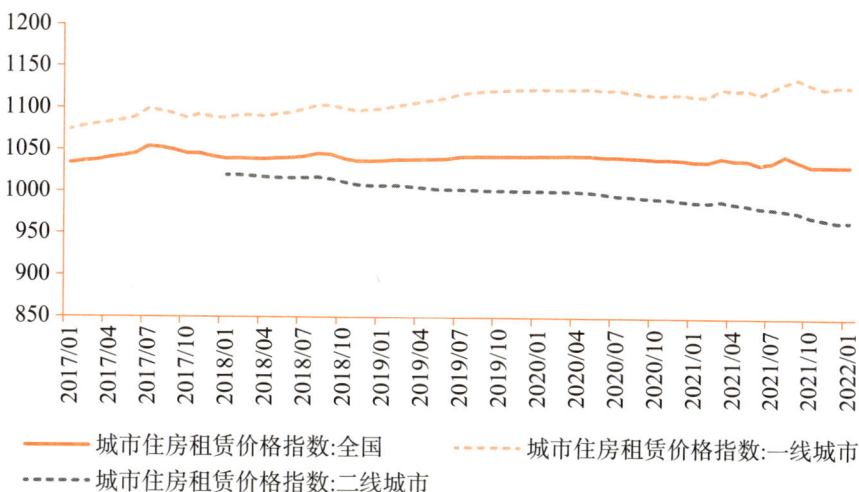

图3-4　城市住房租赁价格指数（2016年1月=1000）

资料来源：Wind，兴业研究。

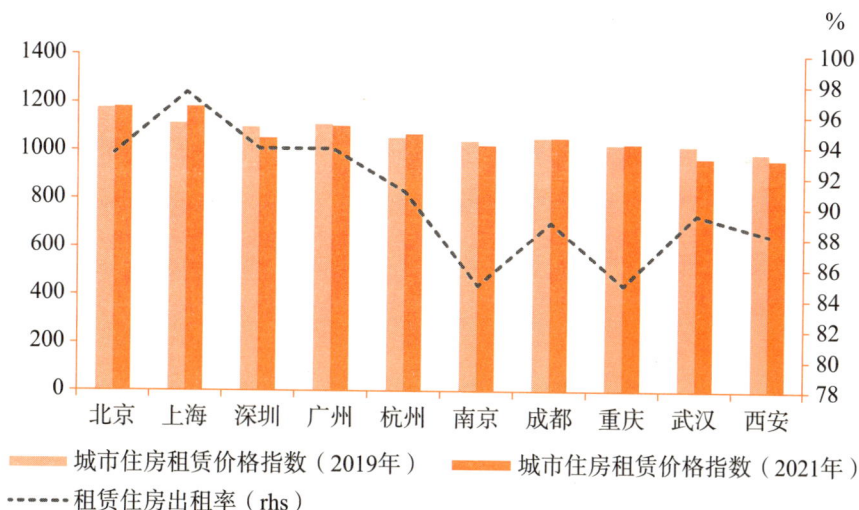

图3-5　重点城市住房租赁价格指数及出租率（2016年1月=1000）

资料来源：Wind，ICCRA，兴业研究。

　　在业务成本方面，住房租赁在开发阶段的成本一半以上为拿地成本，此外还包括建安成本、装配式建筑成本、装修成本等，2021年下半年全国住宅建安成本为1908—2451元/平方米，上海、广州等一线城市在3000元/平方米以上，装配式建筑成本一般在300—400元/平方米，装修成本的市场价则在700—1500元/平方米不等，精装修长租公寓等成本可能更高。在项目运营阶段，企业还面临运营维护成本和税收成本，其中运营维护成本一般在营业收入的20%以下，税收成本包括增值税、房产税、土地使用税及企业所得税等，其中增值税、房产税享受一定优惠政策。

表3-5 住房租赁业务相关税收

税种	税率	征收标准及计算公式
增值税	9%	一般计税方法，应纳税款＝含税销售额÷（1+9%）×9%－进项税额
	5%	简易计税方法，应纳税款＝含税销售额÷（1+5%）×5%
	1.5%	向个人出租住房的住房租赁企业中一般纳税人（简易计税方法），或增值税小规模纳税人：应纳税款＝含税销售额÷（1+5%）×1.5%
房产税	12%	应纳税款＝租金收入×12%
	4%	企事业单位、社会团体以及其他组织向个人、专业化规模化住房租赁企业出租住房：应纳税款＝租金收入×4%
土地使用税	－	应纳税款＝土地面积×地区每平方米税额；每平方米年税额如下：大城市1.5元至30元；中等城市1.2元至24元；小城市0.9元至18元；县城、建制镇、工矿区0.6元至12元；由财政部另行规定免税的能源、交通、水利设施用地和其他用地，免缴土地使用税
企业所得税	25%	应纳税款＝（收入总额－不征税收入－免税收入－各项扣除－弥补以前年度亏损）×25%

资料来源：根据相关规章文件整理，兴业研究。

在收益率方面，住房租赁业务收益仍相对较低，在稳房价的大背景下，未来盈利大幅改善的空间不大。以旭辉瓴寓上海浦江华侨城柚米社区为例，项目于2020年正式投入运营，总投资20亿元，占地面积超6.3万平方米，共计房源1869间，每间平均租金3380元/月，出租率维持在98%以上，假设运营支出占租金收入的10%，在不考虑各项税费的情况下我们测算每年收益率约为3.34%，考虑税收成本年收益率约为2.30%。

在行业主体方面，住房租赁供给的机构化程度不断加深，2021年住房租赁企业已达2万家，但鉴于住房租赁盈利困难、回报周期长，行业不断出清，由于前期建设成本较高、运营期间管理费用不低、激进扩张等原因，蛋壳公寓、青客公寓等上市企业连年亏损，已进入破产清算流程，我乐公寓、嗨客公寓等中小品牌因资金链断裂而相继暴雷。行业头部效应越发显著，龙头品牌的长租公寓房源占比高达70.00%。根据克而瑞数据，截至2021年12月底，全国前30的集中式公寓运营企业累计开业规模79.63万间，同比增长21.60%，而如万科泊寓、龙湖冠寓、魔方公寓等房源规模相继突破10.00万间，市场占比高。目前，以重资产运营模式持有经营长租公寓的稳定收益率最多为5.00%，如龙湖冠寓2021年才实现利润1.40亿元，成为市场上为数不多的处于盈利阶段的住房租赁企业之一。

表3-6　截至2022年3月末部分龙头住房租赁品牌运营情况

品牌名称	运营方式	房源数	门店数	城市分布	出租率	盈利情况
万科泊寓	轻资产集中式、重资产	15.95万间	超400个	全国33座城市	95.3%	2021年营业收入28.9亿元，GOP率为89.7%
龙湖冠寓	重资产	10.6万间	—	30余座一二线城市	92.9%	2021年营业收入22.3亿元
魔方公寓	集中式轻资产	10万余间	超500个	28座主要城市	90%左右	—
旭辉瓴寓	轻资产、重资产结合	约8万间	—	20座一二线城市	98%	2021年GOP率为90%
乐乎公寓	集中式轻资产	6万间	—	12座一二线城市	95%以上	—
招商蛇口	重资产	3.6万间	—	22座一线城市和强二线城市	76%	2021年营业收入11.27亿元
华润置地有巢公寓	重资产	2万间	—	12座一二线城市	—	2021年营业收入3.13亿元

资料来源：公司年报，公司官网，兴业研究。

（二）保障性租赁住房业务现状

《关于加快发展保障性租赁住房的意见》明确"引导多主体投资、多渠道供给"，随着有关贷款不再纳入房地产贷款集中度管理，保障性租赁住房的融资问题得到缓解，也鼓励房企等更多市场化主体参与其中。业务模式方面，与住房租赁一致，按照是否持有物业资产，保障性租赁住房项目的业务模式亦分为轻资产运营和重资产运营。

目前，专业住房租赁机构、部分房企等大多以轻资产运营方式切入保障性租赁住房业务，如乐乎公寓等为多地政府、企业的保障性租赁住房、人才公寓等提供轻资产管理输出服务。房企，如万科泊寓，采取轻资产和重资产相结合的运营模式，项目来源包括集体用地和自持用地租赁住房建设、城市更新和老旧城区改造、与政府合作制定人才租赁住房等。

表3-7　保障性租赁住房主要业务模式

业务模式	项目来源	主要参与主体	盈利方式
分散式轻资产运营	厂房仓储等非居住存量房屋改建、集体经营性建设用地建设等	专业住房租赁机构（如乐乎、自如、魔方）、房企（如万科、龙湖）等	长期租赁获取房源，通过转租取得租金价差
集中式轻资产运营			
重资产运营	企事业单位自持物业、自有闲置土地建设、集体经营性建设用地建设、产业园配套用地建设等	地方国企、央企、大型房企、市级平台（如安居集团、轨道、城投）等	租金收入、未来资产增值

资料来源：兴业研究整理。

而地方城投平台、地方国企、央企等从业主体主要以重资产运营方式从事保障性租赁住房建设和运营：（1）城投平台，城投平台一般涉足过当地基础设施建设，公益属性明显，盈利诉求弱于市场化住房租赁企业，可高度匹配区域内市政规划，在土地获取方面存在天然优势，其通过保障性租赁住房项目可盘活存量土地，提高资产利用率。例如，兰州市轨道交通有限公司利用自有低效商业用地建设2340套保障性租赁住房，总投资约11亿元，获得银行贷款5.5亿元，期限25年、利率4.3%。（2）央企及地方国企，央企及地方国企参与保障性租赁住房项目在资金及土地获取方面具有一定优势，如北京保障房中心、重庆地产集团、深圳人才安居集团等均有参与相关项目；值得注意的是，在房地产行业周期底部，建筑行业的央企及国企会积极参与到保障性租赁住房行业中，既化解了烂尾项目又提供了保障性租赁住房供给。

从项目来源来看，保障性租赁住房项目包括新建项目和改建项目，主要有以下几种来源。（1）集体经营性建设用地新建，支持利用城区、靠近产业园区或交通便利区域的集体经营性建设用地，农村集体经济组织可通过自建或联营、入股等方式建设运营保障性租赁住房。（2）企事业单位自有闲置土地，允许土地使用权人自建或与其他市场主体合作建设运营保障性租赁住房。（3）产业园区配套用地，产业园区中工业项目配套建设宿舍型保障性租赁住房，鼓励将产业园区中各工业项目的配套比例对应的用地面积或建筑面积集中起来统一建设。（4）国有建设用地新建，如提高住宅用地中保障性租赁住房用地供应比例、优先安排单列保障性租赁住房用地供应等，鼓励在地铁上盖物业中建设一定比例的保障性租赁住房。（5）非居住存量房屋改建，主要为闲置和低效利用的商业办公、厂房、仓储等。现阶段商品住房配建提供较为稳定的保障性租赁住房来源，各地也在积极开拓集体建设用地、企事业单位用地、产业园区用地新建等渠道。各地政府对具体的项目来源还有不同的规定，如上海在出让土地中要求"新出让商品住房用地继续配建不少于5%的保障性住房，无偿移交政府，主要用作公共租赁住房；继续配建不少于15%的开发企业自持租赁住房，主要用作保障性租赁住房，在土地出让合同中进行约定，并鼓励各区统筹配建面积，集中实施配建"。

| 对闲置和低效利用的商业办公、旅馆、厂房、仓储、科研教育等非居住存量房屋：允许改建为保障性租赁住房；用作保障性租赁住房期间，不变更土地使用性质，不补缴土地价款 | | | |

人口净流入的大城市和省级人民政府确定的城市

| 集体经营性建设用地：城区、靠近产业园区或交通便利区域，农村集体经济组织可通过自建或联营、入股等方式，可办理抵押贷款 | 企事业单位依法取得使用权的土地，变更土地用途，不补缴土地价款，原划拨土地可继续保留划拨方式；允许土地使用权人自建或与其他市场主体合作建设运营 | 产业园工业项目，将配套建设行政办公及生活服务设施用地比例从70%提高至15%，用于建设宿舍型保障性租赁住房 | 提高住宅用地中保障性租赁住房用地供应比例，安排在产业园区及周边、轨道交通站点附近和城市建设重点片区等区域，可采取出让、租赁或划拨等方式供应，允许出让价款分期收取 |

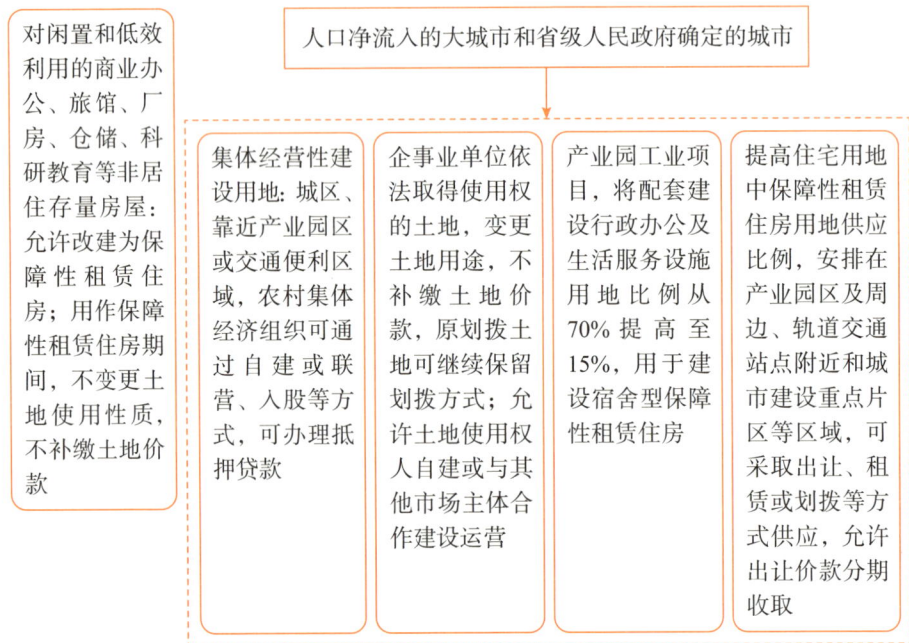

图3-6 保障性租赁住房项目来源及土地支持政策梳理

资料来源：《意见》，兴业研究整理。

我国保障性租赁住房存量较少，未来供给提升依赖于"十四五"规划工作目标的不断推进。2022年1月11日在《"十四五"公共服务规划》的发布会上，住建部表示，"十四五"期间，40个重点城市计划新增保障性租赁住房650万套（间），2021年全国已开工建设和筹集94.2万套，广东、浙江、江苏、上海等地保障性租赁住房用地供应增加较多。从各省公布的保障性租赁住房建设进度和计划来看，2022年大部分省市保障性租赁住房建设将进一步提速，北京、上海等地目标完成度将率先超过50%。从保障性租赁住房项目分布来看，已公布信息的部分城市中成都、杭州、重庆、天津等已认定项目131个、48个、119个、58个，涉及房源7.8万套、5.9万套、5.2万套、1.68万套，上海于2022年1月集中开工15个保障性租赁住房项目，涉及房源1.85万套。

万套

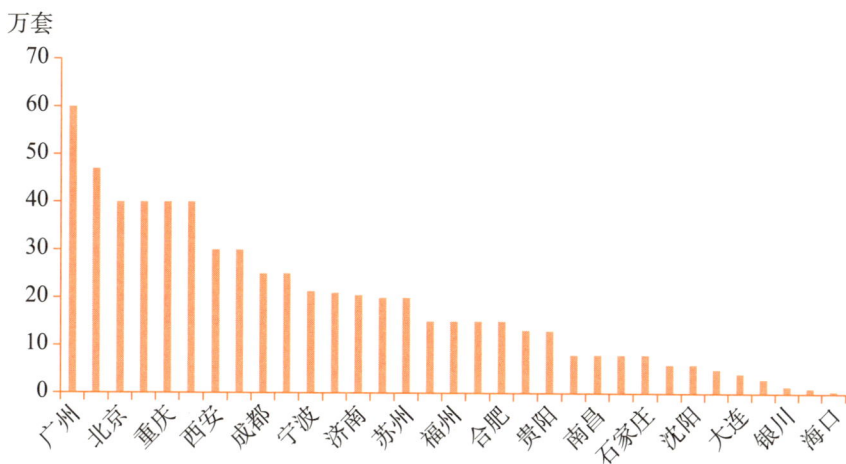

图3-7　"十四五"期间重点城市新建保障性租赁住房计划

资料来源：公开资料整理，兴业研究。

万套

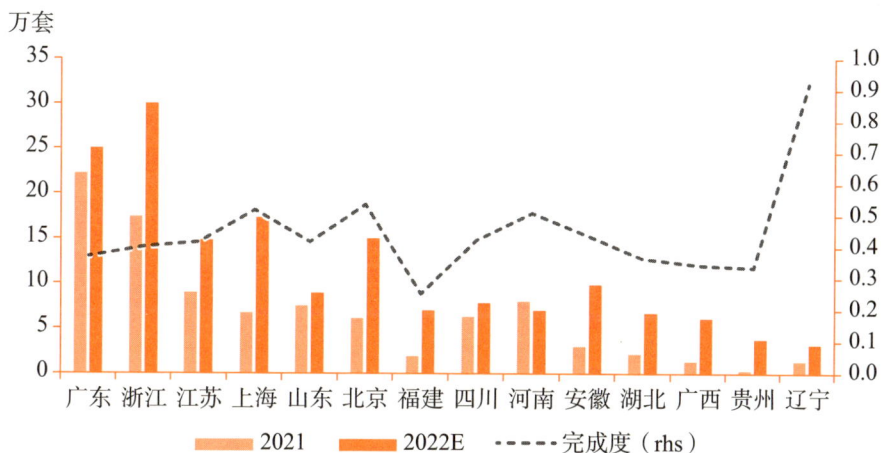

图3-8　部分省市保障性租赁住房建设情况

资料来源：根据公开资料整理，兴业研究。

在项目建设成本方面，如果是新建项目，成本包括土地成本、建安成本、装配式建筑成本、装修成本等，在政策优惠下租赁住房土地价格一般低于住宅用地，部分地区还对保障性租赁住房用地给予特别优惠，如苏州市在2021年9月发布的《苏州市保障性租赁住房建设实施办法（征求意见稿）》

中提出"用作建设保障性租赁住房的土地可采取出让或划拨的方式供应，采用出让供应的，土地定价上限为周边商品房地价均价的10%，允许出让价款分期收取"。如2021年华为技术有限公司拍下上海青浦区一块纯租赁用地，全部用于建设保障性租赁住房，成交楼板价仅为1533.35元/平方米，拿地成本仅为住宅的14.02%。各地建安成本不等，全国水平为1908—2451元/平方米，上海、广州等一线城市在3000元/平方米以上，加之装配式建筑成本和装修成本，造价可能在5000元以上。例如，上海建工集团股份有限公司在2021年承建保障性租赁住房建筑面积近243万平米，造价近160亿元，平均造价成本为6584.36元/平方米。如果是存量房屋改建，无需土地购置，只需要改旧成本、装修成本等费用相对新建项目而言较低，如2019年招商蛇口联合业主方重庆外运储运将重庆市九龙坡区的仓库及办公楼改造成191间保障性租赁住房，改造及精装修费用约为2541.30元/平方米。

表3-8　保障性租赁住房项目建设成本

成本类型		金　额
新建项目	土地成本	一般为住宅用地的 10%—50%
	建安成本	2021 年下半年全国平均水平为 1908—2451 元/平方米，其中上海为 3044—3796 元/平方米，广州为 3260 元/平方米，北京为 2021—2788 元/平方米
	装配式建筑成本	300—400 元/平方米
	装修成本	700—1500 元/平方米
改建项目	改旧成本	2500 元/平方米
	装修成本	

资料来源：地方政府官网，Wind，公开资料，兴业研究。

在租金水平方面，根据各地政策与保障性租赁住房发展规划，保障性租赁住房租金需较同地段同品质市场租赁价格有一定程度下浮，在平抑租金水平上涨方面发挥一定作用。其中，上海市等明确规定保障性住房租金应低于市场价格的90%，武汉市为低于市场价格的85%，青岛市等为低于市场价格的80%，呼和浩特市为低于市场价格的70%。例如，深圳市人才安居集团有限公司发行的保障性租赁住房类REITs项目，目标资产为电力花园二期项目、远洋新干线君域花园项目人才公寓，租金水平分别为每月107.54元/平方米、50元/平方米，低于所在南山区、龙湖区121.78元/平方米、57.32元/平方米的平均月租金。

表3-9 各地保障性租赁住房租金水平

租金水平	主要城市
低于市场价	广州、北京、深圳、重庆、天津、厦门、福州、合肥、石家庄、昆明、郑州、太原、兰州等
低于市场价90%	上海、杭州、成都、济南、南京、南昌、沈阳、长春、西宁、海口等
低于市场价85%	武汉
低于市场价80%	青岛、温州、贵阳、银川等
低于市场价70%	呼和浩特

资料来源：根据公开资料整理，兴业研究。

在收益率测算方面，以华润置地有巢公寓为例，华润置地联合平安不动产于2018年共同开发有巢国际公寓社区总部基地店项目，土地来源为北京市丰台区葆台村的农村集体经营性建设用地，村集体出让土地经营权与收益权，期限为50年，在保障性租赁住房建成后由有巢公寓品牌进行运营，其中开发企业承担建设费用和固定收益，村集体获得固定收益和分红收益。该项目于2021年9月开业，总投资9.5亿元，总建筑面积10.08万平方米，共计房源2,314间，户型主要为22平方米和33平方米，每间平均租金约为3,000元/月，比周边同类集中式公寓租赁价格低30%左右，试运行期间出租率为70%，若假设运营支出占租金收入的10%，在不考虑各项税费的情况下，我们测算该项目当前收益率约为5.52%，扣税后粗略计算约为3.81%。但由于该项目没有土地出让成本，其总成本相对较低，若考虑上土地成本，其收益率低至3.29%。

三、保障性租赁住房 REITs 的发行空间

由于当前保障性租赁住房规模小，未来筹建项目是公募 REITs 的主要资产来源，我们基于筹集计划，估算未来年租金收入规模，采用收益率法估算其未来的资产规模和公募 REITs 发行空间。

假设 40 个重点城市"十四五"期间按计划完成 650 万套（间），其中一二三线城市的保障性租赁住房套（间）数占比分别为 28.77%、50.00% 和 21.23%，保障性租赁住房租金价格较周边价格低 12.5%，单套（间）平均面积 50 平方米，一二三线城市未来租金按照此前五年平均水平增长、租金折现率 4.5%、运营支出占租金收入的 10%。

经测算，经"十四五"期间筹集，4 年后保障性租赁住房的年租金收入规模可达到 2241.73 亿元，扣税后对应的资产估值约为 3.51 万亿元，其中一线城市的租金水平高，年租金收入规模约为 1300.78 亿元，对应的资产估值约为 1.95 万亿元，占比约为 55.55%。

自 2017 年力推住房租赁证券化，相关住房租赁企业在 ABS 市场以收费收益权 ABS、CMBS 和类 REITs 的形式进行证券化融资，其证券化率预计已超过美国 REITs 的证券化率 3.81%。保障性租赁住房政策导向性强、实施力度大、现金流稳定、备选项目均为在公募 REITs 试点后筹集、合规性较强，我们按照一线城市 5%、二三线城市 3.81% 的公募 REITs 证券化率，保障性租赁住房公募 REITs 发行空间约为 1570 亿元。

四、保障性租赁住房开展公募 REITs 可能面临的问题

（一）项目收益率难以满足监管要求

保障性租赁住房项目开展公募 REITs 的主要难点是项目收益率难以满足监管要求。根据 2023 年 3 月 24 日，国家发展改革委发布《关于规范高效做好

基础设施领域不动产投资信托基金（REITs）项目申报推荐工作的通知》（发改投资〔2023〕236号），首次发行基础设施REITs的保障性租赁住房项目，当期目标不动产评估净值原则上不低于8亿元，预计未来3年每年净现金流分派率原则上不低于3.8%。而我国住房租赁市场一直以来受盈利问题所困，长期以来高房价导致的极低租售比使得住房租赁投资收益率较低，租金溢价难以弥补运营成本，年回报率大多不足2%，发行REITs面临较高的收益率门槛。

从资产端来看，为使保障性租赁住房项目满足3.8%的净现金流分派率监管要求，可以从增加项目收入和降低项目成本两个角度考虑解决方案。

在收入方面，项目的租金水平、浮动情况、出租率等都会影响项目收益，从而对收益率和分派率产生影响。就租金而言，保障性租赁住房需要考虑青年人、新市民群体的承受能力，在政策的引导下相比市场价格略低，且年均涨幅上限面临一定政策限制，普遍在5%以下，租金上行空间不大，在租金无法实现较大幅度上涨的情况下，项目的每年现金流分派率提升有限。此外，出租率也会影响保障性租赁住房项目收入，在需求较高的一线城市、优质区域或核心地段，年均出租率相对较高，为租金收入的获取带来一定保障。因此，在选取项目资产时，可以充分考虑保障性租赁住房的区位、出租率等因素，以此进行资产组合，保证项目经营的稳定性。在租金收入之外，保障性租赁住房项目还可以通过开展附加增值服务业务，提升收入和利润水平，即拓展资产运营的商业模式，通过为租客提供更多的增值服务，如无人超市、娱乐设备、保洁搬家等，在不影响保障性租赁住房主业的情况下，增加营收渠道，实现运营增值。

在成本方面，主要考虑通过降低土地获取成本、税费优惠等减低成本，以满足REITs申报要求。对于重资产运营的保障性租赁住房项目而言，早期建设成本中土地获取成本占据较大比例，国办发〔2021〕22号文指出，要进一步完善保障性租赁住房的土地支持政策，如变更土地用途可不补缴土地价款、提高保障性租赁住房建设面积比例、允许出让价款分期收取等。在地方政策的支持下，保障性租赁住房运营主体获取政府出让土地的价格一般低于其他商品住宅，根据各地政策不同一般为住宅用地的10%—50%。保障性租赁住房土地支持政策将在一定程度上降低项目成本，有助于提高项目收益率。

在税收成本层面，项目运营公司在资产运营环节可能涉及企业所得税、增值税、房产税、土地使用税等税种。在住房租赁及公募REITs税收政策的支持下，保障性租赁住房项目收入的增值税可以选择简易计税方法，税率由5%减按1.5%计算，房产税的税率可由12%减按4%计算，运营期间的税收成本大大减少。为进一步推进保障性租赁住房REITs，未来或可从税收环节入手，考虑免征、减征项目运营时的企业所得税，使其满足3.8%的净现金流分派率要求。

（二）REITs过程的合规问题

在法律层面，根据发改投资〔2021〕958号文件要求，公募REITs的基础设施项目应"权属清晰、资产范围明确"，原始权益人需依法合规直接或间接拥有项目所有权、特许经营权或经营收益权，保障性租赁住房项目公司依法持有底层资产，且土地使用要依法合规，这些合规性要求与公募REITs的普遍一致。需要注意的是，（1）保障性租赁住房项目需在前期及时取得《保障性租赁住房项目认定书》，并凭此办理保障性租赁住房项目立项、用地、规划、施工、消防、验收等一系列环节手续。（2）对于采取租赁方式获得房源的保障性租赁住房，项目运营主体不持有物业资产，若物业持有人破产清算，物业资产可能会被纳入破产清算资产；若物业持有人违反租赁合同，出现任意结束租约、涨租等显现，亦会影响投资者权益，因此在物业持有人的信用质量、房源租赁期限、租约稳定性、租金浮动等均会面临较多不确定性的情况下，建议谨慎介入该类保障性租赁住房项目。

五、美国住房租赁REITs运营情况

在国外，作为重要的房地产金融产品，REITs在推动住房租赁行业发展

方面具有重要作用。首先，REITs的架构为住宅开发商提供退出渠道，使其转向轻资产运营，解决资产过重和负债过高问题；其次，REITs有助于促进住房租赁行业的机构化发展，优化资源配置，提高租赁市场运营效率；最后，REITs也为房地产行业投资者提供了新的投资渠道，由投资物业实体转向投资标准化REITs份额。

在住房租赁领域，国外成熟的经验可以为我国推动保障性租赁住房的发展提供一定借鉴。以美国为例，住房租赁REITs为美国REITs重要的细分板块之一，截至2021年末，美国该板块REITs数量24只，总市值为2588.71亿美元，较2010年增加9只，市值增加2120.36亿美元。市值主要集中在龙头运营商之间。美国前五大住房租赁REITs运营商为AVB、EQR、MAA、SUI及ESS，市值分别为353.00亿美元、339.85亿美元、264.63亿美元、243.51亿美元及229.82亿美元，合计1430.82亿美元，占比超住房租赁REITs总市值的五成，集中度较高。

资产规模方面，住房租赁REITs总资产规模从2010年末的555.68亿美元增至2021年末的1654.69亿美元，净资产从189.66亿美元增至803.89亿美元。市值前五大的美国住房租赁REITs的总资产和净资产合计占行业的比例分别为47.65%和52.29%。

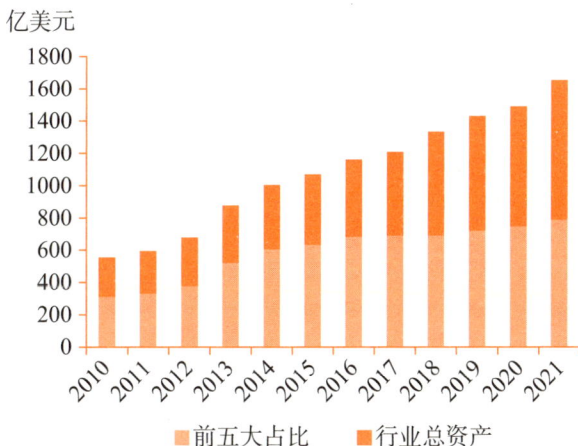

图3-9 美国住房租赁REITs总资产（亿美元）

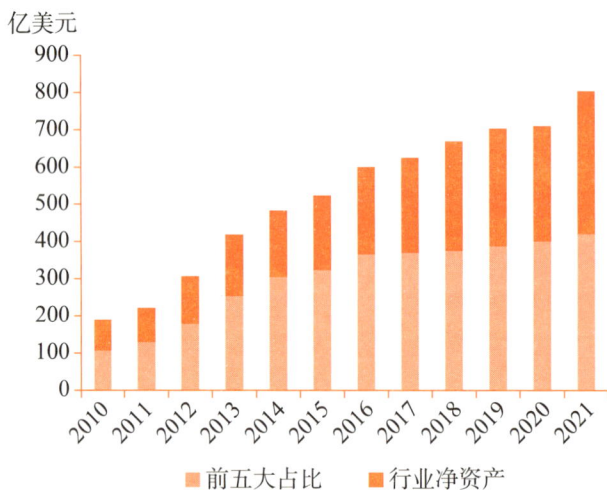

图 3-10　美国住房租赁 REITs 净资产（亿美元）

资料来源：Wind，兴业研究。

　　杠杆方面，美国住房租赁 REITs 平均资产负债率 2010—2021 年经历了先降后升，2010 年正处于次贷危机后期，年末该指标高达 65.87%，2016—2017 年末降至低点，为 48% 左右，2020 年末反弹至 52.28%，2021 年末降至 51.42%，其中前五大 REITs——AVB、EQR、MAA、SUI 及 ESS 2021 年末资产负债率分别为 45.05%、44.80%、45.20%、47.98% 及 52.21%，低于行业均值。

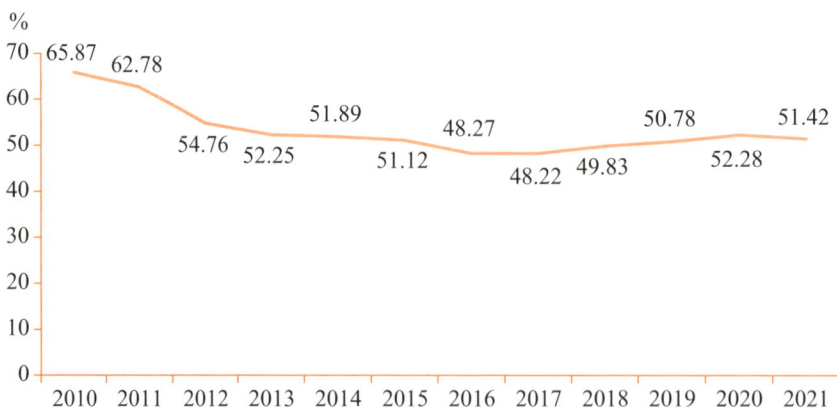

图 3-11　美国住房租赁 REITs 平均资产负债率

资料来源：Wind，兴业研究。

盈利能力方面，美国住房租赁REITs总营业收入以租金收入和物业收入为主，随着多只住房租赁REITs成立，该指标从2010年的74.45亿美元增至2021年的269.28亿美元，呈现逐年递增的态势，前五大2021年营业收入分别为22.95亿美元、24.64亿美元、17.78亿美元、22.60亿美元、14.41亿美元，其中AVB、EQR及SUI在行业中优势明显，远超其他住房租赁REITs收入表现，但由于REITs数量增加，前五大营收占比有所下降。美国住房租赁REITs净利润变化与营业收入的稳步增长表现出很大不同，波动性较大，这是因为美国REITs尽管重在运营，但也可以在市场上通过买卖不动产进行获利，其中2016年较2015年翻倍增长，系EQR当期有40.34亿美元的非经营性损益，不仅大幅拉升了EQR的净利润水平，亦带动了行业净利润翻番。2016年以后该指标大幅下降，2020年受疫情影响再次降至2013年的水平，2021年大幅回升。相较于行业情况，AVB和EQR净利润表现亦更好，且前五大的净利润占比高于营业收入占比，龙头对于成本的控制和不动产周期的判断优于其他住房租赁REITs。

由于美国REITs所持资产采用成本法入账，对资产进行折旧和摊销，且受大额非经营性损益影响，净利润并不能准确反映当期标的物业运营情况，我们采用FFO=净利润＋折旧和摊销－非经营性损益－非经常性项目损益－利息收入刻画其标的物业实际运营情况。美国住房租赁REITs该指标与净利润差异很大，稳定性较净利润强，除2013年增幅异常外整体呈现相对稳定的增长态势，2020年受疫情影响有所下滑，折旧和摊销、物业出售利得的账面影响很大，2021年有所回升。2021年该指标合计87.25亿美元，较2010年增加59.92亿美元，前五大合计占比54.34%，且2010—2021年间均保持在53%—68%之间，尽管2020年受疫情影响，行业整体该指标有所下滑，但前五大FFO均保持了一定的增长或持平，龙头优势明显。

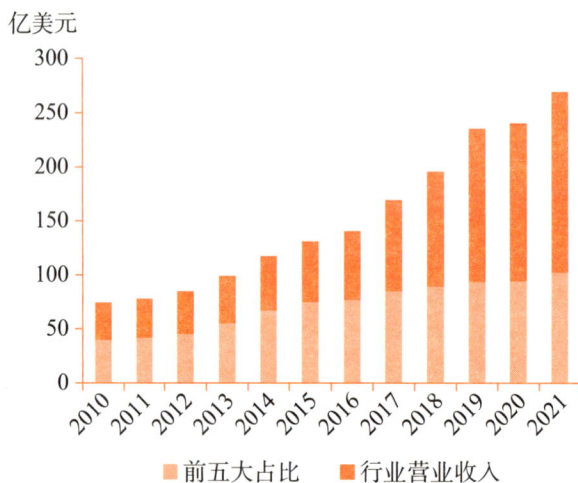

图 3-12　美国住房租赁 REITs 营业收入

图 3-13　美国住房租赁 REITs 净利润

资料来源：Wind，兴业研究。

亿美元

图3-14　美国住房租赁REITs总FFO

亿美元

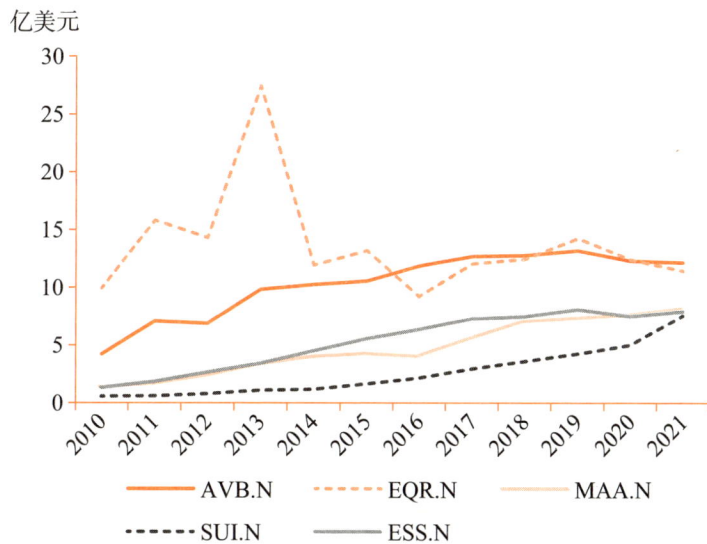

| AVB.N | EQR.N | MAA.N |
| SUI.N | ESS.N | |

图3-15　美国住房租赁REITs前五大FFO

资料来源：Wind，兴业研究。

六、已上市保障性租赁住房REITs分析

截至2023年11月末，我国共上市发行4单保障性租赁住房REITs，发行规模合计50.06亿元，分别为华夏北京保障房REIT、红土深圳安居REIT、中金厦门安居REIT和华夏基金华润有巢REIT，其中前三单为2022年8月31日上市，最后一单为2022年12月9日上市，基础设施项目分别位于北京、深圳、厦门和上海。

表3-10 保障性租赁住房REITs上市信息明细

RETIs 简称	发行规模（亿元）	发行价格（元）	战略投资者份额占比	网下投资者份额占比	公众投资者份额占比	基金管理人
华夏北京保障房 REIT	12.55	2.510	60.00%	28.00%	12.00%	华夏基金管理有限公司
红土深圳安居 REIT	12.42	2.484	60.00%	28.00%	12.00%	红土创新基金管理有限公司
中金厦门安居 REIT	13.00	2.600	62.47%	26.27%	11.26%	中金基金管理有限公司
华夏基金华润有巢 REIT	12.09	2.417	60.00%	28.00%	12.00%	华夏基金管理有限公司

资料来源：Wind，兴业研究。

（一）保障性租赁住房REITs项目资产情况

在基础设施项目方面，已上市保障性租赁住房REITs均持有2个及以上项目，上市前出租率很高，呈现基本满租状态，运营情况较好，且在租房协议中普遍约定了一定比例的租金涨幅，以其发行前预测的2023年可供分配金额和实际发行规模测算的现金流分派率均在3.8%以上，满足监管要求；而由于保障性租赁住房项目运营稳定性很强，属于能够实现长期稳定收益的项目，因此尽管部分保障性租赁住房项目的运营时间不满3年，但亦获批上市。

（二）保障性租赁住房REITs运营情况

上市之后，保障性租赁住房REITs相较其他类型的基础设施项目，运营更为稳定。除红土深圳安居REIT略降外，2023年9月末出租率均值较上市前普遍小幅增长。源于出租率的支撑，2023年1—9月保障性租赁住房REITs的营业收入、EBITDA和可供分配金额均表现较好，较2023年全年预测值的完成度较高。

表3-11 保障性租赁住房REITs上市前基础设施项目信息明细

REITs 简称	项目名称	总建筑面积（米²）	套数	上市前出租率均值	运营开始时间	上市前收益法估值（亿元）
华夏北京保障房 REIT	文龙家园	76,564.72	1,396	94.55%	2015/2	7.37
	熙悦尚郡	36,231.58	772		2018/10	4.14
红土深圳安居 REIT	安居百泉阁	39,715.43	603	99.00%	2022/1	5.761
	安居锦园	26,948.60	360		2021/11	3.005
	保利香槟苑	16.457.28	210		2020/7	0.68
	凤凰公馆	51.553.87	666		2020/11	2.13
中金厦门安居 REIT	园博公寓	112,875.18	2,614	99.29%	2020/11	7.04
	珩琦公寓	85,678.79	2,051		2020/11	5.10
华夏基金华润有巢 REIT	有巢泗泾	55,136.87	1264	92.00%	2021/3	5.74
	有巢东部经开区	66,334.00	1348		2021/4	5.36

注：出租率均值的时点，前三只REITs为2022年3月末，最后一只REITs为2022年6月末。

资料来源：Wind，首次披露的招募说明书，兴业研究。

表3-12 保障性租赁住房REITs运营期相关指标

REITs 简称	2023年9月末出租率均值	2023年1—9月			2023年1—9月较2023年预测值完成度		
		营业收入	EBITDA	可分配金额	营业收入	EBITDA	可分配金额
华夏北京保障房 REIT	97.00%	5,471.67	3,932.51	4,126.59	78.97%	77.95%	83.20%
红土深圳安居 REIT	98.68%	4,127.75	3,521.95	4,027.77	76.61%	77.40%	81.89%

续表

REITs 简称	2023 年 9 月末 出租率均值	2023 年 1~9 月			2023 年 1~9 月较 2023 年预测值完成度		
		营业收入	EBITDA	可分配金额	营业收入	EBITDA	可分配金额
中金厦门安居 REIT	99.55%	5,741.50	4,531.47	4,355.18	82.65%	82.91%	82.75%
华夏基金华润有巢 REIT	92.93%	5,851.82	3,581.95	4,642.21	81.91%	69.80%	95.73%

注：若 2023 年 1~9 月较 2023 年预测值完成度达到 75%，便可视作完成度良好。
资料来源：Wind，首次披露的招募说明书，兴业研究。

（三）保障性租赁住房 REITs 二级市场情况

在二级市场表现方面，保障性租赁住房 REITs 在各类公募 REITs 中表现尚可。首批三只保障性租赁住房 REITs 上市当日均实现了 30% 的涨幅，但此后受利率上行影响，2022 年下半年公募 REITs 市场整体走势欠佳，保障性租赁住房 REITs 价格也呈明显下降走势。2023 年一季度新冠肺炎疫情影响减小，市场抱有较强的经济复苏预期，带动公募 REITs 价格出现短期小幅抬升，之后随着经济指标未及预期而再次走弱，至 2023 年 7 月初触底，随之呈现窄幅震荡走势。2023 年 10 月下旬，市场再次下挫。即便如此，截至 2023 年 11 月 21 日，除华夏基金华润有巢 REIT 收盘价略低于发行价格外，其余 3 只保障性租赁住房收盘价较发行价格仍然有 1.65%、2.38% 和 5.18% 的涨幅，价格收益率在产权型 REITs 中表现尚可。

在估值方面，本节基于 2023 年 10 月 31 日市值和估算的年化 EBITDA 计算保障性租赁住房 REITs 的 P/EBITDA 指标，华夏北京保障房 REIT、红土深圳安居 REIT、中金厦门安居 REIT、华夏基金华润有巢 REIT 分别为 25.65、22.47、21.46 和 25.18，有所分化，在产权型 REITs 中估值处于中等偏上水平，较易获得市场认可。

图3-16 我国保障性租赁住房REITs价格走势

资料来源：Wind，兴业研究。

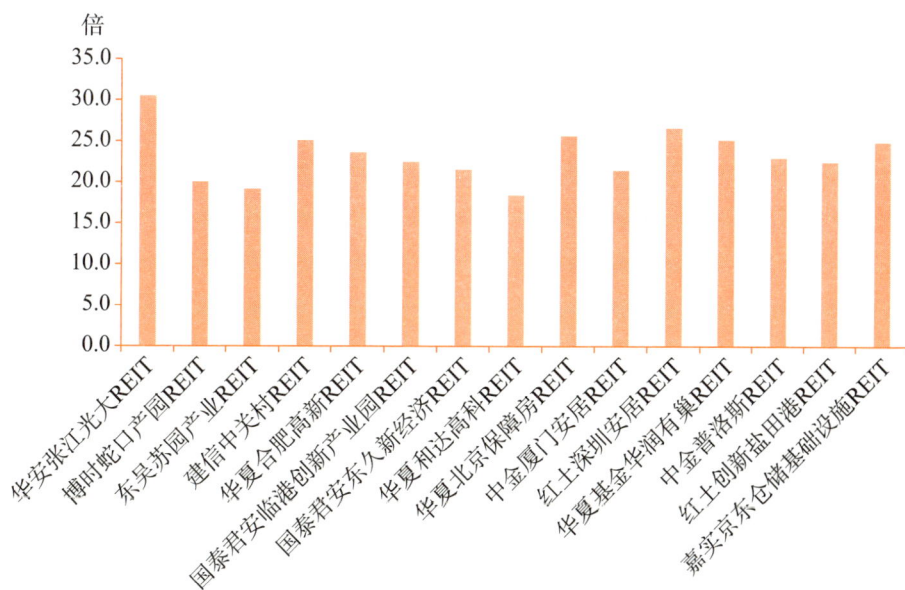

图3-17 截至2023年10月末产权型REITs（含保障性租赁住房）的P/EBITDA

资料来源：Wind，兴业研究。

高速公路REITs

自公募REITs试点政策发布以来，高速公路便是公募REITs试点行业重点盘活的资产类型之一，2022年4月15日，银保监会与交通运输部发布的《关于银行业保险业支持公路交通高质量发展的意见》（银保监发〔2022〕8号）亦把公募REITs作为盘活公路存量资产的有效方式之一。截至2023年11月末，高速公路REITs累计发行8只，发行规模合计467.15亿元，成为目前公募REITs发行规模最大的资产类型。我们预测未来可通过公募REITs盘活的高速公路存量规模约为2,670亿元，对应的公募REITs的首发市值可达3,390亿元。

收费收入为高速公路资产的主要收入来源，在收费标准相对稳定的情况下，路产所在区位及车流量使得资产质量和收益水平出现区域分化。同时，由于区域不同、建设年份不同，建设成本在各省（市）之间也存在较大差异。我们采用收支平衡程度和整体净现金流收益率两个指标对各省（市）盘活高速公路存量资产诉求和路产质量进行了排序，其中盘活高速公路存量资产诉求较高、路产质量较好的省（市）主要集中在江苏、山东、浙江等东部地区。

一、高速公路REITs相关政策梳理

（一）高速公路政策：收费标准差异化、大宗货运承压

2021年3月，国务院发布《中华人民共和国国民经济和社会发展第十四

个五年规划和2035年远景目标纲要》，提出加快建设交通强国，包括进一步提升国家高速公路网络质量、构建高速公路环线系统、加快沿边抵边公路建设、推动公路收费制度和养护体制改革等，有助于推动收费公路行业进一步发展。

高速公路资产的主要收入来源为收费收入，但收费规则、价格标准、收费年限等受政策影响明显，是影响高速公路经营表现和进行项目估值时需要考虑的重要变量。高速公路通行费收费标准主要由行业主管部门制定，收费透明、监督体系完善。2004年9月13日，国务院发布《收费公路管理条例》（国务院令第417号），首次对收费公路建设、经营管理等做出明确规定，收费公路的收费标准，"应当根据公路的技术等级、投资总额、当地物价指数、偿还贷款或者有偿集资款的期限和收回投资的期限以及交通量等因素计算确定"，且在程序上由交通厅制定或调整，会同同级价格主管部门审核后，报本级人民政府审查批准。在收费期限方面，政府还贷公路"按照用收费偿还贷款、偿还有偿集资款的原则确定，最长不得超过15年"，经营性公路"按照收回投资并有合理回报的原则确定，最长不得超过25年"，国家确定的中西部地区以上两种收费公路的收费期限较其他地区有所延长，最长分别不得超过20年、30年。

交通部于2018年12月20日发布《〈收费公路管理条例〉（修订草案）》，虽文件尚未实施，但充分显示出完善收费公路收费年限和收费标准调整机制的政策趋势。在费率方面，提出实施偿债期、经营期、养护期三类收费以实施差异化收费动态调整机制。在收费期限方面，提出政府还贷公路同一省级区域内实施统贷统还；经营性公路一般不得超过30年，投资规模大的可以超过30年，改扩建可延长收费期。2023年11月8日，国务院办公厅发布《国务院办公厅转发国家发展改革委、财政部〈关于规范实施政府和社会资本合作新机制的指导意见〉的通知》（国办函〔2023〕115号）将特许经营期限从原来的"最长不超过30年"延长至"原则上不超过40年"，收费公路也是采用特许经营模式，其收费期限有望得到延长。2021年6月2日，交通运输部、发改委、财政部联合印发《全面推广高速公路差异化收费实施方案》（交公路函〔2021〕228号），该文件提出全面推广差异化收费，包括分路段差异化收费、分车型（类）差异化收费、分时段差异化收费等。整体来看，高速公路收费相关政策趋势整体在向差异化、市场化方向发展，收费公路的收费年限有望延长，收费标准有望更加灵活。在收费标准制定时考虑社会资本投入的合理回报有利于增加高速公路资产对投资者收益的保障，对新建扩建项目重新核定收费年限和偿债期限将进一步吸引资本对新建扩建项目的投入。

表3-13 近年来中国高速公路相关收费政策

时间	发文部门	文件名称	相关内容
2015/7/21	交通运输部	关于《收费公路管理条例》（修订征求意见稿）公开征求意见的通知	特许经营公路由投资者依法成立的企业法人建设、经营和养护；特许经营公路的经营期限，按照收回投资并有合理回报的原则确定，高速公路不得超过30年，但是投资规模大、回报周期长的高速公路，经批准可以超过30年；特许经营公路经营期的收费标准，应当根据社会资本投资规模、合理回报、养护运营管理成本、当地物价水平、经营期限以及交通流量等因素计算确定。
2018/12/20	交通运输部	关于《收费公路管理条例（修订草案）》公开征求意见的通知	经营性公路项目由投资者或其设立的企业法人负责建设、经营和养护；对投资规模大的经营性高速公路，收费期可以超过30年；确立偿债期、经营期、养护期三类收费，并实施差异化收费以及动态调整机制。
2019/5/16	国务院办公厅	《关于印发深化收费公路制度改革取消高速公路省界收费站实施方案的通知》（国办发〔2019〕23号）	2019年底前基本取消全国高速公路省界收费站；清理规范地方性通行费减免政策，出台优化重大节假日小型客车免费通行、鲜活农产品运输"绿色通道"等通行费减免政策实施意见；货车通行费计费方式2020年1月1日起按车（轴）型收费。
2019/7/2	交通运输部	《关于贯彻〈收费公路车辆通行费车型分类〉行业标准（JT/T 489-2019）有关问题的通知》（交办公路〔2019〕65号）	做好交通运输行业新旧标准衔接工作，重新核定车型分类、加快ETC车载装置安装、加强政策宣传解读等工作。

时间	发文部门	文件名称	相关内容
2020/2/15	交通运输部	《关于新冠肺炎疫情防控期间免收收费公路车辆通行费的通知》	从2020年2月17日零时起至疫情防控工作结束免收全国收费公路车辆通行费，免收范围为依法通行收费公路的所有车辆。
2020/4/28	交通运输部	《关于恢复收费公路收费的公告》	自2020年5月6日零时起，经依法批准的收费公路恢复收费（含收费桥梁和隧道）；继续落实法定免费通行政策；保障疫情防控应急运输车辆优先便捷通行。
2021/6/2	交通运输部、发改委、财政部	《关于印发〈全面推广高速公路差异化收费实施方案〉的通知》（交公路函〔2021〕228号）	各地应在深入总结高速公路差异化收费试点工作经验的基础上，全面推广差异化收费，包括分路段差异化收费、分车型（类）差异化收费、分时段差异化收费、分出入口差异化收费、分方向差异化收费、分支付方式差异化收费等。

资料来源：根据相关规章文件整理，兴业研究。

在中央政策的指引下，自2021年起各地陆续颁布全面推广高速公路差异化收费实施方案，实现全国各省现行收费标准的差异化下浮。在此之前，山西、河南、浙江、湖南、江西、广西、天津等省市从2017年后便陆续开展了高速公路分时段差异化收费试点工作。目前，此前已试点的省份大多在延续试点政策的情况下进行部分调整，如天津发布《关于调整我市高速公路差异化收费政策的通知》（津交发〔2021〕207号），在此前通行费优惠政策的基础上，对进出天津港的特定国际标准集装箱货车实施免费（新能源车）或2—8折优惠。大部分省份的优惠力度集中在20%—50%，部分试点较早城市对部分路段的优惠力度最高可到优惠80%。以浙江省为例，浙江目前实行分路段、分车型、分时段、分方向、分支付方式（ETC）差异化收费，22条差异化收费政策可优惠45%—100%不等。

表3-14 2021年以来中国部分区域高速公路差异化收费政策

时间	发文部门	文件名称	相关内容
2021/10/15	黑龙江省交通运输厅、发改委、财政厅	《黑龙江省高速公路差异化收费实施方案》（黑交规〔2021〕9号）	对大件运输车辆、国际标准集装箱运输车辆差异化收费，免收或5—7.5折优惠；分路段、时段差异化收费，部分站点给予5折优惠；对部分高速公路加大ETC优惠力度，提供7折优惠等。
2021/12/28	甘肃省交通运输厅、发改委、财政厅	《关于印发〈甘肃省高速公路差异化收费实施方案〉的通知》（甘交办〔2021〕74号）	分路段＋分支付方式差异化收费，部分路段给予通行费优惠30%、使用ETC优惠40%，最高可达通行费优惠40%、使用ETC优惠50%；分车型＋分支付方式差异化收费，对使用ETC的新能源牌照车辆，叠加给予通行费15%的优惠。
2021/12/29	天津市交通运输委员会、发改委	《关于调整我市高速公路差异化收费政策的通知》（津交发〔2021〕207号）	对进出天津港的特定国际标准集装箱货车实施免费（新能源车）或2—8折优惠；对行驶京津高速公路天津段全路段的合法装载货车的通行费，继续实施通行费6.5折优惠政策。
2022/1/6	浙江省交通运输厅、发改委、财政厅	《关于印发〈浙江省全面推广高速公路差异化收费实施方案〉的通知》（浙交〔2022〕1号）	实施分路段差异化收费，对部分路段部分车型部分支付方式实行免收或者减免5—10元/车次；部分车型按25%—65%征收；部分时段按25%收取；实施分支付方式差异化收费，ETC用户叠加享受9.5折优惠。
2022/4/15	广东省交通运输厅、发改委、财政厅	《关于印发广东省全面推广高速公路差异化收费实施方案的通知》（粤交〔2022〕7号）	继续执行现有差异化收费政策；扩大货车粤通卡85折优惠政策实施范围；鼓励有条件的地市对辖区内高速公路实施通行费优惠措施；鼓励新通车高速公路免费试运行；支持经营性高速公路经营管理单位自主实施差异化收费。

资料来源：根据相关规章文件整理，兴业研究。

影响高速公路收费收入的另一重要因素是通行量，在货物运输结构优化、大宗货物运输"公转铁、公转水"的背景下，高速公路等收费公路的车流量存在下行风险。2019年9月19日，国务院发布《交通强国建设纲要》（中发〔2019〕39号），要求加快推进港口集疏运铁路、物流园区及大型工矿企业铁路专用线等"公转铁"重点项目建设。2020年6月2日，发改委、交通运输部联合发布的《关于进一步降低物流成本的实施意见》（国办发〔2020〕10号）提出加快推动大宗货物中长距离运输"公转铁""公转水"。2022年1月7日，国务院发布的《推进多式联运发展优化调整运输结构工作方案（2021—2025年）》（国办发〔2021〕54号）要求，到2025年，多式联运发展水平明显提升，基本形成大宗货物及集装箱中长距离运输以铁路和水路为主的发展格局。尽管大宗商品运输的最后几公里仍然需要依赖公路来完成，但长距离运输、短距离不收费公路对收费公路的替代作用甚为明显。

表3-15 近年来"公转铁""公转水"相关政策

时间	发文部门	文件名称	相关内容
2019/9/19	国务院	《交通强国建设纲要》（中发〔2019〕39号）	优化运输结构，加快推进港口集疏运铁路、物流园区等"公转铁"重点项目建设，推进大宗货物及中长距离货物运输向铁路和水运有序转移。
2020/6/2	发改委、交通运输部	《关于进一步降低物流成本的实施意见》（国办发〔2020〕10号）	中央和地方财政加大对铁路专用线、多式联运场站等物流设施建设的资金支持力度。加快推动大宗货物中长距离运输"公转铁""公转水"。
2021/2/24	国务院	《国家综合立体交通网规划纲要》	完善铁路、公路、水运、民航、邮政快递等基础设施网络，构建以铁路为主干，以公路为基础，水运、民航比较优势充分发挥的国家综合立体交通网。
2022/1/7	国务院	《推进多式联运发展优化调整运输结构工作方案（2021—2025年）》（国办发〔2021〕54号）	到2025年，多式联运发展水平明显提升，基本形成大宗货物及集装箱中长距离运输以铁路和水路为主的发展格局。

资料来源：根据相关规章文件整理，兴业研究。

（二）高速公路REITs相关政策：重点支持

公募基础设施REITs试点以来，交通基础设施项目一直被作为试点中项目申报的重点项目类型，其中高速公路为主推类型。自2020年4月23日，证监会和国家发展改革委发布《关于推进基础设施领域不动产投资信托基金（REITs）试点相关工作的通知》（证监发〔2020〕40号）以来，发改委发布的公募REITs相关政策文件中，始终把"收费公路等交通设施"作为基础设施公募REITs试点行业之一。2022年4月15日，银保监会与交通运输部发布《关于银行业保险业支持公路交通高质量发展的意见》（银保监发〔2022〕8号），该文件明确把资产证券化（ABS）和基础设施领域不动产投资信托基金（REITs）等作为盘活公路存量资产的有效方式。

表3-16　中国高速公路REITs相关政策

时间	发文部门	文件名称	相关内容
2020/4/24	证监会、发改委	《关于推进基础设施领域不动产投资信托基金（REITs）试点相关工作的通知》（证监发〔2020〕40号）	基础设施REITs试点项目要求聚焦重点行业，优先支持基础设施补短板行业，包括收费公路等交通设施。
2020/8/6	证监会	《公开募集基础设施证券投资基金指引（试行）》（证监会公告〔2020〕54号）	基础设施包括收费公路、机场港口等交通设施。
2021/1/29	上交所 / 深交所	《上海证券交易所公开募集基础设施证券投资基金（REITs）规则适用指引第1号——审核关注事项（试行）》（上证发〔2021〕10号）、《关于发布公开募集基础设施证券投资基金配套业务规则的通知》（深证上〔2021〕144号）	收费公路、污水处理等依托收费收入的基础设施项目，近3年运营收入较高或保持增长，使用者需求充足稳定，区域竞争优势显著，运营水平处于行业前列。
2021/7/2	发改委	《关于进一步做好基础设施领域不动产投资信托基金（REITs）试点工作的通知》（发改投资〔2021〕958号）	（1）试点行业包括收费公路等交通基础设施；（2）基础设施项目权属清晰、资产范围明确；

续表

时间	发文部门	文件名称	相关内容
			（3）首次发行基础设施REITs的项目，当期目标不动产评估净值原则上不低于10亿元。
2023/3/24	发改委	《关于规范高效做好基础设施领域不动产投资信托基金（REITs）项目申报推荐工作的通知》（发改投资〔2023〕236号）	申报发行基础设施REITs的特许经营权、经营收益权类项目，基金存续期内部收益率（IRR）原则上不低于5%。
2022/4/15	银保监会、交通运输部	《关于银行业保险业支持公路交通高质量发展的意见》（银保监发〔2022〕8号）	鼓励银行保险机构为符合条件的绿色低碳公路项目提供金融支持，助力交通运输领域实现碳达峰碳中和。支持交通运输企业在依法合规、风险可控的前提下，通过资产证券化、基础设施领域REITs等方式有效盘活公路存量资产。

资料来源：根据相关规章文件整理，兴业研究。

　　此外，地方政府在当地出台的文件中，也对公募REITs在交通基础设施建设方面的资金保障作用提出了重视。例如，2022年5月7日北京市人民政府发布的《北京市"十四五"时期交通发展建设规划》（京政发〔2022〕17号）提出，要探索交通基础设施领域引入REITs模式，推行绩效付费机制，完善政府与社会资本风险共担机制，深化完善分类引导的交通枢纽建设投融资模式。

二、高速公路行业现状分析

（一）高速公路行业发展现状

　　目前，我国高速公路存量较大，高速增长期已过、增速放缓。我国高速公路里程数自 2012 年以来便位居世界第一，且从 2000 年末的 1.63 万公里，增长为 2020 年末的 16.10 万公里，20 年间 CAGR 为 12.13%，其中 2000—2010 年高速公路里程 CAGR 为 16.35%，2011—2020 年 CAGR 为 8.07%，而 2016—2020 年 CAGR 为 4.21%，增速大大放缓。根据"十四五"规划，至 2025 年末我国计划实现高速公路里程达 19.00 万公里，较 2020 年末新增 2.9 万公里。

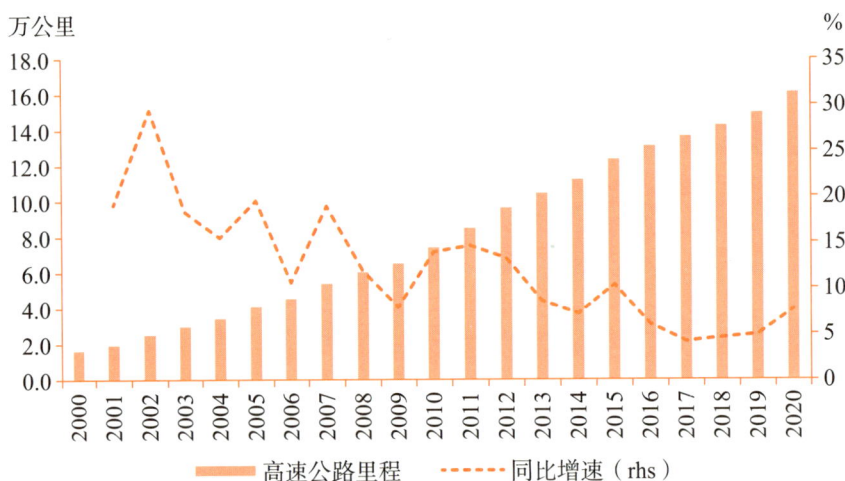

图 3-18　我国高速公路里程及同比增速

资料来源：Wind，兴业研究。

我国高速公路占收费公路的绝对主导，2020 年末，我国收费公路总里程达到 17.92 万公里，其中高速公路达到 15.29 万公里，占比 85.31%。按照运营方式分类，收费公路可分为政府还贷公路和经营性公路两类，其中政府还贷高速公路为政府通过举债方式建设或者依法收回收费权的公路，其通行费收入纳入财政专户管理，仅限于偿还前期政府债务和必要的养护管理支出，收费期限普遍为 15—20 年；而经营性高速公路为国内外经济组织投资建设或者依法受让政府还贷高速公路收费权的公路，市场化运营程度更高，资产回报略好，2020 年全国经营性高速公路平均每公里收入为 337.48 万元，高于政府还贷高速公路的 247.63 万元，且其收费期限普遍为 25—30 年，较政府还贷高速公路年限长，若改扩建收费期可进一步延长。目前我国经营性高速公路逐渐成为高速公路资产的主要类型，截至2020年底，我国经营性高速公路里程为8.68万公里，占收费高速公路里程的56.75%，我国经营性高速公路累计投资额为10.09万公里，占收费高速公路累计投资额的58.70%。尽管在日常运营中政府还贷高速公路和经营性高速公路经常由于运营主体相对一致，如均为省级交投平台，上述差异性逐渐弱化，尤其是在收支专户方面，政府还贷高速公路并未严格按照财政专户进行管理，但从公募REITs挖掘潜在项目的角度来看，相较于政府还贷高速公路而言，经营性高速公路更易满足公募REITs基础设施项目合规性要求，更适合作为公募REITs投资的目标资产。

图3-19 2013—2020年经营性高速公路和还贷性高速公路里程

资料来源：Wind，兴业研究。

表3-17 高速公路两种运营方式

	政府还贷高速公路	经营性高速公路
运营主体	县级以上人民政府交通主管部门，按照政事分开的原则依法专门设立的不以营利为目的的法人	国内外经济组织，以营利为目的
资金来源	政府投资与市场融资	自有资本与市场融资
收费年限	15—20 年	25—30 年

	政府还贷高速公路	经营性高速公路
收入管理	国家行政事业性收费，纳入国家财政专户管理，用于偿还贷款、集资款和必要的养护管理支出	企业经营收费，由企业进行管理，为收回投资并取得合理回报，企业对其收益的支配，除有法律、法规、规章限定和合同约定的事项，以及用于养护管理支出外，其他基本不受限制

资料来源：兴业研究整理。

影响高速公路项目收益和资产质量的主要因素包括车流量、收费标准、公路建造及运营成本等。从车流量来看，一方面我国高速公路运力和经济发展情况高度趋同，2008 年以来我国公路货运量同比增速、公路客运量同比增速呈现出波动下降的趋势。另一方面，受建设区域重心转移以及铁路、水路、航空等分流影响，在高速公路通车里程保持较快的增速的情况下，公路客货运量同比增速不断下降，且低于铁路、水路货运量同期同比增速，新建公路车流量呈现出边际下滑的趋势，铁路、水路、航空其他运输方式对公路运输的替代作用正逐步显现，未来其通行量下行风险持续。

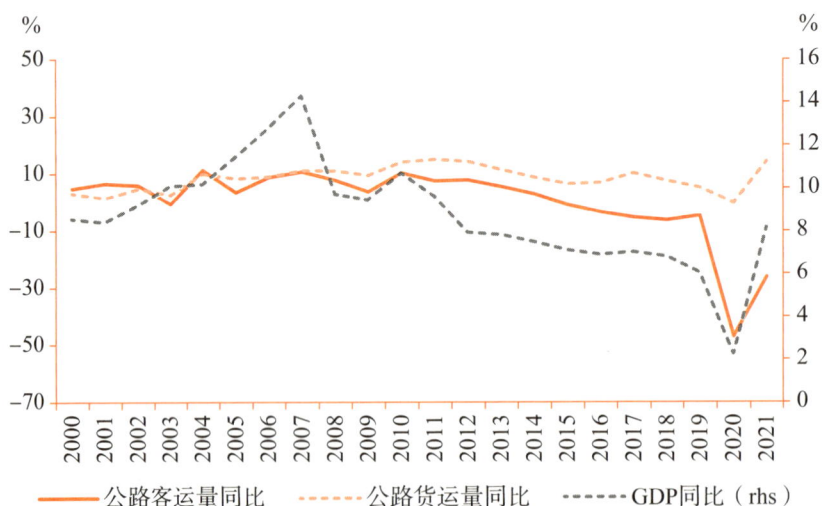

图 3-20　我国公路客货运量同比增速与 GDP 同比增速变化

资料来源：Wind，兴业研究。

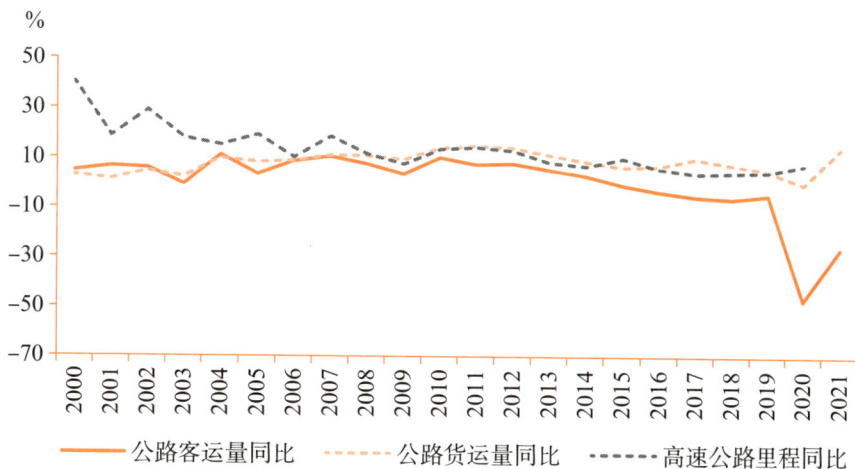

图3-21 我国高速公路里程同比增速大于公路客货运量同比增速

资料来源：Wind，兴业研究。

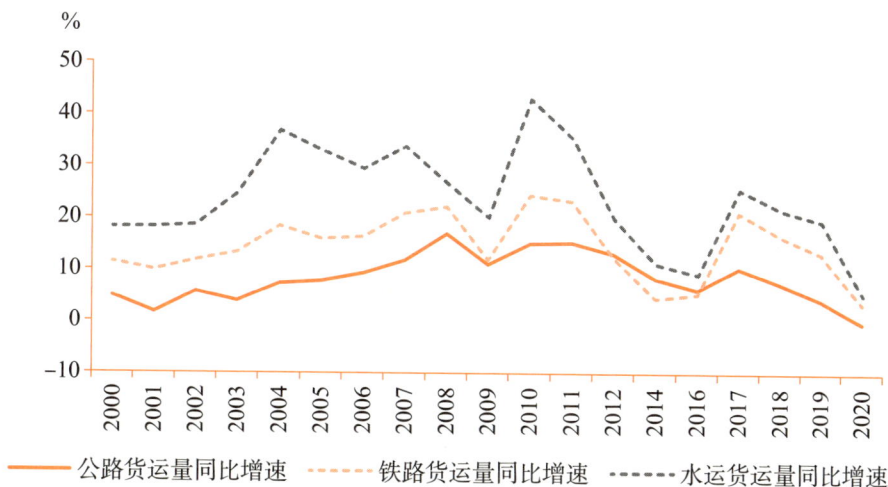

图3-22 我国公路、铁路、水路货运量同比增速变化

注：2013年和2015年统计口径发生了变化，故删除了这两年的同比增速数据

资料来源：Wind，兴业研究。

从收费标准来看，收费价格在确定后一般长期不变，不会频繁变更。目前很多收费公路普遍做到了差异化收费，且收费价格确定后普遍保持不变，如北京京平高速第1—5类价格不同，于2008年6月21日确定收费价格后再无变化；辽宁高速公路第1—5类价格也不同，于2009年4月10日初次确定

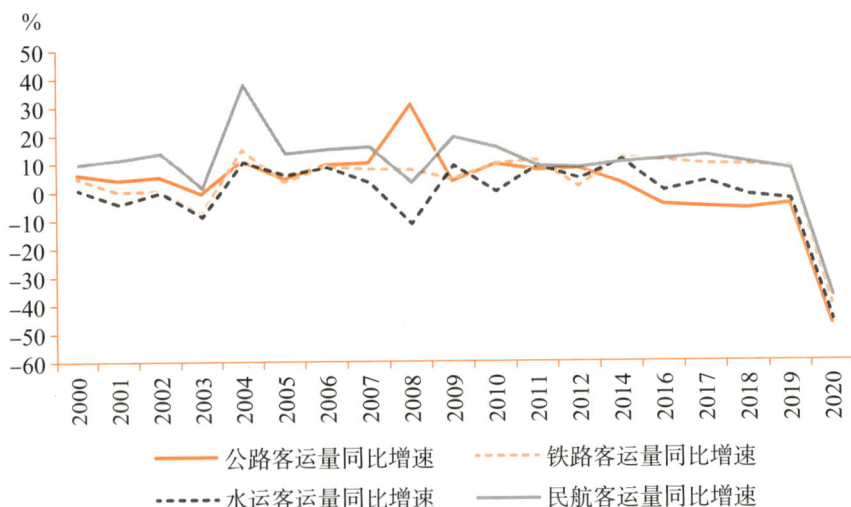

图3-23 我国公路、铁路、水路、航空客运量同比增速变化

注：2013年和2015年统计口径发生了变化，故删除了这两年的同比增速数据
资料来源：Wind，兴业研究。

价格，并于2016年7月1日进行了二次确定，两次价格保持不变。其他区域、路段的收费公路也呈现了上述特点。另外，在全面推行差异化收费政策的背景下，收费标准整体略有降低，高速公路不太可能通过收费价格的上涨来提高项目收益，但有望通过对收费标准的灵活调整，影响部分路段的车流量，以实现通行费收入水平的维稳或提升。

从收入端来看，2016—2019年我国高速公路平均每公里通行费收入实现了持续增长。受疫情影响，该指标2020年较上年有所下滑，降至298.62万元/公里，其中经营性高速公路为337.48万元/公里。

从成本端来看，高速公路成本主要包括造价成本和运营养护成本。我国高速公路单位造价呈现上升趋势，由2013年的7042万元提升至2020年的12579万元，主要受原材料、征地拆迁费用等提升的影响。对于建成项目来说，运营管理支出和养护经费支出是影响高速公路项目运营期间现金流的重要因素。受收费公路里程和通行量影响，收费公路运营养护成本在不断攀升，2019年我国高速公路平均每公里运营管理支出为49.58万元，平均每公里养护经费支出为54.51万元，2020年受疫情影响，通行量下行之际，上述指标均有所减少。

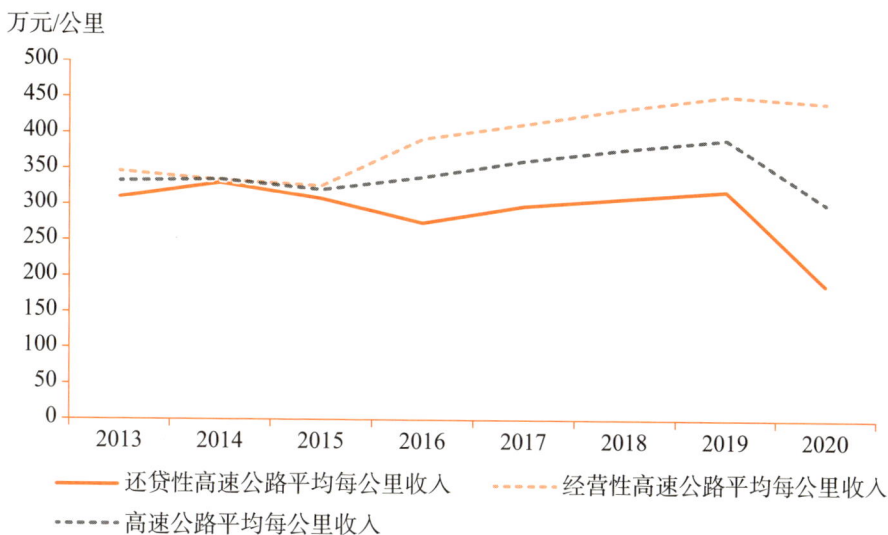

图3-24　2013—2020年我国高速公路平均每公里通行费收入

资料来源：Wind，兴业研究。

图3-25　我国高速公路单位造价

资料来源：Wind，兴业研究。

万元/公里

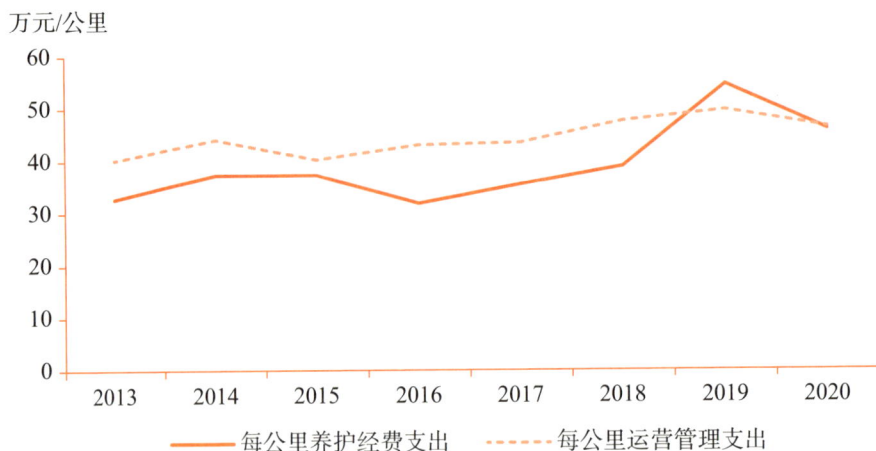

图3-26　我国高速公路平均每公里运营养护成本

资料来源：Wind，兴业研究。

整体而言，经营性高速公路相较于政府还贷公路更合适作为公募REITs目标资产。在收费标准相对稳定的背景下，路产所在区位的经济发展及客货车流量成为影响项目收益的关键指标。由于近年来高速公路单位造价不断推升，新建设项目的造价成本较高，且区位大概率在高速公路网络尚不完善、车流量较少的欠发达地区，通行费收入不能得到很好保障，因此建议关注早期存量资产及相关改扩建工程。

（二）各省高速公路运营情况

从各省（市）高速公路存量来看，东部省（市）公路网铺设得较为完善。截至2020年末，除直辖市外，东部省（市）平均高速公路里程为6589.29公里，高于中部省（市）的6221.4公里和西部的5872.75公里。根据各省（市）出台的"十四五"规划，未来五年各地高速公路建设和投资需求仍较大，尤其是西部地区，其"十四五"期间平均各省预计新增高速公路里程为2198.44公里。

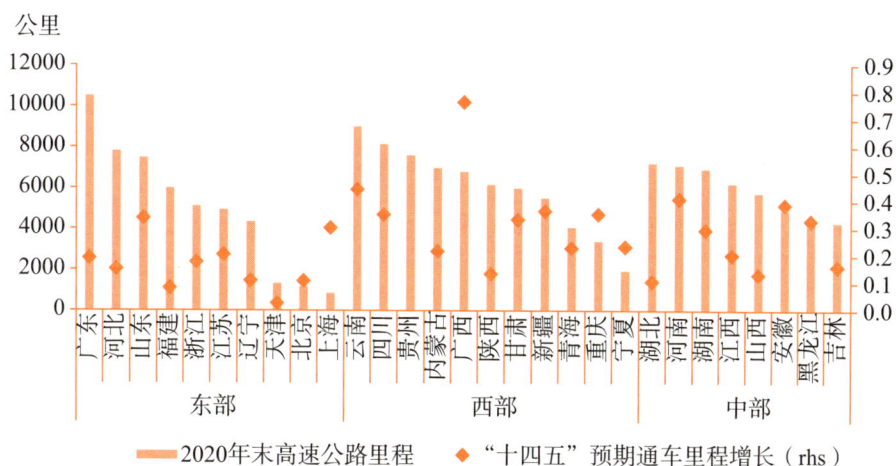

图3-27　各省（市）高速公路存量及"十四五"规划新增比例

资料来源：Wind，兴业研究。

从投资增长来看，广东、山东、浙江等高速公路网建设得较为充分的东部地区，在高速公路里程增长较小的情况下，依然保持着相对较高的投资增长，新增投资可能投向现存高速公路资产的改扩建工程，这些项目值得进一步挖掘。一方面，该类地区高速公路资产通常有较为成熟的历史表现，在车流量、通行费收入等方面具有一定的稳定性，改扩建可以提高路产承载能力，能够在未来提供持续的更高的现金流；另一方面，通过改造高速公路资产的经营时限可能得到延长，为资产估值提供进一步升值的空间。

从高速公路资产来看，经营性高速公路在各省（市）中占比有着较大差异。安徽、重庆、天津的经营性高速公路占比达100%，东部地区的北京、江苏、浙江、广东、山东，西部地区的云南、广西以及中部地区的湖北等省（市）也有较高比例的存量经营性高速公路，有较多挖掘公募REITs投资标的的潜力，而在黑龙江、吉林、山西以及陕西、内蒙古等中西部地区，经营性高速公路占比不高。

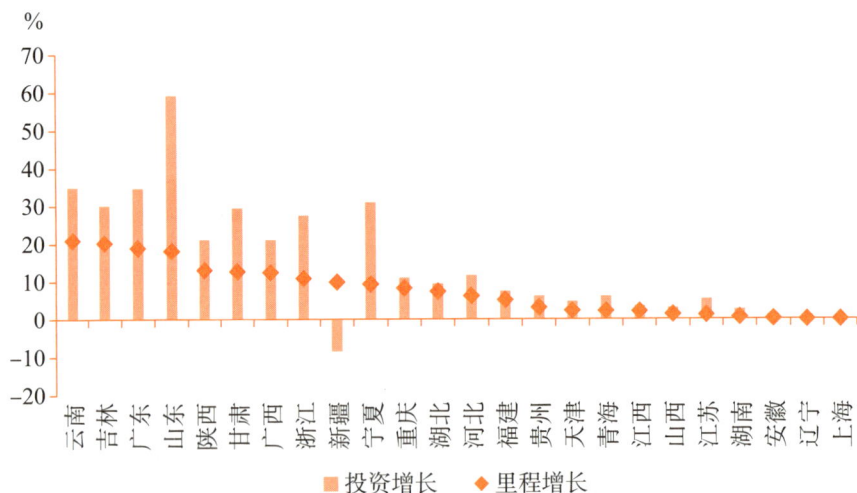

图3-28　2020年部分省（市）高速公路投资和里程较上年增速

资料来源：Wind，兴业研究。

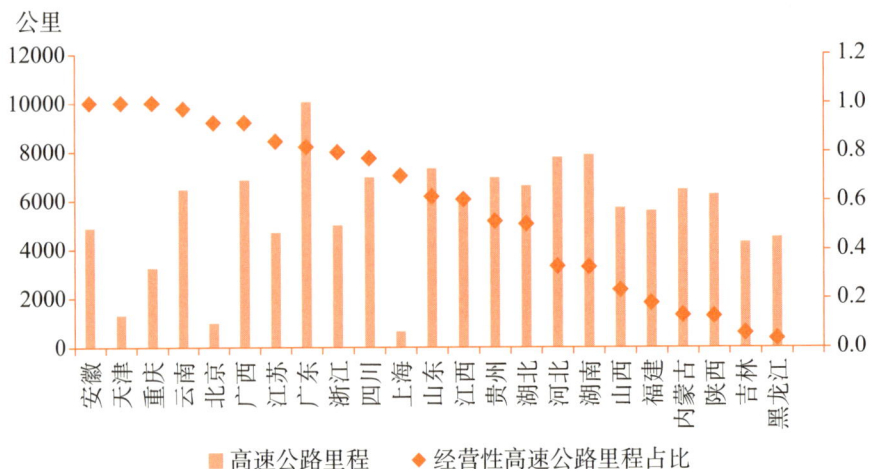

图3-29　2020年部分省（市）高速公路里程及经营性高速占比

资料来源：Wind，兴业研究。

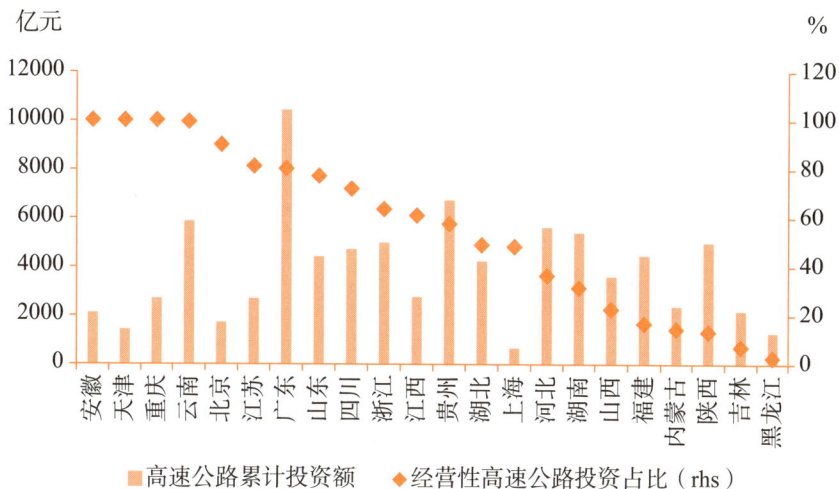

图3-30 2020年部分省（市）高速公路累计投资额及经营性高速占比

资料来源：Wind，兴业研究。

从车流量来看，依据高速公路所在区域特点及功能定位，客运量较高或货运量较高的高速公路项目都可以成为优质的底层资产。一般而言，经济水平较为发达、人口密度较高、汽车保有量较高的区域客运量较高，而经济总量较高、第二产业较为发达的区域货运量较高。已发行的高速公路公募REITs中，以一类客车为主的资产较多，货车通行比例最高的为华夏中国交建REIT，客货车比例约为1:1，以一类客车与五六类货车为主。客运量方面，截至2021年末，东部地区的江苏、北京、浙江、广东，西部地区的四川、重庆，中部地区的河南、湖南、湖北等省（市）客运量较高，超过2亿人。货运量方面，截至2021年末，东部地区的山东、广东、河北、浙江以及中部地区的安徽、河南等省份货运量较高，年货运量均超过20亿吨，另外西部地区的四川、广西年货运量也超过15亿吨。

从收费标准来看，由于高速公路收费标准在确定方式上采用行政定价，各省份收费标准一般较为稳定，且为避免分流等情况，各省之间的高速公路收费标准相差不大。例如江苏省高速公路一类车收费标准自2012年起便基本保持在0.4—0.5元/公里，且与临省浙江省、安徽省的0.4元/公里近乎一致。

万人

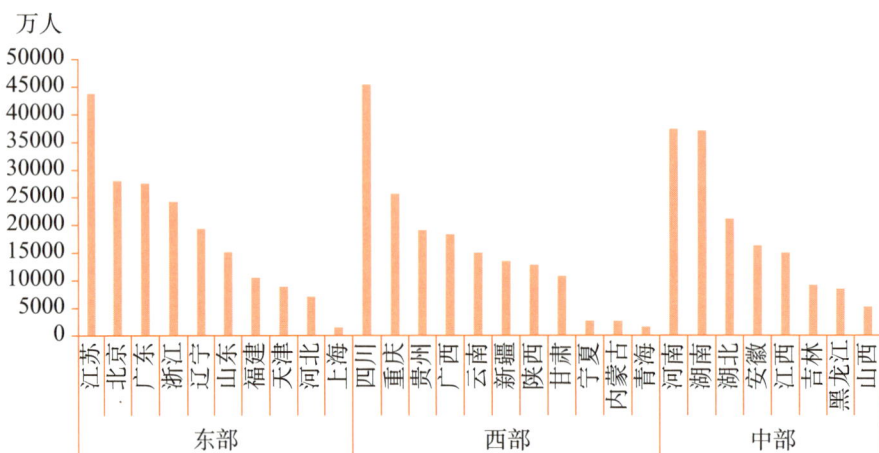

图3-31　2021年我国各省（市）公路客运量

资料来源：Wind，兴业研究。

万吨

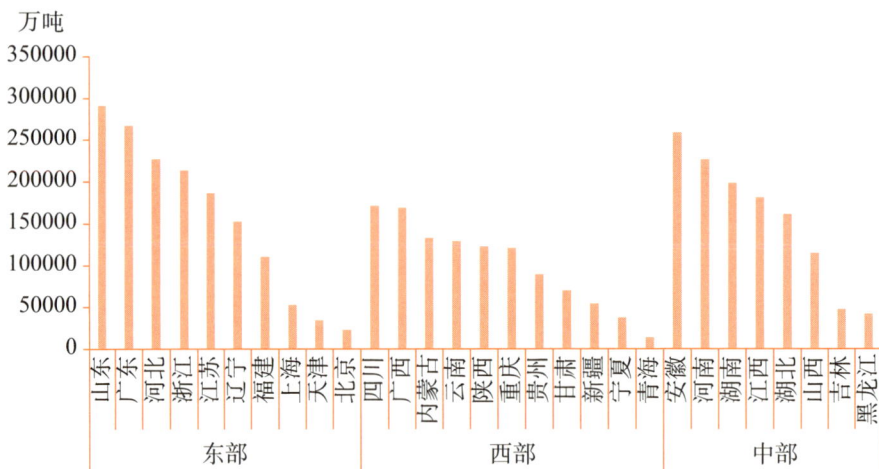

图3-32　2021年我国各省（市）公路货运量

资料来源：Wind，兴业研究。

从通行费收入来看，广东、河北、浙江、江苏、山东、四川等省份高速公路通行费收入较高，2020年通行费收入均超过200亿元。相较之下，高速公路单公里通行费收入更能够反映区域间路产车流量、收费标准等盈利能力差异。分区域来看，东部经济较为发达地区的高速公路平均每公里通行费收入较高，上海、北京、江苏、浙江、广东、天津等地高速公路2018—2020年平均每公里通行费收入均超过500万元，盈利能力较强，而甘肃、吉林、黑龙江等中西部地区平均每公里高速公路收入不足200万元。

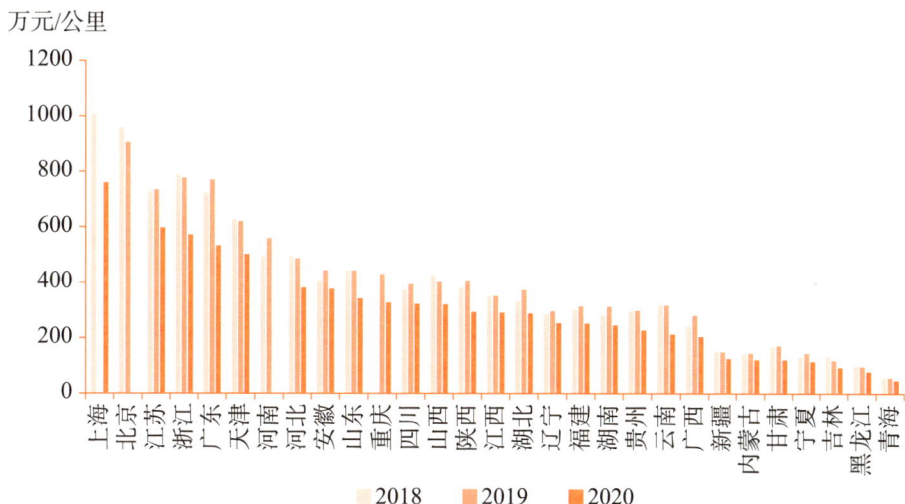

图3-33　2018—2020年各省（市）高速公路平均每公里通行费收入

资料来源：Wind，兴业研究。

　　从建设成本来看，西部地区新建高速公路的建造成本较高。一方面，由于地质结构存在较大差异，相比于东部沿海发达地区，西部地区建设条件较好的平原较少，高速公路建设难度较大、单位成本造价较大；另一方面，东部地区高速公路建设较为完善，高速公路资产建造时间较早，单位成本造价偏低。从运营养护成本来看，由于不同区域车流量不同，各区域运营养护成本不尽相同，东部地区高速公路2020年平均每公里运营管理支出为69.31万元、养护经费支出为63.47万元，高于中西部地区。

　　我们采用收支平衡程度指标来观察各省（市）盘活高速公路存量资产的诉求，收支平衡程度＝通行费收入/总支出，其中总支出＝还本付息+改扩建工程支出+养护费用+运营管理费用+税费。除上海之外，其他省（市）近几年收支不平衡状况仍然较为严重，如福建、山西、浙江、山东等地收支平衡程度在50%以下，甘肃、吉林、山东等地收支平衡程度甚至不足20%，收支不平衡较大的省（市）盘活存量资产的诉求较大。

万元/公里

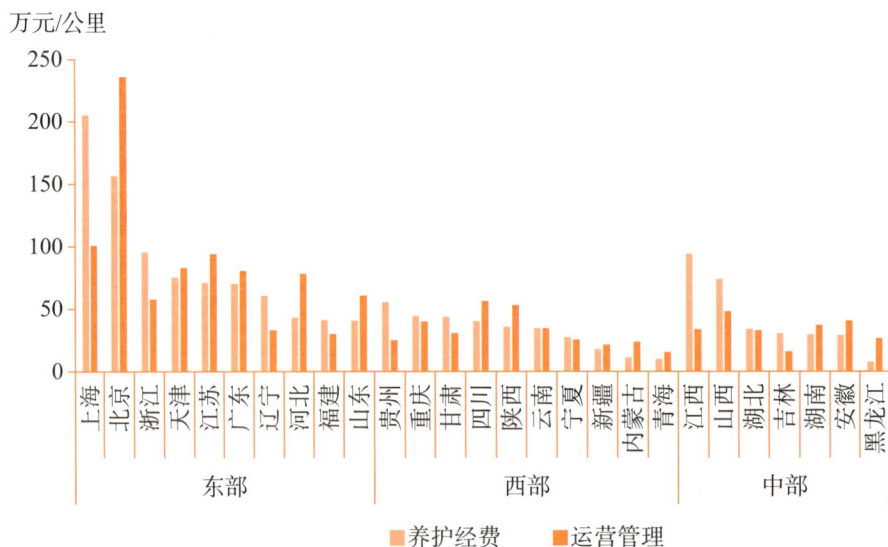

图3-34 2020年各省（市）高速公路运营养护成本

资料来源：Wind，兴业研究。

%

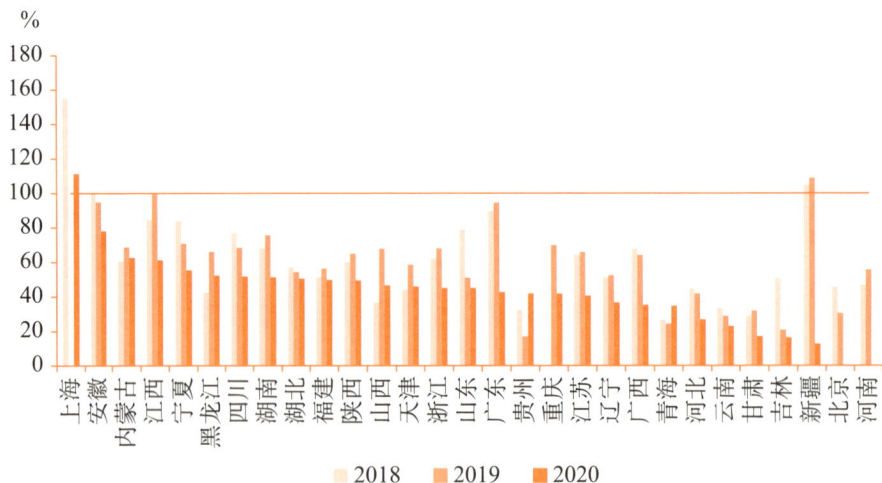

图3-35 2018—2020年各省（市）高速公路收支平衡程度

注：收支平衡结果 = 通行费收入 / 总支出

资料来源：Wind，兴业研究。

　　我们采用整体净现金流收益率指标来观察各省（市）高速公路存量资产的收益率差异情况。整体净现金流收益率=（当年通行费收入-当年运营养护成本）/当年高速公路存量投资累计值，考虑到在建高速公路尚未产生通行费收入，为保证分子分母的口径一致，我们假设当年高速公路存量投资累计值=2年前高速公路存量投资累计值。各省（市）整体净现金流收益率差距较大，部分东部及中部地区如江苏、安徽、山东、浙江、河南、广东的整体净现金流收益率较高，近三年均超过5.00%，而黑龙江、吉林、甘肃、青海等较偏远的中西部地区整体净现金流收益率不足2.50%。从挖掘基础设施项目进行公募REITs的角度来看，既有盘活高速公路存量资产诉求，高速公路存量资产整体净现金流收益率又不错的省份有江苏、山东、浙江、河南，其次为河北、湖北、辽宁、四川、北京、天津、重庆等省（市）。

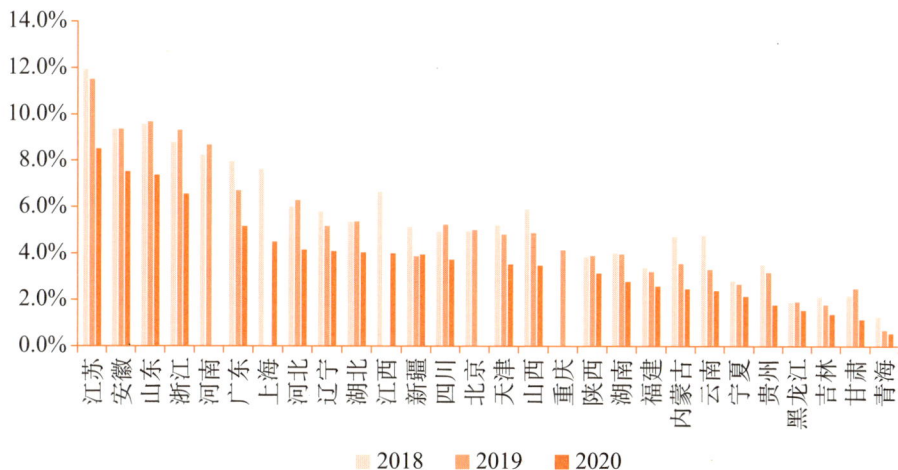

图3-36　2018—2020年部分省（市）高速公路整体净现金流收益率

资料来源：Wind，兴业研究。

　　从运营主体来看，高速公路资产的权属方和运营方主要为地方交投类企业、地方国企和少数央企，具有一定的区域经营性。各省（市）一般存在本区域的交投类平台公司，用于建设、运营该省主要的高速公路，如山东高速集团有限公司、浙江省交通投资集团有限公司等，运营省（市）内高速公路

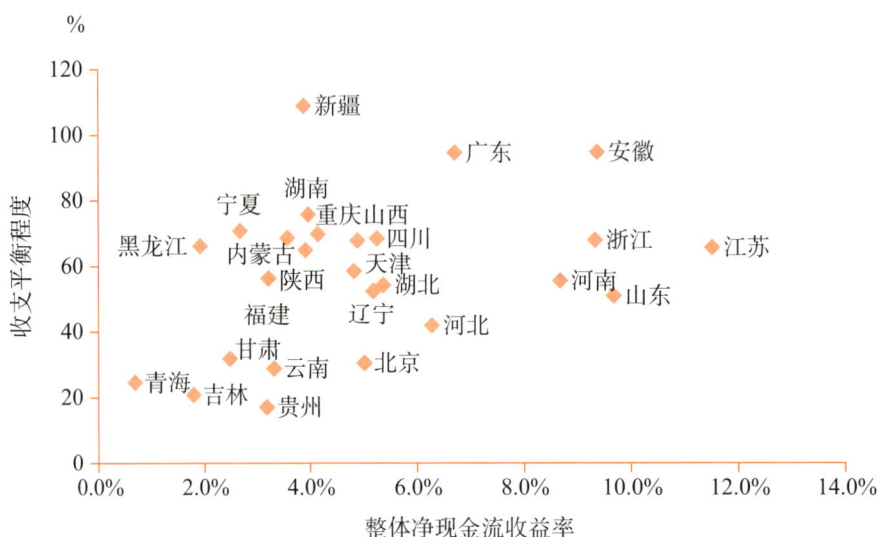

图3-37 2019年部分省（市）高速公路整体净现金流收益率及收支平衡程度

资料来源：Wind，兴业研究。

的比例可达30%—95%，具有较为丰富的区域高速公路资产。另外还有一些央企和部分地方国企通过PPP项目或资产收购等方式取得高速公路资产特许经营权，路产分布较广，不限于某一区域，如中国交通建设集团有限公司、中国铁建股份有限公司、招商局公路网络科技控股股份有限公司等，该类企业在参与高速公路项目时具有一定资金、技术方面的优势，拥有全国范围内的优质高速公路资产。在找寻项目主体时，可以在前文所述区域筛选基础上，瞄准刚性债务较多且投资需求较大的交建企业，利用公路资产在REITs发行时的估值提升和权益融资改善其财务状况。

表3-18 各省（市）主要高速公路收费标准

简称	有息债务（亿元）	有息债务/总投入资本	企业类型	所辖路产	区域分布
福建高速	19.19	12.98	上市企业	运营管理的路段为泉厦高速、福泉高速和罗宁高速，合计运营里程为282公里	福建
深高速	224.08	44.66	上市企业	所投资或经营项目共17个，权益里程约604公里，主要位于深圳和粤港澳大湾区及经济较发达地区	广东

简称	有息债务（亿元）	有息债务/总投入资本	企业类型	所辖路产	区域分布
粤高速 A	65.26	36.57	上市企业	主要经营广佛高速、佛开高速、京珠高速等，2020 年，控股高速公路里程 306.78 公里	广东
中原高速	308.02	71.29	上市企业	2021 年末，公司管辖路段有机场高速、京港澳高速郑州至驻马店段、郑民高速等，管养总里程约 808 公里	河南
楚天高速	74.59	40.38	上市企业	2021 年首次将公司路桥运营版图扩张至省外，高速公路运营里程由 551 公里增至 586 公里	湖北
现代投资	312.46	71.27	上市企业	经营管理长沙至永安、长沙至湘潭、衡阳至耒阳等高速公路，运营里程 521 公里	湖南
宁沪高速	282	44.37	上市企业	核心资产沪宁高速公路江苏段、宁常高速、镇溧高速、广靖高速、锡澄高速、锡宜高速、镇丹高速、五峰山大桥等，截至 2021 年末，直接参与经营和投资的路桥项目达到 17 个，拥有或参股的已开通路桥里程超 910 公里	江苏
招商公路	257.74	28.93	上市企业	2021 年，投资经营经营性高速公路总里程达 12711 公里，行业第一，权益里程为 3362 公里，路网覆盖全国 22 个省市	全国
中国交建	4395.03	52.9	上市企业	2021 年，特许经营权类进入运营期项目 27 个，包括云南宣曲高速、贵州江瓮高速、贵黔高速、重庆忠万高速、永江高速等	全国
中国铁建	–	–	上市企业	拥有四川简蒲高速、德都高速、湖南安乡至慈利高速、北京新机场北线高速公路项目、河南兰原高速等高速公路特许经营权	全国
成渝高速	199.21	51.92	上市企业	2021 年，辖下高速公路总里程约 744 公里，包括成渝高速，成雅高速，成乐高速等	四川

简称	有息债务（亿元）	有息债务/总投入资本	企业类型	所辖路产	区域分布
中国中铁	2979.07	45.4	上市企业	表内运营高速公路项目 2 个，运营里程约 74 公里	云南
安徽交控	1518.65	58.94	省级平台	2020 年，高速公路运营里程达 4536.35 公里，占安徽省高速公路通车总里程的 91% 以上	安徽
首发集团	620.56	37.83	省级平台	2021 年 9 月，管养高速公路里程为 850 公里，其中公司建成并投入运营的经营性高速公路共计 15 段，里程为 648.32 公里	北京
广西交投	2897.35	61.17	省级平台	2021 年 9 月，运营高速公路收费总里程 4,697.95 公里，约占广西总里程的 65.62%	广西
河北交通	1767.46	67.38	省级平台	2021 年 9 月，控股高速公路 26 条，里程达到 2,799.24 公里，约占河北省的 35.85%	河北
河南交运	1707.00	63.91	省级平台	2021 年 3 月，通车收费公路 43 条，通车里程 2,974.86 公里，占河南省内的 42%	河南
吉林高速	1724.01	59.7	省级平台	2021 年 6 月，高速公路 4208 公里，占吉林省的 97.72%	吉林
江苏交通	3444.39	55.22	省级平台	2020 年，经营管理的高速公路达 4280 公里，约占江苏省的 87.56%，区域垄断优势明显	江苏
山东高速	6705.28	69.6	省级平台	2020 年，所辖通车运营路产 96 条，均为经营性收费高速公路，共 7267.38 公里。除山东省外，公司路产还分布于云南、湖南、湖北等地	山东
山西交通	—	—	省级平台	管理运营高速公路 5000 余公里，占全省的 95% 以上	山西
上海城投公路投资	90.44	5.76	省级平台	上海市 494.19 公里高速公路运营管理任务，占全市 72%	上海

续表

简称	有息债务（亿元）	有息债务/总投入资本	企业类型	所辖路产	区域分布
蜀道投资	5685.88	64.88	省级平台	2021年3月，已通车高速公路67条，里程达6490.76公里，占四川省的比例约为80%	四川

注：数据来自于2021年年报。

资料来源：Wind，公司官网，兴业研究。

三、高速公路开展公募REITs可能面临的相关问题

（一）备选项目收益率差异大，需要深度挖掘

目前，由于前期投入成本、客货车流量等不同，我国各省（市）高速公路资产的整体净现金流收益率差异较大，而公募REITs发行要求对高速公路资产的估值和收益率进行了限制。根据2021年7月2日发改委发布的《关于进一步做好基础设施领域不动产投资信托基金（REITs）试点工作的通知》（发改投资〔2021〕958号），首次发行的基础设施资产评估净值不低于10亿元，且基础设施项目应成熟稳定，项目收益持续稳定、来源合理分散。根据2023年3月24日发展改革委发布《关于规范高效做好基础设施领域不动产投资信托基金（REITs）项目申报推荐工作的通知》（发改投资〔2023〕236号），"申报发行基础设施REITs的特许经营权、经营收益权类项目，基金存续期内部收益率（IRR）原则上不低于5%。从资产端来看，需要深度挖掘优质项目，可重点关注东部及中部地区整体净现金流收益率较高的省（市）。若因剩余特许经营权年限不足影响资产估值，可以考虑通过改扩建投资延长经营年限；针对中西部地区收益率可能不满足监管要求的项目，可以考虑通过改扩建投资增加项目资产规模，同时延长经营年限、延长收费里程，使其满足收益率要求。

（二）项目权属及他项权利情况

以高速公路作为底层资产发行公募REITs可能面临较多合规性问题。根据发改投资〔2021〕958号文件要求，公募REITs的基础设施项目应"权属清晰、资产范围明确"，原始权益人需依法合规直接或间接拥有项目所有权、特许经营权或经营收益权，项目公司依法持有底层资产，且土地使用要依法合规。此外，2020年8月6日证监会发布的《公开募集基础设施证券投资基金指引（试行）》（证监会公告〔2020〕54号）中要求，"原始权益人享有完全所有权或经营权利，不存在重大经济或法律纠纷，且不存在他项权利设定，基础设施基金成立后能够解除他项权利的除外"。

四、高速公路REITs发行空间测算

账面价值测算：我们以收费高速公路为口径、以其每年的固定资产投资完成额为基础指标，采用永续盘存法（PIM）测算，在折旧率为5.56%的情境下，2020年末收费高速公路存量规模（账面价值）约为7.01万亿元。

公允价值测算：我们采用收益法估算高速收费公路的估值，以每年的通行费收入扣除养护支出并扣税后的净现金流按照一定收益率折现，即为当前的估值。按照目前上市REITs永续资产类型4.5%左右的分红率确定折现率，以2018—2019年通行费收入的平均增幅水平8.07%、收费高速公路每年的养护成本占通行费收入的平均比例10.95%（剔除2020年异常数据）扣税后确定每年净现金流，经测算，当前收费高速公路存量资产公允估值约为8.90万亿元，较测算的账面价值高27%。

按照3.38%的公募REITs证券化率进行测算，我们预期未来可通过公募REITs盘活存量收费高速公路2670亿元，对应的REITs首发市值约为3390亿元。

五、已上市高速公路REITs分析

高速公路REITs是当前已上市的公募REITs的重要组成部分。截至2023年11月末，高速公路REITs累计发行8单，发行规模合计467.15亿元，占公募REITs总发行规模（含扩募）的46.48%，在各类公募REITs中占比最高。

表3-19 已上市高速公路REITs发行情况

REITs简称	上市日期	发行规模（亿元）	发行价格（元）	原始权益人	基金管理人
浙商沪杭甬REIT	2021/6/7	43.60	8.72	杭州市交通投资集团有限公司等	浙江浙商证券资产管理有限公司
平安广州广河REIT	2021/6/7	91.14	13.02	广州交通投资集团有限公司	平安基金管理有限公司
华夏越秀高速REIT	2021/12/3	21.30	7.10	越秀（中国）交通基建投资有限公司	华夏基金管理有限公司
华夏中国交建REIT	2022/4/13	93.99	9.399	中交第二公路勘察设计研究院有限公司等	华夏基金管理有限公司
国金中国铁建REIT	2022/7/8	47.93	9.59	中铁建重庆投资集团有限公司等	国金基金管理有限公司
华泰江苏交控REIT	2022/11/15	30.54	7.64	江苏沿江高速公路有限公司	华泰证券（上海）资产管理有限公司
中金安徽交控REIT	2022/11/22	108.80	10.88	安徽省交通控股集团有限公司	中金基金管理有限公司
中金山东高速REIT	2023/10/27	29.85	7.46	山东高速集团有限公司	中金基金管理有限公司

资料来源：Wind，兴业研究。

（一）高速公路REITs项目资产情况

从基础设施项目基本情况来看，已上市高速公路REITs基础设施项目资产质量良好，区位集中在东部和中部较发达区域，地理位置优越、区域经济发展水平较高。已上市高速公路REITs的收费路段通车时间一般较早，集中在2011年之前，车流量较为稳定，仅华夏中国交建REIT和中金山东高速REIT较晚，分别为2016年和2015年，未来存在一定成长性；高速公路收费总里程大多在30公里以上，其中华夏越秀高速REIT最短，收费里程共38.50公里，而中金安徽交控REIT最长，收费里程共161.15公里；高速公路REITs基础设施项目的资产以收费公路特许经营权为主，此外通常还包括公路配套房屋建筑物和设备类资产以及项目公司现存的流动资产。基础设施项目特许经营期限均在25—30年，但上市时剩余使用年限存在较大差异，浙商沪杭甬REIT剩余使用年限最少，仅11年；中金山东高速REIT剩余使用年限为25年。单只高速公路REITs的基础设施项目评估值较高，处于22.86—111.98亿元，且评估值较原账面价值较高，增值率在17.61%—192.12%，基于评估值的股权转让对价为原始权益人带来了一定的投资收益。

表3-20　已上市高速公路公募REITs资产状况

REITs 简称	项目资产	收费期
浙商沪杭甬 REIT	杭徽高速公路浙江段	昌昱段：2004/12/26–2029/12/25 汪昌段、留汪段：2006/12/26–2031/12/25
平安广州广河 REIT	广河高速广州段	2011/12/30–2036/12/29
华夏越秀高速 REIT	汉孝高速（主线和机场连接线）	主线：2006/12/10–2036/12/9 机场线：2011/10/30–2036/12/9
华夏中国交建 REIT	嘉通高速	主线：2016/2/6–2046/2/5 连接线：2016/8/28–2046/8/27
国金中国铁建 REIT	渝遂高速	2004/12/9–2034/12/8
华泰江苏交控 REIT	沪苏浙高速江苏段	2008/1/12–2033/1/11
中金安徽交控 REIT	沿江高速	东段：2007/6/28–2037/6/27； 中段：2008/6/28–2038/6/27； 西段：2006/12/24–2036/12/23
中金山东高速 REIT	甄菏高速	2015/12/28–2040/12/27

资料来源：Wind，兴业研究。

表3-21　已上市高速公路公募REITs资产状况（续）

REITs 简称	收费里程（公里）	投资规模（亿元）	评估值（亿元）	评估基准日	增值率	单位收入（万元/公里）
浙商沪杭甬REIT	122.245	52.75	45.63	2020/12/31	89.46%	476
平安广州广河 REIT	71.07	69.34	96.74	2020/12/31	78.05%	985
华夏越秀高速 REIT	36.00	14.09	22.86	2021/6/30	105.42%	516
华夏中国交建 REIT	90.975	88.18	98.32	2021/9/30	17.61%	283
国金中国铁建 REIT	93.26	42.30	46.12	2021/12/31	192.12%	708
华泰江苏交控 REIT	49.95	37.90	28.50	2022/6/30	34.06%	740
中金安徽交控 REIT	161.15	54.47	111.98	2022/6/30	198.37%	583
中金山东高速 REIT	43.15	23.25	27.90	2023/3/31	19.48%	–

注：增值率 = 项目资产评估值 / 账面价值 –1；单位收入 = 通行费收入 / 收费里程，2019 年数据；

资料来源：Wind，上市前披露的招股说明书，兴业研究。

（二）高速公路REITs运营情况

从存续期运营来看，高速公路车流量及收入情况受区域经济影响明显，也受典型事件影响。2022年受新冠肺炎封控带来的经济活跃度下降影响，2021年上市的高速公路REITs营业收入、EBITDA及可供分配金额三项指标鲜有能完成上市前2022年预测值的。而2022年上市的公募REITs，其在2023年1–9月的营业收入、EBITDA及可供分配金额三项指标的完成度尚可，其中，国金中国铁建REIT三项指标均已完成了上市前2023年预测值的75%以上，国金中国铁建REIT除营业收入外，EBITDA及可供分配金额也达到了上市前2023年预测值的75%以上。

表 3-22　高速公路 REITs 运营期相关指标较上市前预测值的完成度

REITs 简称	营业收入		EBITDA		可供分配金额	
	2022 年	2023 年 1-9 月	2022 年	2023 年 1-9 月	2022 年	2023 年 1-9 月
浙商沪杭甬 REIT	85.96%	—	78.30%	—	72.92%	—
平安广州广河 REIT	78.08%	—	77.04%	—	76.20%	—
华夏越秀高速 REIT	86.72%	—	82.01%	—	88.96%	—
华夏中国交建 REIT	—	52.36%	60.57%	60.09%	62.13%	58.70%
国金中国铁建 REIT	—	80.46%	—	87.21%	91.33%	88.91%
华泰江苏交控 REIT	—	73.06%	—	82.91%	—	81.33%
中金安徽交控 REIT	—	62.08%	—	62.67%	—	67.04%

注：若 2023 年 1-9 月较 2023 年预测值完成度达到 75%，便可视作完成度良好。
资料来源：Wind，兴业研究。

（三）高速公路 REITs 二级市场表现

高速公路 REITs 二级市场表现略弱于整体公募 REITs。高速公路 REITs 属于特许经营权型 REITs，其分红收益率普遍高于产权型 REITs，基金净值表现为逐渐萎缩，尤其对于剩余期限较短的高速公路 REITs，这一现象更为明显，因此包含了分红收益率的总收益率指标更能反映高速公募 REITs 的市场表现。从指数数据来看，高速公路 REITs 总收益指数始终弱于公募 REITs 总收益指数，这或许与上市时高速公路项目初始估值和交易对价略高、而实际运营中短期内的现金流表现略不及预期有关。

在估值方面，本节基于 2023 年 10 月 31 日的收盘市值、基础设施项目剩余年限和估算的年化 EBITDA，对高速公路 REITs 进行全周期 IRR 测算，并以此作为高速公路 REITs 的估值观测指标。从测算结果来看，由于当前 EBITDA 较上市前预测略弱，尽管高速公路 REITs 市值已有所缩水，其估值水平仍不低。其中，仅 3 单高速公路 REITs 的全周期 IRR 超过了 5%。除了基于估算的年化 EBITDA 以外，还可基于可供分配金额进行测算。若想要更为精准地测算全周期 IRR，可估算剩余期限内每年的 EBITDA 或可供分配金额，在此基础上测算全周期 IRR。由于本节仅展示如何使用估值方法对公募 REITs 进行横向对比，基于其他参数的全周期 IRR 测算方法和结果不加赘述。

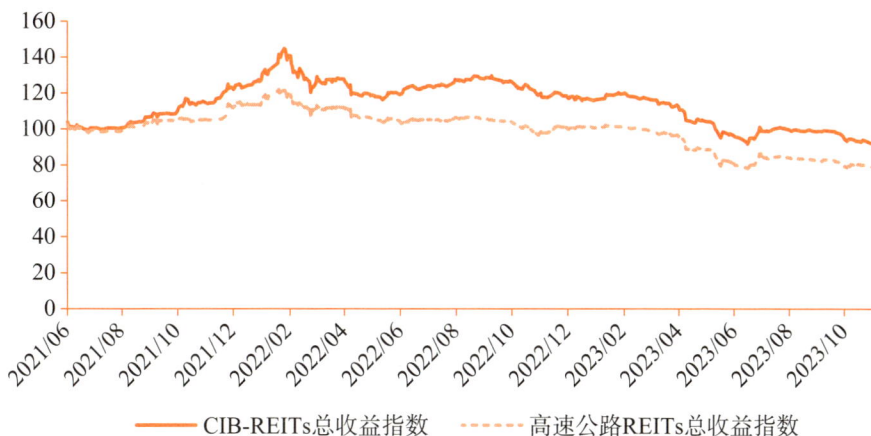

图 3-38　高速公路 REITs 总收益指数与 CIB-REITs 总收益指数

资料来源：Wind，兴业研究。

表 3-22　截至 2023 年 10 月末基于 EBITDA 测算的高速公路 REITs 全周期 IRR

RETIs 简称	IRR- 基于 EBITDA（%）
浙商沪杭甬 REIT	3.68
平安广州广河 REIT	5.87
华夏越秀高速 REIT	3.70
华夏中国交建 REIT	3.67
国金中国铁建 REIT	10.77
华泰江苏交控 REIT	1.11
中金安徽交控 REIT	5.39

资料来源：Wind，兴业研究。

仓储物流 REITs

自公募 REITs 试点政策发布以来，仓储物流便是公募 REITs 试点行业重点盘活的资产类型之一。截至 2023 年 11 月末，已上市公募 REITs 中有 3 只为仓储物流类型，截至目前运营表现良好。仓储物流亦是国外 REITs 的重要资产来源之一，美国仓储物流 REITs 相对购物中心、办公楼、酒店等商业地产 REITs 受疫情影响较小，2020—2021 年表现出了强劲的营运能力和价值表现，总收益率和价格收益率持续两年领跑各 REITs 板块，加强了投资者对国内仓储物流公募 REITs 的信心，我们预测未来可通过公募 REITs 盘活的仓储物流存量规模约为 1920 亿元。

仓储物流受土地供给和市场需求双重影响，当前土地供给支持多种方式供地和向现代物流转型，长期面临供地紧张和土地价格上升压力。但市场需求旺盛且相对持续，租金水平和出租率表现较好，整体收益率优于商业地产和住宅，以高标仓为最优。我们采用项目收益率和空置率率两个指标对区域仓储物流资产进行了排序，优质资产集中在北京、上海、广东、浙江，其次为天津、江苏、云南、安徽等省（市），大部分位于珠三角、长三角、京津冀等区域。

一、仓储物流 REITs 相关政策梳理

（一）仓储物流行业政策：降本增效，转型发展

为促进仓储业健康发展，2012 年之后政府颁布各项政策推动仓储物流行

业进行结构化升级。2012年12月28日，商务部发布《关于促进仓储业转型升级的指导意见》（商流通发〔2012〕435号），指出要加快推进传统仓储向现代物流转型升级，引导仓储企业由传统仓储中心向多功能、一体化的综合物流服务商转变。2013年9月30日，国家发改委、国土资源部等12部门联合发布《关于印发全国物流园区发展规划的通知》（发改经贸〔2013〕1949号），提出要科学规划、合理布局物流园区，充分发挥物流园区这一物流基础设施的集聚优势和基础平台作用，提高物流服务效率，促进物流业节约利用土地资源。在政策的引导下，我国仓储物流进行结构性调整，节约利用土地，向现代物流转型升级，仓储业营业性通用仓库面积增速在2013年之后大幅下滑，此后整体增幅放缓至5%以下。

2017年以来，国家出台了一系列扶持政策，以提升仓储物流行业发展水平，推动物流降本增效，促进实体经济健康发展。2017年8月7日，国务院办公厅发布《关于进一步推进物流降本增效促进实体经济发展的意见》（国办发〔2017〕73号），提出布局和完善一批国家级物流枢纽，加强与交通基础设施配套衔接的物流基础设施建设，并明确要完善物流领域相关税收政策、加强对物流发展的规划和用地支持、开展仓储智能化试点示范等。

随后各类政策陆续落地，整体来看，可主要分为以下几个方面：（1）税收优惠方面，降低仓储物流行业运行成本，落实物流企业大宗商品仓储设施用地相关优惠政策，2020年3月13日财政部、税务总局发布《关于继续实施物流企业大宗商品仓储设施用地城镇土地使用税优惠政策的公告》（财政部、税务总局公告2020年第16号），提出"自2020年1月1日起至2022年12月31日止，对物流企业自有（包括自用和出租）或承租的大宗商品仓储设施用地，减按所属土地等级适用税额标准的50%计征城镇土地使用税"。（2）土地供给方面，保障物流用地需求，加强土地和资金保障，2018年发布的《关于印发〈国家物流枢纽布局和建设规划〉的通知》（发改经贸〔2018〕1886号）中明确，允许使用预留国家计划保障国家物流枢纽范围内的物流仓储等新增建设用地项目；鼓励通过"先租后让""租让结合"等多种方式供应土地；利用铁路划拨用地建设物流基础设施从事长期租赁等物流经营活动，可在五年内实行继续按原用途和土地权利类型使用土地。2020年5月20日国务院发布的《关于进一步降低物流成本实施意见的通知》（国办发〔2020〕10号）中提出，指导利用集体经营性建设用地建设物流基础设施，在不改变用途的前提下，对提高自有工业用地或仓储用地利用率、容积率并用于仓储、分拨转运等物流设施建设的，不再增收土地价款。（3）金融支持方面，2019年发布的《关于推动物流高质量发展促进形成强大国内市场的意见》（发改经贸〔2019〕352号）提出要鼓励符合条件的金融机构或大型物流企业集团等发起物流产业发展投资基金，加强重要节点物流设施建设；国办发〔2020〕10号文指出"加大中央预算内投资、地方政府专项债券对国家物流枢纽、国家骨干冷链物流基地等重大物流基础设施建设的支持力度。引导银行业金融机构加强对物流企业融资支持，鼓励规范发展供应链金融，依托核心企业加强对上下游小微企业的金融服务"。

在将物流纳入基础设施建设领域，并从税收、供地、融资等方面对仓储物流行业加大扶持力度之外，冷链物流领域也成为未来重要的发展方向。2020年3月16日，国家发改委发布《关于开展首批国家骨干冷链物流基地建设工作的通知》（发改经贸〔2020〕1066号），要求以构建国家层面的骨干冷链物流基础设施网络为目标，依托存量冷链物流基础设施群建设一批国家骨干冷链物流基地。2021年11月26日，国务院印发《关于印发"十四五"冷链物流发展规划的通知》（国办发〔2021〕46号），指出完善国家骨干冷链物流基地布局，推动冷链基础设施智慧化升级。2022年4月7日，交通运输部、国家铁路局等5部门联合发布《关于加快推进冷链物流运输高质量发展的实施意见》（交运发〔2022〕49号），提出加快完善冷链物流基础设施网络，进一步突出冷链物流的战略地位。

表3-23　2012年以来中国仓储物流相关政策

时间	发文部门	文件名称	相关内容
2012/12/28	商务部	《关于促进仓储业转型升级的指导意见》（商流通发〔2012〕435号）	加快仓储业转型升级，引导仓储企业由传统仓储中心向多功能、一体化的综合物流服务商转变。

时间	发文部门	文件名称	相关内容
2013/9/30	国家发改委、国土资源部等12部门	《关于印发全国物流园区发展规划的通知》（发改经贸〔2013〕1949号）	科学规划、合理布局物流园区，充分发挥物流园区的集聚优势和基础平台作用，提高物流服务效率，促进物流业节约集约利用土地资源。
2014/9/12	国务院	《关于印发物流业发展中长期规划（2014—2020年）的通知》（国发〔2014〕42号）	着力降低物流成本，提升物流企业规模化、集约化水平，加强物流基础设施网络建设。合理规划布局物流基础设施，完善综合运输通道和交通枢纽节点布局，构建便捷、高效的物流基础设施网络。
2017/8/7	国务院办公厅	《关于进一步推进物流降本增效促进实体经济发展的意见》（国办发〔2017〕73号）	加大降税清费力度，切实减轻企业负担。加强重点领域和薄弱环节建设，提升物流综合服务能力，如加强对物流发展的规划和用地支持、布局和完善一批国家级物流枢纽、开展仓储智能化试点示范等。
2018/5/16	财政部、商务部	《关于开展2018年流通领域现代供应链体系建设的通知》	强化物流基础设施建设，夯实供应链发展基础。加强公共服务性强的物流基础设施建设，推动物流企业向供应链服务商转型。一是打造跨区域全国性物流枢纽。二是引导区域性物流配送中心转型升级。三是加强商业物流基础设施建设改造。
2018/12/21	国家发改委、交通运输部	《关于印发〈国家物流枢纽布局和建设规划〉的通知》（发改经贸〔2018〕1886号）	整合优化存量物流设施，统筹补齐物流枢纽设施短板；加强政策支持保障，如完善规划和用地支持政策、加大投资和金融支持力度等。
2019/2/26	国家发改委、财政部、交通运输部、银保监会等24部门	《关于推动物流高质量发展促进形成强大国内市场的意见》（发改经贸〔2019〕352号）	（1）加强数字物流基础设施建设；支持物流园区和大型仓储设施等应用物联网技术；发展机械化、智能化立体仓库，加快普及"信息系统＋货架、托盘、叉车"的仓库基本技术配置，推动平层仓储设施向立体化网格结构升级。

时间	发文部门	文件名称	相关内容
			（2）健全物流高质量发展的政策保障体系，如创新用地支持政策、加强投融资支持方式创新等。
2020/3/13	财政部、税务总局	《关于继续实施物流企业大宗商品仓储设施用地城镇土地使用税优惠政策的公告》（财政部、税务总局公告 2020 年第 16 号）	自 2020 年 1 月 1 日起至 2022 年 12 月 31 日止，对物流企业自有（包括自用和出租）或承租的大宗商品仓储设施用地，减按所属土地等级适用税额标准的 50% 计征城镇土地使用税。
2020/3/16	国家发改委	《关于开展首批国家骨干冷链物流基地建设工作的通知》（发改经贸〔2020〕1066 号）	以构建国家层面的骨干冷链物流基础设施网络为目标，以整合存量冷链物流资源为主线，重点面向高附加值生鲜农产品优势产区和集散地，依托存量冷链物流基础设施群建设一批国家骨干冷链物流基地。
2020/5/20	国务院办公厅	《关于进一步降低物流成本实施意见的通知》（国办发〔2020〕10 号）	（1）保障物流用地需求，对重大物流基础设施项目，在建设用地指标方面给予重点保障；支持利用铁路划拨用地等存量土地建设物流设施；指导地方按照有关规定利用集体经营性建设用地建设物流基础设施。在符合规划、不改变用途的前提下，对提高自有工业用地或仓储用地利用率、容积率并用于仓储、分拨转运等物流设施建设的，不再增收土地价款。（2）深入落实减税降费措施，降低物流税费成本。落实物流领域税费优惠政策，如大宗商品仓储用地城镇土地使用税减半征收等物流减税降费政策。
2021/11/26	国务院办公厅	《关于印发"十四五"冷链物流发展规划的通知》（国办发〔2021〕46 号）	完善国家骨干冷链物流基地布局，推动冷链基础设施智慧化升级。物流企业冷库仓储用地符合条件的，

续表

时间	发文部门	文件名称	相关内容
			按规定享受城镇土地使用税优惠政策。落实农村建设的保鲜仓储设施用电价格支持政策。
2022/4/7	交通运输部、国家铁路局等5部门	《关于加快推进冷链物流运输高质量发展的实施意见》（交运发〔2022〕49号）	加快完善基础设施网络。优化枢纽港站冷链设施布局；支持有条件的县级物流中心和乡镇运输服务站拓展冷链物流服务功能，在冷链产品消费和中转规模较大的城市，推进建设销地冷链集配中心等。
2022/5/10	财政部、商务部	《关于支持加快农产品供应链体系建设进一步促进冷链物流发展的通知》（财办建〔2022〕36号）	加快城市冷链物流设施建设。

资料来源：根据相关规章文件整理，兴业研究。

（二）仓储物流土地政策：用途规范，供给收紧，鼓励

在实务中，仓储物流基础设施项目常见的土地用途为仓储用地或工业用地。2020年11月17日，自然资源部办公厅发布《关于印发〈国土空间调查、规划、用途管制用地用海分类指南（试行）〉的通知》（自然资办发〔2020〕51号），提出建立全国统一的国土空间用地用海分类，并将工矿用地与仓储用地从原有共属工矿仓储用地一级分类下的二级类别提升为并列一级类别，明确工业用地上只允许建设工矿企业的自用库房。

在该项政策颁布之前，土地分类方面相关参照主要为2010年发布的《关于发布国家标准〈城市用地分类与规划建设用地标准〉的公告》（住房和城乡建设部公告第880号）以及2017年修订实施的《土地利用现状分类》（GBT 21010-2017），其中《城市用地分类与规划建设用地标准》将工业用地、物流仓储用地进行区分，工业用地上可以建设工矿企业的生产车间、库房及其附属设施，而《土地利用现状分类》将工业用地、仓储用地归为工矿仓储用地

一级类下的子类别。以上分类的适用性选择导致在实践中各地在进行用地规划时产生一定的差异，有很多地方政府在出台建设用地供应计划时将工业用地、仓储用地等打包使用工矿仓储用地的概念。因此，在此前实践中，工业用地、仓储用地在出让年限、出让方式、基准地价等方面表现出较高程度的相似性。

由于工业用地和仓储用地高度相似，在部分地区的土地管理中存在一定的模糊化，过往仓储物流基础设施建设用地的土地用途存在工业用地、仓储用地共存的情况。在自然资办发〔2020〕51号文颁布之后，土地分类及管理得到进一步规范，在建设时需严格按照相关规定对工业用地、仓储用地进行区分。目前，部分地区对土地进行兼容性管理，有条件地放宽了对土地用途政策，以鼓励仓储物流行业的发展。例如2019年2月20日天津市发布《关于印发天津市规划用地兼容性管理暂行规定的通知》（津政办发〔2019〕8号），规定"用地性质为工业用地（三类工业用地除外），允许兼容仓储设施、生活服务设施等"，且兼容比例不大于15%。

表3-24 中国土地分类标准相关政策

时间	发文部门	文件名称	相关内容
2010/12/24	住房和城乡建设部	《关于发布国家标准〈城市用地分类与规划建设用地标准〉的公告》（住房和城乡建设部公告第880号）	城市建设用地指城市内的八类用地，包括工业用地、物流仓储用地。其中，工业用地指"工矿企业的生产车间、库房及其附属设施用地，包括专用铁路、码头和附属道路、停车场等用地，不包括露天矿用地"，物流仓储用地指"物资储备、中转、配送等用地，包括附属道路、停车场以及货运公司车队的站场等用地"。
2017/11/1	国家质监局、中国国家标准化管理委员会	《土地利用现状分类》（GBT 21010-2017）	工矿仓储用地为一级类别，工业用地、仓储用地、采矿用地三个二级类别，其中，工业用地指"指工业生产、产品加工制造、机械和设备修理及直接为工业生产等服务的附属设施用地"，仓储用地指"指用于物资储备、中转的场所用地，包括物流仓储设施、配送中心、转运中心等"。

续表

时间	发文部门	文件名称	相关内容
2020/11/17	自然资源部	《关于印发〈国土空间调查、规划、用途管制用地用海分类指南（试行）〉的通知》（自然资办发〔2020〕51号）	在整合原《土地利用现状分类》《城市用地分类与规划建设用地标准》《海域使用分类》等分类基础上，建立全国统一的国土空间用地用海分类。工矿用地、仓储用地为一级类，工矿用地下的二级类工业用地含义为"指工矿企业的生产车间、装备修理、自用库房及其附属设施用地"，仓储用地下的二级类物流仓储用地含义为"指国家和省级战略性储备库以外，城、镇、村用于物资存储、中转、配送等设施用地，包括附属设施、道路、停车场等用地"。

资料来源：根据相关规章文件整理，兴业研究。

  土地供应方面，尽管国家近年来对仓储物流行业给予一定的扶持力度，也提出要保障物流用地需求，指导地方按照有关规定利用集体经营性建设用地建设物流基础设施，以及在税收、提高容积率的增收土地价款等方面给予一定优惠，但长期来看仓储物流行业仍面临着较为严峻的土地供应有限、拿地成本上升的问题。

  2014年5月22日，国土资源部颁布《节约集约利用土地规定》（国土资源部令第61号），明确要严格落实耕地保护制度和节约集约用地制度，优化土地利用结构和布局、提高土地利用效率。在政策指引下，由于仓储物流对财政、就业等方面的贡献相对有限，以及产业结构升级调整的需要，部分用地较为紧张的沿海发达地区尤其是一线城市逐步收紧新增仓储物流用地的供应。例如北京市政府发布的《北京城市总体规划（2016年—2035年）》中，提出预计至2035年北京产业用地（包括仓储物流用地）占城乡建设用地比例下降至20%以内，上海市政府发布的《上海市城市总体规划（2017—2035年）》将这一比例下降至10%—15%。此外，还有部分地区出台相关政策下调工业用地的出让年限，如北京、上海等地出台工业用地出让弹性年限的试点制度，将工业用地使用年限缩短为20年，在一定程度上给仓储物流企业带来负面影响。

表3-25 部分地区土地供应相关政策

时间	发文部门	文件名称	相关内容
2017/9/28	北京市政府	《北京城市总体规划（2016年—2035年）》	预计至2035年北京产业用地（包括仓储物流用地）占城乡建设用地比例下降至20%以内。
2018/1	上海市政府	《上海市城市总体规划（2017—2035年）》	预计至2035年工业仓储用地面积控制在320—480平方公里，占规划建设用地比例控制在10%—15%。
2017/12/31	北京市政府	《关于加快科技创新构建高精尖经济结构用地政策的意见（试行）》（京政发〔2017〕39号）	在国务院和市政府批准设立的开发区、产业园区中，以出让方式取得园区产业用地，实行弹性年期出让，出让年限最长为20年。国家和本市重大产业项目，经批准后可适当延长，最长不得超过法定最高年限。
2016/3/30	上海市政府	《上海市政府办公厅转发市规划国土资源局制订的〈关于加强本市工业用地出让管理的若干规定〉的通知》（沪府办〔2016〕23号）	实行工业用地弹性年期出让制度。新增工业用地产业项目类出让年限不超过20年，出让价格按照基准地价对应的最高年限进行年期修正。国家和本市重大产业项目、战略性新兴产业项目，认定后最高不超过50年。

资料来源：根据相关规章文件整理，兴业研究。

（三）仓储物流REITs相关政策

仓储物流自公募REITs启动试点工作以来，一直是试点范围内重点支持的行业。2021年7月2日，国家发改委发布《关于进一步做好基础设施领域不动产投资信托基金（REITs）试点工作的通知》（发改投资〔2021〕958号），再次将仓储物流纳入试点行业，且明确支持"面向社会提供物品储存服务并收取费用的仓库，包括通用仓库以及冷库等专业仓库"进行公募REITs。

表3-26　中国仓储物流REITs相关政策

时间	发文部门	文件名称	相关内容
2020/4/30	证监会、国家发改委	《关于推进基础设施领域不动产投资信托基金（REITs）试点相关工作的通知》（证监发〔2020〕40号）	基础设施REITs试点项目要求聚焦重点行业，优先支持基础设施补短板行业，包括仓储物流等交通设施。
2020/8/6	证监会	《公开募集基础设施证券投资基金指引（试行）》（证监会公告〔2020〕54号）	基础设施包括仓储物流等交通设施。
2021/7/2	国家发改委	《关于进一步做好基础设施领域不动产投资信托基金（REITs）试点工作的通知》（发改投资〔2021〕958号）	试点行业包括仓储物流基础设施，即面向社会提供物品储存服务并收取费用的仓库，包括通用仓库以及冷库等专业仓库。

资料来源：根据相关规章文件整理，兴业研究。

　　此外，在地方政府出台的仓储物流行业相关文件中，也对公募REITs在资金支持方面的作用提出了重视。例如，2021年12月23日浙江省发布《关于支持冷链物流高质量发展的若干意见》（浙政办发〔2021〕76号），提出完善冷链物流基础设施网络，并将冷链物流纳入基础设施投融资改革范畴，积极申报基础设施领域不动产投资信托基金（REITs）试点项目。

二、仓储物流行业现状分析

（一）仓储物流行业发展现状

　　我国仓储物流行业已经历高速增长期，正处于稳步增长阶段。根据中国仓储与配送协会数据，截至2019年末我国营业性通用仓库面积存量已超10亿平方米，2018年以来增速稳定在2%左右，较2013年有明显下降。从人均存量的角度来看，根据戴德梁行数据，截至2019年我国人均仓储面积约为0.76平方米，约占美国的15%，仍具有一定的发展空间。从投资规模来看，2013—2015年仓储业固定资产投资完成额增速大于通用仓库面积存量增速，2016年之后仓储业开启结构化转型，仓储业在经历快速发展后逐渐进入饱和时期，土地供给收紧，且在电商快速发展的背景下仓储投资主体发生变化，典型仓储企业面临转型、融资难等困境，行业投资减少，2016—2019年仓储业固定投资同比增速持续下行；此后在推动冷链物流发展的政策下，行业投资才逐步回暖，2020—2021年仓储业固定资产投资完成额同比增速分别为9.90%和6.60%，较2019年的–7.70%明显提高。

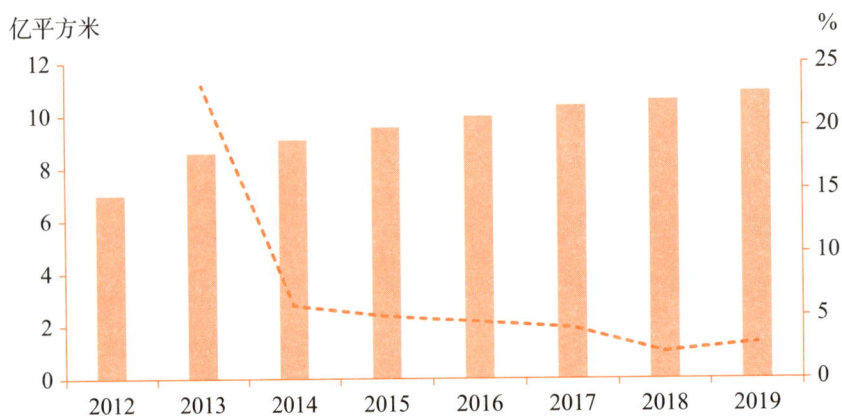

图3-39　我国仓储业营业性通用仓库面积及同比增速

资料来源：中国仓储与配送协会，兴业研究。

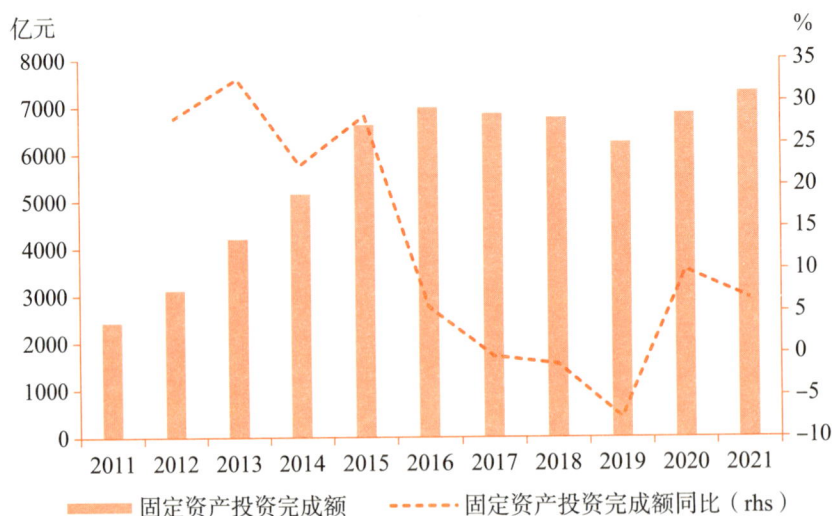

固定资产投资完成额　　固定资产投资完成额同比（rhs）

图3-40　我国仓储业固定资产投资完成额及同比增速

资料来源：Wind，兴业研究。

按照建设标准，仓储物流资产可分为现代仓储物流设施（"高标准仓库"或"高标库"）和常规仓储物流设施（"非高标库"），其中现代化、市场化的高标准仓库在运营、合规等方面具有优势，更适合作为公募REITs投资的目标资产。相较于非高标库，高标准仓库通常具备更大的建筑面积、层高、承重能力，能够较为充足地利用土地，且在机械化、智能化作业及安全仓储等方面具有一定优势。高标准仓库一般建于靠近城市中心或公路、机场、港口等交通枢纽地段，辐射区域广泛，且由于建设年份较晚，合规性强，能满足所有权属清晰、土地性质明确等合规要求。在推动仓储物流向现代化转型、物流降本增效的背景下，近年来，我国高标准物流仓储存量面积稳步增长，根据戴德梁行数据，我国内地高标准物流仓储存量由2016年末的2850万平方米增至2021末的8959万平方米，年复合增速达25.74%，远高于整体仓储物流行业存量增速，截至2022年第一季度末，我国内地高标准物流仓储存量达9016万平方米。但我国高标库占比仍然较低，高标库存量面积占营业性通用仓库比例不足10%，未来仍有较大的增长空间。

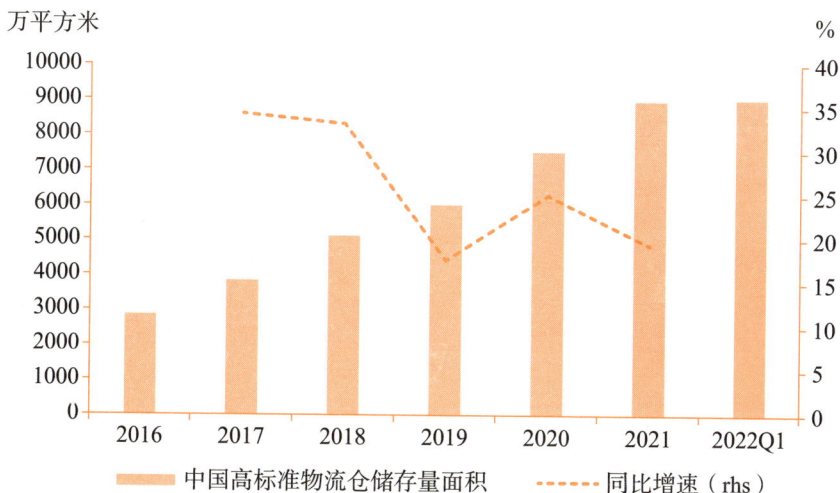

图3-41　我国高标准物流仓储存量面积及同比增速

资料来源：戴德梁行，兴业研究。

表 3-27　高标准仓库与非高标准仓库的区别

	高标准仓库	非高标准仓库
建筑面积	大于 8000 平方米，规划容积率较高	大小不一
层高	大于 8 米	4—7 米
柱间距	大于 8 米	5—7 米
承载力	大于 2—3 吨 / 平方米	小于 2—3 吨 / 平方米
运营方面	具有现代化的装卸平台，能实现高机械化和自动化作业；消防及监控系统完善；功能为仓储和配送	传统卸货平台及卡车装卸区；消防及监控系统非标准、不完备；只具有仓储功能
选址	靠近城市中心或公路、机场、港口等交通枢纽地段，交通便捷，辐射区域广泛	多位于工业园区及港口附近
合规	所有权属清晰、土地性质明确，一般为工矿仓储用地，规划报批文件和手续齐全	可能存在权属不清晰、土地性质不明确或违规占用等情况

资料来源：戴德梁行，中金普洛斯 REIT 招募说明书，兴业研究。

在土地供给方面，由于仓储物流对税收、就业等带动作用有限，近年来全国城市及县城的物流仓储用地存量面积呈现出下降趋势，截至2020年末全国城市及县城的物流仓储用地面积存量共计21.11万公顷，同比减少3.65%。从新增土地供应来看，由于仓储用地被划分至工矿仓储用地的大分类下，工矿仓储用地的新增供地趋势能为分析仓储用地供地趋势提供一定参考，近年来，工矿仓储供地面积整体呈现出收缩趋势，从2013年的21.25万公顷下滑至2019年的14.70万公顷。一手仓储物流土地供应较为紧缺，有效利用存量土地或成为仓储物流基础设施用地供给的有效方式。

在需求方面，我国仓储物流下游行业发展迅速，需求空间较大。根据世邦魏理仕统计，电商企业、第三方物流企业、零售企业为仓储物流主要需求方，租赁面积占比分别为39%、36%和17%。我国电子商务交易额于2021年达到42.30万亿元，同比增速13.68%，尽管从2014年的超高增速大幅下行，但仍然保持了10%以上的增速；社会消费品零售总额于2021年达到44.08万亿元，同比增速12.46%；第三方物流收入规模于2020年达到2,274亿美元，同比增速5.13%。下游行业的稳定增长，将为仓储物流提供持续稳定的增量需求。值得注意的是，近年来部分头部电商企业及物流企业在加快自有仓库的建设和布局，如京东、顺丰等，未来若其自有仓库投入使用，则可能会在一定程度上降低其租赁需求。

万公顷

图3-42 我国城市及县城物流仓储用地存量面积与工矿仓储用地供应面积

资料来源：Wind，兴业研究。

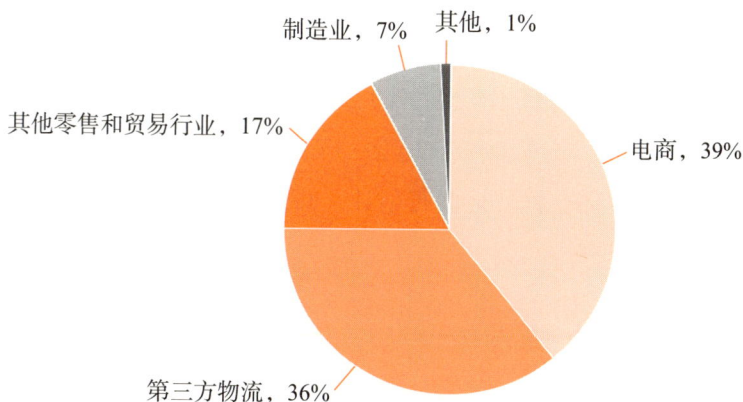

图3-43 我国仓储物流客户结构

资料来源：世邦魏理仕，兴业研究。

图 3-44　我国电商交易额、社零总额、第三方物流收入同比增速

资料来源：Wind，兴业研究。

在租金水平方面，全国通用仓储物流平均租金较疫情前有所上升，截至 2021 年末，全国通用仓储物流平均租金为每月 27.86 元 / 平方米，较 2019 年的每月 27.77 元 / 平方米增长 0.32%。空置率方面，全国通用仓储物流空置率较 2020 年有所回落，但较疫情前有所上升，截至 2021 年末，全国通用仓储物流空置率为 12.13%，较 2020 年末的 12.96% 有所下降，但未回落至 2019 年 11.90% 的水平。根据戴德梁行数据，2021 年第四季度高标仓平均租金为每月 33.8 元 / 平方米，高于通用仓储物流行业整体水平，空置率为 13.6%，略高于行业整体水平。

在建设成本方面，据仲量联行估计，高标仓的建设成本在 2000—3000 元 / 平方米，标准仓为 500 元 / 平方米。土地成本方面，由于仓储用地与工业用地在出让年限、土地价格等方面相似，可以通过工业用地成本走势判断仓储用地的相关情况，2018 年以来我国百大城市工业用地成交土地楼面均价呈现出上升趋势，2021 年末为 292.33 元 / 平方米。华经产业研究院数据显示，2021 年全国工业仓储用地成交宗数为 3.96 万宗，成交面积为 16.14 亿平方米，成交价款达 5,108.7 亿元，成交地面均价为 317 元 / 平方米。

元/平方米　　　　　　　　　　　　　　　　　　　　　　　　　　%

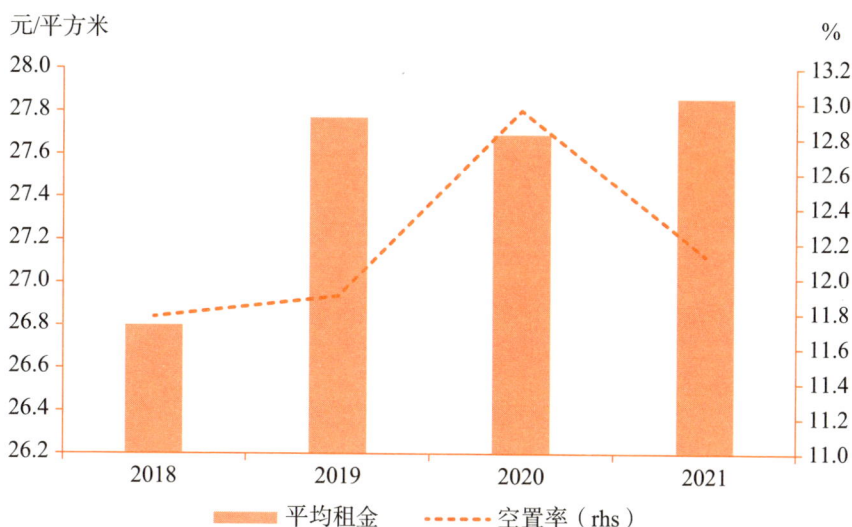

图3-45　我国通用仓储物流平均租金及空置率

资料来源：物联云仓，兴业研究。

元/平方米　　　　　　　　　　　　　　　　　　　　　　　　　　%

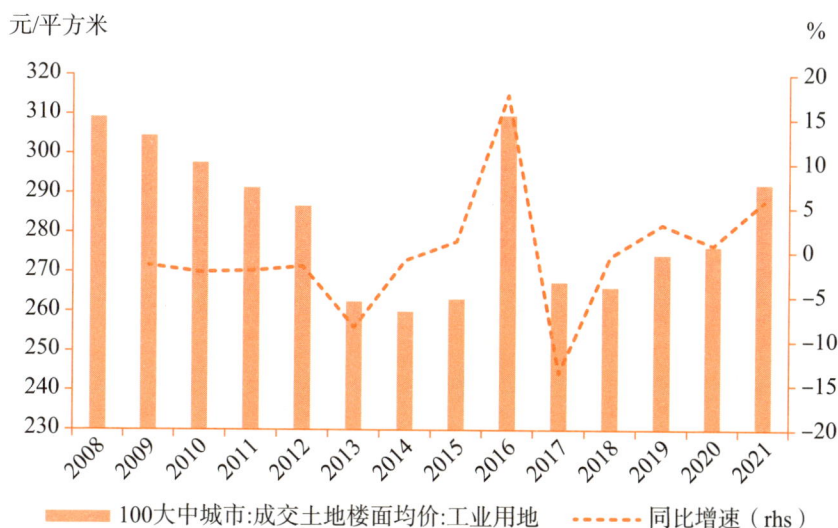

图3-46　我国百大城市工业用地成交土地楼面均价及同比增速

资料来源：Wind，兴业研究。

在项目收益方面，仓储物流项目回报率一般高于商业地产与住宅。据世邦魏理仕统计，2019年一线城市的物流地产投资净回报率在6%—8%，远高于商业地产4%—5%和住宅地产2%—3%的回报率。我们以项目年现金净流入/项目成本衡量项目收益率，其中项目年现金净流入=租金收入－运营成本－各项税费，项目成本=建设成本＋土地成本，假设运营成本为租金收入的10%，则仓储物流项目收益率为4.92%—7.04%，其中高标库项目收益率为5.86%—8.39%。

（二）仓储物流行业区域分析

仓储物流存量的区域分布方面，京津冀、长三角、珠三角、川渝等经济较为发达区域的仓储物流设施供给较多。根据戴德梁行数据，截至2022年第一季度末，包括上海、江苏、浙江、安徽在内的华东区域高标仓储物流面积存量最高，为0.33亿平方米，占全国总存量的36.56%，其次为华北区域、西南区域、华南区域和华中区域，高标仓储物流面积存量分别为0.26亿平方米、0.12亿平方米、0.11亿平方米和0.08亿平方米。分省份来看，各省高标库存量差距较大，江苏现有存量最高超过0.14亿平方米，其次为广东、上海、天津、浙江，高标库面积存量超过0.08亿平方米，四川、重庆、辽宁、湖北等地的高标库面积现有存量也均在0.04亿平方米以上。

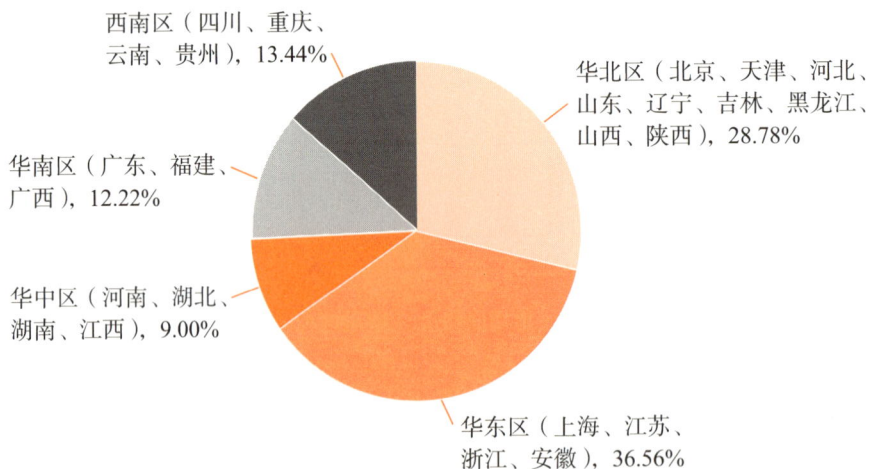

图3-47　2022年第一季度末各区域高标库面积存量占比

资料来源：戴德梁行，兴业研究。

在土地供给方面，沿海一线城市正在缩减仓储物流用地的供应。根据北京市政府及上海市政府发布的《北京城市总体规划（2016年—2035年）》以及《上海市城市总体规划（2017—2035年）》，预计至2035年北京产业用地（包括仓储物流用地）占城乡建设用地比例分别下降至20%以内，上海下降至10%—15%。根据华经产业研究院数据，2021年山东、江苏、湖北、安徽、浙江等省份工业仓储用地成交面积较高。从仓储用地成交面积来看，2021年全国重要物流节点城市中天津、重庆、济南、西安等东部或者中西部二线城市仓储用地成交面积较大，在100万平方米以上，而广州、深圳、北京、上海等一线城市仓储用地供应较少，其中广州深圳在4万平方米以下，预计未来一线城市新增仓储用地供给有限，以存量改建为主。

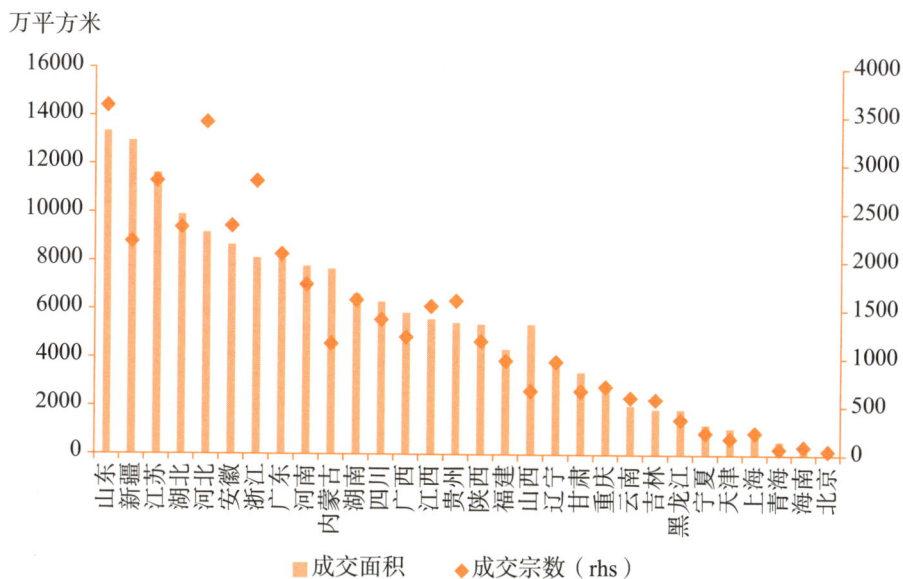

图3-48 2021年各省（市）工业仓储用地成交面积及成交宗数

资料来源：华经产业研究院，兴业研究。

万平方米

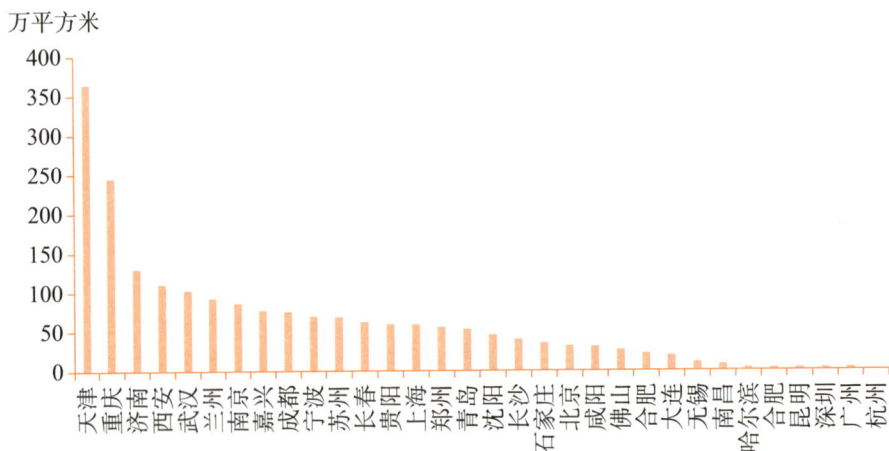

图3-49　2021年全国重要物流节点城市仓储用地成交面积

资料来源：各城市自然资源与规划管理局，物联云仓，兴业研究。

　　在租金方面，各区域呈现出分化趋势，一线城市仓储物流租金水平持续走高，疫情之下仍不降反升，部分二线城市较疫情前有所下降。截至2021年末，北京、深圳、上海等一线城市仓储物流平均月租金较高，超过40元/平方米，其中北京为48.86元/平方米，较2019年上涨6.15%；苏州、嘉兴、杭州、广州、东莞、宁波、无锡、天津等一二线城市平均月租金为30—36元/平方米，其中天津、南京等城市较疫情前下降3%—5%；而哈尔滨、沈阳、长春等地仓储物流租金水平受疫情叠加经济下行影响较大，2021年较2019年均下降10%左右。出租率方面，一线城市仓储物流空置率较低，2021年北京、广州、深圳空置率在5%以下，上海为9.47%，低于全国平均水平，且较疫情前均大幅下降；苏州、东莞、无锡、佛山等在长三角、珠三角核心区域内的二线城市，仓储物流空置率低至5%以下，其中无锡空置率最低为1.16%。一线城市及东部经济发达地区较高的租金水平和较低的空置率，在一定程度上反映出这些地区仓储物流市场供需较为紧张的情况，其仓储物流资产质量较好，在疫情之下仍具有较好的抗风险能力。

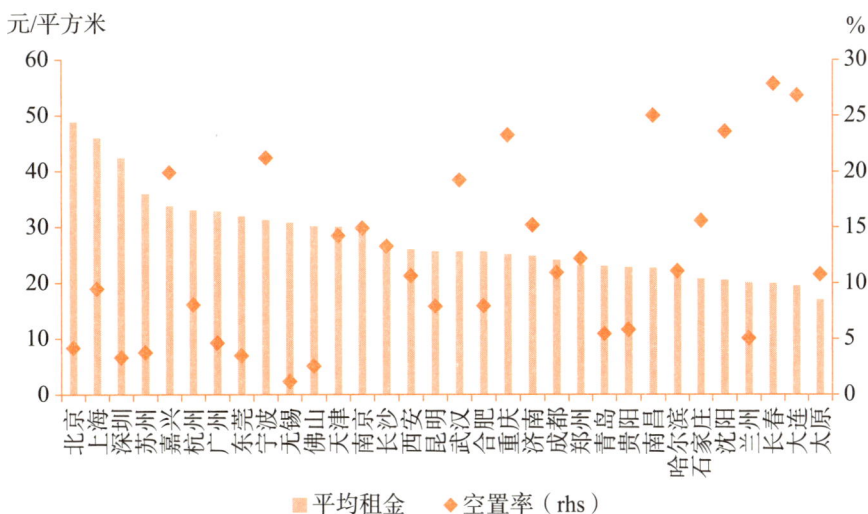

图3-50　2021年全国主要城市通用仓储物流平均租金及空置率

资料来源：物联云仓，兴业研究。

　　在项目成本方面，从土地成本来看，根据华经产业研究院整理统计，大部分省（市）工业仓储用地成交地面均价呈现出上升趋势。2021年，上海、北京一线城市受供应稀缺及整体土地出让价格较高的影响，工业仓储用地成交地面均价最高，在1000元/平方米以上，广东、天津、浙江等东部经济发达省（市）工业仓储用地成交地面均价也在600元/平方米以上，四川、湖北、安徽等省份成交地面均价较低，均在300元/平方米以下，低于全国平均水平。

　　我们根据前文的计算方式，采用项目收益率指标来观察各省（市）仓储物流资产经营的收益状况，同时采用空置率来衡量各省（市）经营的稳定性。从挖掘公募REITs项目资产的角度来看，仓储物流资产的收益率较高且地区需求充足、经营稳定性较好的省（市）有北京、上海、广东、浙江，其次为天津、江苏、云南、安徽等省（市），大部分位于珠三角、长三角、京津冀等区域。

元/平方米

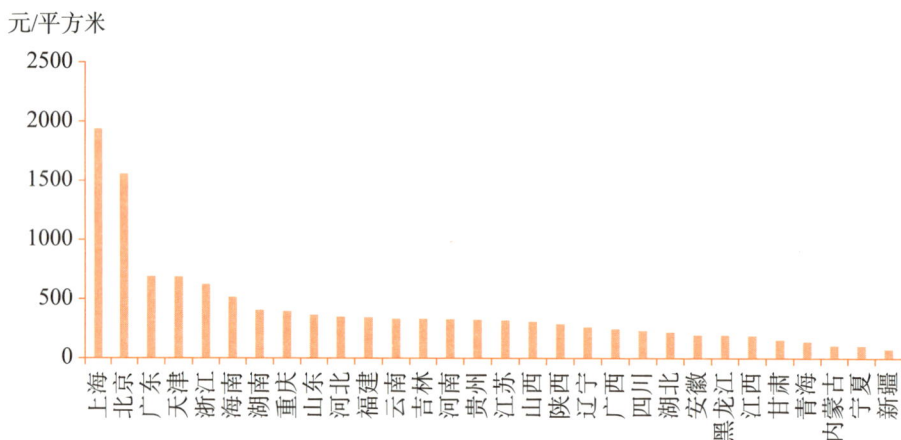

图3-51　2021年各省（市）工业仓储用地成交地面均价

资料来源：华经产业研究院，兴业研究。

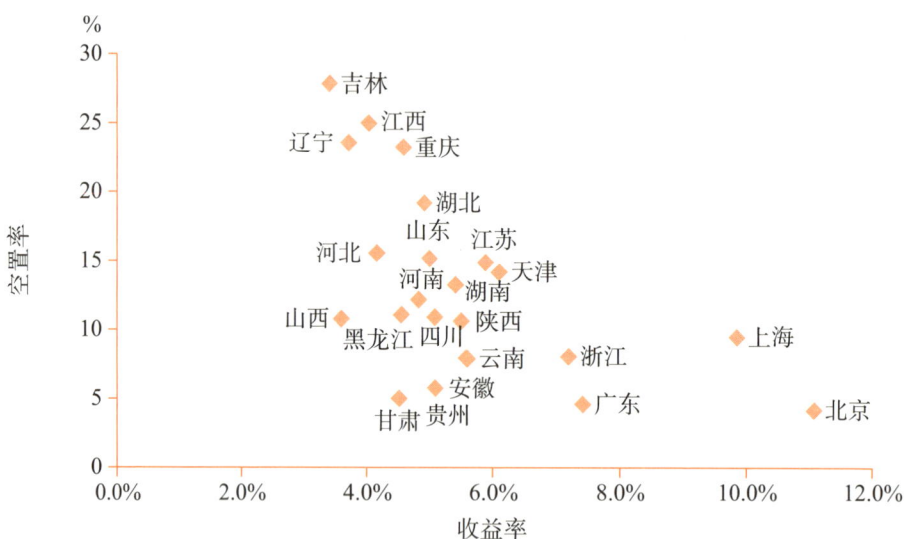

图3-52　2021年各省（市）仓储物流收益率及空置率

资料来源：兴业研究。

（三）仓储物流业务模式分析

我国仓储物流行业的业务模式主要包括重资产运营和轻资产运营两大类。重资产运营模式为企业自持仓储物流资产，盈利来源为租金收益、管理收益、资产增值等，相关运营主体为房地产企业、专业物流不动产企业、部分头部电商企业、第三方物流企业等，其中专业物流不动产企业、电商企业、第三方物流企业采取重资产运营模式时一般会提供相关增值服务，以求在租金收益之外获取管理收益，专业物流不动产企业会提供园区管理、仓储信息服务等，头部电商企业则会利用自身优势，提供仓储管理和接入终端配送的物流数据等。还有部分企业以轻资产模式参与仓储物流业务，如普洛斯等专业物流不动产企业，以及部分上市零售公司如东百集团等，其主要在投资建设之后，将基础设施资产出售回笼资金，后续提供运营管理服务参与非自持仓储物流资产的运作，获取管理费收益。

表3-28　仓储物流业务运营模式

业务模式	经营方式	盈利来源	相关主体
重资产	持有仓储物流资产，进行出租	租金收益、资产增值	房地产企业如万科、绿地等；金融机构平安不动产等
	持有仓储物流资产，进行出租，并提供仓储管理服务	租金收益、管理收益、资产增值	专业物流不动产企业如普洛斯、宇培等；电商企业如京东、苏宁等；第三方物流企业，如顺丰、中通等
轻资产	不持有仓储物流资产，提供仓储管理服务	管理服务收益	专业物流不动产企业如普洛斯等；零售企业如东百集团

资料来源：兴业研究整理。

在行业集中度方面，目前我国仓储物流行业集中度较高，据戴德梁行数据，2020年市场份额排名前五的企业分别为普洛斯、万纬、宝湾、宇培和丰树，合计市占率达53.9%，前10名企业市占率达72.6%。其中，行业龙头普洛斯中国在2020年的市占率达30.3%，目前已持有4332万平方米仓储物流资产，已建成约2897万平方米，分布在全国核心物流节点城市，整体出租率为84%。其次为万科旗下的万纬物流，截至2021年末拥有1136万平方米仓储物流资产，包括138万平方米冷链仓储，在冷链仓储细分领域居行业第一，资产整体出租率达93%，2021年实现收入32亿元。

表3-29 部分仓储物流运营主体经营情况

公司名称	物业面积	区域分布	出租率	市占率	运营情况
普洛斯中国	4332万平方米，其中已建成约2,897万平方米	全国43个战略性区域市场	84%	30.3%	2020年营收为11.49亿美元，客户大部分为全球500强企业、跨国企业及国内大型企业集团
万纬物流（万科系）	1136万平方米，其中冷链仓储138万平方米，为行业第一	长三角、京津冀、大湾区等重要物流节点城市	93%	7.4%	2021年营收32亿元，已服务数百家国内及世界领先品牌企业
宝湾物流	650万平方米，其中开业448.4万平米	基本覆盖全国一、二线城市的核心物流节点	94.2%	5.5%	2020年营收11.80万元，客户质量较好且稳定度较高，包括利丰、顺丰、屈臣氏等
东百集团	184万平方米，其中建成＋管理约92万平方米	京津冀城市群、长三角城市群、中西部核心城市群和大湾区城市群	93%	—	2021年营收8,898万元，拥有京东、顺丰、SHEIN（希音）、国药等20多家优质客户
顺丰	473万平方米，已建成234万平方米	主要分布在华东、中南、华西等地区	—	—	—
菜鸟	619万平方米	覆盖全国72座城市	—	—	—
京东	2100万平方米	800个大型仓库覆盖全国各地区，主要位于北京、上海、广州等城市	—	—	—
苏宁	1210万平方米，自用为主	62个物流基地分布于全国44个城市	—	—	—

资料来源：公司官网，公司公告，戴德梁行，兴业研究。

三、仓储物流公募REITs发行空间测算

账面价值测算：我们以仓储业固定资产投资完成额为口径、以其每年的固定资产投资完成额为基础指标，采用永续盘存法（PIM）测算，在折旧率为5.56%、有效资产率为26.97%的情境下，2021年末仓储物流基础设施存量规模（账面价值）约为5.19万亿元。

公允价值测算：我们基于我国营业性通用仓库面积存量，估算未来年租金收入规模，并采用收益法估算其未来的资产规模和公募REITs发行空间。根据中国仓储与配送协会数据，截至2019年末，我国营业性通用仓库面积存量为10.90亿平方米，每月平均租金为27.77元/平方米，空置率为11.9%。取2019年租金收入的增幅水平3.62%，并假设运营支出占租金收入的10%，扣税后确定每年净现金流，我们按照红土盐田港REIT招募说明书中披露的7%左右的折现率进行估值。经测算，目前我国仓储物流年租金收入规模为1776.04亿元，扣税后对应的资产估值约为4.89万亿元。

按照3.81%的公募REITs证券化率进行测算，以上述两种方法测算出来的资产价值均值为计算基数，我们预期未来可通过公募REITs盘活存量仓储物流基础设施1920.49亿元。

四、仓储物流公募REITs可能面临的问题

在法律层面，根据发改投资〔2021〕958号文件要求，公募REITs的基础设施项目应"权属清晰、资产范围明确"，原始权益人需依法合规直接或间接拥有项目所有权、特许经营权或经营收益权，仓储物流项目公司依法持有底层资产，且土地使用要依法合规，这些合规性要求与公募REITs的普遍一致，很多仓储物流项目亦可能面临项目权属及他项权利、固定资产投资管理相关手续完备性、项目转让合法性等问题。需要注意的是，仓储物流项目产权的权属期限均为有限期限，目前仓储用地和工业用地的使用年限一般不

超过50年。根据2020年11月29日国务院发布的《城镇国有土地使用权出让和转让暂行条例（2020年修订）》（国务院令第55号）相关规定，"土地使用权期满，土地使用者可以申请续期。需要续期的，应当依照本条例第二章的规定重新签订合同，支付土地使用权出让金，并办理登记"。在权属期限到期后、基金到期前，仓储物流REITs项目公司可以申请基础设施项目所在宗地土地使用权续期，且目前土地使用权续期支付的土地使用权出让金很低，但面临远期政策调整风险。

五、美国仓储物流 REITs 运行情况

REITs在推动仓储物流行业发展方面具有重要作用。一方面，REITs为开发商提供退出渠道，使其转向轻资产运营，解决资产过重和负债过高问题；另一方面，受限于土地供给，土地获取成本不断增高，仓储物流资产的新增供给受限，而存量厂房等改造为仓储物流资产业需要大量资金，REITs有助于开发商获取资金，优化资源配置与投向，推动行业发展。

在国外，仓储物流REITs是REITs市场的重要品种，运作较为成熟，且回报稳健可观。以美国为例，其仓储物流REITs起步较早，发展较为成熟，目前已成为REITs市场的核心品种，占REITs市场市值的15%以上，美国开展仓储物流REITs的经验可以为我国仓储物流领域发行公募REITs提供一定借鉴。目前，美国上市的物流仓储REITs主要分布在两个板块：自助仓储REITs和工业REITs。根据NAREIT，截至2022年5月末，自助仓储REITs有6单，工业REITs板块中的物流仓储REITs有5单，合计共有11单物流仓储REITs。考虑到数据可获得性，我们以下讨论基于其中的10单物流仓储REITs，分别是CUBE、EXR、NSA、LSI、PSA、STAG、PLD、SELF、REXR和TRNO。

2021年末，美国该板块REITs数量10单，总市值为2803.83亿美元，较2010年增加4只，市值增加2542.19亿美元。市值主要集中在龙头运营商之间。

美国前三大仓储物流REITs运营商为PLD、PSA及EXR，市值分别为1245.57亿美元、655.98亿美元及303.64亿美元，合计2205.20亿美元，占比为仓储物流REITs总市值的78.65%，集中度非常高。

在资产规模方面，仓储物流REITs总资产规模从2010年末的219.75亿美元增至2021年末的1206.14亿美元，净资产从149.96亿美元增至706.12亿美元。市值前三大的美国仓储物流REITs的总资产和净资产合计占行业的比例分别为71.59%和72.16%。

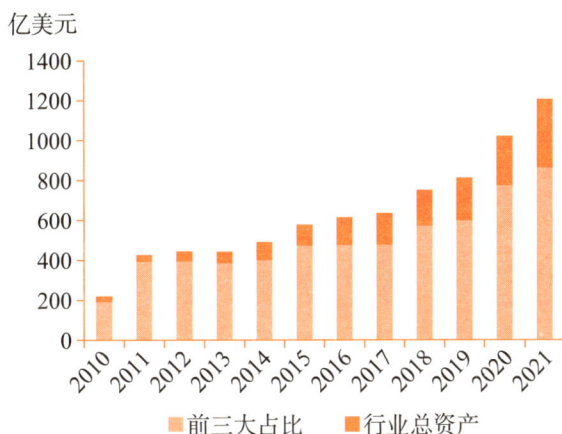

图 3-53　美国仓储物流REITs总资产

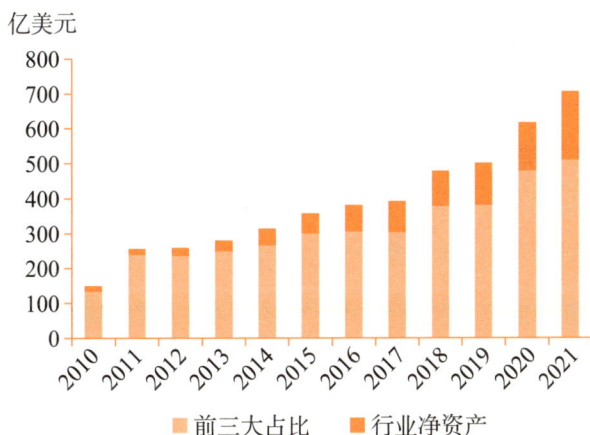

图 3-54　美国仓储物流REITs净资产

资料来源：Wind，兴业研究。

在杠杆方面，美国仓储物流 REITs 平均资产负债率较低，低于 REITs 市场整体水平，2013 年之后基本保持在 40% 以下，受疫情影响近两年行业资产负债率有所上升，2021 年末升至 41.46%，仍低于 REITs 市场整体水平 55.79%，行业龙头 PLD 在 2021 年末资产负债率分别为 35.47%，低于行业均值。

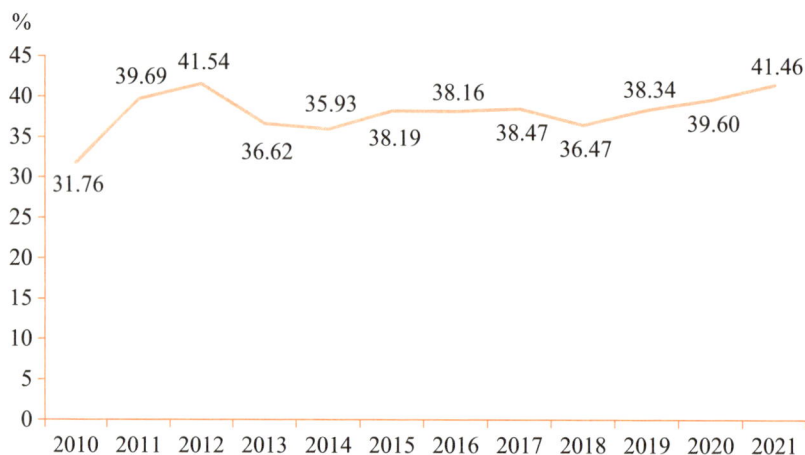

图 3-55 美国仓储物流 REITs 平均资产负债率

资料来源：Wind，兴业研究。

在盈利能力方面，美国仓储物流 REITs 总营业收入以租金收入和物业收入为主，随着运营商经营能力提升和仓储物流 REITs 数量增加，该指标从 2010 年的 29.46 亿美元增至 2021 年的 131.96 亿美元，呈现逐年递增的态势，前三大 2021 年营业收入分别为 47.59 亿美元、34.16 亿美元及 15.77 亿美元，其中行业龙头 PLD 在行业中优势明显，远超其他仓储物流 REITs 的收入表现。与营业收入的稳步增长不同，美国仓储物流 REITs 净利润在 2018—2020 年呈现明显下降趋势，主要是 PLD 非经营性损益在 2018 年后连年下降，2021 年大幅回升至 17.32 亿美元，不仅大幅拉升了 PLD 的净利润水平，亦带动了行业净利润大幅提高。相较于行业情况，PLD、PSA 及 EXR 净利润表现亦更好，且前三大的净利润占比略高于营业收入占比，龙头对于成本的控制和不动产周期的判断优于其他仓储物流REITs。

亿美元

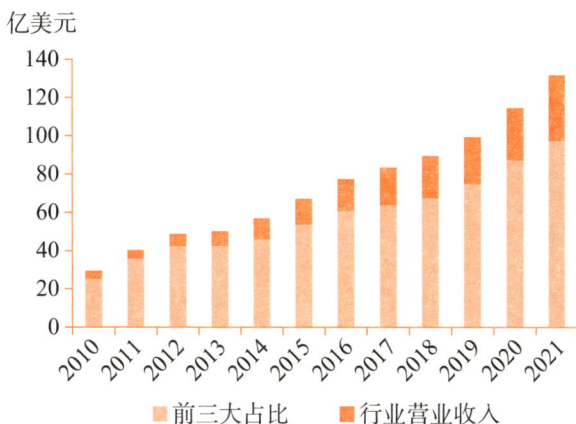

图 3-56　美国仓储物流 REITs 营业收入

亿美元

图 3-57　美国仓储物流 REITs 净利润

资料来源：Wind，兴业研究。

　　由于美国REITs所持资产采用成本法入账，对资产进行折旧和摊销，且受大额非经营性损益影响，净利润并不能准确反映当期标的物业运营情况，我们采用FFO＝净利润＋折旧和摊销－非经营性损益－非经常性项目损益－利息收入刻画其标的物业实际运营情况。美国仓储物流REITs该指标与净利润差异较大，稳定性较净利润强，整体呈现相对稳定的增长态势，且在疫情期间表现很好，尤其2021年增速强劲。2021年该指标合计82.56亿美元，较2010年增加67.52亿美元，前三大合计占比77.52%，其中PLD、PSA表现较好，2021年FFO分别为29.81亿美元、25.29亿美元，占行业比例近三分之二，龙头优势明显。

亿美元

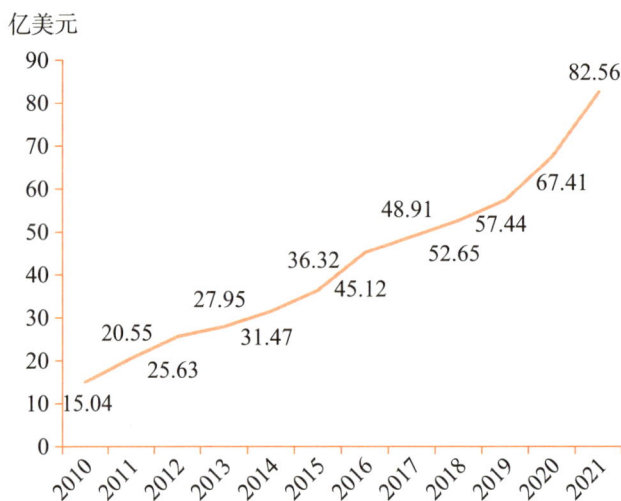

图3-58　美国仓储物流 REITs 总 FFO

亿美元

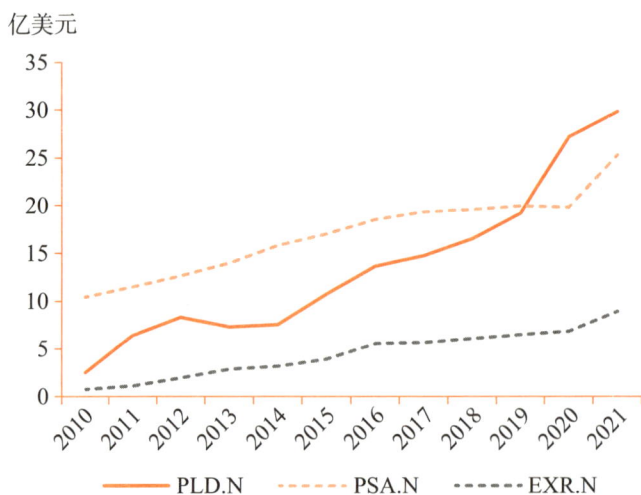

图3-59　美国仓储物流 REITs 前三大 FFO

资料来源：Wind，兴业研究。

与购物中心、酒店等商业地产受疫情负面影响较大不同，美国仓储物流REITs受疫情冲击相对较小，2020—2021年净利润和FFO表现很好，从而带来了良好的收益率。根据NAREIT，包含仓储物流REITs的自助仓储板块和工业板块表现最好。2020年，受疫情影响，在写字楼、零售、住房、医疗等大多数板块表现不佳、总收益率为负的情况下，自助仓储表现最好，总收益率为12.91%，其次为包含仓储物流的工业REITs，总收益率为12.17%。2021年，仓储物流RETIs的市场表现更好，自助仓储总收益率和价格收益率更是高达79.43%和74.52%，包含仓储物流的工业REITs总收益率和价格收益率居第二，分别为62.03%和58.51%，尽管如此，其估值倍数P/FFO并不高，仍然处于各子板块中游水平，仓储物流REITs的分红收益率是最高的。

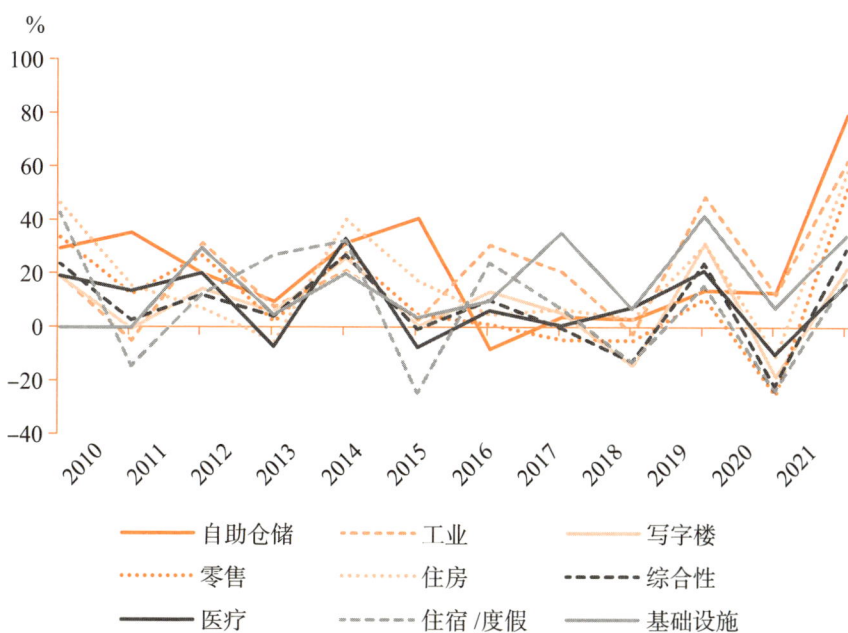

图3-60 美国REITs各子板块总收益率

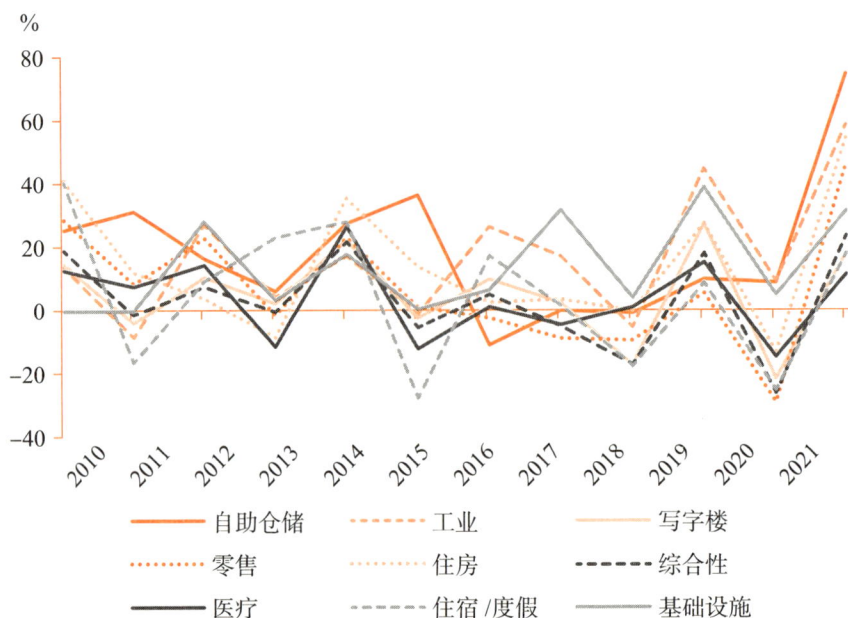

图 3-61　美国 REITs 各子板块价格收益率

资料来源：NAREIT，兴业研究。

六、已上市仓储物流 REITs 分析

截至 2023 年 11 月末，国内已有 3 单仓储物流 REITs 成功发行上市，分别是红土创新盐田港 REIT、中金普洛斯 REIT 和嘉实京东仓储基础设施 REIT，募集规模分别为 18.30 亿元、58.45 亿元和 15.57 亿元，原始权益人分别是深圳港集团有限公司、普洛斯中国控股有限公司和北京京东世纪贸易有限公司。其中，红土创新盐田港 REIT 于 2023 年 6 月进行了扩募，本节不涉及其扩募内容。

表 3-30　已上市仓储物流 REITs 发行情况

REITs 简称	上市日期	发行规模（亿元）	发行价格（元）	原始权益人	基金管理人
红土创新盐田港 REIT	2021/6/16	18.40	2.30	深圳港集团有限公司	红土创新基金管理有限公司

续表

REITs 简称	上市日期	发行规模（亿元）	发行价格（元）	原始权益人	基金管理人
中金普洛斯 REIT	2021/6/16	58.35	3.89	普洛斯中國控股有限公司	中金基金管理有限公司
嘉实京东仓储基础设施 REIT	2023/2/3	17.57	3.51	北京京东世纪贸易有限公司	嘉实基金管理有限公司

资料来源：Wind，兴业研究。

（一）仓储物流REITs项目资产情况

从仓储物流项目基本情况来看，区域分别位于深圳、北京、广州、苏州、重庆、廊坊、武汉等，在京津冀、长三角、大湾区及华中地区，是重要的仓储物流节点。由于嘉实京东仓储基础设施REIT为原始权益人及其关联方整体回租，本节不对其做详细阐述。红土创新盐田港REIT底层资产可出租面积为26.61万平方米，租金在每月37.5元/平方米—50元/平方米之间，其中很大比例的可出租面积由关联方集团承租，目前处于满租状态；中金普洛斯REIT的7个仓储物流园合计为70.50万平方米，除普洛斯淀山湖物流园、普洛斯广州保税物流园2020年末的租金水平分别为每月25.24元/平方米、24.63元/平方米之外，其他资产的租金水平均在每月30元/平方米以上，而北京的2个物流园资产甚至可达每月67元/平方米以上；项目资产空置率较低、出租率较高，截至2020年末出租率均在96%以上，多个资产达到满租状态。在估值方面，红土创新盐田港REIT、中金普洛斯REIT的底层资产在发行前的估值分别为17.05亿元、53.46亿元。

表3-31　已上市仓储物流REITs资产状况

	红土创新盐田港 REIT	中金普洛斯 REIT
项目资产	现代物流中心项目	7 个仓储物流园
区位所在地	深圳市盐田区	分布于京津冀、长三角、大湾区，位于北京市、广东省广州市、佛山市以及江苏省苏州市、昆山市的核心集散地

	红土创新盐田港 REIT	中金普洛斯 REIT
建筑面积	320,446.22 平方米	合计约 704,988 平方米
可出租面积	266,113.00 平方米	合计 707,637 平方米
租金水平	集团租用仓储：37.5 元 / 平方米 / 月，第三方租用仓储：39 元 / 平方米 / 月，集团租用配套：50 元 / 平方米 / 月，第三方租用配套 50 元 / 平方米 / 月	平均约 40.04 元 / 月 / 平方米
出租率	2020 年末出租率 100%	2020 年末平均出租率 98.72%
估值	17.05 亿元	53.46 亿元
土地使用权年限	2057 年 6 月 29 日	2054 年 11 月 22 日开始陆续到期

资料来源：Wind，兴业研究。

（二）仓储物流REITs运营情况

仓储物流REITs上市后对上市前预测的经营指标完成度较好。根据2021年年报，红土创新盐田港REIT、中金普洛斯REIT在2021年实现可供分配现金流分别为4,730.84万元、15,095.82万元，分别完成《招募说明书》预测的106.55%、106.43%，资产表现良好。从2022年全年数据来看，除中金普洛斯REIT营业收入略低于当期预测值外，两只REITs的其他指标均已略超预测值，完成度较高。

表3-32　已上市仓储物流REITs2021年指标完成情况

REITs 简称	本期收入（万元）	本期净利润（万元）	可供分配金额（万元）	可供分配金额完成度
红土创新盐田港 REIT	6,673.65	2,182.31	4,730.84	106.55%
中金普洛斯 REIT	20,921.78	1,503.23	15,095.82	106.43%

注：由于表中 REITs 均为 2021 年 6 月 20 日上市，所示数据均为上市后至年末数据。完成度 = 实际值 / 当期预测值。

资料来源：招募说明书，REITs 年报，兴业研究。

表3-33　已上市仓储物流公募REITs 2022年较预测值完成度

REITs 简称	营业收入	EBITDA	可供分配金额
红土创新盐田港 REIT	107.31%	107.62%	107.29%
中金普洛斯 REIT	93.86%	100.90%	105.66%

注：完成度=2022年实际数据/上市前2022年预测值。
资料来源：招募说明书，REITs年报，兴业研究。

（三）仓储物流REITs二级市场情况

在二级市场表现方面，受益于仓储物流REITs运营的支撑，其二级市场的价格收益率在公募REITs中表现较好，价格收益率优于CIB-REITs价格指数的涨幅。红土创新盐田港REIT、中金普洛斯REIT上市后价格收益率一度高达到74%、37%，2022年10月之后震荡式下跌2023年7月触底，小幅反弹后于10月中旬再次下行。

图3-62　已上市仓储物流REITs价格收益率和CIB-REITs价格指数

资料来源：Wind，兴业研究。

在估值方面，基于2023年10月31日市值和估算年化EBITDA计算的仓储物流 REITs 的 P/EBITDA 指标，红土创新盐田港 REIT、中金普洛斯 REIT、嘉实京东仓储基础设施 REIT 分别为 22.47、23.01 和 24.92，在产权型 REITs 中估值处于中等偏上水平，与保障性租赁住房类似，因其目前运营稳定性而较易获得市场认可。

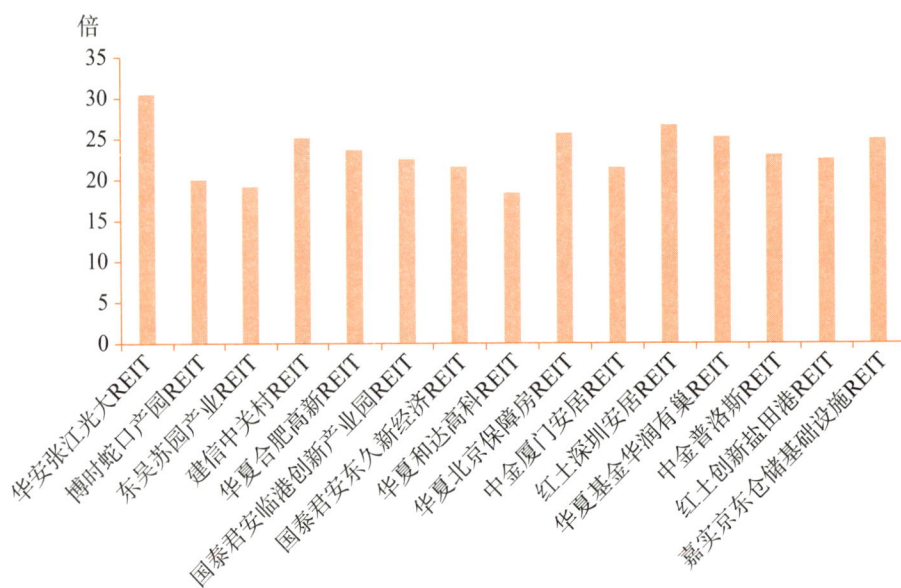

图 3-63　截至 2023 年 10 月末产权型 REITs（含仓储物流）的 P/EBITDA

资料来源：Wind，兴业研究。

市政公用设施REITs

　　自公募REITs试点政策发布以来，市政工程便是公募REITs试点行业重点盘活的资产类型之一，2021年7月2日，国家发改委在发布的《关于进一步做好基础设施领域不动产投资信托基金（REITs）试点工作的通知》（发改投资〔2021〕958号）中，明确纳入试点范围的市政工程项目包括城镇供水、供电、供气、供热项目及停车场项目，目前尚无该类公募REITs发行上市。我们预测市政公用设施项目存量资产共计11.47万亿元，未来可通过公募REITs盘活的市政公用设施存量规模约为3877.26亿元。

　　我国市政公用设施普遍采用特许经营权模式，有些项目还纳入了PPP项目库，特许经营权期限普遍在30年以内，到期后移交至有权部门。供水、供气、供热等行业的收费普遍遵循实行政府定价或政府指导价，具体采用"成本+合理收益"的定价模式，而供电行业采用阶梯价格和行业、区域的差异化定价制度。整体来看，市政公用设施项目的供应价格较为稳定，主要客户来源于特定区域内的企业和居民，收入稳定性强，收益波动主要来源于成本端，原材料成本及人工成本攀升时实际盈利空间存在收窄风险。对于公募REITs来说，当前及未来很长时间内经济发展较好区域的一二线重点城市相关项目将是较好的备选资产。

一、市政公用设施REITs相关政策梳理

(一) 市政公用设施行业政策

2021年3月，国务院发布的《中华人民共和国国民经济和社会发展第十四个五年规划和2035年远景目标纲要》中指出，要加快补齐基础设施、市政工程等领域短板，推动市政公用设施向郊区乡村和规模较大中心镇延伸，并推进市政公用设施、建筑等物联网应用和智能化改造，有助于推动市政公用设施行业进一步发展。

市政公用设施行业是支持城镇基本运行、保障生产生活正常开展的基础性产业，具有一定的经营性和公益性，主要由国有资产参与建设和运营。近年来，我国各项政策积极推动社会资本参与市政公用设施建设运营，行业投资及运营体制呈现出市场化运行的发展趋势。早在2002年12月28日，建设部发布《关于印发〈关于加快市政公用行业市场化进程的意见〉的通知》（建城〔2002〕272号），提出开放市政公用行业市场、建立市政公用行业特许经营制度。之后，社会资本参与市政公用设施项目运行的各项制度得到逐步建立。2014年11月16日，国务院发布《关于创新重点领域投融资机制鼓励社会投资的指导意见》（国发〔2014〕60号），提出通过特许经营、投资补助、政府购买服务等多种方式，鼓励社会资本投资城镇供水、供热、燃气、停车设施等市政公用设施项目，政府也可以"采用委托经营或转让–经营–转让（TOT）等方式，将已经建成的市政公用设施项目转交给社会资本运营管理"。2014年9月23日，财政部发布《关于推广运用政府和社会资本合作模式有关问题的通知》（财金〔2014〕76号），首次提出运用PPP促进政府职能加快转变；之后PPP配套政策逐步落地，2014年11月29日，财政部发布《关于印发政府和社会资本合作模式操作指南（试行）的通知》（财金〔2014〕113号，以下简称"113号文"），确立了PPP的主要从业规范；2016年9月22日，住房城乡建设部等多部门联合印发《关于进一步鼓励和引导民间资本进入城市供水、燃气、供热、污水和垃圾处理行业的意见》（建城

〔2016〕208号），提出鼓励民间资本通过政府和社会资本合作（PPP）模式、产业投资基金等直接或间接参与市政公用设施建设运营。2023年11月8日，国务院办公厅发布《国务院办公厅转发国家发展改革委、财政部〈关于规范实施政府和社会资本合作新机制的指导意见〉的通知》（国办函〔2023〕115号）（以下简称《PPP新机制》），在再次明确PPP"规范发展、阳光运行"基调、收缩其适用范围至"有经营性收益的项目"的基础上，重点强调了基础设施投融资领域采用特许经营模式的操作要求和优先选择民营企业参与特许经营项目的政策倾向，并明确表示要及时修订完善特许经营相关制度文件。

表3-34　近年来市政公用设施行业发展相关政策

时间	发文部门	文件名称	相关内容
2002/12/27	建设部	《关于印发〈关于加快市政公用行业市场化进程的意见〉的通知》（建城〔2002〕272号）	（1）开放市政公用行业市场。鼓励社会资金、外国资本采取独资、合资、合作等多种形式，参与市政公用设施的建设；采取公开向社会招标的形式选择供水、供气、供热等市政公用企业的经营单位，由政府授权特许经营。（2）建立市政公用行业特许经营制度，包括特许经营权的获得、申请企业应该具备的条件、特许经营合同、特许经营权的变更与终止等。
2005/2/19	国务院	《关于鼓励支持和引导个体私营等非公有制经济发展的若干意见》（国发〔2005〕3号）	加快完善政府特许经营制度，规范招投标行为，支持非公有资本积极参与城镇供水、供气、供热等市政公用事业和基础设施的投资、建设与运营。具备条件的公用事业和基础设施项目，可向非公有制企业转让产权或经营权。
2010/5/7	国务院	《关于鼓励和引导民间投资健康发展的若干意见》（国发〔2010〕13号）	鼓励民间资本参与市政公用事业建设。支持民间资本进入城市供水、供气、供热等领域。鼓励民间资本积极参与市政公用企事业单位的改组改制，具备条件的市政公用事业项目可以采取市场化的经营方式，向民间资本转让产权或经营权。

续表

时间	发文部门	文件名称	相关内容
2014/11/16	国务院	《关于创新重点领域投融资机制鼓励社会投资的指导意见》（国发〔2014〕60号）	积极推动社会资本参与市政公用设施建设运营。通过特许经营、投资补助、政府购买服务等多种方式，鼓励社会资本投资城镇供水、供热、燃气、停车设施等市政公用设施项目。政府可采用委托经营或转让－经营－转让（TOT）等方式，将已经建成项目转交给社会资本运营管理。
2016/9/22	住房城乡建设部等部门	《关于进一步鼓励和引导民间资本进入城市供水、燃气、供热、污水和垃圾处理行业的意见》（建城〔2016〕208号）	（1）拓宽民间资本投资渠道。规范直接投资、鼓励间接投资。鼓励民间资本通过政府和社会资本合作（PPP）模式参与市政公用设施建设运营。 （2）改善民间资本投资环境。落实土地供应政策、完善行业用电政策、完善金融服务政策、加快推进社会诚信建设。 （3）完善价费财税政策。完善价格政策、完善收费制度、完善财税政策、确保政府必要投入。

资料来源：根据相关规章文件整理，兴业研究。

　　我国市政公用设施的运行模式普遍采用的是特许经营权模式，由相关有权部门与中标的特许经营者签署《特许经营协议》开展业务。2004年2月24日，建设部发布《市政公用事业特许经营管理办法》（建设部令第126号），明确"城市供水、供气、供热等行业"，依法实施特许经营的，其"特许经营期限应当根据行业特点、规模、经营方式等因素确定，最长不得超过30年"，期限届满需要移交政府。2015年4月25日，国家发改委、财政部等6部门联合发布《基础设施和公用事业特许经营管理办法》（国家发展改革委、财政部、住房城乡建设部、交通运输部、水利部、人民银行令第25号），规定市政工程等基础设施和公用事业领域的特许经营活动，其特许经营期限应当"根据行业特点、所提供公共产品或服务需求、项目生命周期、投资回收期等综合因素确定，最长不超过30年"。2023年的《PPP新机制》将特许经营权期限从"最长不超过30年"延长至"原则上不超过40年"，"投资规模大、回报周期长的特许经营项目可以根据实际情况适当延长，法律法规另有规定的除外"。在收益保障方面，《基础设施和公用事业特许经营管理办法》中明确指出，"特许经营协议应当明确价格或收费的确定和调整机制"，"可以约定特许经营者通过向用户收费等方式取得收益"，"但政府不得承诺固定投资回报"。向用户收费不足以覆盖特许经营建设、运营成本及合理收益的，可由政府提供可行性缺口补助，包括政府授予特许经营项目相关的其他开发经营权益。在特许经营权转让方面，《市政公用事业特许经营管理办法》明确指出"擅自转让、出租特许经营权的"，"主管部门应当依法终止特许经营协议，取消其特许经营权，并可以实施临时接管"。《基础设施和公用事业特许经营管理办法》明确要求"县级以上人民政府应当授权有关部门或单位作为实施机构负责特许经营项目有关实施工作，并明确具体授权范围"，实施机构应当与依法选定的特许经营者或成立的项目公司签订特许经营协议，特许经营协议需包含股权转让要求。若需转让特许经营权所在项目公司股权，则需满足特许经营协议项下的相关条款要求。

　　我国市政公用设施的主要收入来源为特许经营权收费收入，其收费标准、收费年限等受政策影响明显，是影响市政公用设施资产经营和估值的重要考虑因素。近年来，随着我国城镇市政公用设施市场化进程的推进，市政公用设施收费向市场化、差异化、规范化方向发展。2018年7月2日，国家发改委发布《关于创新和完善促进绿色发展价格机制的意见》（发改价格规〔2018〕943号）要求，"出台支持燃煤机组超低排放改造、北方地区清洁供暖价格政策，对高耗能、高污染、产能严重过剩行业用电实行差别化电价政策，全面推行居民用电、用水、用气阶梯价格制度，完善水资源费、污水处理费、垃圾处理费政策"。2020年12月23日，发改委、财政部等5部门发布《关于清理规范城镇供水供电供气供暖行业收费促进行业高质量发展的意见》（国办函〔2020〕129号，以下简称《意见》），全面部署清理规范城镇供水供电供气供暖行业收费等工作，提出加快完善价格形成机制，"坚决清理取消各种形式的不合理收费，提供产品和服务的合理成本主要通过价格得到补偿"。

在供水价格方面，2013年12月31日，国家发改委、住房和城乡建设部发布《关于加快建立完善城镇居民用水阶梯价格制度的指导意见》（发改价格〔2013〕2676号），提出要全面实行城镇居民阶梯水价制度。《意见》指出"城镇供水价格应纳入地方定价目录，实行政府定价或政府指导价。加快建立健全以'准许成本加合理收益'为基础，有利于激励提升供水质量、促进节约用水的价格机制"。随后，2021年8月3日，国家发改委、住房和城乡建设部发布《城镇供水价格管理办法》（国家发展和改革委员会、住房和城乡建设部令第46号），明确制定城镇供水价格时，要"以成本监审为基础，按照'准许成本加合理收益'的方法，先核定供水企业供水业务的准许收入，再以准许收入为基础分类核定用户用水价格"，其中"供水企业供水业务的准许收入由准许成本、准许收益和税金构成"，且确定城镇供水价格监管周期原则上为3年，供水价格更加市场化。

在供电价格方面，《意见》指出"平稳推进上网电价机制改革，有序放开各类电源上网电价，完善跨省跨区电力价格市场化形成机制"并"完善峰谷分时电价政策，健全差别电价机制"。2021年7月26日，发改委印发《关于进一步完善分时电价机制的通知》（发改价格〔2021〕1093号），提出优化峰谷电价机制等分时电价机制，明确分时电价机制执行范围并建立动态调整机制。2021年10月11日，发改委发布《关于进一步深化燃煤发电上网电价市场化改革的通知》（发改价格〔2021〕1439号），提出在"基准价+上下浮动"范围内形成上网电价；有序推动工商业用户全部进入电力市场，按照市场价格购电，取消工商业目录销售电价；保持居民、农业用电价格稳定，执行现行目录销售电价政策。

在供气价格方面，2017年6月20日，发改委印发《关于加强配气价格监管的指导意见的通知》（发改价格〔2017〕1171号），提出各地要核定独立的配气价格，按照"准许成本+合理收益"的原则制定，即"通过核定城镇燃气企业的准许成本，监管准许收益，考虑税收等因素确定年度准许总收入，制定配气价格"，且"准许收益按有效资产乘以准许收益率计算确定。其中，准许收益率为税后全投资收益率，按不超过7%确定；有效资产为城镇燃气企业投入、与配气业务相关的可计提收益的资产，由固定资产净值、无形资产净值和营运资本组成"。2020年7月1日，发改委、市场监管总局联合发布《关于加强天然气输配价格监管的通知》（发改价格〔2020〕1044号），提出要加强天然气输配价格监管，重申天然气输配价格按照"准许成本＋合理收益"原则核定，且价格要根据市场形势、运输气量变化适时调整，省内管道运输价格由省级价格主管部门管理，准许收益率按不超过7%，地方可结合实际适当降低。随后，《意见》中提出"城镇配气价格应纳入地方定价目录，实行政府定价或政府指导价"。

　　在供热价格方面，现行供热价格制定遵循2007年6月3日发布的《关于印发〈城市供热价格管理暂行办法〉的通知》（发改价格〔2007〕1195号），2020年4月10日发改委发布《城镇集中供热价格和收费管理办法（征求意见稿）》，提出供热价格的制定由"遵循合理补偿成本"改为按照"准许成本＋合理收益"的办法核定，并鼓励建立热力出厂价格与燃料价格联动机制。《意见》也指出，要完善供暖价格机制，"城镇集中供暖价格应纳入地方定价目录，实行政府定价或政府指导价。合理制定并动态调整热力销售价格，稳步推进计量收费改革，具备条件的地区逐步实行基本热价和计量热价相结合的两部制热价，暂不具备条件的地区按供热面积计收热费"。

　　综合上述政策来看，我国供水、供气、供热等行业的收费普遍遵循实行政府定价或政府指导价，具体采用"成本＋合理收益"的定价模式。而供电行业有所不同，上网电价要逐渐推进跨省跨区市场化机制，且使用终端采用阶梯价格制度，并针对不同行业采取差异化定价，如对高耗能、高污染、产能严重过剩行业用电实行差别化电价政策。

表3-35 近年来市政公用设施相关收费政策

时间	发文部门	文件名称	相关内容
2013/12/31	国家发改委、住房和城乡建设部	《关于加快建立完善城镇居民用水阶梯价格制度的指导意见》（发改价格〔2013〕2676号）	加快建立完善居民阶梯水价制度，要以保障居民基本生活用水需求为前提，充分发挥阶梯价格机制的调节作用。2015年底前，设市城市原则上要全面实行居民阶梯水价制度；具备实施条件的建制镇，也要积极推进居民阶梯水价制度。
2017/6/20	国家发改委	《关于加强配气价格监管的指导意见的通知》（发改价格〔2017〕1171号）	加强城镇燃气配送环节价格监管，核定独立的配气价格，配气价格按照"准许成本加合理收益"的原则制定；准许成本的归集应当遵循合法性、相关性和合理性原则，凡与配气业务无关的成本均应予以剔除；配气价格按企业年度准许总收入除以年度配送气量计算确定；配气价格应定期校核，校核周期原则上不超过3年。
2017/9/19	国家发改委	《关于印发北方地区清洁供暖价格政策意见的通知》（发改价格〔2017〕1684号）	完善"煤改电"电价政策，具备资源条件、适宜"煤改电"的地区，要通过完善峰谷分时制度和阶梯价格政策，创新电力交易模式，健全输配电价体系等方式，降低清洁供暖用电成本；因地制宜健全供热价格机制，如完善集中供热价格政策等；统筹协调相关支持政策。
2018/7/2	国家发改委	《关于创新和完善促进绿色发展价格机制的意见》（发改价格规〔2018〕943号）	出台支持燃煤机组超低排放改造、北方地区清洁供暖价格政策，对高耗能、高污染、产能严重过剩行业用电实行差别化电价政策，全面推行居民用电、用水、用气阶梯价格制度，完善水资源费、污水处理费、垃圾处理费政策。

时间	发文部门	文件名称	相关内容
2020/4/10	国家发改委	《城镇集中供热价格和收费管理办法（征求意见稿）》	热力出厂价格、管网输送价格原则上均按照"准许成本加合理收益"的办法核定。鼓励建立热力出厂价格与燃料价格联动机制。
2020/7/1	发改委、市场监管总局	《关于加强天然气输配价格监管的通知》（发改价格〔2020〕1044号）	认真梳理供气环节减少供气层级，合理制定省内管道运输价格和城镇燃气配气价格，严格开展定价成本监审，加强市场价格监管。
2020/12/23	国家发改委、财政部等5部门	《关于清理规范城镇供水供电供气供暖行业收费促进行业高质量发展的意见》（国办函〔2020〕129号）	清理取消城镇供水供电供气供暖等行业不合理收费，加快完善价格形成机制，严格规范价格收费行为。
2021/7/26	国家发改委	《关于进一步完善分时电价机制的通知》（发改价格〔2021〕1093号）	优化峰谷电价机制等分时电价机制，明确分时电价机制执行范围并建立动态调整机制。
2021/8/3	国家发改委、住房和城乡建设部	《城镇供水价格管理办法》（国家发展和改革委员会、住房和城乡建设部令第46号）	对水价制定和调整、水价分类及计价方式、相关收费、定调价程序和信息公开、水价执行与监督等进行明确规定。
2021/10/11	国家发改委	《关于进一步深化燃煤发电上网电价市场化改革的通知》（发改价格〔2021〕1439号）	在"基准价＋上下浮动"范围内形成上网电价；有序推动工商业用户全部进入电力市场，按照市场价格购电，取消工商业目录销售电价；保持居民、农业用电价格稳定，执行现行目录销售电价政策。

资料来源：根据相关规章文件整理，兴业研究。

（二）市政公用设施REITs政策

公募REITs试点以来，市政工程一直被作为试点中项目申报的重点项目类型。在2020年4月30日证监会和国家发展改革委首次发布的公募REITs相关政策《关于推进基础设施领域不动产投资信托基金（REITs）试点相关工作的通知》（证监发〔2020〕40号）中便将"水电气热等市政工程"纳入重点行业；2021年7月2日，国家发改委在发布的《关于进一步做好基础设施领域不动产投资信托基金（REITs）试点工作的通知》（发改投资〔2021〕958号，以下简称"发改投资〔2021〕958号"）中，再次明确市政公用设施在公募REITs试点行业范围内，具体包括城镇供水、供电、供气、供热项目，以及停车场项目。2022年1月19日，住建部、国家发改委发布《关于加强公共供水管网漏损控制的通知》（建办城〔2022〕2号），鼓励符合条件的城市和县城供水管网项目申报基础设施领域不动产投资信托基金（REITs）试点项目。

表3-36　中国市政公用设施REITs相关政策

时间	发文部门	文件名称	相关内容
2020/4/30	证监会、国家发改委	《关于推进基础设施领域不动产投资信托基金（REITs）试点相关工作的通知》（证监发〔2020〕40号）	基础设施 REITs 试点项目要求聚焦重点行业，优先支持基础设施补短板行业，包括水电气热等市政工程。
2020/8/6	证监会	《公开募集基础设施证券投资基金指引（试行）》（证监会公告〔2020〕54号）	基础设施包括水电气热等市政设施。
2021/7/2	国家发改委	《关于进一步做好基础设施领域不动产投资信托基金（REITs）试点工作的通知》（发改投资〔2021〕958号）	试点行业包括市政工程，包括城镇供水、供电、供气、供热项目，以及停车场项目。
2022/1/19	住建部、国家发改委	《关于加强公共供水管网漏损控制的通知》（建办城〔2022〕2号）	鼓励符合条件的城市和县城供水管网项目申报基础设施领域不动产投资信托基金（REITs）试点项目。
2022/5/19	国务院	《关于进一步盘活存量资产扩大有效投资的意见》（国办发〔2022〕19号）	聚焦盘活存量资产重点方向为水电气热等市政设施，方式包括推动基础设施领域不动产投资信托基金（REITs）健康发展等。

资料来源：根据相关规章文件整理，兴业研究。

二、市政公用设施行业现状分析

（一）供水行业发展现状

随着城镇化发展，我国城市供水管网设施建设趋于完善，城市供水普及率不断提高。我国城市供水管道从2003年的33.33万公里增长至2020年的100.69万公里，同比增长9.44%，2003—2020年年均复合增长率达6.72%，城市供水普及率也从2003年的86.15%提升至2020年的98.99%，增幅达12.84pct。从供水量来看，我国城市全年供水总量也在稳步增长，至2020年达629.54亿立方米。从供水量同比增速来看，由于城市供水普及率提高，我国城市全年供水总量同比增速的边际变化在前期超过了GDP同比增速和人口增速的边际变化，2015年以后随着普及率边际提升下降，其同比增速与GDP和城市人口的同比增速存在较为一致的趋势变化，2020年在GDP同比增速下行时，供应量同比增速下滑，若区域经济及人口下行将会导致供水量增长承压。

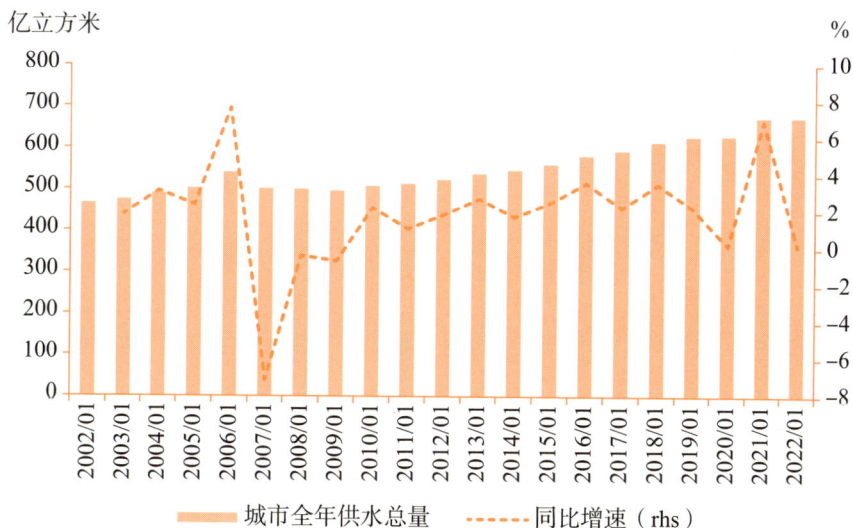

图3-64　我国城市全年供水总量及同比增速

资料来源：Wind，兴业研究。

图3-65 我国城市供水管道长度及同比增速

资料来源：Wind，兴业研究。

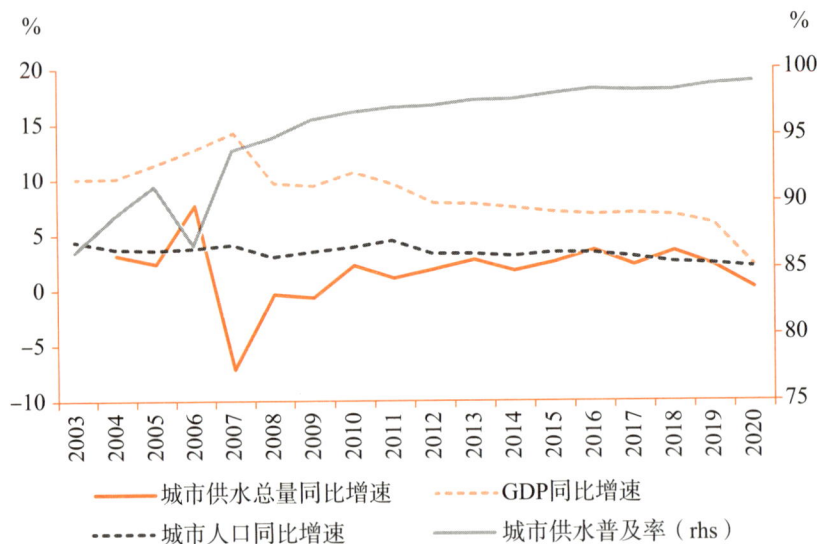

图3-66 我国城市供水量同比增速与相关指标

资料来源：Wind，兴业研究。

从固定资产投资来看，我国水的生产和供应业的固定资产投资完成额稳步增长，从2003年的347.53亿元增长至2021年的8707.14亿元，2003—2021年年均复合增长率为20.86%。

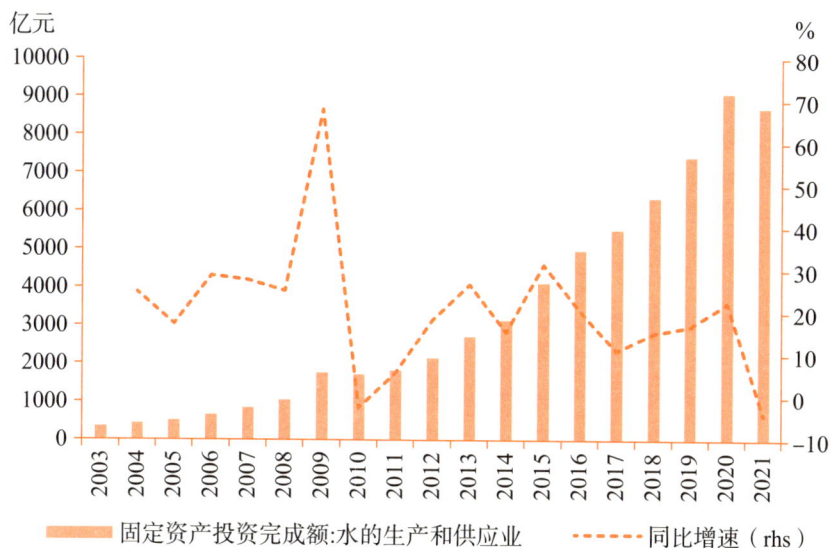

图3-67　我国水的生产和供应业固定资产投资完成额及同比增速

资料来源：Wind，兴业研究。

从居民生活用水价格来看，水价走势相对比较稳定。受《生活饮用水卫生标准》强制执行供水成本提高等因素影响，2012年居民生活用水价格出现较大幅度提升，2013年居民用水阶梯价格制度确立，居民生活用水价格短期回落，之后随着供水成本、居民消费支出水平提高，呈现出稳步增长的趋势，2014年以后，居民用水价格同比增幅在0.44%—5.53%区间，2019年8月之后同比增速稳定在2%以下，至2022年1月居民生活用水价格为2.33元/吨。用水价格往往涉及普通居民的日常生活，该类公用事业定价的上调通常因面临巨大压力而长期表现出较强的稳定性，不会出现大幅上涨。

从成本来看，根据2021年8月3日发改委、住建部发布的《城镇供水定价成本监审办法》（国家发展和改革委员会、住房和城乡建设部令第45号），城镇供水定价成本包括固定资产折旧费、无形资产摊销和运行维护费。其中，固定资产折旧采用年限平均法，固定资产残值率原则上按3%—5%计算；

元/吨

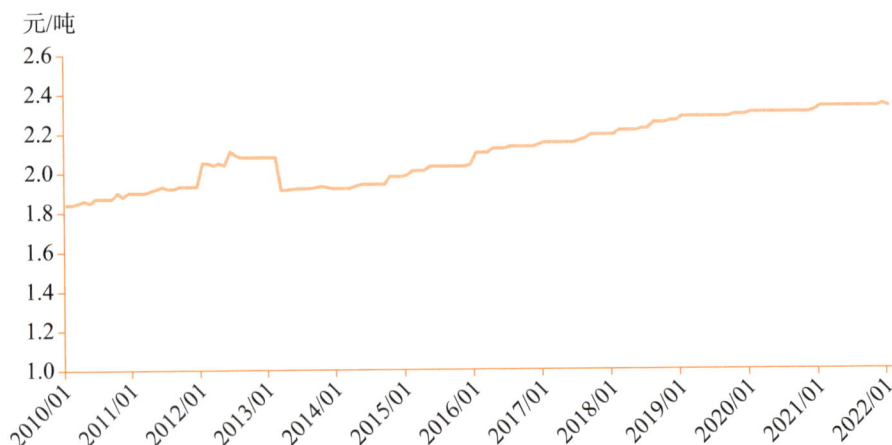

图3-68　我国居民用水价格走势

资料来源：Wind，兴业研究。

无形资产摊销中土地使用权费用一般按土地使用权年限分摊，其他无形资产，有明确受益期限的按受益年限分摊；人工费方面，各地区一般可以按日生产能力15人/万立方米为定员参考上限。在核定供水量时，考虑自用水率和漏损率，核定供水量=取水量×（1−自用水率）×（1−漏损率）。以上定价成本核算方式意味着，若供水企业运营效率高于成本核定标准，如运行维护人员少于15人/万方、漏损率低于一级标准10%或二级标准12%，则有望获得超额收益。

从收益来看，根据《城镇供水价格管理办法》，准许收益率的核定与市场利率相关，准许收益率=权益资本收益率×（1−资产负债率）+债务资本收益率×资产负债率，其中权益资本收益率，按照前一年国家10年期国债平均收益率加不超过4个百分点核定，债务资本收益率，参考前一年贷款市场报价利率（LPR）确定。准许收益率在无风险收益率的基准上进行上浮，有助于保障供水资产收益率的稳定性。从行业财务数据来看，2017年以来，规模以上水的生产和供应业的（营业收入−营业成本）/净资产在10%–12%，利润总额/净资产指标在4%–5%。

表3-37　城镇供水价格定价方法

指标	计算方式
准许收益	有效资产 × 准许收益率
有效资产	供水企业投入、与供水业务相关的可计提收益的资产，包括固定资产净值、无形资产净值和营运资本。可计提收益的有效资产，通过成本监审核定。
准许收益率	准许收益率＝权益资本收益率 ×（1- 资产负债率）+ 债务资本收益率 × 资产负债率 其中：权益资本收益率，按照监管周期初始年前一年国家10年期国债平均收益率加不超过4个百分点核定； 债务资本收益率，参考监管周期初始年前一年贷款市场报价利率（LPR）确定； 资产负债率参照监管周期初始年前3年企业实际资产负债率平均值核定，首次核定价格的，以开展成本监审时的前一年度财务数据核定。
准许收入	准许成本、准许收益和税金 其中：准许成本包括固定资产折旧费、无形资产摊销和运行维护费。 税金，包括所得税、城市维护建设税、教育费附加。
平均供水价格	当实际供水量不低于设计供水量的65% 时， 　　供水企业平均供水价格＝准许收入 ÷ 核定供水量； 当实际供水量低于设计供水量的65% 时， 　　供水企业平均供水价格＝准许收入 ÷ ｛核定供水量 ÷［实际供水量 ÷（设计供水量 ×65%）］｝。 平均供水价格、准许收入均不含增值税，含增值税供水价格由各地根据供水企业实际执行税率计算确定；核定供水量＝取水量 ×（1- 自用水率）×（1- 漏损率）。取水量、自用水率、漏损率通过成本监审确定。

资料来源：《城镇供水价格管理方法》，兴业研究。

从从业主体来看，截至2022年4月，我国规模以上水的生产和供应企业数达3210家，我国供水行业参与者以国有独资企业、地方平台为主，随着市场化不断推进，跨国水务公司如法国威立雅环境集团、苏伊士环境集团等以及部分民营企业凭借较强的运作能力逐渐成为我国供水行业的主要参与者。例如北控水务以PPP、BOT、TOT、委托运营、股权收购、合资合作等模式，参与城镇供水项目运营，项目所在地涉及贵州、云南、山东、河北等全国各区域，截至2020年末，公司参与管理供水厂99座，日供水能力达1418.70万立方米，在行业中处于较为领先地位。

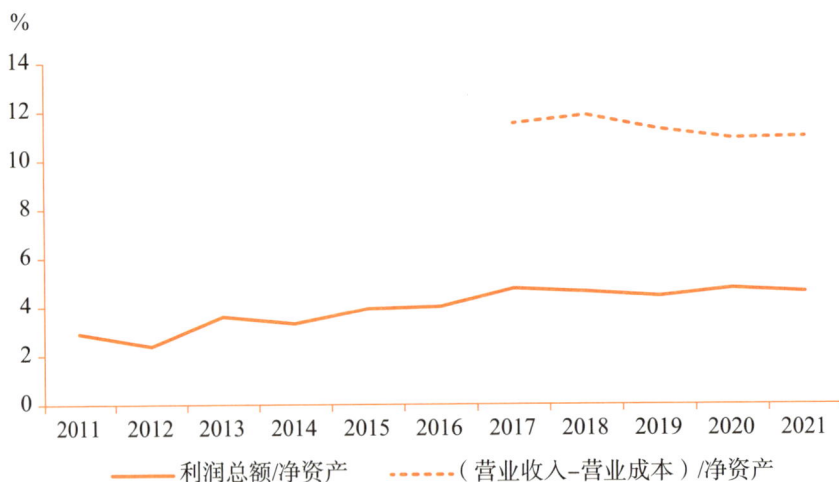

图 3-69 我国规模以上水的生产和供应业企业净资产收益相关指标

资料来源：Wind, 兴业研究。

表 3-38 部分供水行业主体运营情况

公司名称	公司简介	地域分布
北控水务	公司以 PPP 中的 BOT、TOT、委托运营、股权收购、合资合作等模式，积极拓展城镇水务市场。为水源项目、输水项目、供水项目、污水项目、再生水项目、管网运营等提供投资建设和运营管理的综合解决方案。	主要分布于贵州、云南、山东、四川、湖南、河北和河南等地
首创股份	公司产业链覆盖供水、污水处、综合水治理、城镇水务建设等，产业链完整，行业协同效应较强。	安徽、江苏、河北、四川、内蒙古等全国范围内
粤海集团	水电公路运营业务是粤海集团核心业务板块。水务及水环境治理包括原水供应、城市自来水供应、污水处理和勘测设计在内的"上－中－下"水产业链。	香港、深圳东莞、徐州和盐城等地
中国水务	公司供水业务布局全国，在原水资源开发中保持竞争优势，水资源布局不断完善，供水能力及污水处理能力继续提升。	山东、浙江等全国多个地区水务市场
深圳水务	国内较早实现供排水一体化运营的水务企业，拥有丰富的供排水运营管理经验，较为完善的水务管理、技术及服务体系，供排水运营管理各主要指标均居全国前列。	深圳市

资料来源：公司官网，公司公告，中国城镇供水排水协会，兴业研究。

（二）供电行业发展现状

2015年以来，我国供电量在稳步增长，至2021年达65907亿千瓦时。从供电量同比增速来看，由于输配电网不断完善及电力普及率不断提高，供电量同比增速在2007年之前超过了GDP同比增速和人口增速，2010年之后供电量同比增速与GDP和城市人口的同比增速整体呈现出下行趋势。从固定资产投资来看，我国电力供应业的固定资产投资完成额在2003—2009年间经历了高速增长，年均复合增速高达23.01%，由于电网建设面临阶段性饱和，2010—2011年电力供应固定资产投资完成额连续下滑，"十二五"期间电力供应固定资产投资完成额稳定增长，2017年固定资产投资完成额略有回落，为5308.18亿元，随着电网建设逐渐完善，预计增速将放缓。

图3-70　我国供电量及同比增速

资料来源：Wind，兴业研究。

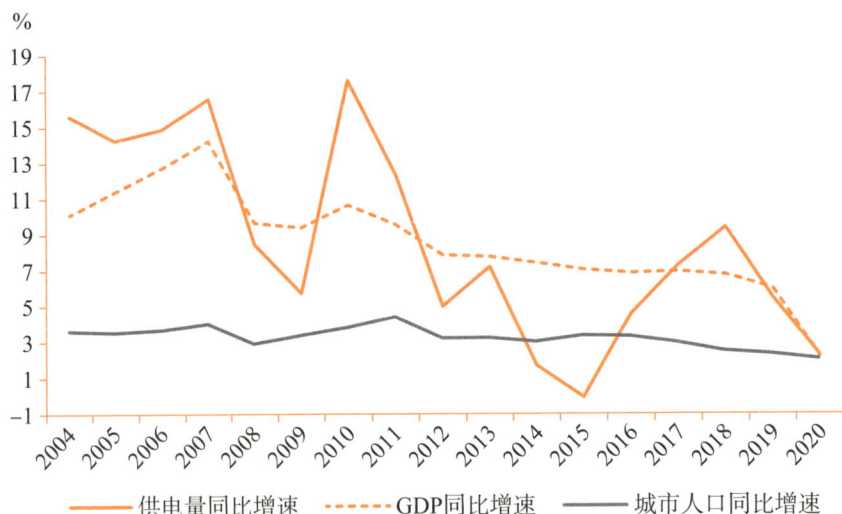

图3-71 我国供电量同比增速与相关指标

资料来源：Wind，兴业研究。

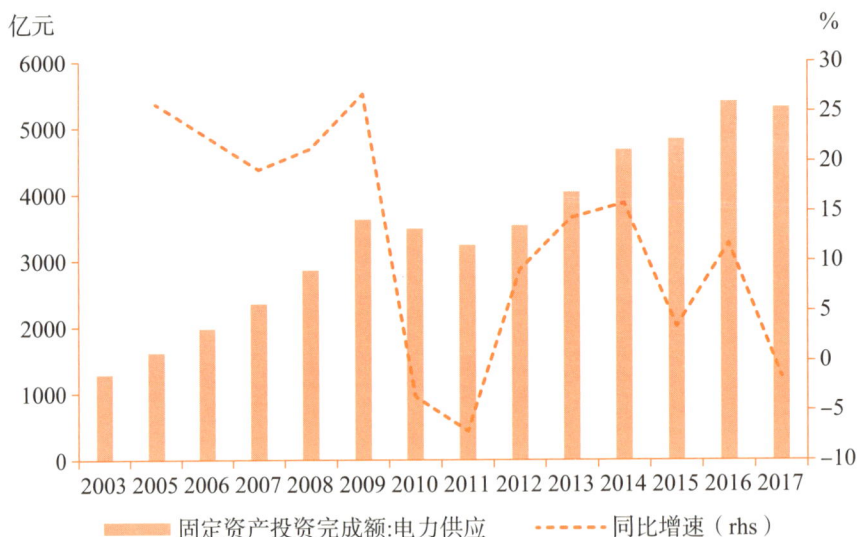

图3-72 我国电力供应固定资产投资完成额及同比增速

资料来源：Wind，兴业研究。

从供电价格来看，我国电力采取"统购统销"模式，电网企业向电力用户的电力供应价格按照政府确定的指导价格执行，电价相对比较稳定。2016

年12月以来，我国居民用电价格保持在0.52元/千瓦时，与供水价格一样，因涉及普通居民，其定价上调面临巨大压力而长期保持不变。2020年为减轻疫情冲击之下企业负担，国家要求采取支持性两部制电价政策下调，降低企业用电成本，给供电企业的盈利水平带来一定下行压力。从供电成本来看，供电成本端与煤炭价格的影响较大，该要素的波动幅度高于供电价格的波动程度，在成本攀升时实际盈利空间存在收窄风险。

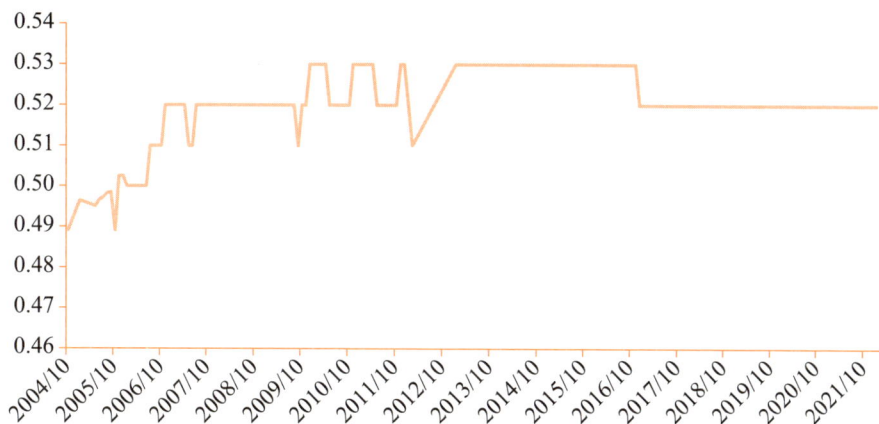

图3-73　我国居民用电价格走势

资料来源：Wind，兴业研究。

——中国煤炭价格指数同比增速　⋯⋯⋯居民用电价格同比增速

图3-74　我国煤炭、居民用电价格同比增速

资料来源：Wind，兴业研究。

从从业主体来看，我国供电行业的参与者仍以两大电网公司为主、地方供电企业作为补充，全国已形成6个跨省的大型区域电网，并基本形成了完整的长距离输电电网网架。两大国家级电网公司之一，行业地位突出，具有不可替代的战略地位。行业龙头国家电网经营区域包括华东、华中、西北、东北地区共26个省（自治区、直辖市），2020年售电量为45,783亿千瓦时；南方电网在广东、广西、云南、贵州和海南等地具有一定的垄断优势，2020年公司电力供应收入为5,744.02亿元，截至2021年末，公司供电面积100万平方公里，供电总人口达2.54亿人。

表3-39 部分供电行业主体运营情况

公司名称	公司简介	地域分布
国家电网	公司是国务院国资委直属的全国最大的电网企业，在行业中处于领先地位，业务垄断性极强，其经营区域包括华东、华中、西北、东北地区共26个省（自治区、直辖市），覆盖我的约88%国土面积。	全国
南方电网	公司在区域电网运行方面拥有不可替代的战略地位，随着电网建设力度的持续加大，公司电网供应能力及输送能力不断增强。	广东、广西、云南、贵州和海南等地

资料来源：公司官网，公司公告，兴业研究。

（三）供气行业发展现状

随着我国城镇化进程加快，全国城镇燃气供应网络逐渐铺设完善，燃气城市管道总长度不断增长，从2003年的13.02万公里增长至2020年的86.44万公里，年均复合增长率为11.78%，截至2020年末，我国城市燃气普及率达到97.87%，较2003年的76.74%有明显的提升，已接近全普及状态。从固定资产投资来看，我国燃气生产和供应业固定资产投资完成额曾经历高速增长，2003—2013年年均复合增速达30.69%，此后随着普及率提高至93%以上，增速有所放缓，至2021年固定资产投资完成额为2975.93亿元。从结构来看，2003年以来燃气中人工煤气和液化石油气的城市管道长度占比在下降，天然气城市管道铺设不断增长，2020年末达到85.06万公里，占燃气城市管道总长度比例达98.40%，天然气的供应量占比也大幅提升。从燃气供应来看，我国城市燃气供气总量（包括人工煤气、天然气）在逐年增长，从2003年的343.73亿立方米增长至2020年的1586.85亿立方米，年均复合增长率为9.42%，其中天然气从2003年的141.64亿立方米增长至2020年的1563.70亿立方米，年均复合增长率为15.17%，超过行业增速。在能源结构调整、"煤改气"的大背景下，天然气供应是市政公用设施REITs合适的潜在备选资产。

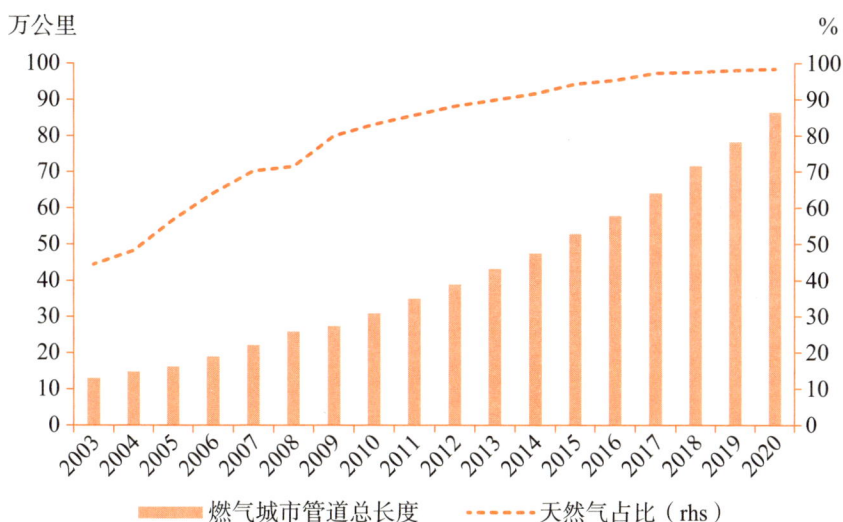

图3-75 我国城市燃气城市管道总长度及天然气城市管道长度占比

资料来源：Wind，兴业研究。

从供气价格来看，我国目前的城市燃气销售价格一般较为稳定，居民用户基本为固定价格，主要以当地政府核准价为准，工商业用户由政府制定最高价，企业通常有一定比例浮动权利，且气价会随着跟随成本（即门站价）进行联动调整，以保证企业准许盈利空间。2018年以后，管道天然气价格同比增速在-1.14%—3.56%区间，截至2021年末，我国城市管道天然气价格为2.64元/立方米，同比增长0.76%。

亿立方米

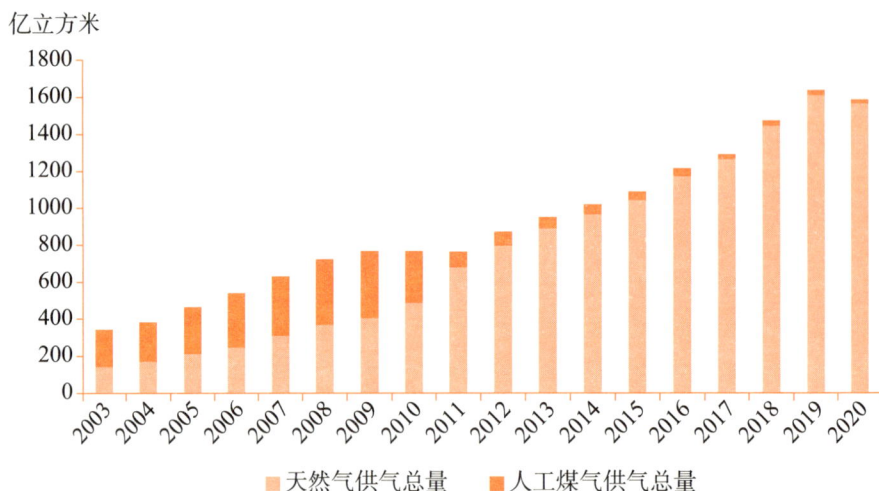

图3-76 我国城市天然气和人工煤气供应量

资料来源：Wind，兴业研究。

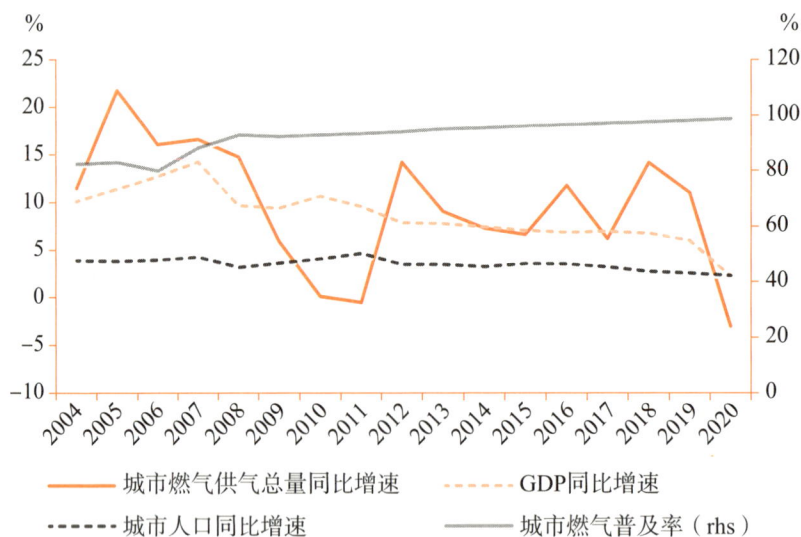

图3-77 我国城市燃气供应量同比增速与相关指标

注：由于液化石油气单位与天然气和人工煤气单位不同，本文仅采用天然气＋人工煤气作为燃气供应量口径

资料来源：Wind，兴业研究。

元/立方米

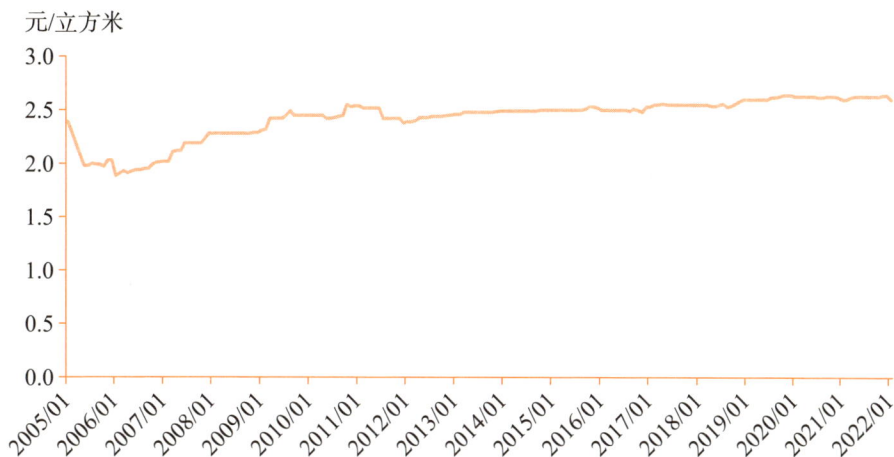

图3-78　我国城市管道天然气价格

资料来源：Wind，兴业研究。

从成本来看，燃气供应项目的成本端包括原材料、机器设备更新以及用工成本，其中运营成本与PPI和居民可支配收入关联性较高，原材料成本受液化天然气市场价格影响，波动较大，在采购成本攀升时燃气供应项目实际盈利空间存在收窄风险。

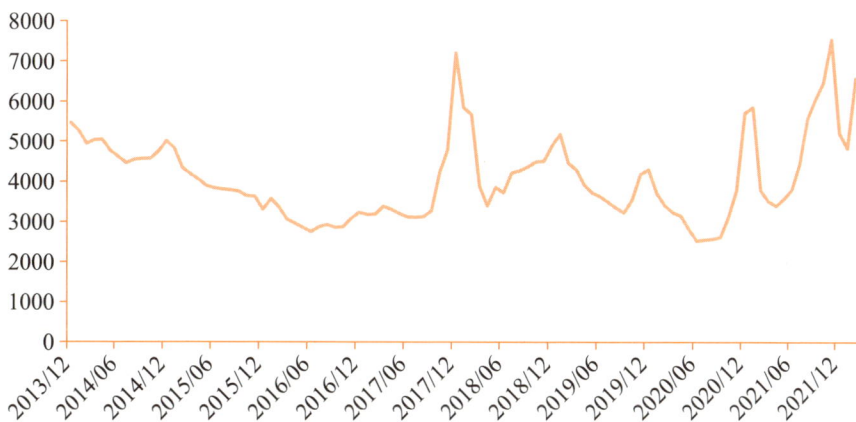

图3-79　我国液化天然气市场价格

资料来源：Wind，兴业研究。

从收益来看，与供水价格定价方式相似，城镇燃气管网配送环节的价格按照"准许成本加合理收益"的原则制定，即通过核定城镇燃气企业的准许成本，监管准许收益，考虑税收等因素确定年度准许总收入，制定配气价格。其中，准许收益率为税后全投资收益率，按不超过7%确定。从行业经营情况来看，2021年，燃气生产和供应业（营业收入—营业成本）/净资产指标为10.66%，利润总额/净资产指标为14.43%，盈利能力较为稳定。

表3-40　配气价格定价方法

指标	计算方式
准许收益	有效资产 × 准许收益率
有效资产	城镇燃气企业投入、与配气业务相关的可计提收益的资产，由固定资产净值、无形资产净值和营运资本组成，包括市政管网、市政管网到建筑区划红线外的管网资产，城镇区域内自建自用的储气设施资产，以及其他设备设施等相关资产。
准许收益率	税后全投资收益率，按不超过 7% 确定。
准许成本	按照固定资产原值、收入、人员等确定标杆成本。其中，供销差率（含损耗）原则上不超过 5%，三年内降低至不超过 4%；管网折旧年限不低于 30 年；建筑区划内按法律法规规定由企业承担运行维护责任的运行维护成本可计入准许成本。
准许总收入	由准许成本、准许收益以及税费之和扣减其他业务收支净额确定。其中，其他业务收支净额为企业使用与配气业务相关的资产和人力从事工程安装施工、燃气销售等其他业务活动的收支净额。
配气价格	年度准许总收入除以年度配送气量计算确定。配送气量较大幅度低于可行性研究报告或供气规划的，对最低配送气量作出限制性规定。

资料来源：《关于加强配气价格监管的指导意见》，兴业研究。

从从业主体来看，我国城市燃气行业的参与者主要为地方国有企业、民营企业、外资（港资）燃气企业以及石油公司下设燃气企业，目前全国燃气企业共有800多家。我国城市燃气业务具有明显的区域垄断性，全国将近一半的省会城市和直辖市以地方燃气企业为主，如国新能源等，其他为跨区燃气企业，如昆仑燃气、中华煤气、中国燃气、新奥燃气、华润燃气等。例如，国新能源在山西省内天然气供应中居于主导地位，区域市场占有率超90%，2022年天然气业务收入为150.06亿元，区域垄断优势较为显著。

表3-41 部分供气行业主体运营情况

公司名称	公司简介	地域分布
昆仑燃气	中国石油天然气集团有限公司下属城市燃气运营的专业化公司，在气源供应、支线与管网规模、加气站数量和股东背景等方面具有显著优势。	全国
深圳燃气	以燃气批发、管道和瓶装燃气供应、燃气输配管网的投资和建设企业，主营城市管道燃气供应、液化石油气批发、瓶装液化石油气零售和燃气投资业务。	全国13个省区，57个城市（区）
华润燃气	作为中国领先的燃气公用事业集团，集团主要从事下游城市燃气分销业务，包括管道天然气分销及天然气加气站业务。	全国25个省（市）
国新能源	公司天然气业务在省内天然气供应中居于主导地位，天然气供应量在山西省的市场占有率超90%，区域垄断优势较为显著。	山西省
阆中燃气	公司以经营天然气为主，集天然气输供、工程设计、天然气（建筑）施工、CNG充气（加油）、LNG加注等业务于一体。	四川省

资料来源：公司官网，公司公告，兴业研究。

（四）供热行业发展现状

我国供热行业发展水平不断提升，蒸汽和热水的城市管道长度从2003年的7.00万公里增长至2016年的21.36万公里，年均复合增速为8.96%，城市供热面积也从2003年的18.90万平方米增长至2020年的98.82万平方米，年均复合增速为10.22%。从供应量来看，2011年以来我国城市供热总量稳步增长，每年增速在2.20%—8.22%的区间内，至2020年城市供热总量为41.01亿吉焦，同比增长4.46%。据国家统计局数据，2020年，热电厂占城市供热总量的61.70%，正在成为热力主要来源。

万公里

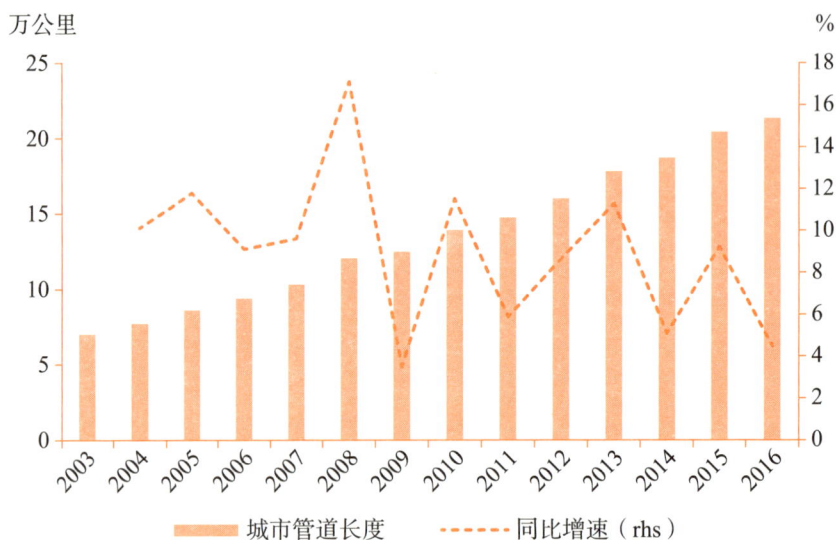

图3-80 我国供热城市管道长度及同比增速

资料来源：Wind，兴业研究。

亿立方米

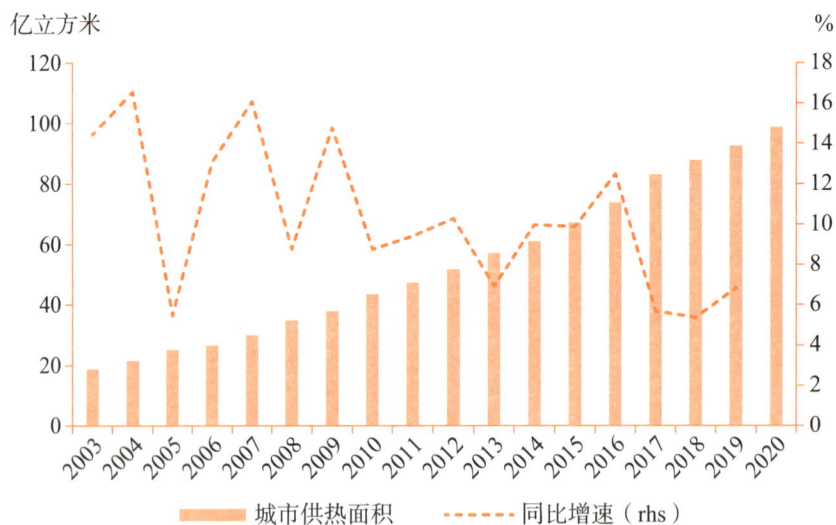

图3-81 我国城市供热面积及同比增速

资料来源：Wind，兴业研究。

亿吉焦

%

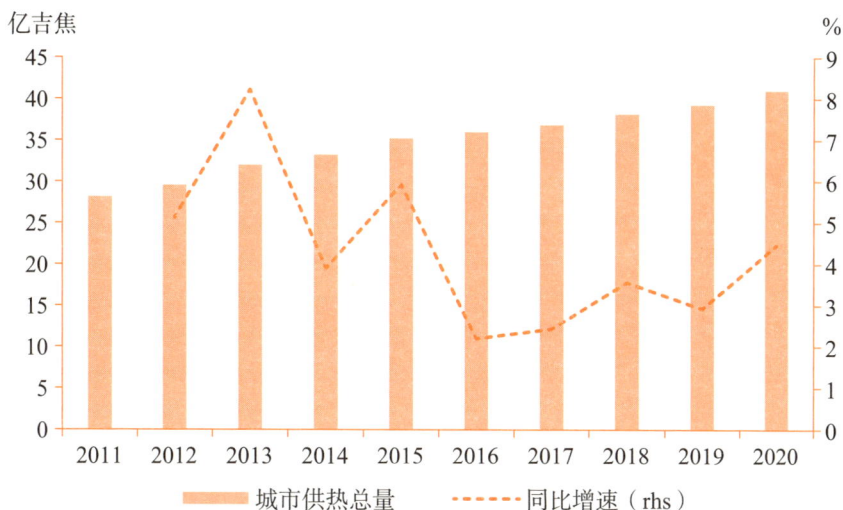

图3-82　我国城市供热总量及同比增速

资料来源：Wind，兴业研究。

　　中国供热行业具有较强的区域性和季节性特征，山东、东北三省、京津冀、内蒙古等地区为供热的主要省区，2020年总供热面积为78.96亿平方米，占比79.90%。其中山东为位列全国首位的供热大省，2020年供热面积为15.93亿平方米，占比16.12%。

亿平方米

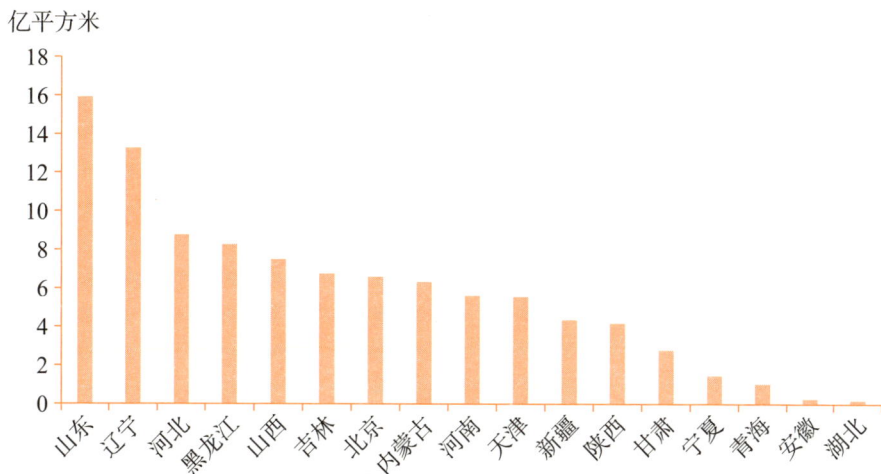

图3-83　我国各省（市）城市供热面积（2020年）

资料来源：Wind，兴业研究。

从固定资产投资来看，我国供热行业固定资产投资曾经历高速增长，目前正逐渐趋于饱和。我国城市及县城集中供热固定资产投资完成额从2003年的164.29亿元增长至2013年的819.40亿元，年均复合增速达17.43%，我国供热行业走向集中化、高效化、清洁化发展阶段，2014—2019年，中国供热行业固定资产投资额整体呈现出下降趋势，供热行业固定资产投资放缓，2020年我国城市及县城集中供热固定资产投资完成额为523.61亿元，同比增长12.18%。

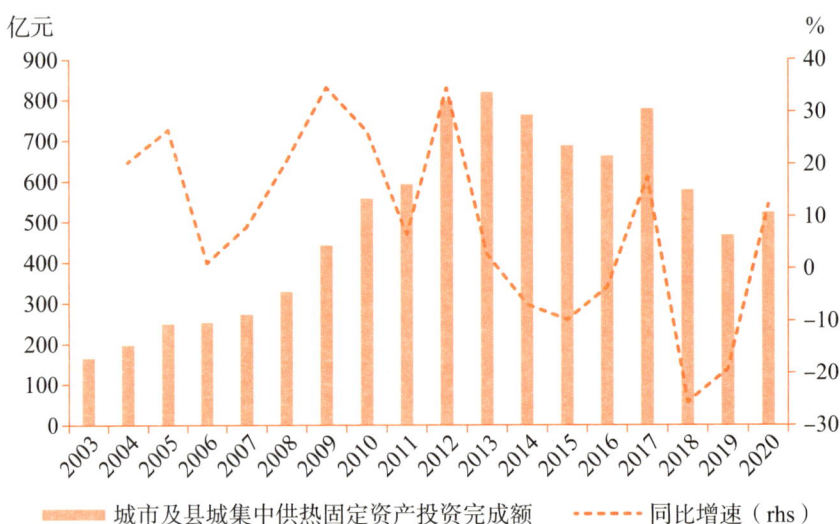

图3-84　我国集中供热固定资产投资完成额及同比增速

资料来源：Wind，兴业研究。

从供热价格来看，2013年3月以来我国民用采暖锅炉供暖价格较为稳定，保持在每月5.00—5.30元/平米之间，2022年1月民用采暖锅炉供暖价格为5.8元/立方米，同比增长12.19%，为近年来首次大幅增长。供暖价格会随着成本有些波动，天然气和煤炭价格上涨，会造成供暖成本增加，从而引起供热价格上调，但由于政府调控影响，一般不会大幅调整，在终端定价短期内波动性较弱的情况下，若上游能源价格上涨，此类企业的盈利水平将会受到负面影响。

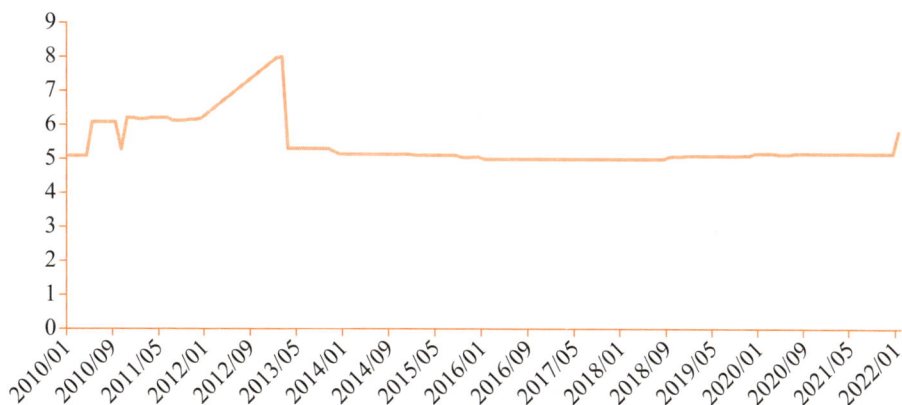

图3-85　我国民用采暖锅炉供暖价格

资料来源：Wind，兴业研究。

从供热成本来看，项目成本端主要包括原材料、运营成本、建设成本等。原材料成本方面，我国供热行业上游热电厂主要燃料为煤炭，煤炭价格走高会增加供热项目经营成本；运营成本方面，其与PPI和居民可支配收入关联性较高，上述成本要素的波动幅度长期来看高于公用设施类项目的价格波动，在成本攀升时实际盈利空间存在收窄风险；建设成本方面，供热公司的城市热网建设费用和供热建设配套成本在每平方米50—100元，若是自有热源供热企业，还存在区域锅炉房建设及配套设施成本等，项目投入更大。

图3-86　我国煤炭价格指数同比增速

资料来源：Wind，兴业研究。

从从业主体来看，我国供热市场的主要参与者为央企子公司、地方国企，截至2020年末，我国电力热力生产和供应企业达到1.48万家，行业格局较为分散、区域垄断性较强。例如北京热力作为全国最大的供热企业，主要负责北京市城区市政供暖和市政供暖管网维护任务，2021年供热收入为110.84亿元，截至2022年3月底，自主管理供热面积3.93亿平方米，拥有热力站5193座，管网2145公里。

表3-42　部分供热行业主体运营情况

公司名称	公司简介	地域分布	经营状况
北京热力	公司主要承担北京市城区市政供暖和市政供暖管网维护任务，拥有全国最大的供热系统，是全国最大的供热企业。同时，公司是北京市中心城区唯一的大型集中供热主体。	北京市以及山西、吉林等部分区域	2021年供热收入为110.84亿元，截至2022年3月底，公司自主管理供热面积3.93亿平方米，拥有热力站5193座，管网2145公里，热用户320万户。
华电能源	黑龙江省最大的发电及集中供热运行商，主要产品为电力、热力，火力电厂分布在黑龙江省主要中心城市。	黑龙江省	2021年供热收入为25.47亿元，全年售热量完成5539.56万吉焦，总供热面积达1.19亿平方米。
联美控股	公司是东北地区规模最大、效益最好的热源、能源企业之一，业态涉及城市供热、发电、环保新能源等领域。积极推进新型的供热体系的建设，通过组合热电联产、热源调峰以及分布式微热源，形成主、次、微三级协同供热服务体系。	沈阳市	2021年供热收入为20.47亿元。
建投能源	公司拥有全资和控股供热公司4家，参股供热公司2家。	河北省	2021年供热收入为7.48亿元，完成售热量5782.74万吉焦，供热覆盖面积达到2亿平方米。
太原热力	地方性集团化供热公司，供热规模处于行业前列，其在聚焦供热核心业务的同时，稳步拓展供热项目规划及建筑施工服务。	太原市	截至2020年，公司总供热面积达1.55亿平方米以上，占全市城区供热面积72%，覆盖全市123万余户居民，333余万人。

资料来源：公司官网，公司公告，兴业研究。

整体来看，供水、供电、供气、供热等市政公用设施项目的供应价格较为稳定，主要客户来源于特定区域内的企业和居民，收入稳定性强，收益波动主要来源于成本端，原材料成本及人工成本攀升时实际盈利空间存在收窄风险。对于公募REITs来说，当前及未来很长时间内经济发展较好区域的一二线重点城市相关项目将是较好的备选资产。

三、市政公用设施开展公募REITs可能面临的相关问题

在法律层面，根据发改投资〔2021〕958号文件要求，公募REITs的基础设施项目应"权属清晰、资产范围明确"，原始权益人需依法合规直接或间接拥有项目所有权、特许经营权或经营收益权，拥有市政公用项目的项目公司依法持有底层资产，且土地使用要依法合规，这些合规性要求与公募REITs的普遍一致，很多仓储物流项目亦可能面临项目权属及他项权利、固定资产投资管理相关手续完备性、项目转让合法性等问题。

另外，市政公用设施项目还面临估值困难的问题，其估值普遍采用在特许经营期间内的现金流折现法，现金流入端根据历史供应量和相对稳定的价格机制较好预测，但现金流出端与高速公路项目运营成本相对稳定且易于预测不同，市政公用设施项目会面临设备老旧、技术性淘汰等问题，大修及升级改造概率大，且改建成本预测难度大，项目估值难度相对较高。

四、市政公用设施REITs发行空间测算

账面价值测算：我们以各类市政公用设施为口径、以其每年的固定资产投资完成额为基础指标，采用永续盘存法（PIM）测算，在折旧率为5.56%的情境下，分别测算供水、供电、供气、供热基础设施存量规模。

经测算，至2021年我国水的生产和供应业、燃气生产和供应业基础设施存量规模分别为4.99万亿元、2.15万亿元；至2020年我国集中供热基础设施

存量规模为6413.48亿元；至2017年末我国电力供应基础设施存量规模为3.69万亿元。

考虑到市政公用设施项目普遍为收费项目，不存在交通设施中大量不收费公路，所以我们将上述存量规模视为有效资产，在此基础上按照3.38%的公募REITs证券化率进行测算，我们预期未来可通过公募REITs盘活存量市政公用设施资产3877.26亿元，其中盘活存量供水、供电、供气、供热基础设施资产分别为1685.19亿元、1248.45亿元、726.85亿元、216.78亿元。

生态环保REITs研究

自公募REITs试点政策发布以来，生态环保便是公募REITs试点行业重点盘活的资产类型之一，2021年6月20日，首批上市的公募REITs中有1只污水处理REITs和1只垃圾处理和生物质发电REITs，截至目前运营良好。

污水处理和垃圾处理属于公用设施范畴，主要以特许经营权模式开展业务。政策定价机制导向型明显，普遍基于"成本＋合理回报"，可进行一定动态调整，定价存在一定的区域性差异，在特许经营期内具有一定的区域独占性，没有明显的季节性和周期性特征，业务量主要与区域经济和人口有关，项目收益相对稳定。由于行业整体规模较小，存量资产规模不大，预计二者可通过公募REITs盘活的存量资产规模约为308亿元。由于收费价格存在区域性差异，且垃圾焚烧率较高，建议关注一二线城市的污水处理项目和包含垃圾焚烧的垃圾处理项目。

一、生态环保REITs相关政策梳理

（一）生态环保行业政策

近年来，国家对生态环保行业的关注度和重视度不断提升。2021年3月，国务院发布的《中华人民共和国国民经济和社会发展第十四个五年规划和2035年远景目标纲要》中指出，要全面提升环境基础设施水平，如推进城镇污水管网全覆盖、以主要产业基地为重点布局危险废弃物集中利用处置设施

等，构建"集污水、垃圾、固废、危废、医废处理处置设施和监测监管能力于一体的环境基础设施体系"。

污水处理、垃圾处理等生态环保行业早期主要由地方政府和国有资产参与建设和运营，在经济快速发展、城镇快速扩容、生态环境保护重要性日益凸显的背景下，我国各项政策推动生态环保相关行业向市场化、产业化方向发展，并以特许经营、PPP等模式引入社会资本参与。2002年9月，国家计委、建设部、国家环保总局联合印发《关于推进城市污水、垃圾处理产业化发展的意见》（计投资〔2002〕1591号），开启城市污水、垃圾处理市场化进程，提出逐步实行城市污水、垃圾处理设施的特许经营。之后2004年《市政公用事业特许经营管理办法》（建设部令第126号）发布，社会资本参与城市污水处理、垃圾处理等项目运行的各项制度逐步建立。2014年11月，国务院发布《关于创新重点领域投融资机制鼓励社会投资的指导意见》（国发〔2014〕60号），提出通过特许经营、投资补助、政府购买服务等多种方式，鼓励社会资本投资城镇污水垃圾处理、建筑垃圾资源化利用和处理等市政基础设施项目，带动行业市场化快速发展。2017年7月，财政部等四部门联合发布《关于政府参与的污水、垃圾处理项目全面实施PPP模式的通知》（财建〔2017〕455号），在污水、垃圾处理领域全方位引入市场机制，通过PPP模式提升公共服务质量和效率。2019年1月，国家发改委、工业和信息化部发布《关于推进大宗固体废弃物综合利用产业集聚发展的通知》（发改办环资〔2019〕44号），提出要提高大宗固体废弃物综合利用水平，开展大宗固体废弃物综合利用基地建设，推进大宗固体废弃物综合利用产业集聚发展。

表3-43 近年来中国生态环保行业发展相关政策

时间	发文部门	文件名称	相关内容
2014/11/16	国务院	《关于创新重点领域投融资机制鼓励社会投资的指导意见》（国发〔2014〕60号）	推动环境污染治理市场化。积极推动社会资本参与市政基础设施建设运营。通过特许经营、投资补助、政府购买服务等多种方式，鼓励社会资本投资城镇污水垃圾处理、建筑垃圾资

时间	发文部门	文件名称	相关内容
			源化利用和处理等市政基础设施项目。政府可采用委托经营或转让—经营—转让（TOT）等方式，将已经建成项目转交给社会资本运营管理。
2016/9/22	住房城乡建设部等部门	《关于进一步鼓励和引导民间资本进入城市供水、燃气、供热、污水和垃圾处理行业的意见》（建城〔2016〕208号）	规范直接投资、鼓励间接投资。鼓励民间资本通过政府和社会资本合作（PPP）模式参与污水处理、垃圾处理等建设运营。改善投资环境，落实土地供应政策、完善行业用电政策、完善金融服务政策等。污水和垃圾处理费要纳入政府预算管理，按照政府购买服务合同约定的期限及时、足额拨付。
2016/10/22	住房城乡建设部等部门	《关于进一步加强城市生活垃圾焚烧处理工作的意见》（建城〔2016〕227号）	到2017年底，建立符合我国国情的生活垃圾清洁焚烧标准和评价体系。到2020年底，全国设市城市垃圾焚烧处理能力占总处理能力50%以上，全部达到清洁焚烧标准。
2017/7/1	财政部等四部门	《关于政府参与的污水、垃圾处理项目全面实施PPP模式的通知》（财建〔2017〕455号）	在污水、垃圾处理领域全方位引入市场机制，推进PPP模式应用，对污水和垃圾收集、转运、处理、处置各环节进行系统整合，通过PPP模式提升相关公共服务质量和效率。
2019/1/9	国家发改委、工业和信息化部	《关于推进大宗固体废弃物综合利用产业集聚发展的通知》（发改办环资〔2019〕44号）	提高大宗固体废弃物综合利用水平，开展大宗固体废弃物综合利用基地建设，推进大宗固体废弃物综合利用产业集聚发展。
2019/4/29	住房和城乡建设部等部门	《关于印发城镇污水处理提质增效三年行动方案（2019—2021年）的通知》（建城〔2019〕52号）	加快推进生活污水收集处理设施改造和建设，要求地级及以上城市建成区基本无生活污水直排口。推进污泥处理处置及污水再生利用设施建设。完善污水处理收费政策，建立动态调整机制。

续表

时间	发文部门	文件名称	相关内容
2020/7/28	国家发改委、住房城乡建设部	《关于印发〈城镇生活污水处理设施补短板强弱项实施方案〉的通知》（发改环资〔2020〕1234号）	2023年县级及以上城市设施能力要基本满足生活污水处理需求，如补齐城镇污水收集管网短板等。完善收费政策，加大污水处理费征收力度，尽快实现应收尽收。鼓励通过政府购买服务，以招标等市场化方式确定污水处理服务费水平。
2021/12/27	国家发改委	《关于加快推进大宗固体废弃物综合利用示范建设的通知》（发改办环资〔2021〕1045号）	加快推进基地建设和骨干企业培育，确保如期完成建设目标任务，进一步提升大宗固体废弃物综合利用水平，推动资源综合利用产业节能降碳，助力实现碳达峰碳中和。

资料来源：根据相关规章文件整理，兴业研究。

生态环保基础设施资产的主要收入来源为特许经营权收费收入，其收费价格、收费年限等受政策影响明显，在短期内较为稳定。收费价格方面，行业收费标准正从弥补成本向合理盈利、动态调整、差异化方向发展。从细分行业来看，目前我国污水处理行业收费标准较为成熟，垃圾处理、固废危废医废处理、大宗固体废弃物处理等行业收费标准正在逐步完善。国务院于2013年10月发布《城镇排水与污水处理条例》（国务院令第641号），提出污水处理费的收费标准不应低于城镇污水处理设施正常运营的成本。2015年1月，发改委、财政部、住建部联合发布的《关于制定和调整污水处理收费标准等有关问题的通知》（发改价格〔2015〕119号）明确收费标准要补偿污水处理和污泥处置设施的运营成本并合理盈利，同时要实行差别化收费政策，由各地制定和调整污水处理收费标准，在定价、调价机制完善的情况下，行业盈利的确定性增强。2018年7月，国家发改委发布《关于创新和完善促进绿色发展价格机制的意见》（发改价格规〔2018〕943号），要求完善污水处理收费政策，如建立动态调整机制、健全市场化形成机制，同时提出要健全固体废物处理收费机制，按照补偿成本并合理盈利的原则"制定和调整城镇生活垃圾处理收费标准"并"完善危险废物处置收费机制"。2022年1月12日，国务院转发四部委《关于加快推进城镇环境基础设施建设指导意见的通知》（国办函〔2022〕7号），强调要"积极推行差别化排污收费，建立收费动态调整机制。有序推进建制镇生活污水处理收费"，同时"推行非居民用户垃圾计量收费，探索居民用户按量收费，鼓励各地创新生活垃圾处理收费模式，不断提高收缴率"，"统筹考虑区域医疗机构特点、医废产生情况及处理成本等因素，合理核定医废处置收费标准，鼓励采取按重量计费方式，具备竞争条件的，收费标准可由医废处置单位和医疗机构协商确定。医疗机构按照规定支付的医废处置费用作为医疗成本，在调整医疗服务价格时予以合理补偿"。

表3-44　近年来中国生态环保行业收费标准相关政策

时间	发文部门	文件名称	相关内容
2004/3/19	建设部	《市政公用事业特许经营管理办法》（建设部令第126号）	市政公用行业实行特许经营的范围包括城市污水处理、垃圾处理等行业。明确特许经营有关各方的权利、责任以及市场准入和退出、招标投标、中期评估、监督检查、临时接管、公众参与等制度。
2013/10/2	国务院	《城镇排水与污水处理条例》（国务院令第641号）	污水处理费应当纳入地方财政预算管理，专项用于城镇污水处理设施的建设、运行和污泥处理处置，不得挪作他用。污水处理费的收费标准不应低于城镇污水处理设施正常运营的成本。因特殊原因，收取的污水处理费不足以支付城镇污水处理设施正常运营的成本的，地方人民政府给予补贴。对污水处理费征收标准的制定原则、用途及补贴机制、信息公开等做出明确规定。
2014/12/31	财政部、国家发改委、住房和城乡建设部	《关于印发〈污水处理费征收使用管理办法〉的通知》（财税〔2014〕151号）	污水处理费是按照"污染者付费"原则，由排水单位和个人缴纳并专项用于城镇污水处理设施建设、运行和污泥处理处置的资金。污水处理费的征收、使用和管理应当接受财政、价格、审计部门和上级城镇排水与污水处理主管部门的监督检查。

时间	发文部门	文件名称	相关内容
2015/1/21	国家发改委、财政部、住房城乡建设部	《关于制定和调整污水处理收费标准等有关问题的通知》（发改价格〔2015〕119号）	（1）合理制定和调整收费标准。污水处理收费标准应按照"污染付费、公平负担、补偿成本、合理盈利"的原则制定。收费标准要补偿污水处理和污泥处置设施的运营成本并合理盈利。已经达到最低收费标准但尚未补偿成本并合理盈利的，应当结合污染防治形势等进一步提高污水处理收费标准。 （2）实行差别化收费政策。各地可结合水污染防治形势和当地经济社会发展水平，制定差别化的污水处理收费标准。各地可根据超标排放污水中主要污染物排放情况，制定差别化的收费标准。
2015/4/25	国家发改委、财政部等6部门	《基础设施和公用事业特许经营管理办法》（国家发展和改革委员会、财政部、住房和城乡建设部、交通运输部、水利部、中国人民银行令第25号）	规定环境保护、市政工程等基础设施和公用事业领域的特许经营活动相关管理制度，如特许经营权年限等。
2018/7/2	国家发改委	《关于创新和完善促进绿色发展价格机制的意见》（发改价格规〔2018〕943号）	完善污水处理收费政策，如建立动态调整机制、健全市场化形成机制；健全固体废物处理收费机制，如按照补偿成本并合理盈利的原则制定和调整城镇生活垃圾处理收费标准，完善危险废物处置收费机制等。
2020/4/7	国家发改委等5部门	《关于完善长江经济带污水处理收费机制有关政策的指导意见》（发改价格〔2020〕561号）	按照补偿污水处理和运行成本的原则，合理制定污水处理费标准，并完善污水处理费标准动态调整机制。长江经济带省份各城市应尽快将污水处理费标准调整至补偿成本水平。

续表

时间	发文部门	文件名称	相关内容
2022/1/12	国务院	《关于加快推进城镇环境基础设施建设指导意见的通知》（国办函〔2022〕7号）	积极推行差别化排污收费，建立收费动态调整机制。有序推进建制镇生活污水处理收费；推行非居民用户垃圾计量收费，探索居民用户按量收费，鼓励各地创新生活垃圾处理收费模式，不断提高收缴率；统筹考虑区域医疗机构特点、医废产生情况及处理成本等因素，合理核定医废处置收费标准。

资料来源：根据相关规章文件整理，兴业研究。

（二）生态环保REITs相关政策

自公募REITs启动试点工作以来，生态环保领域一直是试点范围内重点支持的行业。2020年4月30日，证监会、国家发改委发布《关于推进基础设施领域不动产投资信托基金（REITs）试点相关工作的通知》（证监发〔2020〕40号），提出要优先支持基础设施补短板行业，包括城镇污水垃圾处理、固废危废处理等污染治理项目。2021年7月2日，国家发改委发布《关于进一步做好基础设施领域不动产投资信托基金（REITs）试点工作的通知》（发改投资〔2021〕958号），明确公募REITs试点行业包括生态环保基础设施，即"城镇污水垃圾处理及资源化利用环境基础设施、固废危废医废处理环境基础设施、大宗固体废弃物综合利用基础设施项目"。生态环保行业相关政策也多次强调支持推动公募REITs的发行。2022年1月12日，国务院转发四部委《关于加快推进城镇环境基础设施建设指导意见的通知》（国办函〔2022〕7号），提出对于符合条件的城镇环境基础设施项目，鼓励其"稳妥开展基础设施领域不动产投资信托基金（REITs）试点"。

表3-45 中国生态环保REITs相关政策

时间	发文部门	文件名称	相关内容
2020/4/30	证监会、国家发改委	《关于推进基础设施领域不动产投资信托基金（REITs）试点相关工作的通知》（证监发〔2020〕40号）	基础设施REITs试点项目要求聚焦重点行业，优先支持基础设施补短板行业，包括城镇污水垃圾处理、固废危废处理等污染治理项目。
2020/8/6	证监会	《公开募集基础设施证券投资基金指引（试行）》（证监会公告〔2020〕54号）	基础设施包括污染治理等其他基础设施。
2021/1/4	国家发改委、科技部等10部门	《关于推进污水资源化利用的指导意见》（发改环资〔2021〕13号）	稳妥推进基础设施领域不动产投资信托基金试点。
2021/5/13	国家发改委、住建部	《关于印发〈"十四五"城镇生活垃圾分类和处理设施发展规划〉的通知》（发改环资〔2021〕642号）	支持城镇生活垃圾分类和处理设施建设。鼓励具备条件的项目开展基础设施领域不动产投资信托基金（REITs）试点。
2021/7/2	国家发改委	《关于进一步做好基础设施领域不动产投资信托基金（REITs）试点工作的通知》（发改投资〔2021〕958号）	试点行业包括生态环保基础设施，即城镇污水垃圾处理及资源化利用环境基础设施、固废危废医废处理环境基础设施、大宗固体废弃物综合利用基础设施项目。
2022/1/12	国务院	《关于加快推进城镇环境基础设施建设指导意见的通知》（国办函〔2022〕7号）	鼓励具备条件的项目稳妥开展基础设施领域不动产投资信托基金（REITs）试点。
2022/5/19	国务院	《关于进一步盘活存量资产扩大有效投资的意见》（国办发〔2022〕19号）	聚焦盘活存量资产重点方向包括生态环保行业，方式包括推动基础设施领域不动产投资信托基金（REITs）健康发展等。

资料来源：根据相关规章文件整理，兴业研究。

二、生态环保行业现状分析

（一）污水处理行业发展现状

随着城镇化发展，我国城市污水管网建设不断完善，城市污水处理能力得到显著提高。我国城市供水管道长度从2006年的8.56万公里增长至2020年的36.68万公里，城市污水处理率也从2006年的55.67%提升至2020年的97.53%，已接近全处理状态，增幅达41.86pct。从污水处理量来看，我国城市全年污水处理量稳步增长，至2020年达557.28亿立方米。从污水处理量同比增速来看，由于城市污水处理率提高，我国城市全年污水处理量同比增速的边际变化在前期超过了GDP同比增速和人口增速的边际变化，2015年以后随着处理率边际提升下降，其同比增速与GDP和城市人口的同比增速存在较为一致的趋势变化。未来依靠提高处理率提高污水项目产量的可能性不大，若区域经济及人口下行将会导致污水处理量增幅的下滑。

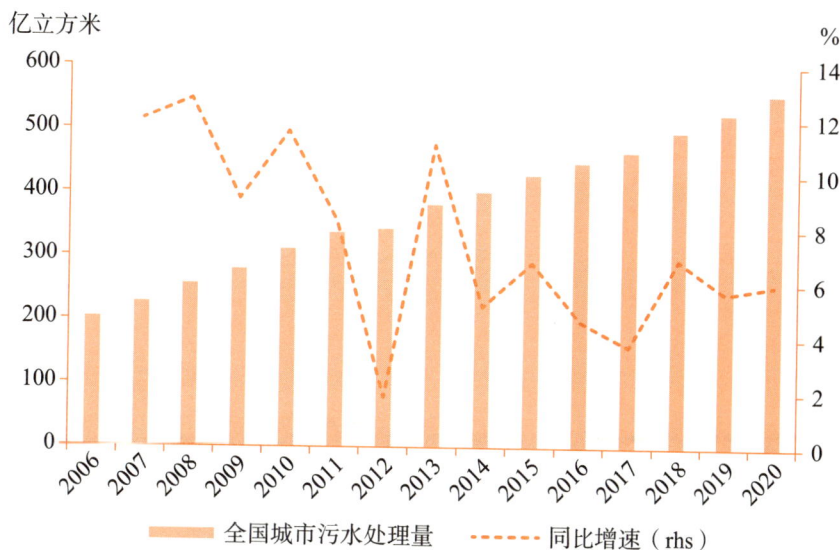

图3-87　我国城市污水处理量及同比增速

资料来源：Wind，兴业研究。

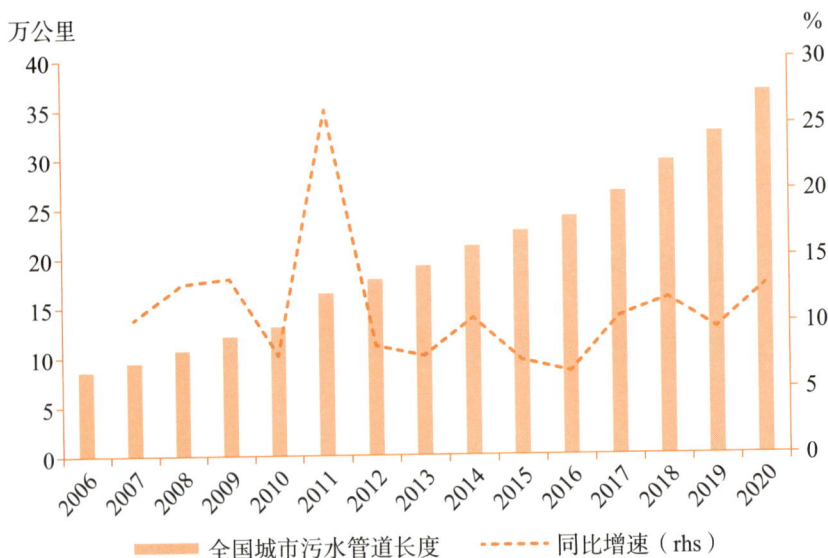

图3-88 我国城市污水管道长度及同比增速

资料来源：Wind，兴业研究。

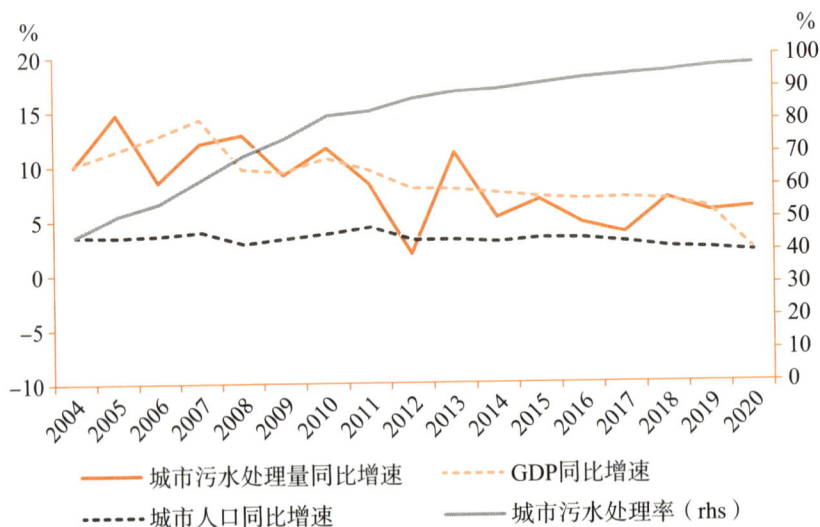

图3-89 我国城市污水处理量同比增速与相关指标

资料来源：Wind，兴业研究。

从区域情况来看，我国经济发达地区污水处理行业发展相对较快，污水处理基础设施建设较为完善，城市污水处理量较大且污水处理率较高。2020年，广东、江苏、山东、浙江、辽宁等东部沿海省份城市污水处理总量在30亿立方米以上，其中山东、辽宁污水处理率在98%以上。

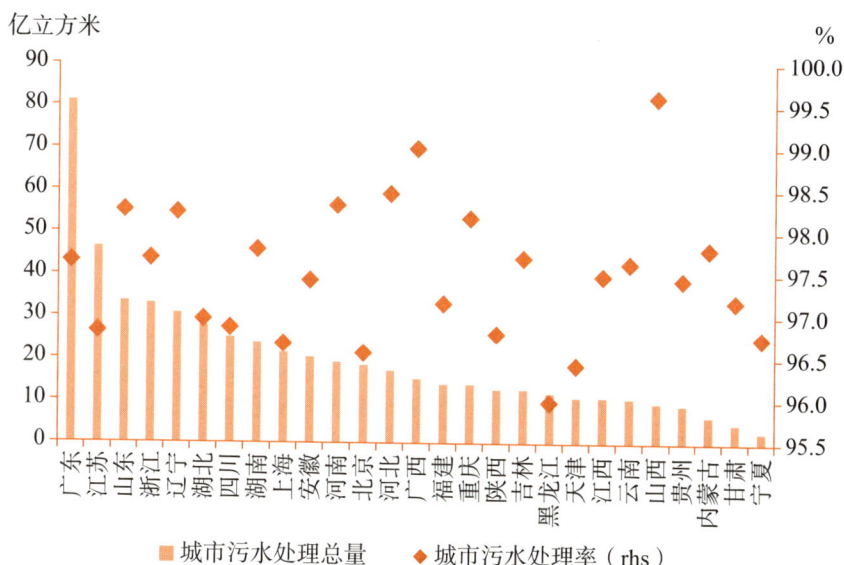

图3-90　各省（市）城市污水处理量及污水处理率（2020年）

资料来源：Wind，兴业研究。

从固定资产投资来看，我国城市污水处理及其再生利用行业固定资产投资整体呈现出增长趋势，2011—2020年年均复合增长率为14.72%，2014年以来固定资产投资维持在400亿元以上，2018年以来，我国加大生态环境治理力度，固定资产投资大幅提高，2020年达到1043.40亿元，同比增长29.82%。

从价格来看，我国污水处理定价模式由相关政策制定，一定期限内不会出现大幅变动，我国城市居民供水的污水处理费价格走势相对比较稳定。2015年，国家发改委等部门联合发布《关于制定和调整污水处理收费标准等有关问题的通知》（发改价格〔2015〕119号），明确收费标准要补偿污水处理

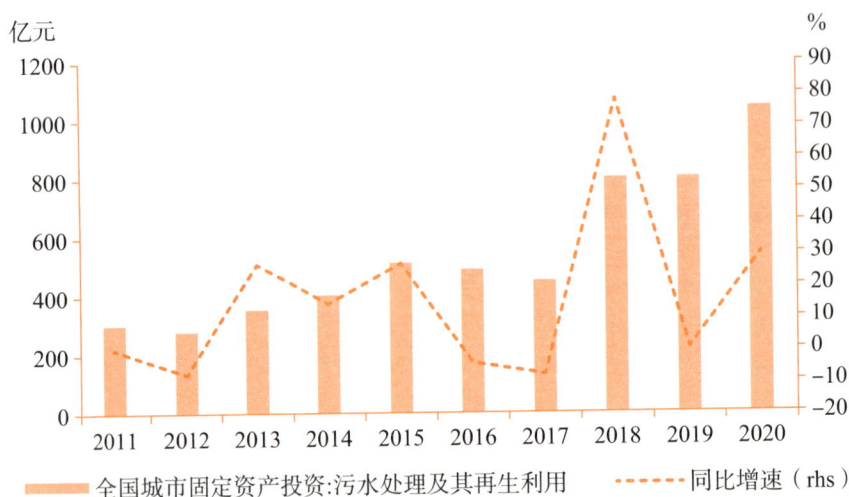

图3-91 我国城市污水处理固定资产投资及同比增速

资料来源：Wind，兴业研究。

和污泥处置设施的运营成本并合理盈利，同时要建立动态调整机制，要求在2016年底前，城市污水处理收费标准原则上每吨应调整至居民不低于0.95元，非居民不低于1.4元，县城和镇收费标准相对而言要低。2017年以来，我国城市居民污水处理费便在0.95元/吨及以上，至2022年5月污水处理费达1.02元/吨，较2017年仅增长0.07元/吨，总体涨幅不大；而城市非居民污水处理费长期稳定，但呈现明显的区域分化。

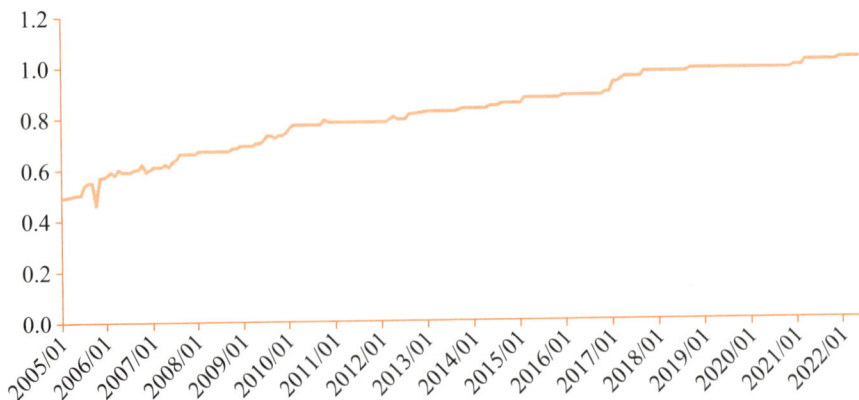

图3-92 我国城市居民污水处理费价格走势

资料来源：Wind，兴业研究。

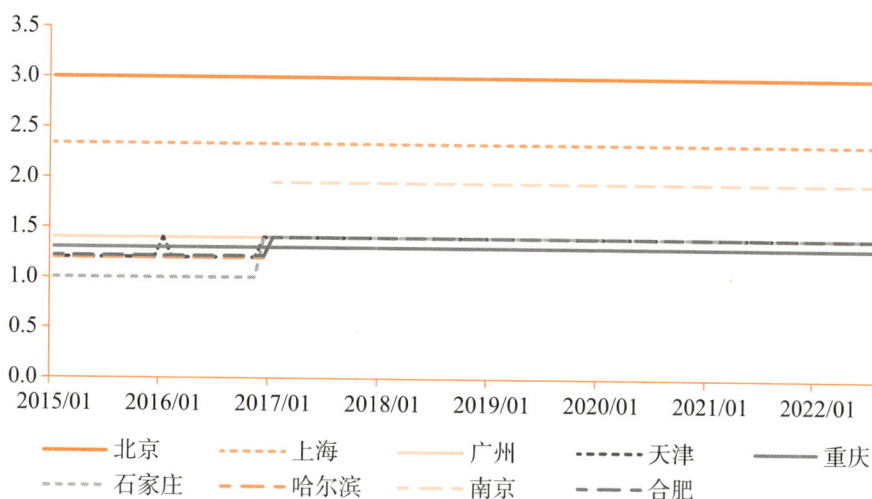

图3-93　我国重点城市非居民污水处理费价格走势

资料来源：Wind，兴业研究。

　　从成本来看，污水处理项目成本包括折旧摊销成本、运营成本、税金及附加。其中，折旧摊销成本占比最大，占总成本的40%左右；运营成本主要包括直接材料、用工成本、动力成本和设备维修等其他运营成本。污水处理项目的原材料成本为化学药剂等，价格相对稳定；用工成本与PPI和居民可支配收入关联性较高；动力成本主要为电力成本，相较于其他成本较为稳定。上述成本要素的波动主要来源于原材料和用工成本。

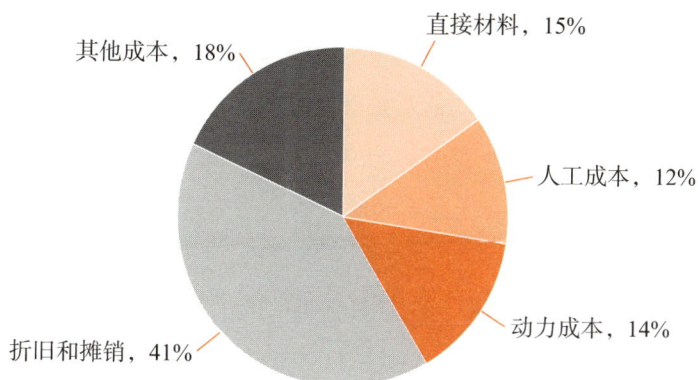

图3-94　首创环保污水处理业务成本构成（2021年）

资料来源：首创环保公司公告，兴业研究。

图 3-95　我国 PPI、居民可支配收入、供电价格同比增速

资料来源：Wind，兴业研究。

　　从行业从业主体来看，截至 2015 年 10 月，我国规模以上污水处理及其再生利用企业数达 342 家。目前我国污水处理行业主要参与者为国有企业、跨国企业等，大型国有企业凭借其融资优势涉足污水处理业务领域，业务逐渐融合倾向于提供供水、污水处理和水环境治理等一体化服务，并向污泥处理、水再生利用等领域拓展；跨国水务公司如法国威立雅环境集团、苏伊士环境集团等凭借较强的运营能力及技术优势较早打开我国水务相关市场；随着市场化不断推进，部分民营企业凭借良好的管理激励机制和区域优势，参与到我国污水处理市场中。北控水务为污水处理能力较强的行业龙头企业，其陆续通过 BOT、TOT、委托运营和股权收购等方式获取污水处理项目经营权，期限一般为 25—30 年，涉及全国主要省份，截至 2021 年末，北控水务参与管理的污水处理厂 876 座，污水日处理能力为 1902 万吨，2021 年污水处理收入为 63.29 亿元，毛利率为 43.42%，资产规模、营运能力及经营状况均居于行业前列。

表3-46　我国部分污水处理行业主体运营情况

公司名称	公司简介	地域分布	营运能力	经营状况
北控水务	公司污水处理能力位于全国前列；公司积极开展供水、水环境技术服务等业务。受益于污水处理的投建和收购，及新增PPP项目污水处理工程建设业务，公司整体发展态势良好。公司陆续通过BOT、TOT、委托运营和股权收购等方式获取污水处理项目经营权，期限一般为25—30年。	全国主要省份	2021年末，公司参与管理的污水处理厂876座，污水日处理能力为1902万吨。	2021年污水处理收入为63.29亿元，毛利率为43.42%。
首创环保	北京市国资委下属上市企业，在国内环保行业处于领先地位，其城镇水务业务主要围绕城镇供水、城镇污水、农村污水及污泥处置开展。	全国	2021年，公司污水处理产能为1471.40万吨/日，平均价格1.58元/吨。	2021年污水处理营业收入50.48亿元，毛利率39.12%。
重庆水务	重庆市最大的供排水一体化经营企业，从事城市污水的收集处理等业务，在重庆地区供排水市场垄断地位稳固。于2007年被重庆市政府授予排水特许经营权，期限30年。	重庆	2021年，公司污水处理结算水量14.86亿立方米，日污水处理能力424.86万立方米，日污泥处理处置能力1992万吨。	2021年污水处理营业收入41.80亿元，毛利率47.39%。
兴蓉环境	中国大型水务环保综合服务商，主要从事污水处理、中水利用、污泥处置等业务，污水处理项目运营模式主要包括BOT、BOO、TOT及委托运营等。	四川、陕西、江苏、广东、河北等	2021年末，公司运营及在建的污水处理项目规模约435万吨/日。	2021年污水处理收入为21.89亿元，毛利率为39.37%。

资料来源：公司公告，兴业研究。

　　整体来看，污水处理行业属于公用设施类行业，其经营状况主要受政策影响，污水处理价格是基于"成本＋合理回报"制定，行业收益一般而言波动不大。在实务中，项目合同普遍包含调价条款，一般2—3年调整一次，能够根据项目改扩建、运营成本等变动进行动态调整，及时覆盖成本上涨部分。由于污水处理基础设施项目的主要客户来源于特定区域内的企业和居民，在公募REITs项目选择时，需综合考虑区域经济情况、客户污水处理费交付稳定性、项目投资回报率等情况，建议关注经济发展较好区域的一二线重点城市的相关项目。

（二）垃圾处理行业发展现状

随着城市化进程不断推进，我国城市生活垃圾行业稳步发展，生活垃圾处理率持续提升，从2006年的72.45%提升至2020年的99.92%，已接近100%。从垃圾处理量来看，我国城市生活垃圾处理量整体呈现出增长趋势，从2006年的1.10亿吨增长至2020年的2.35亿吨，除2020年略有下降以外，2014年以来垃圾处理量同比增长率均在5%以上。从同比增速来看，由于城市生活垃圾处理率提高，我国城市生活垃圾处理同比增速的边际变化在前期超过了人口增速的边际变化，2015年以后随着处理率边际提升下降，其同比增速与GDP和城市人口的同比增速存在较为一致的趋势变化。

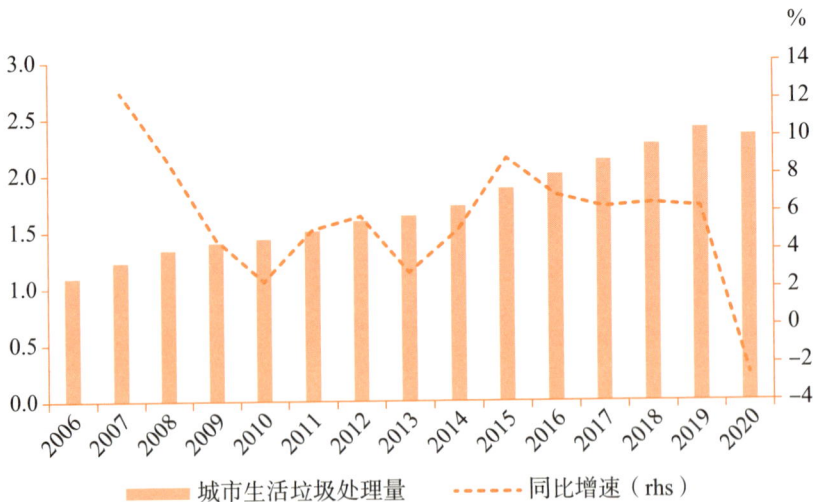

图3-96 我国城市生活垃圾处理量及同比增速

资料来源：Wind，兴业研究。

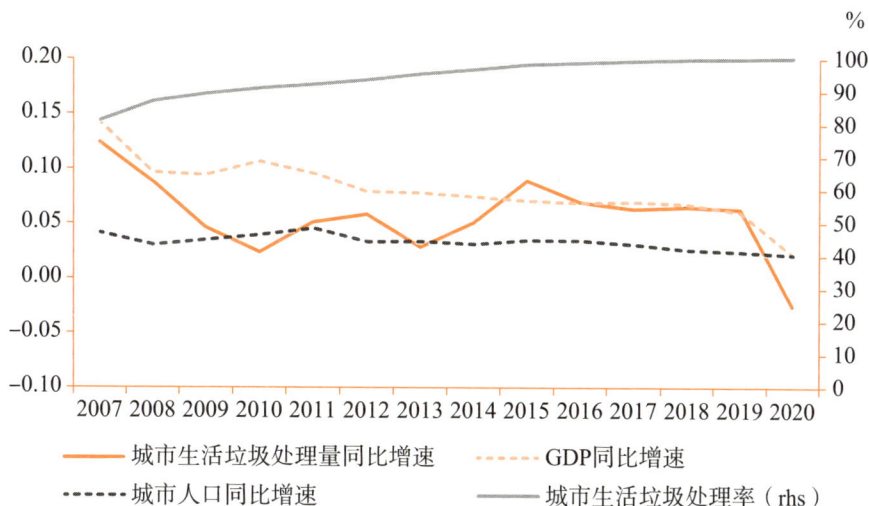

图3-97　我国城市生活垃圾处理量同比增速与相关指标

资料来源：Wind，兴业研究。

从处理方式来看，我国城市生活垃圾多进行无害化处理，2020年城市生活垃圾无害化处理率达99.75%。具体而言，生活垃圾无害化处理方式有卫生填埋、焚烧以及高温堆肥等，目前我国生活垃圾主要采取填埋、焚烧处理方式，由于垃圾焚烧具有场地占用面积较小、无害化程度较高以及焚烧余热可再利用等优点，呈现出焚烧替代填埋的趋势。2020年，我国生活垃圾焚烧处理量为1.46亿吨，占生活垃圾无害化处理总量的62.29%。

从区域情况来看，我国经济发达地区生活垃圾处理量较大且垃圾焚烧率较高。2020年，广东、江苏、山东、浙江等东部沿海省份城市生活垃圾处理量较大，在1400万吨以上，且垃圾焚烧率均在67%以上，其中山东、江苏垃圾焚烧率高达85%以上；一线城市如上海、北京，2020年生活垃圾处理量分别为868.09万吨、797.52万吨，垃圾焚烧率分别为78.58%、63.60%。

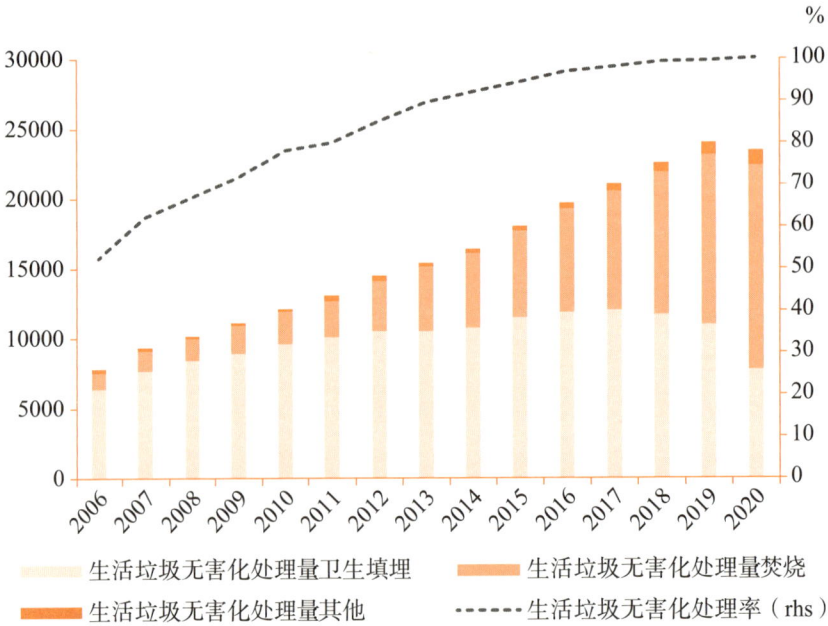

图3-98 我国城市生活垃圾无害化处理量及无害化处理率

资料来源：Wind，兴业研究。

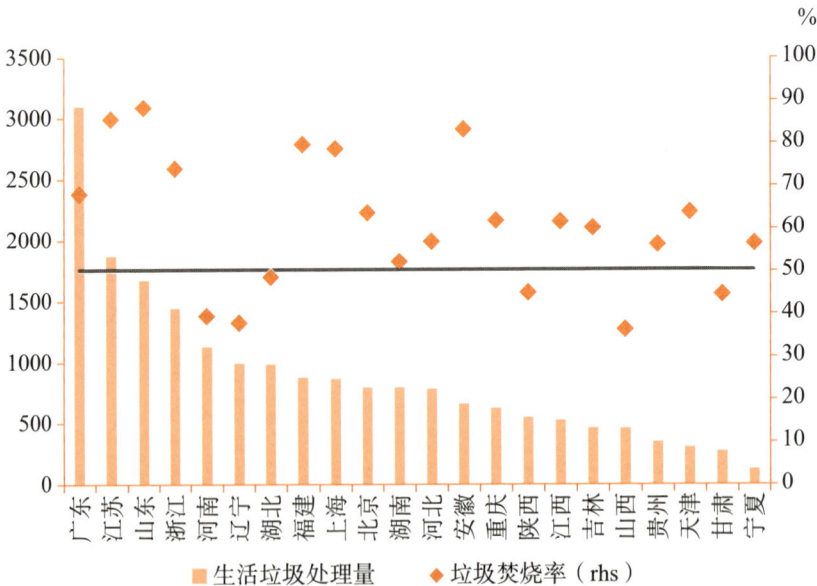

图3-99 各省（市）城市生活垃圾处理量及垃圾焚烧率（2020年）

资料来源：Wind，兴业研究。

　　从固定资产投资来看，我国城市垃圾处理固定资产投资整体保持增长趋势，从2003年的35.30亿元增长至2020年的705.80亿元，2003—2020年年均复合增长率为19.27%，受政策推动影响，2016年以来垃圾处理固定资产投资高速增长，2016—2020年年均复合增长率高达56.35%。

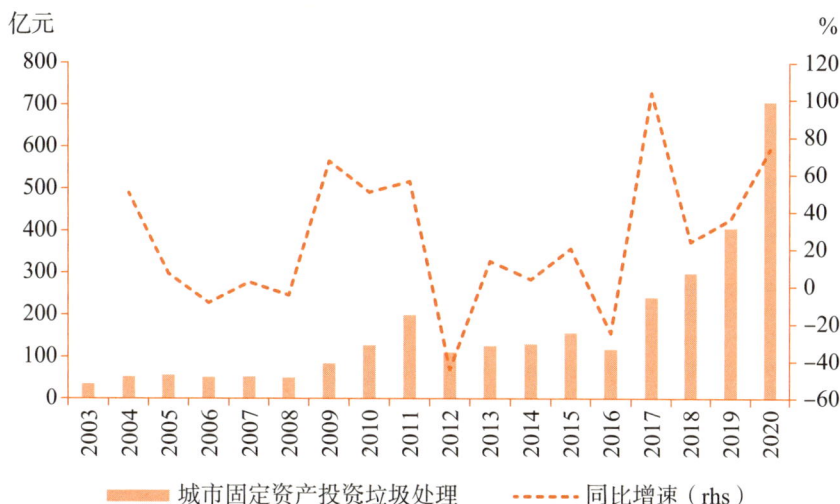

图3-100　我国城市垃圾处理固定资产投资及同比增速

资料来源：Wind，兴业研究。

　　从价格来看，垃圾处理费用一般由政府相关部门按照"覆盖成本并合理盈利"的原则制定，在特许经营期限内可以实行动态调整。根据《政府定价的经营服务性收费目录清单（2022版）》，居民生活垃圾处理收费不同省（市）一般在每月每户1—15元，如北京市居民生活垃圾处理费为每年30元/户；非居民垃圾处理收费按事业单位、宾馆、餐馆等所产生的垃圾的种类不同，采取不同的收费方式，如上海市餐厨垃圾基数内60元/桶，基数外120元/桶。据中国固废网统计数据，2008—2020年垃圾焚烧中标项目的平均价格稳定在60—90元/吨之间，2021年上半年平均为93元/吨，同比增长24%，生活垃圾处理价格由2016年的低价竞争逐渐回归正常，但存在较大的区域分化，一线城市的垃圾处理价格要高于行业平均水平，如中航首钢绿能REIT中垃圾处理服务费价格为173元/吨。

　　从成本来看，垃圾处理项目的成本主要包括折旧摊销成本、运营成本、税金及附加。其中，折旧摊销成本主要为特许经营权摊销成本，运营成本主要包括直接材料、用工成本、动力成本和其他运营成本。垃圾处理项目的原材料成本为石灰、活性炭等化学药剂，价格相对稳定，用工成本与PPI和居民可支配收入关联性较高，动力成本主要为燃料费，其他运营成本可能会包括气及渗滤液处理费等，项目成本长期来看较为稳定。

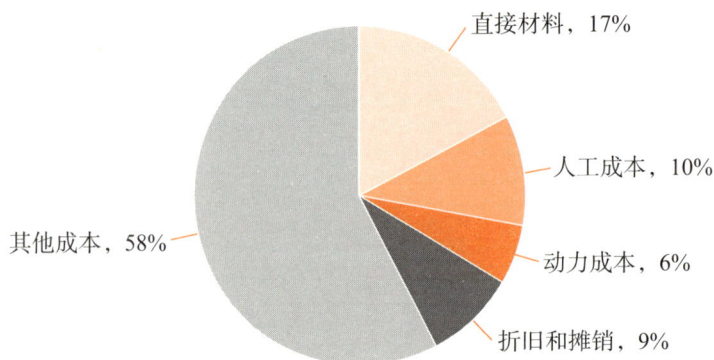

图3-101 首创环保垃圾处理业务成本构成（2021年）

资料来源：首创环保公司公告，兴业研究。

从收益来看，垃圾处理行业收益较为稳定，垃圾处理服务定价时会考虑覆盖成本及提供合理收益，在动态调价的机制下，项目收益能够在一定程度上得到保障。若为垃圾焚烧项目，在垃圾处理服务费之外还能获取发电收益。从财务数据来看，2015—2021年垃圾处理行业部分龙头净资产利润率均在7%—17%之间，盈利能力存在较大分化。

从行业从业主体来看，我国垃圾处理行业主要参与者为国有企业，其在资金实力和区域内运营方面占据一定优势。行业集中度方面，据中国固废网统计数据，截至2019年我国垃圾焚烧行业前十企业的市占率为65%，行业集中度较高。行业龙头光大环境，进行垃圾处理业务主要采取垃圾焚烧发电的方式，一般而言垃圾处理补贴收入占垃圾处理补贴收入和发电收入总和的15%—30%，项目来源多为政府购买服务，通过招投标方式获取，少量项目通过招商引资方式获取，以BOT/BOO等模式建设。2020年，公司运营垃圾处理项目107个，处理量为2927.30万吨，垃圾处理规模市场排名第一。

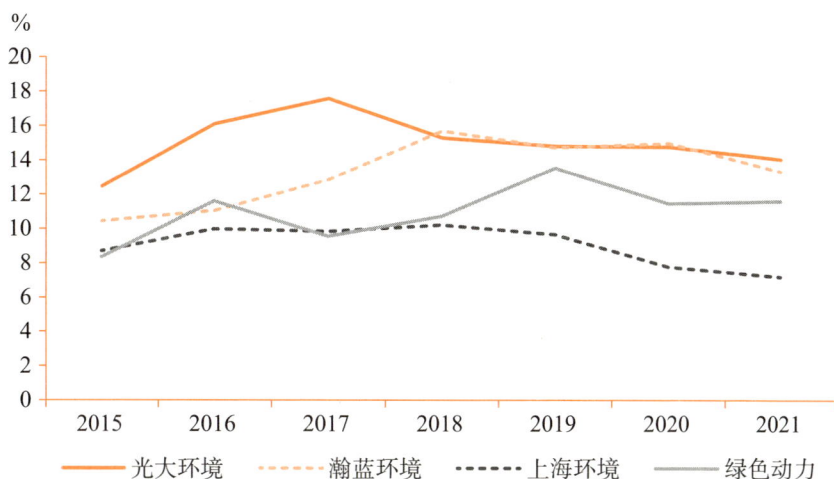

图3-102　垃圾处理行业龙头企业净资产利润率情况

资料来源：Wind，兴业研究。

表3-47　我国部分垃圾处理行业主体运营情况

公司名称	公司简介	地域分布	处理方式	营运能力	经营状况
光大环境	中国规模最大的垃圾发电企业，同时布局生物质发电以及污水处理等环保业务。	全国及海外	焚烧	2020年运营垃圾处理项目107个，处理量2927.30万吨。	2020年垃圾处理及发电业务运营服务收入53.66亿港元。
首创环保	北京市市国资委下属上市企业，在国内环保行业处于领先地位。	全国	焚烧	2021年，年处理垃圾量约1437万吨。	2021年垃圾处理收入76.71亿元，毛利率26.74%。
瀚蓝环境	业务主要包括生活垃圾处理、餐厨垃圾处理等，通过与当地部门签订BOT、TOT或PPP特许经营协议，提供相应服务。	全国，集中在东部省市	焚烧、填埋	2021年公司生活垃圾焚烧发电在手订单合计规模34150吨/日（含正在投资建设）。	2021年固废处理业务收入65.68亿元。
上海环境	国内固废行业起步最早的专业环保企业之一，致力于城市固体废弃物处理等领域。	上海、成都等地	焚烧、填埋	2021年末，运营生活垃圾焚烧项目26个，入厂垃圾1266.13万吨；填埋项目2个，填埋量15.53万吨。	2021年垃圾处理收入49.83亿元，毛利率24.45%。

续表

公司名称	公司简介	地域分布	处理方式	营运能力	经营状况
绿色动力	中国最早从事生活垃圾焚烧发电的企业之一，主要以 BOT 等特许经营的方式从事生活垃圾焚烧发电厂的投资、建设、运营、维护以及技术顾问业务。	全国	焚烧、填埋	2021 年垃圾处理量 1,053.76 万吨。	2021 年固废处理收入 26.19 亿元，毛利率为 59.29%

资料来源：公司公告，兴业研究。

整体来看，垃圾处理行业作为公用事业其经营情况受政策影响明显，收入来源较为稳定，收益的确定性较强。垃圾处理项目没有明显的季节性和周期性特征，在特许经营期内具有一定的区域独占性，业务量主要与区域人口有关，营利性受项目所处的地区经济发展水平影响较大。在土地资源紧缺、政策引导的背景下，焚烧逐渐替代卫生填埋成为主要处理方式。一般而言，经济较为发达的东部沿海地区的垃圾处理规模较大，且垃圾焚烧率较高，在项目筛选时建议多关注经济发展较好区域的以垃圾焚烧为主的优质项目。

三、生态环保 REITs 发行空间测算

账面价值测算：我们以固定资产投资额为口径、以其每年的固定资产投资额为基础指标，采用永续盘存法（PIM）测算，在折旧率为 5.56% 的情境下，分别测算污水处理及垃圾处理行业基础设施存量规模。经测算，2020 年末我国污水处理及其再生利用行业基础设施存量规模为 5690.92 亿元，垃圾处理行业基础设施存量规模为 2386.67 亿元。

按照 3.81% 的公募 REITs 证券化率进行测算，我们预期未来可通过公募 REITs 盘活存量生态环保行业基础设施资产 307.76 亿元，其中盘活存量污水处理行业、垃圾处理行业基础设施资产分别为 216.82 亿元、90.93 亿元。

四、生态环保REITs可能面临的问题

在法律层面，根据发改投资〔2021〕958号文件要求，公募REITs的基础设施项目应"权属清晰、资产范围明确"，原始权益人需依法合规直接或间接拥有项目所有权、特许经营权或经营收益权，生态环保项目公司依法持有底层资产，且土地使用要依法合规，这些合规性要求与公募REITs的普遍一致，很多仓储物流项目亦可能面临项目权属及他项权利、固定资产投资管理相关手续完备性、项目转让合法性等问题。需要注意的是，生态环保基础设施项目普遍是特许经营权类型，期限以特许经营权期限为依托，目前普遍在25—30年，另外需关注《排污许可证》、生活垃圾经营许可等的续期问题，一般为2—3年续期。

五、已上市生态环保REITs分析

截至2023年11月末，国内已有两只生态环保REITs成功发行上市，分别是富国首创水务REIT和中航首钢绿能REIT，均为2021年6月20日首批上市的公募REITs，其细分行业分别为污水处理行业和垃圾焚烧发电行业，募集规模分别为18.50亿元和13.38亿元，募集规模与其他类型公募REITs相比相对较小，原始权益人分别是北京首创生态环保集团股份有限公司和首钢环境产业有限公司。

表3-48 已上市生态环保REITs发行情况

REITs 简称	上市日期	发行规模（亿元）	发行价格（元）	原始权益人	基金管理人
富国首创水务REIT	2021/6/16	18.50	3.70	北京首创生态环保集团股份有限公司	富国基金管理有限公司
中航首钢绿能REIT	2021/6/16	13.38	13.38	首钢环境产业有限公司	中航基金管理有限公司

资料来源：Wind，兴业研究。

（一）生态环保REITs项目资产情况

从基础设施项目基本情况来看，富国首创水务REIT基础设施项目包括深圳市福永、松岗、公明水质净化厂BOT特许经营项目及合肥市十五里河污水处理厂PPP项目2个子项目，分别位于广东省深圳市宝安区、光明区以及安徽省合肥市包河区，资产用地性质为公用设施用地；特许经营权或PPP年限到期日在2031年及之后；深圳项目建设的污水处理规模为37.5万吨/日，合肥项目的建设规模为30万吨/日。从基础设施项目运营情况来看，2020年深圳项目、合肥项目污水处理结算量分别达14357.68万吨、7324.43万吨，污水处理服务费含税单价均在0.779—1.3713元/吨，吨污水生产成本方面，深圳项目为0.215—0.229元/吨，合肥项目为0.295元/吨。

中航首钢绿能REIT基础设施项目包括生物质能源项目、餐厨项目、残渣暂存场项目3个子项目，均位于北京市门头沟区，资产用地性质为公用设施用地；特许经营权或PPP年限到期日在2032年；生物质能源项目的建设规模为日焚烧生活垃圾3000吨，餐厨项目为餐厨垃圾处理能力100吨/天，残渣暂存场项目为残渣填埋能力700吨/日、渗沥液处理能力35吨/日。从基础设施项目运营情况来看，2020年生物质能源项目垃圾进场量103.29万吨，垃圾处理服务费价格为173元/吨，生活垃圾处置收入1.67亿元，发电收入1.87亿元，2020年生活垃圾处置及发电成本共计2.60亿元。

表3-49 已上市生态环保REITs资产状况

	富国首创水务 REIT	中航首钢绿能 REIT
项目资产	深圳市福永、松岗、公明水质净化厂BOT特许经营项目及合肥市十五里河污水处理厂PPP项目	生物质能源项目（焚烧厂房、沼气发电厂房等）、餐厨项目、残渣暂存场项目
区位所在地	广东省深圳市以及安徽省合肥市	北京市门头沟区

续表

	富国首创水务 REIT	中航首钢绿能 REIT
特许经营/PPP 年限	福永水厂、松岗水厂 2009 年 2 月 10 日—2031 年 2 月 9 日；公明水厂 2011 年 12 月 20 日—2033 年 12 月 19 日；合肥项目 2018 年 9 月 30 日—2047 年 9 月 29 日	生物质能源项目 2014 年 1 月 1 日—2032 年 1 月 1 日
建设产能	深圳项目：福永水厂 12.5 万吨 / 日；松岗水厂 15 万吨 / 日；公明水厂 10 万吨 / 日 合肥项目：一期至四期项目分别为 5 万吨 /日、5 万吨 / 日、10 万吨 / 日、10 万吨 / 日	生物质能源项目日焚烧生活垃圾 3000 吨；餐厨项目餐厨垃圾处理能力 100 吨 / 天；残渣暂存场项目残渣填埋能力 700 吨/ 日、渗沥液处理能力 35 吨 / 日
业务量	2020 年污水处理结算量深圳项目 14357.68 万吨；合肥项目 7324.43 万吨	2020 年垃圾进场量 103.29 万吨
服务价格	2020 年污水处理服务费含税单价深圳项目 0.779—1.3713 元 / 吨；合肥项目 1.260 元 / 吨	垃圾处理服务费价格为 173 元 /吨
成本	2020 年吨污水生产成本（电费、药剂费等）深圳项目 0.215—0.229 元 / 吨；合肥项目 0.295 元 / 吨	2020 年生活垃圾处置及发电成本共计 2.60 亿元
基础设施项目估值	17.46 亿元	9.44 亿元

资料来源：招募说明书，兴业研究。

（二）生态环保REITs运营情况

生态环保REITs发行后均已完成其发行前预期的经营目标。根据基金年报，富国首创水务REIT、中航首钢绿能REIT在2021年上市后实现可供分配现金流分别为1.37亿元、1.72亿元，分别完成《招募说明书》预测的150.02%、150.87%，资产表现良好。从2022年全年数据来看，中航首钢绿能REIT的营业收入、EBITDA和可供分配金额等指标较上市前2022年预测值超额完成，而富国首创水务REIT营业收入较预测值略低，但可供分配金额与预测值基本持平。

表3-50　已上市生态环保REITs2021年上市后可供分配金额完成情况（亿元）

REITs 简称	本期收入	本期净利润	可供分配金额	可供分配金额完成度
富国首创水务REIT	1.82	0.36	1.37	150.02%
中航首钢绿能REIT	2.36	—0.22	1.72	150.87%

注：由于表中 REITs 均为 2021 年 6 月 20 日上市，所示数据均为上市后至年末数据。
完成度 = 实际值 / 当期预测值。
资料来源：基金年报，兴业研究。

表3-51　已上市生态环保REITs2022年较预测值完成度

REITs 简称	营业收入	EBITDA	可供分配金额
富国首创水务REIT	98.11%	82.91%	100.49%
中航首钢绿能REIT	108.82%	108.19%	132.30%

注：完成度 =2022 年实际数据 / 上市前 2022 年预测值。
资料来源：招募说明书，REITs 年报，兴业研究。

（三）生态环保REITs二级市场情况

二级市场表现方面，生态环保REITs的总收益率在公募REITs中表现较好。与高速公路REITs一样，生态环保REITs也属于特许经营型REITs，其分红收益率在总收益率中占有较大比重。自2021年6月20日上市后，当年下半年公募REITs经历了高增长，生态环保REITs是其中涨幅较高的，最高时富国首创水务REITs和中航首钢绿能REITs价格收益率一度于2022年2月分别超过了130%和30%，短期带动了总收益率的大幅攀升。2022年2月中旬之后出现了大幅下行，直至2022年6月，因新冠疫情封控解除，公募REITs止跌上涨，期间生态环保REITs亦是公募REITs中下探幅度较小的。截至2023年11月23日，富国首创水务REITs和中航首钢绿能REITs较上市发行时的总收益率分别为3.69%和9.22%，普遍高于高速公路REITs，亦高于同期CIB-REITs总收益指数的涨幅。

图3-103　已上市生态环保REITs总收益率和CIB-REITs总收益指数

资料来源：Wind，兴业研究。

在估值方面，本节基于2023年10月31日的收盘市值、基础设施项目剩余年限和估算的年化EBITDA，对生态环保REITs进行全周期IRR测算，并以此作为生态环保REITs的估值观测指标。从测算结果来看，由于实现了较好的运营期收入和利润，富国首创水务REITs和中航首钢绿能的全周期IRR分别为7.50%和6.26%，不仅高于目前监管要求的收益率水平，在特许经营权型REITs中亦处于前列。

后　记

　　经过几十年的基础设施建设，我国存量资产规模庞大，大部分基础设施项目又存在于当地城投平台、园区开发平台、高速公路公司、公用事业运营公司等央企和国企表内。如何盘活庞大的存量基础设施项目，切实降低上述企业的资产负债率，提高基础设施项目运营效率，形成存量资产和新增投资的良性循环，成为当下政府和运营主体的迫切需求。一方面，相较于PPP、资产证券化等方式，公募REITs在盘活存量资产方面是最为彻底的，因此公募REITs也是PPP和资产证券化社会资产寻求彻底退出的终极渠道；另一方面，在基础设施项目通过公募REITs上市的过程中，其资产估值大幅攀升，一旦出售给公募REITs，权益融资，原始权益人或其他权益投资者利润表会新增几亿元甚至几十亿元的利润，对于运营企业的流动性和盈利情况有实质性改善。

　　但是，不同行业、不同区域、不同基础设施项目的运营情况和现金流表现情况不同，需要在法律完备性、项目运营以及参与方等各方面满足监管要求，真正可从庞大的基础设施体量中脱颖而出实现上市的基础设施项目仍然需要广大公募REITs从业人员进行培育、挖掘和完善，也需要活跃的二级市场用以承载大体量基础设施项目上市。

　　为此，我们撰写了《中国公募REITs投资指南》一书，对公募REITs所涉及的方方面面展开系统性研究，力图为我国公募REITs的业务发展提供些许帮助和建议，为从业人员提供业务方向和参考。

　　此书得以顺利出版，也要感谢人民日报出版社的编辑老师，感谢她们一直以来给予我们的鼓励与鞭策，对我们的文稿细致地校对与编辑，让此书能够以更加完美的形式呈现给大家。本书涉及的领域尚在起步期，正经历日新月异的变化，难免有不足之处，敬请读者批评、指正。